The Old English Version of Bede's Ecclesiastical History of the English People

PART II, 2

COLLATION OF FOUR MSS. OF THE WORK

(SECOND HALF)

EARLY ENGLISH TEXT SOCIETY

Original Series No. 111

1898 (reprinted 1963)

The Old English Version of Bede's Ecclesiastical History of the English People

EDITED BY

THOMAS MILLER, M.A. Ph.D.

PART II, 2

Published for
THE EARLY ENGLISH TEXT SOCIETY
by the
OXFORD UNIVERSITY PRESS
LONDON   NEW YORK   TORONTO

Unaltered reprint 1997

ISBN 0859918637

Distributed for the Early English Text Society by
Boydell & Brewer Ltd, PO Box 9, Woodbridge, Suffolk IP12 3DF
and Boydell & Brewer Inc, PO Box 41026, Rochester, NY 14604-4126

Printed and bound in Great Britain by
Rowland Digital Printing, Bury St Edmunds, Suffolk

PART II, 2

A COLLATION OF FOUR MSS.

OF THE OLD ENGLISH VERSION OF

BEDE'S ECCLESIASTICAL HISTORY
OF THE ENGLISH PEOPLE

INTRODUCTION BY

THOMAS MILLER, M.A., Ph.D.

Page 260. 13. (*p.* 233) ríce.   hadigenne.   on.
B. 14. oð þ theodor arcebisceop.
    15. setle becóm.   þæs þe.   cóm.   hrofeceastre.   forðferedum.
    16. bisceope.   bisceophád lange blan.   hadode.
    17. man.   wæs mære in ciriclicum ðeodscipum 7 bylewytnesse
        his lifes (wæs *out of some other word*).
    18. ðonne.   fram.   on woruld ðingum.
    19. nama.   on cirican sange gelæred 7 in ðone cræft getýd
        romaniscum ðeawe.
    20. geleornode fram.   gregorius.
    22. IN (*ornate* I).   þa tíd.   on myrcna.   se cyning.   forð-
        ferendum.
    23. bisceope.   bisceop þ.

C. S. 16. longe bad.

---

               dia
O. 13. on.   ha,nne.   þa.   on.
    14. deaconas hadade oð þ ðe .. (2 *eras.*) odor ercebysceop.
    15. setle becom.   com.   hrofeceastre.   forðferdū (ū *on eras.*).
    16. bysceope.   bysceophad lange blan ða gehadade.
    17. ma on cyriclicum þeodscypum and on.
    18. þonne he fram were ou woruld.
    19. nama.   swiðust on cyricean sangcræft.
    20. ðo . ne (1 *eras.*).   fram.   gregorius.
                           c
    22. On þa tid.   on myr,na mægþe.   cynincg þa forð-
        ferdū.
    23. (76ᵃ) byscope (*sic*).   bysceop.

Ca. 13. on.   hadianne.   þa.   on.
    14. oððæt theodor.   arceb.
    15. setle becóm.   cóm.   hrofeceastre.   forðferdū.
    16. þā ƀ.   bisceophad þa lange blan ða.
    17. monn.   on cyriclicū þeodscypū 7 on.
    18. bylewítnesse gelæred þone he freom wære weoruldþingū.
    19. nama.   swyðest on cyricean sangcræft getýd.
    20. frā.   gregorius.
                                   .wæs forð
    22. On þa tid.   on myrcna.   cyning þa ; . fered .. german' . .
                                se cing
        myrcna bisceop þa (*on eras.*) bæd .. theodorȳ bisceop (wæs,
        german' myrcna, *and* se cing *are later; so too the* y-*like curve at*
        end of theodor ; forð *is original,* þa *may be too* (*on eras.*)).
    23. þ he hī.

U

Page 260. 24. bisceop.   sealdē (*stroke*).   him nænne biscop.
B.   25. norðhymbra.   þ.
26. se ðam (*the first stroke of* m *erased partly to make* in).   wæs þ is.
27. glæstinga eá 7 þær in (g *before* l *partly erased :* cp. 264, 5 *and*
    232, 14).   stilnesse lifde . ðenade willferð bisceop.
28. in oforwícceastre (1*st hand corr.*) (*p.* 234).   eallum norð-
    hymbrum.
29. peohtum.   rice.   ðæs.   7 forðon.
30. ðeaw.   þæs ylcan arweorðan bisceopes.
31, me þurh hys.   gang.   þonne.   horsa ráde.   Hwæt hine.
32. bisceop ridan het þær him lengra gelumpe se weg 7.
33. swiþe siðdan (*sic*) wann.   geornfullnesse.

C. S.   31. godspelleres.

O.   24. bysceop.   þa.   niwne bysceop.
25. óswio norþanhimbra.   þ.
26. gehalgadne bysceop.   se ðæ (e *in* x *later*, = ðe) on.
    is on.
27. on stilnesse lifde þenade willferðe bysceop, (e *in* ðe *and* pe
    later ; resemble e *in* ðæ *line* 26).   bysceophad on.
28. on eallum norðanhymbrum.
29. on pehtum.   oswies rice 7 forþam þeau.
30. þam ylcan arwyrða bysceope þ he þæt.
31. gange fremede.   ðonne.   horsæ r,ade (*sic, rough* i (?),
    not accent).
32. het.   þeodor bysceop ridan.
33. wið ðon won fore geornfullnesse.

Ca.   24. leodū bisceop.   hī niwne bisceop.
25. oswio.   þ he hī.
26. b.   on.   þ is on.
27. on stillnysse lifde ða þenade.   b.   bisceophád on.
28. on.
29. on pehtū.   oswies rice.   7 forðón (1*st* o *out of* u, *later*,
    same ink as corrector in 22 *sq.*).
30. ðam ylcan arwurðan b þ he þ.   ðæs.
31. má ðurh.   gange fremede þonū his horsa rade het.
32. theodor' b rídan ðær hī.
33. swyðe.   wón.   geornfullnysse.

Page 262.
B.

1. ðæs arðweorðan (*sic*).   ða nýdde.   arcebisceop.   þ.
2. ri · dan sceolde (*erasure of a down stroke after* ri).   ðearf.
3. nyhstan myd hys sylfes handum up.   hóf forðon.   þone.
4. man haligre 7 micelre gemete on.
5. bisceopdóm myr,na.   ᶜ   ætgædere.   lindespharona.
6. And he sona æfter bysene.   fædera on.   fullfremed-
   nesse his lifes heold 7 þenode.
8. cing.   hida landes on lindes ege him.   timbranne.
9. on þam mynstre oð nu gýt to dæge swa þa wuniað.
11. (*p.* 235) Hæfde.   bissceop eþel.   þe nemned is licetfeld.
12. for,ferde 7 bebiriged.   ð   ðær gyt.   eþel myrcna.

O.

1. arfæstan.   þa n · dde (1 *eras.*).   ercebysceop.   þ.
2. sceolde.   hwider.   þæs.
3. nyhstan.   sylfes handum upp.   ahof.   þone.
4. haligne 7 micelne gemet,e on.   þa.
5. bysceopdóm m . rcna (1 *eras.*).   ætgædere on d (d *erased*)
   lindesfarena.
6. 7 he sona æfter bysene.   fædera on mycelre fullfremednesse.
7. bysceophad.   þenade.
8. cyning (76ᵇ).   hida landes on lindesse him.   tim-
   brianne on þære,þe   stowe
9. on þam.
10. swaðe awuniað.
11. bysceopsetl on.   gecyd is licetfeld.
12. bebyriged.   oð to dæge setl.

Ca.

1. ðæs arfæstan.   ða nydde.   arceƀ.   swyðe þ.
2. sceolde.   hwider.
3. nyhstan.   sylfes handū úpp.   hors,áhof (*eras. of* h? h
   above, which has destroyed lower end of accent).   forðon he
   þone monn haligne 7 micelne.
4. on.   geearnungū.
5. ƀdóm mýrcna ðeode ætgædere 7 (*on eras.*) lindesfarena.
6. 7.   bysne.   fædera.   on mycelre fulfremednysse.
7. biscophád.   þénade.   hī.
8. landes on lindesse.   timbrianne on.   on þam mynstre ny gýt.
10. dæg.   swáþe awuniað reogollices.   ðær.
11. (*p.* 106) he bisceopsetl on ðære.   ðe gecyd is licitfeld.
12. bebyriged is ðær gýt oð to dæg setl.

U 2

Page 262. 13. bisceopa.
B.   14. naht feorr fram.   cirican on þam he digollice.
15. feawum gebroðrum ꝥ wæron seofon oððe eahta.   gewunode ꝥ
16. he hine.   béc.   frā ðam.
17. ðære þenunge.   láre æmettig.   ða he þa on.
18. twa geár 7 ðrydde healf gear ða.   rihte.
19. þa com.   tid þæs upplican dómes.   be.   sprecep.
20. ecclesiastes.
21. ꝥte tíid.   stanas tó.   tíid to.   cóm.
22. mancwealm.   sended þa þurh lichaman.
23. ða.   ðære.   setlum.
24. þam.   þi.

C. S.   22. ðæs *deest* = O. T. B. *before* lichoman.

O.   13. mercna mægþe.   ðara.   bysceopa getimbrede (*last* e *on eras.*).
14. sundur wic.   fram.   cyricean on þam.   deagollice
mid feawum broþrum.
15. ꝥ.   oððe æht . um (1 *eras.*).   ꝥ.
16. fram þam.
17. þenunge godcund,e.   æmettig.   þa he þa wæs on þære.
18. mægþe tw (*all* 3 *on eras.*).   þridde.   cyricean wuldurlice.
rehte (1*st* e *out of* i).
19. þa com.   tid ðy.   stihtiende bé.   spr,cð (1 *eras.*).
20. ecclesiates , boc.   colli,endi (g *modern* ?).
21. þæt,   stanas.   com.
22. ꝥ.   lichaman.
23. cyricean.   setlū.
24. þam heofonlicum.

Ca.   13. myrcna.   æft fyligendra bisceopa.
14. sundurwíc.   frā ðære cyricean on þā.   digollice.
15. feauum broðrū ꝥ.   seofonū oððe eahtū.   gewunode ꝥ.
16. béc.   fram þā.
17. ðeninge.   æmtig.   wæs on.
18. twa géar 7 ðridde half.   cyriccan wundoilice.   rihte.
19. cóm.   ðy upplican.   be.   sprycð ecclesiastes.
20. boc.   & temp' collijendi.
21. ꝥ tíd.   stanas.   sendanne.   tíd.   com mycel wól (o *out of*
æ *by eras.*).
22. monncwyld godcundlice sended ꝥ ðurh lichoman.
23. cyricean.   eorðlicū setlū.
24. þam heofonlicū.   ðy.

Page 262. 25. ylcan arweorðan bisceopes.   lichaman álæd.
B.   26. com.   tíd þ he (*p.* 236).   sceolde.
        27. féran.   gelamp.   wæs ðære foresprecenan.
        28. wícan myd ánum.   wunigende ðæs nama.   owíne.
        29. fer intingan gelimplicum hwurfan.   þ.
        30. ylca owíne.   geearnunge 7.
        31. hluttere ingehyde þ upplican.   wæs middangeard.
        32. ealle medeme.   góde gecorene.
        33. 7.   hys digolnesse onwreáh.
        34. Cóm.   æþelðryðe þære cwéne of.   7.   þegna yldost 7 hire.

O.   25. ylcan arwyrðan bysceopes.   lichaman.
        26. ða com.   þ.   sceolde.   dryhtne.
        27. ða.   on þam forespre (77ª) cenan.
        28. wicum mid ane breþer.   nama.   owine (in *out of* m).
        29. gelimplicum intingum hwurfan to cyricean on.
        30. ylca owine.   geearnunge 7.
        31. ingehyde.   upplican.   wæs middangeard.
                                        e
        32. eall medum.   god,.
        33. 7.   dryhten.   digollnessc onwreah.
                fra
        34. com he æþeldryþe þa cwene.   7.   hyrc þena.

Ca.   25. ðæs ylcan arwurðan.
        26. ða cóm his tíd.   sceolde of middanearde.
        27. féran ða gelamp.   on þā.
        28. anū.   nama.
        29. for.   hwurfan to cyricean on þ.
        30. ylca owine.   mycelre geearnunge 7.
        31. hluttre ingehyde.   upplican.   wæs middaneard.
        32. eall eadmod 7.
        33. 7 hī driht.   digolnysse onwreah com.
        34. frā æþeldryðe þa cwéne of eastenglū 7.   hyre þéna hire huses.

Page 264. 1. geferscypes ealdorman þa him.
B.   2. ða.   hát.   ðohte þ.   wiþsacan.

O.   1. 7 hyre huses 7 hyre geferscypes ofer ealdormon.
        2. hat.   he . . . þ (*abrasion*).

Ca.   1. ofer ealdormonn ða þa.   geleafa weox 7 hát.
        2. ðohte.   weorulde.

Page 264. 3. únaswundenlice.   mid,angeardes ᵭingum.
B.   4. genaconode.   eall forlet þæt he.
          5. buton hys andfealdne.   7 cō.   glæstinga eá (*before* l
             the g partly erased).   þam.
          6. ᵭæs arweorþan bisceopes.   ceaddan.   adesan.
          7. handa.   on þam.   oᵭere.
          8. on ꝥ.   eóde.   ꝥ sylfe.   (*p.* 237) swilce.
          9. dædum gecyᵭde ꝥ forþon.   lýt genihtsumede on smeagunge.
         10. on.   gewrita.   þy swyᵭor mid.   handum wann.
         11. ᵭa ᵭing ᵭe nydþearflicum.   tó.   ꝥ.
         12. þam bisceope.   þam.   wícū.   arweorþnesse.
         13. for geornfullnesse betweonum þam gebroᵭrum wæs hæfd þoñ hi
             leornedon 7 béc ræddan 7 beeodon.

C. S.   4. forlet ᵭa ᵭe = O. T.
         9. ᵭe he = T. B.

                                          w
O.   3. þæt unas,undenlice.
         4. ongyrede (y *and* 1st e *on eras.*).   þæt he eall.
         5. anfealdne.   7 com.   þam.
         6. arwyrᵭan bysceopes ceddan.   æcse 7 adesan.
                                                          su
         7. handa.   on þam ꝥ.   nalæs.   swa,me oþre.
         8. on ꝥ.   ꝥ sylfe.
         9. dædum.   7 forᵭan.   lýt.   on smeawunge.
        10. on leornuncge.   gewrita.   ᵭy.   hondum won.
        11. nedþearflicu.   þis is.   ꝥ.
                                                                    ᵭ
        12. bysceop.   on þam f,resprecenan wicum.   (77ᵇ) arwyr,nesse.
        13. geornfulnesse betwyh þa broþor.   þonne hi on heora.

Ca.   3. þingū.
        4. genácodade.   eall forlét ꝥ ᵭe.
        5. nymᵭe.   anfealde.   7 com.   éa.   þā.
        6. ᵭæs arwurþan ᵬ ceddan.   hī æcse 7 ádesan.
        7. handa.   on þā.   nalæs to idelnysse.
        8. on ꝥ.   ꝥ sylfe.
        9. gecydde 7 forᵭon he lýt genihtsumede on smeawunge 7 on.
       10. gewrīta.   ᵭy má.   handū.
       11. ᵭing ᵭe nydþearflicu.   þis is.   ꝥ.
       12. ᵬ on þam.   wicū.   arwurþnysse.
       13. geornfullnysse betwih.   broᵭru.   hæfed þonū (*p.* 107)
            hi on heora leornunge wæron 7.

Page 264. 14. he wyrcende.

B. 15. swa þoñ þearf wæs gesewen.
16. hwæthwugu úte dyde swylces.   hys.
17. birig 7.   hi.   dydon ána in.
18. oðð̄e.   bécrædinge oðð̄e.   gebedum geornfull.
19. gehyrde.   sæmninga swa he.   æfter.
20. sæde.   stefhne 7 þone sang.   fægerestan síngindra (sic)
    7 blissigendra.
21. eorþan.
22. sang hé cwæþ ꝥ.   gehyrde fram.
23. ꝥ.   fram heannesse heofones þære wynnlican sunnan upp
    gangende.   þanon.

C. S. 14. wæron deest (after leornunge).

---

                    wæron
O. 14. leornunge,   bec ræddan 7 beeodan.
15. gesewen.
                                  d
16. þa he þa.   swilces ute.   on, his.
17. to byri 7 to cyricean.   hi.   7.
                                 o a   e
18. bysceop ana on.   cyricean oðð̄e on b . c,rædinge (e eras.) oðð̄,on
    gebedum.
        r   t
19. geo,nfull.   gehyrde.   ef, æfter ðon sæde.
20. fægerestan.
21. heofonum.   þa.
                                     a
22. ꝥ.   gehyrde fram e,stsuðdæle (before d eras. of l).
23. fram heanesse.   winterlican.   uppgange.

Ca. 14. bec ræddon 7 beeodan þoñ.
15. gesewen.
16. hwæthugu swylces ute.
17. byrig eodan 7 to cyricean.   hi.   7.
18. ƀ ana on.   cyricean oðð̄e on bec.   rædinge oðð̄e on.
19. geornful .... (4 eras.).   Ða gehyrde.   sémninga.
20. sæde.   stæfne.   fægerestan.
21. astígan þa stæfne.   ðone.
22. cw̄ ꝥ.   gehyrde fram.
23. ꝥ is frā heanesse ðære.   winterlican.   uppgange.   þonon
    sticcemælū to him néalæcan oð ðæt.

Page 264. 24. sticcemælum to him nealæcan oð þ.   becóm tó.   þære
B.   (*p.* 238) ceastre þe se bisceop on.   7 þa ingangende.   7
             hi ymbhwyrfte ymbstealde 7.
      26. mód aðenede.
      27. ðe.   gehyrde.   swa ymbe healfe tíde.
      28. ðære ylcan.   upp.   ylcan blissesang.
      29. ðe.   cóm upp.   heofenas míd únasecgendre.
      30. eft úpp hwurfon 7 þa wunede.
      31. fǽc þære tíde wundrigende.   wafigende.   hydigum.
           ðohte.
      32. sceolden þa.   bissceop þ eah þyrel ðære.
      33. 7 tacen mid his handa sloh.
      34. hwilc man.   ðæt.   inn.

C. S.   26. þ hus *deest*.

O.   24. sticcemælum to him nealæcan oððæt.   becom to þe... n, (ce e)
             (3 *eras*.).
         25. cyricean.   bysceop on wæs 7 þa ingangende.   gefyll . de
             (e *eras*.).
         26. 7 he.   aþenede on.
         27. þe he.   ða gehyrde.   tide.
         28. ylcan cyricean up.   ylcan blissesang.
         29. up com oð.
         30. swetnes,hweorfan (swetnes hw *on eras*.). (se eft)   þa.   þær.
         31. tide wundri (78ᵃ) ende.   , hydige mode. (ymb)
         32. sceoldon (on *small on eras*.).   þa.   bysceop þ eagþy,l. (r)
         33. cyricean 7 tacen mid his handa slogh.
         34. gyf hwilc.   ute.   þ.

Ca.   24. becóm to ðeacan ðære cyricean.
          25. ꝧ on.   7 þa ingangende eall.
          26. ymbsealde þ hus 7 he ða.   mód aþenede on.
          27. ðing.   ða gehyrde.   éft.
          28. ylcan cyricean upp.   ðone ylcan blissesong þy.
          29. up com.
          30. swetnysse.   wunode.
          31. mid ymbhydie mode ðohte.
          32. ða ðing.   þa.   ꝧ þ eaghðyrl.
          33. cyricean 7 tacen.   handa sloh swa.
          34. wæs þ.   monn úte.   þ.

Page 266. 1. þa.   bissceop.   tó gang hwæþere.
B.   3. hát úre seofon gebroðor hider cuman tó me.
    4. swylce.   wæs (*the* a *in* æ *partly erased*) þa hi þa comon ða manede.
    5. hi ǽrest þ te hi betwunan.   þ mægen for godes lufan sibbe heoldon geornlice betweonum eallū godes mannū 7.
    6. swylce þa geset(*p.* 239)nesse.   ðæs.   ðeodscipes.   hi fram.
    7. gesawon.   oððe in þærẹa.   fædera.
    8. dædum oððe cwydum gemette.   hi.   ungeweregadra.
    9. geornfullnessa fylgdon.   læston.   æfter þon ðe under his forðfore (*missing words added in margin in modern hand*) ðeodde 7 him sæde þ se dæg swiþe neah stode.
    11. lufiendlica.   wunode.

C. S.   9. fylgend 7 læstend.

O.   1. þa.   bysceop.
    2. hraðe to cyricean.   seofan broþra.
    3. swilce.   wes þa hi̇́ to (e *out of* æ).   coman.   ma,de.
    4. hie.   þ hi betw,num (i *eras.*).   hī.
    5. betwih.   mannum.   heolde, 7.
    6. swylce.   þeodscypes.   hi fram.
    7. geleornadon.   gesawon oððe.   fædera.
    8. dædum oððe cwidum gemette, þ hi.   ungewergadre geornfullnesse fyliden.
    9. æfter.   underðeodde.
    10. sæde.   neh (e *out of* i).
    11. cw̄.   lufigendlica se þe.   broþor.

Ca.   1. hī cw̄.   ƀ hı.   gang hraðe.
    2. cyricean 7 hát.   broþra.
    3. swylce mid ða hi to.   coman ða manode.
    4. hi.   þ hi betweonan hī þ.
    5. betwyh eallū.   heoldon 7.
    6. swylce.   gesetnysse.   reogollican ðeodscipes.   hi frā hī geleornodan.
    7. hī gesawon oððe on þæra.   fædera.
    8. dædū oððe cwidū gemetten þ hi ða unwerigadre geornfullnysse fylidon 7 læston.
    9. underðeodde 7 hī sæde þ.
    11. cw̄.   lufigendlica se ðe.

Page 266. 12. cóm eac swilce. tó me 7 me. cigde 7 lærde forþon.
B. 13. hwurfað.
14. hi. forðfóre. gebedū. bénum.
15. bebeodan 7 eac swylce. sylfra.
16. tíde. ꝥ hi gemunon. wæccum 7 gebedum 7 godum weorcum mid.
17. he þa ðas word.
18. manige. onfengon. 7 swiþe únrote fram him ut eodon.
20. ðone. sang. hyne. eorþan ástreahte beforan þam bisceope. mót.
22. ahtes acsian ða cwæð (*p.* 240). acsa ðæs þu wille ic ðe þonne halsige 7 bidde. þe for godes lufon ꝥ.
24. sang. blissigendra ðe. cumende.

C. S. 17. mid godum forecuman.

O. 12. com swilce. me. cigde 7 laþade.
13. forþon. cyrican.
14. broþro ꝥ hi.
15. dryhtne bebeodan 7 swylce. hiora sylfra.
16. ꝥ hi gemunan. wæccum 7 gebædum (78^{b}).
17. (*p.* 108) mid þy he þas.
18. hi · (*eras.*).
19. fram him. þa. ana. se þe.
20. sang.
21. astrehte. bysceop.
22. ahtes acsian cw̄.. acsa þęs þe þu wille cwæð.
23. ic þe la. ꝥ.

Ca. 12. com swylce to dæg. me of weorulde cigde.
13. þonn̄. cyricean.
14. broðro ꝥ hi. gebedū 7 benū.
15. bebeodan 7 swylce. sylfra.
16. ꝥ hi ða gemunen. wæccū.
17. mid godū foreðingungū. þy ðe he þas (s *defective*). þysses.
18. monige to hī. hi. swyðe.
19. frā hī. þa. ana ^{eft},. hī.
20. sang. eaðmodlice.
21. astrehte. ƀ 7 ðus cw̄.
22. ahtes acsian cw̄. acsa ðæs þe þu wylle cw̄.
23. ic ðe la halsige. for. ꝥ ðu.
24. heofonū.

Page 266. 25. 7.   tíde.   hweorfende.

B. 26. þa andswarode se bisceop.   sanges.   gehyrdest.
27. werod ongeate.   ús cuman.   þe.
28. naman þ þu þ nænigum menn ne secge nene cyðe ær.
              þ
29. forfore (*original*) ðe.   secge þ þ.
30. ðe.   comon.   ðan heofonlican médum cigdon
     7 læddon þa ic sylfe lufode 7 willnode 7 æfter.
31. seofen.
32. hi.   hwurfende 7 cymende.   gehetan þ hí mé.
33. þ.   dæde gefylled þ him.
34. gehrinen mine untrumnesse.
35. weox 7 þa.   seofeðan.

C. S. 26. ða *deest* (*before* ondsw).
30. cygdon 7 læddon.

O. 25. cyricean 7.   heofenum.
26. þa 7 swarade.   bysceop.   sanges.   gehyrdest.
27. werod (e *out of* o).   ofer us cuman.   þe.
28. naman.   nænigum cyðe.   secge.
29. secge þ þ.
30. coman.   heofonlican.   cygdon 7 laþedon.
31. symble.   7 æfter seofan.
32. hi.   geheton (*2nd* e *on eras. of* 2).   þo,ne. (n above)
33. lædon woldan.   dæd, (e above; n below)
34. cwede, .   ða.   licumlicre.
35. untrumnesse.   hefegade.   þy.

Ca. 25. cyricean 7 æft.   hweorfende to heofonū.
26. ða 7 swarede.   b.   ðu sanges stæfne gehyrdest.
27. weorud ongeate.   us cuman.
28. þ ðu þ nænigū ne cyðe nene secge.
29. ðe.   secge þ þ.
30. ðær coman.   ðam heofonlican medū cygdon.
31. laðedon.   symble.   7.   dagū hi.
32. geheton.   þonn.
33. hī lædon.   þ.   dædū.
34. hī.   ða.   gerinen ˏ licre (ˏ *modern ?*) untrumnysse
     7 séo.   hefegode 7 ða þy seofoðan.

Page 268. **B.**

1. æfter.   þe he.
2. onfangennesse ðæs drihtenlican lichaman.   þte sio.
3. onlysed fram.   lichaman hefignesse.
4. latteow (*p.* 241) dóme.   geferscype.   gelyfenne ða écan.
5. heofonlican.
6. þ hwylc.   ðeah.   oððe má ðonne drihtnes dæg his
deaðes
   mægenea on forhæfdnesse 7 on (deaðes *original ; omission
   supplied in marg. by modern hand*).
9. on godgundan láre 7 on winsumlicre ðearfnesse.
11. þ he wæs swa swiþe his mid . drihtnes ege underðeoded 7
    (*eras. after* mid).
12. mæstena dogera.   on eallum his weorcum.   þ swa
    some (*sic*) sum þara gebroðra sæde.
13. þem . (*eras.*).   on gewritum tydon 7 lærdon.

O.

1. æfter þon þe he.   forðfore (*last* 5 *on eras.*).
2. onfangennesse.   (79ᵃ) dryhtenlican li,haman.   þ.
3. sauwl.   onlysed fram.   lichaman hefignesse.
4. lad þeowdome (owd *on eras.*).   geferscype.
5. gef,an.   heofonlican.   gestahg.
6. þ hwylc wundur.   þe.   ðone.   deaþes oððe ma
   þonne drihtnes.   gesawe þo . ne (1 *eras.*).   symble
   sorgiende bad oððæt.
8. come.   betwyh.
9. on (*quater*).
10. gebedum 7 on willsumlicre þearfednesse.   oþcra.   þ.
11. dryhtnes.   7.
12. nyhstena dogera.   on eallum.   þæt swá swá.
13. broþor sæde of þam.   on gewritum tydon 7 lærdon.

Ca.

1. hī.   ðe.
2. onfangennesse.   drihtenlican.   þ.
3. sawul.   onlysed frā.   hefignysse.
4. ladþeowdome.
5. heofonlican eadignysse gestahg.
6. nis þ hwylc.   oððe má.
7. gesawe.   symble sorgiende.
8. þ he cóme.   betwyh.
9. on forhæfdnysse 7 on eadmodnysse 7 on.   on.
10. on.   þearfednysse.   oðre.   þ.
11. underðeoded 7.   swyðe.
12. nyhstana dogera.   on.   weorcū swa swa þ.
13. broðer sæde of þam ðe.   on gewritum týddon 7 lærdon.

Page 268.
B.

14. on his minstre 7 on his lareowdóme. gelæred his nama
15. leornunga.
16. gyf sæmninga. astáh þ. sóna.
17. instæpe. gecigde. manna.
18. swiþra wínd áras ðonne.
19. forþléat on. andwlitan. on gebede hleoþrode 7.
20. þonne gyt gyf. ligetu 7 þunorada.
21. bregdan 7 fyrhtan ðonne.
22. bihydiglice (p. 242) on. sealmsange fæstum móde.
23. awunede oð þ. smyltnes cóm mid.
24. frunon 7 ácsedon. hwan. ða andswarede he 7
   cwæð ge ne leornedon.
25. dñs de celo.
25–26. et *is written* &.

O.

14. on his mynstre 7 on his lareoudome.
15. nama trumbryht sæde. leornunge sæt.
16. gyf. astahg.
17. instæpe (i *on eras.*) dryhtnes. gecygde 7 ða mildsa.
                                           d
18. ðonne. win,aras. bec.
19. forðleat on his andwlitan. on gebede hleoðrede 7.
20. þonne gen gyf strongra strom. (79^b) swiðor. ligete.
21. þunurrade eorþan. bregdon 7 fyrhton.
                          i
22. cyricean 7 behigd,lice on. sealmsange. móde.
23. awunade oðþæt ðære. smyltnesse. com mid ðy.
            ac
24. frunun 7 , s . edon (1 *eras.*). 7 swarode.
    ne   ge
25. ac, leornodon,.
26. uocē suā.

Ca.

14. on his mynstre 7 on.
15. nama trumbyrht sæde. leornunge sæte.
16. astahg þ.
17. dryhtnyss mildheortnysse gecygde 7 þá mildse.
18. þonñ swiðra (p. 109). þonñ. bec.
19. forðleat on. andwlitan. on gebede hleoðrede 7
   þonñ gýt.
20. strongra. swyðor. ligette.
21. on eorðan. bregdon 7 fyrhton þónñ.
           ymb
22. cyricean 7 be,hydiglice (*sic*) on gebedū. mode.
         he   abæd 7
23. awunode oððæt, þære. smyltnyssc,eft.
24. frunnon 7 acsodan. ðis dyde þa 7 swarede.
           ge
25. gé ne leornodan quia. &.
26. uocē suā. &.

Page 268. 27. þ te.

B. 28. hyhsta syleð hys. hí.
29. ligetas gemanigfealdaðˊ. hi. forðon. lyfde ontyneð 7.
30. ligetas. hleoðriað to þon.
31. hi. áweccan him tó ondrædanne þ he heortan heora.
32. gecigan. domes þ hi.
33. oferhyda towurpe. gedyrstignesse gedrife. hira mode
gelæddum ðære forhtigan tíde hwænne.

O. 27. þæt dryhten hleo,rað. heofonū. hyhsta syleð. strælo 7 hi.
29. ligeas gemonifealdað.7 hi. forðon dryhten.
30. ligetas. heofonum hleoðrað þ.
31. þ.
32. on. gecyge. domes þ.
33. oferhyd. ged,ʸrstignesse. hiora. gelæddū.
34. tide.

Ca. 27. &. þ driht̄. heofonū.
28. hyhsta syleþ. strælo 7 heo toweorþáð.ᵉ
29. ligeas. hi. forðon.
30. ligetas. heofonum hleoðrað þ.
31. þ.
32. on gemynd gecyge. towardan domes þ.
33. oferhýd. gelæddum.
34. tide. heofonū. byrnendū.

Page 270. 1. wolcnum on. mihte. þrýme.

B. 2. demenne cwicum 7 deadum. þ.
3. manunge. gedafenlicum ege 7 (*p.* 243) andswarigan þ te
swa oft swa.
4. lyfte onstyrige 7. hand. he us. bodigende ætyweð.

O. 1. sie on. on. mihte.
2. cucum 7 deadum. gedafanað þ.
3. gedefenlice (a *late*) ege.ᵃ 7 swarige þ swa oft (80ᵃ) swa.
4. onstyrige 7. hand.

Ca. 1. si on. wolcnū on mycelre mihte.
2. cucū 7 deadū forðon. þ.
3. ege. andswarige þ.
4. swa oft swa. onstyrige 7. hand.

Page 270. 5. hwæðere.   gýt sleað þ.   clypigan 7 biddan.
B.   6. dygolnesse úre.
     7. geclænsian þá únfyrennesse.   bihydiglice do þ.
     8. geearnigen þ.   sculon geþweriaþ.
     9. be forðfóre þysses bisceopes 7 eac þ.
   10. arweorðan.
   11. ecgbryhtes be ðam.   sædon.   þam ylcan.
   12. ealande.   geogoðe on munuclicum life.
   13. gebedům 7 on god gelyfdon (*modern hand in margin supplies missing words*).
   14. on hys eþel.
   15. brytene.   ecgbriht þæs (*sic*).   elðeodignesse for.   naman.

C. S.   9. gesewene.
     14. fæce in his.

O.   5. ætyweð .no hwæþere.   sly,ð þ.   cleopian 7 biddan.
     6. þa digolness ure.
     7. geclænsian (ns *on eras.*).   behyd,lice don (don *on eras.*) þçt.
     næfre geearnnie þ.
     8. segene.   geþwæria, (ia *on eras.*).
     9. þær,.   gesyhðe (syhðe *on eras.*).   broþor be.
   10. þysses bysceopes 7 eac þ worð (*stroke eras.*).
   11. ecbyrhtes be þam.   sædon.   iu.   ylcan ceddan.
   12. on.   ealande.   on geoguþe on.
   13. 7 forhæfednesse 7 on (o *above*).
   14. on his eþele.   on breoto,
   15. ecbryht.   on elþeodinesse.   naman.

Ca.   5. ætyweð 7 no hwæðere.   slyhð þ.   cleopian 7 biddan.
     6. mildheortnysse.   gondsmeage þa digolnysse ure.
     7. geclæsnien.   unsæfernysse.   behydelice.   þ we
     næfre geearnian þ.
     8. slægene beon .;. scylon geþwærian.
     9. ðære onwrigennysse 7 ðære gesyhðe þæs.   broðer be.
   10. ðysses bisceopes.   þ.   arwurðan.
   11. ecbyrhtes be þā.   sædon.   iu.   ðone ylcan ce,ddan on.
   12. ealande.   on geoguþe on.
   13. on gebedū 7 on forhæfednysse 7 on.
   14. æft.   to his eðle.   on.
   15. ecbyrht.   on ælþeodinesse for.   naman.

Page 270. 16. áwunode (*junctim*).   þi.   æfter langre tíde cóm.
B.   17. brytene.   neosia inntingan.
         18. forhæfedesta higebald.   lindes (*p.* 244) ege.
         19. hi.   lífe.   fædera.   geþafedon.
         20. þ.   onhyrigan woldon betweonum ðam þa com.
         21. arweorðan bisceopes.   ða cwæð ecgbriht.
         22. man on.   ealande.   gyt.   lichaman.   myd þi.
         23. middanearde.   þ.
         24. werede.   heofonū.   gefetedan.
         25. genamon.   hwurfon.   þan heofonlican ríce.
         26. þ be.   sylfum.   be.   hwilcum.
         27. þ.   hwæþere.   gecwæþ.   witan.
         28. þ.   ða.   ðy.

O.   16. awunede.   lyfes.   þa æfter langre tide com.
         17. for.
         18. forehæfdesta higebald.   on lindese.
         19. hi be life.   fædora.   gedafonade.
         20. þ.   onhyrigean woldon betwyh.   com.
         21. bysceopes (80^b) ceadan þa.   ecbyrht.
         22. on þeossum ealande.   gyta on lichaman lyfigendne.   þy,.^se
         23. ferde þ.   ceddes saule.
         24. broþor.   weorode.
         25. saule.   genamon 7 hwurfon (*then abrasion* = 5 *letters*).
             heofonlican.
         26. hwæþer he be.   sylfum þ.   þe he be (e *on eras.*) oþrum.
             hwylcum þ.
         27. uncuþ hwæðere.   mycel.   we witan.
         28. fo,ðferde.

Ca.   16. ðy þa æft langre tide com.
         17. hī.
         18. forhæfedesta.   (*p.* 110) wæs abbud on.
         19. hi be life.   fædera.   menn gedafenode.
         20. þ.   onhyrian woldan betwyh.   com hī.   ðæs arwurðan
             bisceopes.
         21. ða cw̄.   ecbyrht.   wát.
         22. monn on þyssum.   gyt on.   lifigendne.
         23. middanearde ferde þ.   ceddes.
         24. weorede.   heofonū.   gefétedon.
         25. hī genaman 7 hwufon (*sic*).   heofonlican ríce.
         26. hwæðer he be hī sylfū þ cwæde ðe he be oðrū menn hwylcū þ.
         27. hwæðere ða.   mycel wér.   gec̄w we witan þ.
         28. ða.   nonarū.

Page 270. 29. ǽr æt bebyrged be scē.
B.   30. þar getimbrode.   eadegan aldres.   apostola petres 7 paules ða.
       31. geset.   æghwæþere.
       32. gewuniaþ.   7 his halignesse gelomlico.
       33. gewurdon.   þis.   tácne ꝥ te sum.
       34. bræceseoc mann.   þi.   dwoligende (p. 245) árn.
       36. becom hé.   únwitende oððe ungemynde þæs hyredes.

O.   29. martiarum.   bebyriged bi (i *out of* e).   cyricean.
       30. æfter.   þære.   cyricean.   eadigestan ealdres.   apostola.
       31. on ða.   ban.   on æghwæþere.
       32. tacnuncge.   7 his halignesse gelomlice wundur.
                                                            ni
       33. ꝥ is.   ꝥ wan.
       34. ðy.   arn.
       35. becom.   æfenne wedende oððe no *gy*mende þā hirede (*the
           italics are on eras.*).

Ca. 29. bebyriged.   MARIAN cyricean.
       30. ðære.   cyricean.   eadegestan ealdores.   apostola.
       31. ða.   on þá.   ban.   on æghwæðer.
       32. tacnuncge.   halignysse gelomlice.
       33. ꝥ.   ꝥ niwan.   gebrocseoc mann.   ðy ðe.   árn.
       35. becom.   ðyder on æfenne wedendū oððe no gymendū þære
           hyrdū ðære.

Page 272. 1. þær wæs ealle niht restende.
B.   2. morgonne gehæledum gewitte árás.   út.
       3. men on ꝥ gesegon.   hwilc.   wundor ðære hælo.

C. S. 3. men 7 gesawon.

O.   1. niht.
                                                            e
       2. morgenne gehǽl,de gewitte aras.
       3. men.   . gefegon (1 *eras. before* ge *and* eg *on eras.*).   wundur
           þære.   dryhtnes.

Ca. 1. ða nyht.   -
       2. morgenne.   gewitte aras.
                                    blissedan
       3. menn.   ꝥ gefegon.   þære.   ðurh.

x

Page 272. 4. gyfe gewurden wæs.   stow geworht treowgeworces 7
B.   gelicnes medmiceles huses geworht (*sic*).
        6. on þan wage medmycel.   ꝥ.
        7. gewuniað menn þa þe for inntingan cumað hira hand.
        8. þanan nimaþ 7 úntrumum mannum (*modern hand supplies
            defect in margin*).
        9. beorgenne.
       10. sillað 7 hi.   fram hefinesse.   untrumnesse.
       11. geféan.   gesynto onfoþ.
       12. on.   bisceopes stowe.   bisceop winferð.
       13. gemettfæstne.   on þenunge bisceophádes.
            c
       14. myr,na mægþe (1*st hand*).

C. S. 12. ðeodor bisceop.

              e
O.   4. ætýw,d · (1 *eras.*).   byrigenne (81ᵃ) stowe.
                                   es   hróue
        5. treowgeweorc.   medmycel húses.   hlægle gegearwad ðonne.
        6. þam wage medmyced (*sic*) ðyrel.
        7. wilsumnesse.
        8. hand onsendan.   þanon niman (*final* n *written over* þ
            without eras.).   hi ða on.
                                   y
        9. untrumum mannum.   b,rgenne (1 *eras.*).
       10. syllað (y *on eras.*) 7 hi.   fram.   untrumnesse.
            e
       11. gef,an (1*st* e *on eras.*).   gesynto.
       12. on.   bysceopes stowe gehalgade.   bysceop wynferð.
                                   ceop
       13. on þenunge bys , hades.
       14. mægþe.   lindesfarena.

Ca.   4. ætywde.   byrigenne.
        5. gelicnysse medmiceles.   hrægele gegearwod þonñ.
        6. þā wage midmicel ðyrl.   ꝥ.
        7. menn ðe þider.   wilsumnysse.
        8. hand onsendan.   ðære.   ðanon niman.   hy
            ða on.
        9. mannū 7 neatū.   byrigenne.
       10. syllað 7 hi.   fram hefignysse.   untrumnesse.
       11. þære gefean ðære.   gesynto.
       12. on.   stowe.   theodor' arceƀ wynfyrð gódne.
       13. on ðenunge bisceophades.
       14. myrcna.   lindesfarena.

Page 272. 15. þam. þa gyt lifigende. 7 rices.

B. 16. andweald. bisceopes geferscype þam.

17. æfterfylgde (*p. 246*) 7. diaconþenunge. tíde.

19. BEtweonan (*ornate* B, *large*). þissum þingum coleman bissceop. cóm 7 ða.

20. brytene. 7. him genam. þe in lindesfarona ǽ gesamnode wæron swylce eác ·XXX· manna.

22. angelþeode. æghwæþere þæra.

23. gelærede. forlet innan þære cirican sume þa gebroðor.

24. cóm. híi þan éalande þanan (*accent on* híi *partly erased*) angelþeode.

25. bodigende. æfter. gewát.

26. suman medmicelan ealande ꝥ. feorr ascadæn fram.

27. ꝥ is on. ꝥ is éaland (*modern hand supplies in margin* hwiter (*sic*) heahfore þa he ða in ꝥ ealand cóm). getimbræde he þær (*cross on* þ *erased*).

C. S. 15. ðam wulfhere.

O. 15. þā. lifigende. rices anweald.

16. wynferð. bysceopes geferscype þam.

17. æfterfyligde 7. diaconþegnunge.

19. betwih þas þing þa. bysceop. scottū com.

20. 7. him genam.

21. swilce. manna óf angelþeode æghwæþere.

22. on.

23. gelæred. on. cyricean sumne broþor.

24. com. þam ealande þanon. ongelþeode.

25. bodianne (81ᵇ). æfter.

26. ealande ꝥ. asceaden frā.

27. on. inhísbofinde ꝥ.

28. hwitere. þa he ða on ꝥ. com.

Ca. 15. þam ðe. gýt lifigende. rices anweald.

16. wynferð. ƀ geferscype þam.

17. æftfyligde 7. hī diaconþenunge mycelre.

19. (*p.* 111) Betwih. colemannus se ƀ. sceottū cóm.

20. 7 mid hī genám. ða sceottas ðe.

21. swylce. þrittig manna.

22. angelðeode æghwæðere. on drohtnunge.

23. well gelæred. forlét on ðære cyricean sumne.

24. com to híí þā. þanon. angolðeode.

25. bodianne. gewát.

26. sumū medmiclū. ꝥ. asceaden frā.

27. on. inhisbofinde ꝥ.

28. hwiter. ða on. cóm.

Page 272. 29. ðær gestaðelede.   æghwæðerum.
B.   30. gesamnode.   him.
         31. *begins* þeah þa þær gestaðelede.   mihte hi.
         32. betweonan him gewurþan 7 geþwæri (*p.* 247) gan.

O.   29. he gestaðolade (he *struck through,* ges *on eras.*).   aghwæþerum.
         30. mid hī.
         31. þa hi þær gestaþolade.   mihte (i *on eras.*) hi betwyh
             geþwærian 7 geweorþan.

Ca. 29. ðær.   ðær gestaðelode þe he.   æghwæþerū.
         30. gesomnode.   hī.
         31. ða hi ðær gestaðclode.   wæron ða ne mihte hi betwih
             geðwærian.
         32. forðon ða sceottas.

·d·
Page 274. 1. hærfesttíde, (*a modern hand adds here a star, and a modern*
B.   *hand in margin* ðoñ̄ mon wæstmas insomnod þonne; *stroke*
             through þonne).   þoñ forlætan hi ꝥ.
         2. 7.   cuðe stowe swícedon.   fóron.   þoñ.
         3. willnedon.
         4. angel gewunan.   gegearwedon þa þohte coleman bisceop to
             wesennesse 7 þysse únsybbe læcedóm.
         6. ge feorr ge neah ða.   gerysne.
         7. timbranne ꝥ inn scyttisc is nemned mageo 7.

O.   1. þonne, forleton (*omitted words interlined ; variant* þonne *before*
             forleton).
         2. hie.   7.   cuþe stowe.   foran.
         3. hwurfun 7 willnedon.   goda.
         4. engle gewunnan 7 gegearwedon.   colmanus þysse towesnesse.
         5. þysse (y *on eras.*).
         6. gerisene.   on ibernia.
         7. timbrianne ꝥ.

Ca. 1. hærfestíde ðoñ.   ðoñ̇ forléton hi ꝥ mynst 7 ðurh cuðe stowe.
         2. fóron 7 þoñ.
         3. willnedon ðara goda gemænlice.
         4. engle.   ða.   colemann' ðysse towísnesse 7 þysse.
         6. féor.   gerisenne.   on.
         7. timbrianne ꝥ is on.   maigeo nemned 7.

Page 274.   8. geb.ohte (*erasure of* r *roughly*) naht.   landes mynster on

B.   to timbranne.

   9. sumon gesiðmenn ðe þ land.   þære geradnesse toycedre þ hy.

10. se þe him stowe.

11. á þa standedan.   clypedan.

12. hyne þingedon 7 he hwæðere þær.   getimbrede.

13. gesið.   fulltumode.   neahmenn.   þær.

14. englisscan.   gestaþelede 7.   forlét of þam.

15. éalande þ.   gyt.   menn ðær on elþeodig(*p.* 248)nesse libbað 7 þ mynster habað.   Is þ mynster nu swiðe micel of.

17. mageo.   7.

18. gehwyrfedum.   þam beteran gesett. nessum (*eras. of* e *after* tt).   gyt to dæge.

19. æþele werod nimað muneca engliscra manna ðe of angelcynne þyder comon 7 þær gesamnode wæron on bysene árweorðra.

O.   8. 7.   landes.

   9. getimbrianne.   sumū gesiðe.   land.   þære árædnesse (*last* 6 *on eras.*).

10. to,yced,re.   ^{ǽt d}   hi.   þe.   stowe.

11. standendan.   dryhtne cleopedon.

12. þingedan 7.   hraðe (82ᵃ).   getimbrede.

13. gesið.   fultumade.   nehmen (*1st* e *out* of i).   þær.

14. engliscean.   gestaþelade (taþ *on eras.*) 7 on þam.

15. ealande.   englisce (i *on eras.*) men (e *on eras.*).

16. on.   þ þæt.   þ.

17. maigeo.   7 iu.

18. gehwyrfdum.   þā beteran.

19. æþele.   angelcynne.   gesomnade syndon.

Ca.   8. mycelne.   landes.

   9. getimbrianne.   sumū gesiðe.   þ land.   ðære áre toætyccedre þ hi.

10. hī.

11. stowe.   standendan.   ðær.   cleopedan.

12. ðingedon 7.   getimbrede.   hī.

13. gesið.   fultumade.   ða neahmenn.   ða engliscan menn.

14. gestaðelode 7.   forlét on þam.

15. ealande þ.   gyt.   menn ðær on elþeodignýsse hi forhabbað is þ mynster þ.

16. mycel.

17. medmyclum.   ðe.   magigeo.   7 iu.

18. ðær eallū gehwyrfdū.   þā beteran gesetnyssum.   gýt.

19. æþele weorud nimað.   munecas þe.   angelcynne ðær.

Page 274. 20. on.   clænnesse.   be.   agenum handgewinne
B.   lifiað 7 góde þeowiað.
    25. Þa (*ornate* þ).   fram.
    26. Þ is.   gear.
    27. brytene cóm Þ te osweo norðhymbra cining.   gestanden
       mid úntrumnesse.
    28. forðferde.   ylde.
    29. cining.   tíd becumen.
    30. cyrican gesetnesse.   Þ gyf.
    31. fram þære untrumnesse.   Þ.   tó róme.
    32. hale . gum (*eras. of upright stroke*).   (*p.* 249) stowum.   7
       willferð bisceop.
    33. Þ.   siðfates látteow.
    34. únlytel.   þam.   ðy fifteoðan.

O.   20. fædera.   o, mycelre.
    21. clænnesse.   be.   agenum han,gewinne lifigeað.
    25. fram dryhtnes menniscnesse (i *on eras.*) Þ is Þ æftre.
    26. bysceop on.
    27. com Þ.   cyninc.   gestanden untrumnesse.
    28. forðferde.
    29. becumen on.
    30. romaniscean cyricean.   gesetenesse.
    31. fram.   untrumnesse.   Þ.
    32. geendian 7 willferð bysceop.
    33. siðfætes latteou wære (82^b).
    34. ðon.   fifteogeþan.

Ca.   20. syndon.   . bysne arwurð,a fædera reogole.   syndon on
       mycelre forhæfednysse 7 clænnysse.
    21. be.   agenum handgewinne lifigeað.
    25. (*p.* 112) Ða.   frā.
    26. menniscnysse Þ is Þ æf,ere gear ðæs þe.   ƀ on.
    27. cóm Þ.   norð þanhymbra.   gestanden.
    28. untrumnysse.   éac forðferde ða.
    29. ða tíd becumen on.   mycle.
    30. cyricean gesetnysse.   Þ.
    31. frā ðære untrymnysse.   Þ.   róme.
    32. þā halgū stowū líf geéndian 7 willferð ƀ bæd Þ.
    33. siðes.   wære.   hī mycel.
    34. wiððon.   ða.   ðy fifteogeðan.

Page 276. 1. kalendarum 7 ecgfrið (*modern hand in margin* martiarum).
B.   to yrfewearde.
    3. ðæs cininges.   ðy þryddan.   bissceop gesamnode.
    4. bisceopa gemót.   ætgædere.   manegum magistrum
       cyre cyna (cyre *ends line*) ða ðe þære godlican gesetnesse.
    5. fædera lufedon 7 cuþan.
    6. þa hi ða ætgædere gesamnode wæron. He þa.   ongann þa
       læran tẹo (*dots*) healdanne ðy móde.
    7. bisceope gedafenede.   þe geþwæredan.
    8. aṅnesse.   seonoðlican.   þysses gemetes gewit.
   10. naman drihtnes hælendes cristes ricsiendum.
 '11. styrendū.   ðam ylcan.
   12. licade.   efencumendan æfter ðeawe árweorðra rihta.

C. S.   3. biscop.

O.   1. 7.
    3. þeodor bysceop.
    4. bisceopa.   synoð ætgædere.   monigum magistrum
       cyricean (gi *on eras.*).
    5. þa þe.   fædora.   .ge (1 *eras.*).   ða hi ða ætgædere
       ge,omnade (o *roughly out of* n).
    6. þa.   ongan læron.
    7. healdanne.   mode ðe bysceope gedafenade ða þing ða þe.
    8. cyriclican.   7 þære sinoðlican.   þysses.
   10. on.   dryhtnes.
   11. on.   7 onstyrendum (*accent on* y *doubtful*).   cyricean
       þam ylcan dryhtne.
   12. æfter ðeawe.   rihtra sm,gende be þam nydþearflicum.

Ca.   1. 7 ec,ferð.   forlét.
    3. ðæs.   ríces.   ðriddan.   arceƀ gesomnode.
    4. bisceopa (o *out of* p) gemót.   sinoð ætgædere.   monigū
       cyricean magistrum.
    5. ða þe þa reogollican gesettnysse.   fædera.   7 cuðon
       ða hi ða ætgædere gesomnode.
    6. ongan læran.
    7. mode ðe bisceopa gedafenode þa ðing ðe.
    8. on annysse.   cyriclican.   7 ðære sinoðlican.   ðysses.
   10. on.   ricsiendū on ecnysse.
   11. 7 onstýrendum his cyricean þam.   hælendū.
   12. licode us.   arwurðra rihta.

Page 276. 13. be þam nedþearflicum inntingum.   ciricum efne .. (we
B.   *erased*) cómon we.
14. þa stowæ ðe.   heortford.   twentigðan.
15. semtembris.   _(*p.* 250) æreste.   þeodor bisceop.
16. únwyrþe.   fram ðam apostolican seldes bisceop cantwara.
17. 7 se . (o *erased*) arweurðesta (*sic*).   And úre.
18. besǽ.   bisceop 7 swilce.   úre broðor.   willferð
     norðhymbra bisceop.
19. hys ærendracan þ̄ wæs.
20. þ̄ wæron úre gebroðor.   cantwara burge bissceop.
21. gecweden hrofeceaster.   heleutherius wæs seaxena bisceop.
22. myrcna bisceop.   þi.   þa togædere comon.
23. æfter.   ætsæmne.   þa cwæþ.   Ic bidde eow þa.
24. þ̄.
25. for ure lufan 7 geleafan þ̄ te.

O. 13. cyricean efencomon.
14. on þa stowe.   heortford.   twentigðan.
15. monðes.   þeodor.
16. ðeah.   fram ðam.   setle.   bysceope cantwara.
17. cyricean 7.   arwyrðæsta.   ure.
18. bysceop 7 swylce.   ure broðor 7 sacerd (83ª).
19. norðanhymbra bysceop.   agne ærenddracan ætwæs.
     ꝺ
20. swy,ce ætwæron.   cantwara burge bysceop.
                       u
21. æt hrofesceastre leutheri,s wæstseaxna (a *of* æ *erased*) bisceop.
22. bysceopum (um *partly eras.*) mid ðy.   þa togædere coman.
23. æfter.   bidde eow þa.
24. broþor.   lufon ures alysendes þ̄.
25. smeagen.   urum.

Ca. 13. be þā nydðearflicam intingan.   cyricean efen coman.
14. on þa stowe þe.   heortford.   twentigðan.
15. monðes.   theoðor' ðeah.
16. si.   fram þā.   setle.   bisceop cantwara burhge
     cyricean 7 se arwurðesta.
17. ure.
18. ꞇ 7 swylce.   ure broður.
19. norðanhymbra ꞇ.   ágene ærenddracan.
20. broðru.
21. burhge ꞇ.   æt hrofesceastre leowþerius westseaxna ꞇ ·7
     wynferð myrcna bisceop.
22. ðy we þa togædere coman.
23. sǽton cw̄.   bidde eow ða leofostan gebroðro.
24. ures alysendes þ̄.
25. smeagean for urum.   þ̄ ða dómas.

Page 276. 26. gesetnessa ða ðe frā halegum fæderum comon 7.
B. 27. þ te þa fram eallū ús úngewemmedlice.
28. þa ic ða ðas word 7 manige oðere.   ða ðe.
29. belumpan.   cirican 7 þa feng on anra.
30. æfter.   hwæþer hi geþafian wol (*p.* 251) don þa dómas.
31. healdanne.   frā heahfæderum 7 halegum.
32. 7.   bissceopas.   andswaredon 7 cwædon þ him ealle þa bissceopas wel licedon 7 hi.   bliþe móde.   healdan.   þa.

O. 26. geseteness̄ þa ðe fram.   fæderum.
27. þæt þa fram ealum.   ungewemmendlice.
28. þa ic ða ðas.
29. belumpen.   cyricean.   fræng.
30. gehwilcne.   æfter.   hwæþer hi.   ða.
31. healdanne.   ·geara fram (a *in* ra *out of* o).   fæderum.
32. 7.   bysceopas hī 7 sweredon.   þ him ealle þa.
33. licedon 7 hie.   bliðe.   healdan woldan þa (o *in* wo *out of* a).

Ca. 26. gesetnysse ða þe frā halgū fæderū.
27. þ ða frā.
28. (*p.* 113) ða ic ða.   monige oðre.
29. belumpon.   ðære.   cyricean ða frægin.
30. hi geðafedon.
31. ða ðe.   frā halgū fæderū.
32. 7 ealle ða b hī 7 swaredon.   þ hī eallum ða.
33. lícedon 7 hi.   bliðe.   healdan woldan.

Page 278. 1. ywde.   him þa ylcan bóc.   ylcum bócum.
B. 2. stowa awrát.   þ te swiþust nydþearflicu.
3. sealde him 7 bead þ hi þ fæstlice heoldon.

O. 1. ywde he him.   ylcan.   ylcan.
2. ða geond.   þ swiðust nydþearflico.
3. sealde him.   hie.
4. heoldon (83ᵇ).

Ca. 1. ywde he hī.   ða ylcan bóc.   reogola.   ðam ylcan bocū tynn capitolas ða he.
2. þ swyðost nydðearflico.
3. sealde hī.   þ hi.
4. heoldan.

Page 278. 5. Is (I *ornate*).   capitul þe we.   healdaðð.
B.   6. halegan.   ðy drihtenlican.   æfter þam feowertigðan dæge.
      7. þæs ærestan monstes (*sic*).   Se (*ornate* S).   þte nan bissceop.
      8. bissceopscire gynswoge.   þ.   þancfull.   styre.
      ðam bebodenum folce.
      9. Se (*ornate* S).   þ man þa mynstra þa ðe.   syndon.
      10. bisceope alyfed sy of ænegum þingum hi únstilligenne owiht.
      11. æhtum.   nydnæme him ongeniman.   Se (*ornate* S).   þ te.
      12. ne faron of stowe.   oðre.   oþrū.
      13. nymþe.   leafe his abbudes ac þ hí (*p.* 252) áwunian (*junctim*).
      14. hyrsumnesse.   hi.   gehéton.   tid.
      15. Ðonne (*ornate* Ð).   is se fifta (*blank* = 16 *letters to end of line*).
      þ te.   ðeow bisceopes.

C. S.   12. ne faran of.

O.   5. *begins* Se (*omits* is).   þ.   ðone.
      6. ðy drihtenlican.   æfter þā feowertegeðan.
      7. monðes.   ís þæt.   bysceop.
      8. bysceopscire onswoge.   þæt he ðoncfull sie styre.   bebodenan.
      9. ís þ te.   gehalgade sindon nænigum.
      10. alyfed (y *on eras.*) sie.   ænigum.   hie.   n,owiht.ᵉ
      11. æhtum.   nydnæme (ny *and* æ *on eras.*) ongeneoman.   feorþa.
      þ te.
      12. munucas.   stowe to óþ . re (e *eras.*).   oþrum.
      13. le,fnesse.ᵃ·   ag,nes.ᵉ   ðæt hie awunien.
      14. hyrsumnesse (y *on eras. of* e).   hie.   tíd.   geh-
      w;rfnesse (e *eras.*).ʸ
      15. ðonne.   þætte.   þeo, (o *out of* a).ʷᵃ

Ca.   5. I Se.   þ.   ðone.
      6. ðy drihtenlican.   þā feowerteo . þan (1 *eras.*).
      7. ðæs.   monðes II se.   þ.   bisceop.
      8. bisceopscire onswoge.   þ.   ðoncfull si styre hī.   bebodenan.
      9. III se.   ðætte ða.   ða ðe.   syndon.
      10. nænigum ƀ alyfed si.   ænigū ðinge hi geunstillian.
      11. æhtum.   nydnæme ongeneoman IIII se.
      12. leoran.   stowe to oðre.   oðrū nynðe (*sic*).
      13. leafnysse.   agenes.   þ hi awunian.
      14. ðære hyrsūnysse ðe hi.   behéton in tíd.   gehwyrfenesse.
      15. V ðonñ.   þ te ænig.   ðeowa bisceopes.

Page 278. 16. bissceop. ge,nd. (*1st hand*). fare 7 yrne.
B. 17. onfangen. butan bisceopes.
18. syþe onfangen sy hate hine man ham hweorfan gif he ne wille.
19. feormige ofer þæt syn hi begen þæs bisceop.. dómes wyrðe 7
scyldige (*after* bisceop *erasure of two letters ; a modern hand in
margin* 7 se ðe gefeormod wæs syn hi begen; *last three words
struck through*).
20. Ðonne (*ornate* Ð). sixta ꝥ te ælþeodige bisceopas. þeowas.
21. syn þancfulle. And nænegum. alyfed.
22. ænige. þenunge tó donne butan. bisceopes. hi.
23. syndon gefeormad. Se (*ornate* S). seofeþa. ꝥ te twuwa.
geare seonoþ.
24. man gesamnige. inntingan. únæmettan. gelimpeð.
25. ús. ꝥ te. siðe.
26. geare seonað gesamnode on. ys. Ðonne is seo eahtogeðe
(ornate Ð).

O. 16. agenne. yrne (*on abras.*).
17. sie butan.
18. siðe. wile.
19. feormede. ðe. sien hie.
20. scyldie ; Ðonne. syxta. elþeodie. þeowas (o *on eras. of* a).
21. sien. gæstliðnesse (84ᵃ). nænigum. alyfed
(y *on eras.*) sie ænige.
22. þenunge. buton, þ;hie (i *eras.*).
23. gefeormade sien. seofoþa. tuwa. geare synoð (y *on eras.*).
24. gesomnade. gelimpeð.
25. eallū. siðe in geare synoð (y *on eras.*).
26. gesomnade. clofeshooh.

Ca. 16. ágene. fére 7 yrne. ower onfongen si þær he cume
butan ƀ tácne.
18. gif æne siðe onfongen si hate hine man hám hweorfan 7 gif he
nyle se ðe hine feormade.
19. se ðe gefeormod. syn hi. bisceopes.
20. scyldig VI Ðonñ. syxta ꝥ te ælðeodige bisceopas. ðeowas
sýn ðoncfulle.
21. gæstliðnesse. nænigum. alyfed si ænige.
22. þenunge. bisceopes. ðe hi.
23. gefeormade sin VII. ꝥ te tuwa. geare sinoð gesomnode
beon ac forðon misenlice.
24. gelimpeð lícade.
25. eallū. ꝥ te. agustes. siðe in geare synoð
gesomnigen in þære stowe.
26. clofeshooh (*p.* 114) VIII se cahteða.

Page 278. 27. þ te.   bis(*p.* 253)ceopa.   oþrum forbere.   únriht-
B.   willnunge.
    28. ongytan.   tíde.   hys.   Ðonne is se nygoða (*ornate* Ð).
    29. ásmead þte.   þam.
    30. geríme geleaffsumra má bissceopa ætycte.   Se teoþa (*ornate* S).
    31. gesamhiwum þte nænegum alyfed sy butan ælcne gesinscype.

Z.   28. nigeða.   ðætte weaxendū ðæm riime geleafsumra mæ.
    30. æt eecte wærō.   tiogeða ís.
    31. gesinhiegeum ðætte nænigū.   sie.   ælicne.

O.   27. eahteþa.   bysceopa.   oþrum forebere.   unrihte.   ác.
    28. ongyte.
    29. nygeþa.   þte.   þam riime (1*st* i *erased*) geleafsumra.
    30. bysceopa ætycte.   teoþa.
    31. gesynhiwum þ nænigum alyfed.   ælicne gesynscype.

Ca.   27. þ te.   bisceop.   forbere.   unrihte.
    28. ongyte ða tíde endebyrdnysse IX se nygeþa þte.
    29. þam rime geleafsumrâ má bisceopa ætycte.
    30. X se teoþa.
    31. gesinhiwum þ nænigū.   alyfed si butan ælicne gesynscype.

Page 280. 1. habban ne nænig mæghæmed únclæne.
B.   2. wíf forlæte butan.   þ.   halige godspell læreþ.   inntingan.
    3. dyrnè forlegenesse gyf hwilc man.   agen wíf onscuñie þ.
    4. rihtū æwe forgifen sie 7 geþeoded gif hi.   cristene.

Z.   1. ne nænig.
    2. wíf.   sua ðæt halge.
    3. dernre forlignesse.   hwilc.   agen wiif.   ðæt.
    4. rehtre æ forgiefen sie 7 geðeoded wæs.   rehtlice cristlice.

O.   1. habban ne nænig.
    2. wif.   halige godspell.
    3. forlignesse.   hwilc.   agen .. (2 *eras.*) wif.   þ.
    4. rihtre.   forgyfen sy 7 geþeoded wæs.

Ca.   1. habban ne nænig.   fremde.
    2. wíf forlæte nymðe.   þ halige godspell.
    3. forligenesse.   hwylc monn.   agen wíf.   þ hī.
    4. rihtre.   forgifen si 7.

Page 280. 5. willan.   gegadrige.   ænigum.   awunige oððe.
B. 6. wiþ.   wif geðwærige (*break = one line*).
    7. Wæs (W *ornate*).   ðy.
    8. fram.   menniscnisse ðy geáre eac swilce.
    9. ecgbryht cantwara cining.   forþferde.   (*p.* 254) 7 hlothere.
    10. broþor.   ríce 7 hæfde þ ðrottyne.
    11. monoð.
    12. besǽ.   bisceop.   sædon þ.   þam.
    13. æfterfylgend.
    14. bisceopes þe beforan gemyngodon.
    15. mann forþon.   forþferde æfter.
    16. bisceopháda þa ðe halgode.   bissceop æfter.

Z. 5. welle.   gegeadriæ.   oðrū ah sua.   oððe.
    6. geðwærice.

C. S. 14. þæs we.
    16. theodor bysceop.

O. 5. gegadrige he. (1 *eras.*).   ænigum.   awunige oððe.
    6. wif geþwerie ; (84ᵇ).
    7. þæs synoð.
    8. fram.
    9. eac swylce ecbyrht cantwara.   on.
    10. seofan.
    12. þonne.   byse.   bysceop.   sædon þæt on þā.
    13. æfterfylgend.
    14. bysceopes.   gemyndgadon.
    15. æfestnesse.   forþon.   bonefatius (ti *on eras.*).
    16. bysceophades (*final* s *squeezed in*) ða gehalgade.   bysceop
    æfter.

Ca. 5. gegaderige.   ǽnigū oðrū.   áwunige oððe.
    6. wif geþwærige.
    7. synoð.   ðy.
    8. ðreo.   frā.   ðy.   eac swylce ecbyrht cantwara.
    9. on.   hloðere.
    10. þ.   XXIII winṫ.
    11. monoð.
    12. ðonñ.   byse.   ƀ ðe.   sædon þ on þā.
    13. synoðe.   bonifacius æftfyligend.
    14. biscopes ðe.   mycelre geearnunge halignesse 7 æfestnysse monn.
    15. bonefacius.   æfṫ.
    16. gearū.   biscophade ða.   theodor' arceƀ.   hī ðon͡
    byse to ƀ.

Page 280. 17. besǽ.   bisceope And.   gyt be.   lifigendum.
B.   18. fram.   bisceopþenunge.   untrumnesse.
         19. bisceopas.   him.
         20. tíde oð gyt.   hafaþ.   bissceopas.
         22. Æfter (*ornate Æ*).   þissum nales.   tíde forð. áurnenre
             (*the erased letter was* a).
         23. arcebisceop gebolgen fram.   myrcna bissceope.   gewrit
             sumre únhyr(*p.* 255)sumnesse 7 þa benam him.   bisceopscire.
         25. seaxulf bisceop.   timbred.
         26. á. ƀƀ (*erasure of* h ?) ðæs mynstres þte cweden is Medesham-
             stede in.
         27. lande.
         28. þ.   And.   geendode.
         29. swilce eastseaxum he gesette eorcenwald in lundenceastre to
             bisceope.

O.   17. byse to bisceope 7.   be.   lifigendum.
         18. frā.   bysceopþenunge.   hefigre (i *on eras. of* e) untrumnesse.
         19. bysceopas ácci (a *on eras.*, i *out of* e).   beadwine.   him.
             gehalgade.
         20. bysceopas.
         22. Æfter þyssum nalæs.
         23. ærcebysceop.   fram wynf. r,ðe (y *out of* i, *after* f 1 *eras.*,
             stroke of ð *eras.*).   mercna (y *not* 1*st hand*) bysceope.
                                              he
         24. unhyrsumnesse.   benam,hine.   bysceopscire.
         25. gehalgade seaxulf bysceop.
         26. þætte cweden is medeshamstede on gyrwa (s *in* sh *afterthought*).
             (85ᵃ) lande.
                    i
         27. wynf. r,đ (*after* f 1 *eras.*, *cross stroke of* ð *eras.*).
         28. drohtuncge.
         29. eastseaxum he gesette ercenwold bysceop on.

Ca.   17. 7 þa be hī lifigendū þ.
         18. frā ðære bisceopþenunge.   untrumnesse.
         19. bisceopas.   beadwine for hī.
         20. ðære.   dæg.   hafð.   bisceopas.
         22. Æfi þyssū nalæs.
         23. arceƀ.   frā winferðe myrcna ƀ.
         24. unhyrsumnesse.   benám.   bisceopscire.
         25. seaxulf ƀ.
         26. ðe gecweden is medeshamstyde on gyrwan lande wynferð.
         27. þ.
         28. drohtnunge.   líf geendode.
         29. ða eac swylce eastseaxū he gesette ercenwold ƀ lundenceastre.

Page 280. 30. cynigas.   ða tid.   sigehere ðara.
B.   31. bisceopes.   drohtung . (e *erased*).   in bissceopháde
  (p *later and unusual in form*).

O.   30. on þa tid.
    31. gemyngedon.   bysceopes.   on bysceophade.

Ca.   30. on.   tíd.   sigehere ðara.   gemynegodan ðæs b líf 7
  drohtnunge on.

Page 282. 1. ge ón arcebisceopháde.   sæd þ he wære se halegesta.
B.   2. æfter.   7.
  3. siððan lange.   hors þ hine man on bær úntrumne.
  4. fram.   úntrume þe gewergade wæron on lengtenadle oððe
  on oðerre hefinesse hi þær.
  6. 7.   þ án þ te.
  7. ða ðe.   oððe togesettæ gehælede wæron.
  8. swylce.   scafe (*p.* 256) ðan þa þe þær.   numene.
  úntrumum.
  9. mannum.   hraðe.   læcedom.   onbrohton ðæs.

O.   1. ge ærcebysceophade.   sæd þæt.   þ.
  2. æfter.   gecyþed.   7.
  3. syððon.
  4. fram.   on lengtenadle oððe on oþre hefinesse 7 on untrum-
  nesse gewergade wæron.
  6. 7 nalæs þ.
  7. þa þe.   bǽre oððe togesette gehælede wæron.
  8. swylce.   scefðan.   þær.   untruman mannum.
  9. gelædde hwæþere him læcedom geþeron.

Ca.   1. ge óṅ ærc̦ȩbisceophade (*dots look modern*).   sǽd þ he wære se
  halgesta.
  2. (*p.* 115) tácnū.   7 forðon lange his hors syððan þe hine man
  untrūne on bǽr.
  4. fram.   discipulū.   ða þe on lengtenadle oððe on oðre
  hefignysse 7 on untrumnysse gewerigade wæron ðær.
  6. 7 nalæs þ an þ te ða.
  7. oððe.   gehælede.
  8. swylce.   ða scæfðan.
  9. mannū gelædde 7 hī læcedóm bæron.   ðes.

Page 282. 10. halega.   ðe.   bisceop gewurden.   twa æþele mynstra.
B.   11. getimbrade.   sylfum oðer hys swyster æþelburge.
          12. æghþer.   regollicum þeodscipū.   gesette 7 getimbrede
               wæron in suþrigena.
          13. be.   streame þ is haten ceortes ég. his mynster eac sealde
               his swyster on eastseaxena mægðe on.
          15. on þære.   mihte.   willsumra wífmanna.
          16. gestandan.   þa heo ða.   þam.
          17. mynstres heo efen wyrðe hí lét on eallum.   þam bisccope.
               hyre.
          18. on rihtum.   on regollicum.
          19. þ.   heonfenliçum.   gecyðed.
          20. Forþon (*ornate* F).   on þissum.   þ.   on.   manig tacen.
          21. gefremede.   ða ðe.

C. S.   13. ðære *deest* (*before* stowe).   cweden.
          15. seo is nemned.

O.   10. bysceop.   twa æþele.
          11. getimbrade oþer.   sylfum oþer æþelburhge.   sweoster.
          12. æghwæþer.   regollicum þeodscypum.
          13. getimbrede on suðrigena.   be.   on.   is cweden ceortes ige.
          14. sweostor on.   mægþe on stowe seo is (85ᵇ).
          15. on byrcingum on.   mihte.   willsumra wifmanna.
          16. gestandan ða.   þam.
          17. heo efenwyrðe hi on ealum (*sic*).   þam bysceope.
          18. hyre breþer on rihtum.   on regollicum gegearwade.
          19. ðæt.   heofonlicum.
          20. þyssum.   þ is on byrcingum (r *out of* f).   tacen.
          21. gefremed (m *out of* n).   getimbernesse.

Ca.   10. ær ðon.   ƀ.   twa.   mynstere.
          11. hī sylfū.   æþelburge.   sweoster.
          12. reogollicū.   well.   hī.
          13. getimbrede on suðrigena.   be.   on ðære stowe þe is
               nemned ceortes ige.
          14. on.   on þære stowe seo is cweden on byrcingū on.   mihte.
               willsumre wíf 7 festermodur gestanden.
          16. ða heo ða.   þam.
          17. ðæs mynstres heo efenwyrðe on eallū þingū ðam bisceope.
          18. breþer on rihtū.   on reogollicū.
          19. þ.   heofonlicū wundrū.   gecyðed.
          20. Forþon on ðyssū.   þ is on byrcingū.   tacen.
          21. mægena gefremede.   ða þe.   getimbernesse.

Page 282. 22. æfter(*p.* 257)fylgendra fram manegum. cuþan awritan
B. habbaðᵈ wæron þa sume wunigende 7 geþeodde in þis úre
ciriclice mynster.
25. þi. hreohnys. wales. wíde eall.
26. forheregod. fornumen. becóm. swilce.
27. þysses mynstres ðær ðe wæpnedmenn inne. 7.
28. worulde. numene.
29. abbudesse. modur. gesamnunge byghydig and
sorgiende on.
30. hwilce tíd þæne.

C. S. 22. awriton hæfde.

O. 22. æfterfylgendra fram. þe. cuþon.
þe
23. hæfdon wæron. sume.we. gymdon geþeo . dan on (d *eras.*
before d). ure cyriclice .. stẹr (*before* stẹr *eras.*).
25. hreownes. woles. eal.
i
26. forherg,ende 7 forniomende. becom.
27. þises. þa. inne wæron ða wæs seo (*rest wanting*).
i
29. bihydig 7 sor,gende.
30. tíd ðone.

Ca. 22. ǣft fyligendra frā monegū. awriton 7 hæfdon wæron þa
sume ðe we nu gymdon geþeoddon on ðis ure cyriclice mynster.
25. hreownes. woles. wíde eall wæs worigende 7 fornimende.
26. becom. on.
27. ðysses mynstres inne wæron ða wæs seo (*rest wanting*).
29. ðære. bíhydig 7 sorgiende on.
30. tíd ðone. ðe. ðara.

Page 284. 1. wifhade inne. þ þ ylce wíte þær. þa ongann. gelomlice.
B. 2. gesamnunge. geswustrena. sécan. acsian
on hwlycere stówe.

O. 1. wifhade on (o *on eras. of* 2). wite. ongan. gelomlice.
2. on. acsian on hwylcre.

Ca. 1. wifhade on. þ ylce wíte. ongan.
2. on. ðare. acsian on hwylcere

Y

Page 284. 3. hi.　　　þ.　　　líctun gesett.　　　þ hi man.

B. 4. mihte.　　　þ.　　　þ hi.

5. ðy.　　　ðe hi.　　　gesawon myd þi.

6. nænige cuþe andsware.　　　mihte.

7. þam geswustrū.　　　gelamp þ.　　　sylf myd.　　　þam (*p.* 258).

8. geswustrum ða cuþestan 7 sware.　　　upplican forseonesse.

9. nihte.　　　sealmsang.　　　uhtlican.

10. lofsanges.　　　þa cristes þeowena útgangende to.

11. gebroðra sumne of cirican 7 hæfdon heora uhtgebed gefylled
7 þær þa gewunelican lofsangas.

12. ða wæs þæs.

13. leoht (t *roughly inserted paler ink*).　　　cō.　　　hi ealle
swa micel.

14. scyte 7 hi ealle.　　　hí mid.　　　fyryhto.

O. 3. hie woldan.　　　lictun.　　　hie.

4. bebyrigean meahte (86ᵃ).　　　þ hi.

5. hie.　　　gesawon.　　　ðy hio,

6. nænige.　　　7 sware.　　　mihte.　　　ðe.

7. þam sw; strū (e *eras.*).　　　ða gelamp þ.　　　sylfa.

8. þam sw; strum.　　　cuþestan 7 sware.　　　upplican foreseoneš.

9. forþam.　　　nihte.　　　sealmsang.　　　uhtlican.

10. lofsanges.　　　þa.　　　utgangende.　　　cyricean.

11. byrigenne.　　　broþra þa þe hie.　　　ðyssum.　　　foreeode.

12. gewunelican lofsangas dryhtne sugan (u *partly on eras.*).

13. com ofer hi,.　　　7.　　　mycel scyte hie.

14. hi.　　　mycelre fyrhto.

Ca. 3. hi.　　　þ heora lictun wære geseted þ hi.

4. bebyrigean mihte ðonñ þ.　　　þ hi.

5. ge,rore ðe hi.　　　gesawon.　　　ðy.

6. nænige.　　　7 sware.　　　mihte.　　　ðe.

7. þā swustrū ða gelamp þ.　　　sylfa.　　　eallū swustrū ða.

8. 7 sware ðære upplican.

9. onfeng þ sumre nihte þa ða.　　　(*p.* 116) sealmsang.　　　ðæs
uhtlican lofsanges.

10. útgangende.　　　cyricean.

11. bebyrigenne ðara.　　　hi.　　　ðyssū.　　　foreeode.

12. ða gewunelican lofsangas.　　　Đa wæs ðær.

13. cóm.　　　hi.　　　7.　　　mycel scýte hi.

14. hi.　　　mycelre fyrhto.

Page 284. 15. þ hi.   sang þe hi sungon mid fyrhtum forléton.
B.   16. mare þonne.
       17. middum.   fǽce þ.   uṕp áhafen.
       18. stowe.   gewát on.   þ.
       19. ðǽre.   wunede.
       20. ontynede ðe hi.   ðeahtedon.   geseondū.
       21. uṕp on.   þte nænigū.   ne wæs þætte þ ða sawle
            (*p.* 259) ðæs cristes þeowes.
       22. lædende.
       23. on.   þ te þ.   ða.   ætywde ðær.
       ₂4. lichaman ræstan sceoldon.   onbidán.   scíma.
       25. micel swa sum eald.   sæde.
       26. ylcan tíd on.   oðrum.
       ₂7. þte.   ðurh.
       ₂8. eahþyrelu inn eode þ.   eall.   dæghwamlice.

O.   15. geslogh þ hie þone sang.   hie sungan.
            o
       16. be,rhtnes.   mare þonne.
       17. middum.   up ahaſen.
       18. stowe.   on.   þ.
       19. cyricean.   hī.
       20. onty. nende þær hi (*after* y 1 *eras.*).   gesundum upp on.
       21. þæt nænigum.   þæt þ sylfe.   saule þara cristes (86ᵇ).
       23. on.   þ þ.   ætywde.
       24. lichaman.   scoldan.   æriste (i *out of* e).   bídan.
                                                    morgenne
       25. eald broþor on (on *on eras.*) mar. ne (1 *eras.*) sæde (1*st hand*
            above ?).
       26. on ða ylcan tiid on þære cyricean.   oþre.   breþer.
       27. þ.   ða cynan.
                              r   s
       28. ða eghþyrl.   beo,htnesse dæghwamlice,.

Ca. 15. þ hi.   sang ðe hi.   forhtigende forlǽton.
       16. mare ðonñ.
       17. middū.   ða.   æft medmiclū.   þ.   upp ahafen.
       18. ðære stowe.   gewát on.   ðæs.   þ.
       19. ðære cyricean 7 ðær ða.   wunode.   hī ða.
       20. ontýnende þær hi ær ymbðeahtedon.   eallū.
       21. upp on.   gewát þ nænigū.   þ þ sylfe.
       22. ða sawule þæra cristes ðeowa.
       23. on heofonas 7 eac swylce ða.   hī ætywde.
       24. lichoma.   sceolde.   ðæs.
       25. mycel.   eald.   marne sæde.
       26. on þa ylcan.   on þære cyricean.
       27. cw̄ he þ ðæs.   ðurh ða cynan.
       28. ðurh ða eghðyrla.   þ.   beorhtnysse.

Y 2

Page 284. 29. oferswi^de (*original*: on a blank line in nomine *corrector's*
B.   hand ?).
       30. Wæs (*ornate* W).   þam ylcan mynstre sum hyre cild.   hyt
           yldre þoñ.
       31. hys nama aesica.   for.   cildiscan yldo.
       32. gyta.   on þæra nunnena mynstre.

                                cniht
O.   30. on þam ylcan.   ,cyld.   þonne.
       31. nama æsica (a *of æ eras.*).   cildlican yldo.
       32. on.   gehalgadra.

Ca.   29. oferswy^ðde.
       30. on þā ylcan.   cnihtcild.   þonñ ðrywintre.
       31. nama ísica se for ðære cildlican yldo ða gýt.
       32. on þære fæmnena mynstre feded.

Page 286. 1. þa.   mid þære.   adle.   he þa on þam ytemestan
B.   dogore becóm.
         2. clypede.   þriwa 7 ane.
         3. þam gehalgodum.   cristes hyre agenne naman cigde.
         4. (*p.* 260) 7 weardre.   tospræc 7 þus cwæþ eadgyþ eadgyþ
            eadgyþ.
         5. endiende hwylwendlice líf.   þ éce férde 7 þa sona.
         6. ðe sweltende þ cild hi clipode on þære stowe þ heo wæs þæré.
            (*dot and stop*) ylcan untrumnesse gehrinen.   þi sylfan
            dæge. þe þ cild hi cigde heo of þissum.

O.   1. þa.   mid ða.   adle þa he þa.
         2. þam ytemestan dogore becom.   clypode.   þriwa 7 ane of þam.
         3. agene.   cígde (ig *out of* y).
         4. hyre 7 weardre.
         5. hwilendlice lif 7 on.
         6. 7 þa sona seo.   swyltende cigde on ðære.
         7. untrunnesse.   þy seofoþan dæge.

Ca.   1. þa.   adle þa.
         2. þam ytemestan dogore becóm ða clypode.   þriwa ane.
         3. þa gehalgedū fæmnū.   agenne.   cigde.
         4. hyre andweardre.   spræce 7 cw̄.   eadgyþ (*ter*).
         5. ðis hwilendlice líf.   on þ éce.
         6. 7 þa sona seo.   ðe.   swyltende cigde on ðære.
         7. untrumnysse.   ðy seofoþan.   ðe.

Page 286. B.
8. atogen.   þam.
9. fylgende þe hi cigdon.   þam heofonlican ricæ. (æ *out of* a, u *erased*) Eft.
10. þam ylcū.   ðeowum.   mid þære.   adle.
11. gestanden.   þam ytemestan dogore (*last* e *afterthought*). ongann.
12. in midde niht clypian to þam.   hyre ðenodon.
13. þ hi blæcern 7 þ.   acwencton þ.
14. hi. bǽd.   mánode.   hyre nan hyra þeah hýran nolde.
15. nyhstan.   þte.   wenaþ þ.
16. úngewitte mode.   hwæþere witaþ.   þ.
17. secge þ.   miclum.
18. þte þ.   þystre.
19. gesewen 7 þa gyta (*p.* 261).   ðe heo þis spræce nán hyre ne andswarede oððe geþafa beon wolde þa cwæþ.

O.
8. gecȳ,d. (ge)   þyssum.   átogen.
9. fyl,gende. (i)   hi (i *on eras. of* 2) cigde.   þam heofonlican.
10. (87ª) Eft.   þam ylcan.   þeowum (o *on eras.*).   ða (e)
foresprececan adle wæs geswenced 7 to þam ytemestan dogor,.
11. ongan.
12. niht clypian to þam.   hyre þenedon.
13. þ hi þ blacern.   þ ðær.
14. manode.   heora.   hwæþere, hyran. (hyre)
15. þa æt nyhstan cw̄.
16. íc ungewitige mode.   hwæþere.   þ.
17. secge þ.   geseo (ge *on eras.*).
18. þæt þ.   blacern.   þystre.
19. gesewen 7 no þa (7 no þa *marginal*, a *on eras.*).   ðe.   ðus sprece.

Ca.
8. geciged.   þyssū.   atogen 7 ðan.
9. fyligende.   hi cygde to þam heofonlican.
10. þam ylcan.   þeowū.   ða.   adle wæs geswenced 7 to þam ytemestan dogore.
11. ongan.
12. niht clypian to þam ðe.   þenedon.
13. þ hi þ blacern 7 þ.   adwæsc(*p.* 117)tan þ ðærinne wæs onbærned 7.
14. gelomelice.   manode.   hire.   hwæðere.
15. þa æt nyhstan cw̄.   wát þ ge wenaþ þ.
16. ungewittige mode.   hwæðere.   þ.
17. forðon.   secge þ.   mycele.
18. þ.   blacern.   ðystre.
19. gesewen 7 no ða gýta ðeah ðe.   spręce.

Page 286. 20. bernaðð eft eower.

B. 21. blacern 7 eower leoht swa ge willan witað.   hwæðere ꝼte.
22. ꝼ.   nis mín.   cymeþ.   hyt.
23. ongynneð. Ongann.   ða.   ꝼ hyre ætywde.   halig
        godes wer.
24. ðy.   geare forde se hyre tó cwæde ðonne.
25. cóme ꝼte.   þam écan.   ꝺære gesiliðe seo wæs hraþe
        gecyþed.
26. gesett.   úpp ryne on.
28. Mid (*ornate* M).   þi þa.   modur.   ðære.   gesamnunge.
29. æþelburh abbudesse.   geleorenne þa.
30. ætywde sumre godre swyster wundorlic gesihð.   nama.
        torhtgyþ.
31. manig gear on þam ylcan.   wunigende.   on.
32. on hlutornesse.   on clænnesse.

O. 20. andswarede oððe.   bærnað (a *out of* u).
21. blacern.   lange.   willan witað.   hwæþere ꝼ þæt.
22. forðon.
23. ongynneð ongan.   ða.   ꝼ.   ætywde.   halig godes wer.
24. þy.   gere.   hyre.   tid come ꝼ.
25. þam ecean.
                    b   r
26. geséþed ym, ðæs.   úp,ᵹ . ne (*eras. of* r) on.
27. forðfore (fore *on eras.*).
28. Mid þy þa.
29. æþelburhg abbuddisse (87ᵇ).   middangearde gefered þa.
30. ætywde súre godre sweostor wundurlic.   þære.
31. ger on þam ylcan.   symble on.
32. on hlutternesse.   on clænnesse.

Ca. 20. andsware oððe geðafung gefyllan wolde cw̄.
21. blacern.   lange.   wyllan witað.   hwæðere ꝼ ꝼ.
22. mín forðon.   þonñ.
23. ongynneð ongan hī.   ꝼ.   ætywde.   halig godes wér.
24. ðy.   þonñ.   tid come ꝼ.
25. þā.   férende.
26. gecyþed.   uppýrne on.
28. þa.   arfeste moder.   ðære.
29. æþelburh.   middangearde geféred ða ætywde sumre gódre
        swuster.
30. gesyhþ.
31. gear on þā ylcan.   wunigende.   on eallre eadmodnysse.
32. on luttornesse.   on clænnesse.

Page 288. 1. þeowode 7. fultumiend (*p. 262*). ðeodscypes. ylca (*sic*).
B. 2. modur. abbudessan. gingra. clænsode. hire lare.
   3. ðære swustor. þ æfter. apostoles cyde in untrum-
      nesse lichaman 7 þurh.
   5. nigan gear fulle. þam.
   6. foregesewenesse. alysendes. þam þte.
   7. in hyre únclænnesse betwyh.
   8. únwisnesse oððe. úngyminge gelūpe þte eall þ.
   9. ðære. ofasude. ðeos swustor. nihte. hyt.
  10. ongann þa wæs heo útgangende. clyfan. inne wunude.
  11. swutule. mannes lichaman. scytan.
  12. þoñ. heannesse boreude (*sic*).

O. 1. þeo . de (d *eras.*). 7 wæs fultum,end regolices. þeodscypes.
      ylcan meder 7 abbuddissan.
   2. iungran. clæ,sade. mid hyre lare.
   3. æfter. apostoles.
   4. on untrumnesse.
   5. untrumnesse lichaman. ðurh nygan (nyg *marginal;* an *on
      eras.*). gear fulle.
   6. foresynesse. alysendes swiðe geswenced. ðon þæt.
   7. on hyre unclænnesse. betwih.
   8. ungewisnesse 7 . (1 *eras.*) þurh ungymenne (*after* þurh *vertical
      line*). þæt eall, se ófen (*after* se *vertical line*).
   9. ofasude. sweoster. nihte.
  10. ongan. utgangende. hyre. onwunade.
  11. swutule. lichaman. scytan bewundenne (denne s. w.
      b. þ. s. on h. be *interlined*).
  12. þonne. on heannesse beren . ne beon (ren, *on eras. at beg. of line*).

Ca. 1. ðeowode 7. fultumiend reogollices ðeodscypes. ylcan.
   2. iungran lǽrde. mid hire lare.
   3. bysne ðære swustor. þ.
   4. on untrumnysse. wǽre.
   5. untrumnesse. ðurh. géar fulle.
   6. foreseonysse. alysendes swyþe. geswenced.
   7. þ. on hyre unclænnysse betwih.
   8. ungewísnesse 7 þurh ungymenne. þ eall þ sár þære.
   9. costnunga ofasúde ðeos sweoster. nihte.
  10. ongan. utgangende. on wunode.
  11. swutole. scytan.
  12. þoññ. on heannysse berendue beon.

Page 288. 13. úpp áhafen.   þam húse.   þa geswustor inne restan.
B.   14. ỗi.   georne behealdenne wæs mid hwylcum þingum he
               úpp tógen wære.
        15. wuldorlican lichaman.   sceawigende.
        16. heo swa (p. 263) he mid gyldenum rapum in.   upplican
               heannesse ahafen wære oỗ þ ỗe.
        18. má fram hyre gesewen.   mihte.   be.
        19. gesihỗe þe hyre nán tweo nære þte sum heora of.
        20. gesamnunge hraþe.   ỗære.   þa godcundan.
        21. gyldene rapas ahafen.
        22. þ.   gelamp forþan.
        23. manegum.   betwih.   góde.   modur ỗære gesamnunge.
        24. hefinesse lichaman.   wæs hire.

O.   13. upp ahafen of þā.   on.
        14. ỗa geornlicor behealdenne hwylcum teonde h . (h at end of line,
               after it a blot) upp ahafen.
        15. wundurlican (88ᵃ) lichaman.
        16. þa geseah heo swa swa he mid gyldenum rapum on þa upplican
               a
               ahefen.
        17. oỗỗæt he openiendum.
        18. ma from.   gesewen.   mihte ỗa ỗohte.   be.
        19. gesyhþe 7 hyre.   tweo . (1 eras.).   þæt.   hraþe.
        20. swyltende.   sawul.
        21. gyld . ne (e eras.).
                                   c
        22. ahafen.   s,eolde þ.   nalæs monigum.
        23. betwyh.
        24. hefinesse lichaman.   hyre.

Ca.   13. upp ahafen.   ỗam.   sweostra on.
        14. ỗa geornlicor behealdende.   hwylcū teonde he upp ahafen
               wæs.
        15. wundorlican.   ỗe.
        16. þa.   swaswa he mid gildenū rápū on þa upplicanahafen(p.118).
        17. oỗỗæt he openiendū heofonū.
        18. má frā hyre gesewen.   mihte ỗa.   be ỗære gesihỗe.
        19. tweon.   þ.
        20. swyltende.   sawul ỗurh.
        21. scínnendan (sic) ỗe.   ỗurh gyldene.   heofonū.
        22. ahafæn.   þ.   gelamp.   nalæs monigū dagū betwyh
               gesetum.
        23. ỗære.
        24. hyre.

Page 288. 25. heofonlican.   inngange stáh.
B.   26. þam.   sū æþele.   æfter þisse worulde micele æþelre
        (*rest wanting*).
      28. manegum.   ealre þenunge.
      29. lichaman ofgyfen.   ꝥ.   astyrigan mihte.
      30. ða geacsode ꝥ.   arweorðan abbudessan.
      31. lichama wæs geborht (*sic*) in cirican 7 þær geset.   man byr-
        gan sceolde (*p.* 264).
      32. ꝥ hí man ðider beran sceolde þa ꝥ þa wæs swa.
      33. onhylde.   líce 7 inn.   gebidendra.
      34. hyre.   ðæt.   ábæde þæs.

O.   25. sa,ul.[w]   heofonlican eðeles ingan, gestahg.[g]
      26. on þam.   æþele.   ælter þysse.
      27. wyrðnesse 7 on.   worulde.
      28. æþelre.   monigum gearū.   ealre þenunge hyre.
        lichaman ofgyfen (y *on eras.*).   forleten.
      30. mihte.   geacsade ꝥ.   arwyrðan (*bis,* 1*st struck through*).
        abbuddissan lichama.
      31. on cyricean.   oððæt.   byrigean.
      32. ꝥ hi man.   þa ꝥ.
      33. þ,onhylde heo hi to (88ᵇ).[a]   lice 7 on.   gebiddendra.
      34. hyre lyfigendre.   ꝥ.   abæde.

Ca.   25. sawul ðæs heofonlican.   ingang gestah.
      26. on þā.
      27. ðysse.   wurðnysse 7 on.   worulde mycle.
      28. monegū gearū swa ealre hire lichoman þeninge ofgifen.   ꝥ.
      30. mihte.   ða geacsode ꝥ ðære arwurðan.
      31. on cyricean.   oððæt.   byrigean.
      32. ða.   ꝥ hi man ðyder bære.   ꝥ ða.
      33. onhylde heo hi to þā líce 7 on gemett.   gebiddendra.
      34. hyre spræce lifigendre.   ꝥ.   abǽde.

Page 290. 1. scyppendes.   ꝥ.   frū.   miclum cwylmnessum 7
B.   swa singalum onlysed.
      2. moste ꝥ hyræ bena na lator gehyrede næron þonne.

O.   1. scyppe,des.[n]   ꝥ.   fram.   miclum cwylmnessum
        (y *on eras.*).
      2. onlysed (lysed *on eras.*).   hyre.

Ca.   1. scyppendes mildheortnysse,   ꝥ.   frā.   myclū
        cwylmnessū.
      2. onlysed.   hyre.

Page 290.   3. þ.
B.   4. lichaman.   þam hwilwendlicum geswencnessum éce.
      5. méde.
      6. Mid (*ornate* M).   þi ða seo foresprecenæ.   ðeowen torhtgyþ.
         gear.
      7. gyta.   hlæfdian forþfore on.   lífe.   7.
      8. heo þa swa swiþe.   þære untrumnesse þe beforan cweden wæs.
      9. þte þa ban.   ða seo.
     10. nealæcte (æcte *on erasure*) tó leornesse.   þ.   oþerra leana.
     11. ðære.   ontyrgnesse beswicode.   þry dagas (*p.* 265) 7
         þryo niht.
     12. þ.   uncwysse.
     13. gesyhðe gereced.
     14. heo locode upp on heofonas 7 þus ongan specan.   gesihðe
         þe heo þis gecweden hæfde þa geswigode (*no more*).

O.   3. þonne æfter.   dagum (dag *on eras.*).   þ.
                                                        t
      4. lichaman alæded.   þam hwilendlicum geswenc,nessv (t *not*
         1*st hand*, v̄ *rudely out of* e).
      5. Mid þy þa seo.   þeowe (o *on eras. of* a).
      7. hlæfdian.   on þyssum.   7.
      8. untrumnesse.
                nymþe
      9. þ . . . þa ban (3 *eras.*).   nyhstan.   tid nealæcte.
     10. tolesnesse nalæs þ.   oþera lima.
     11. beswicade.   þry dagas (g *on eras.*).
     12. niht.   þ.
     13. gaslicre gesyhðe geréted.
     14. úp on.   ongan.   gesyhðe.
                de
     15. behealden.   miclum.
     16. þa þus cw̄ (þaþ *out of* þuw).

Ca.   3. þonñ.   dagū þ.
      4. alæded.   þā hwilwendlicū geswenctnesse.
      6 þy ða seo.   gear æft.
      7. læfdigean.   on þyssum.   hæfed.   7.
      8. swyðe.   untrūnysse.
      9. þ na ða bán tu láfe.   nyhstan ða.
     10. nealæcte.   tolysnesse nalæs þ án oðra lima.
     11. ðære.   ða.   þry.
     12. niht fulle þ.   heo mid gastlicre.
     13. gesyhþe.
     14. lócade upp on.   ongan.   gesyhþe.
     15. behealdende wæs.   cw̄.   myclum.
     16. ða ðus cw̄.   geswigode.

Page 290. 17. hwón.   swa swa heo wære biddende his andsware ðæs þe
B.   heo tó sprecende wæs swa swa heo leohtlíce spræc æfter þon.
19. nænigum þingum ic þas bliðe.
20. mæg 7 þa eft medmicel.   geswygode 7 þa cwæþ ðryddan.
21. gyf.   nænigum.   ne mæge.   halsige ꝥ þær ne.
22. si lang.   betweonum 7 þa swygode eft.
23. dide 7.   þus ꝥ.   geendode gyf hyt.
24. aræd sy.   þæs cwyde onwend beon mote.   bidde.
25. halsige ꝥ þær ne sie.   becweonan (sic) þonne.   nyhste
     niht án.
26. ða heo.   ðis.   frunan hi.   ymbsitendan wiþ hwæne.
27. þa cwæþ.   wið mine ða leofostan modur æþelburge þa.
28. hi on þam ꝥte.   þam cóm ꝥ.   hyre.

C. S.   26. cwæþ ða.

O.   17. hio bídende (i on eras.).   7 sware (89ᵃ).
18. þam.
19. æfter.   nænige.   þas bliðe.
20. medmycel.
21. nænige.   dęge (curve under e later, g on eras.).   mihte ic
     halsige ꝥ.
22. sie lang.   betweonum.
23. 7 þa þus.
24. sie.   bidde 7 halsie.
25. sie.   betweonum þonne.   nyhste niht an.
26. ða þis (i out of u) cw̄.   frunan hi.
27. cwæð hio.
28. æþelburge.   ongeaton, hire (omitted words interlined ; variants
     hi on ; ꝥ ; þider cō ꝥ heo).

Ca.   17. lýthwou.   andsware ðone.
18. þā ðe.
19. cw̄ nænige.   bliðe.
20. medmicel.   geswigode cw̄ heo ða þriddan.
21. nænige ðinga to dæg.   mihte (p, 119).   halsige ꝥ ne sy lang.
22. betweonū swigode.
23. 7.   ꝥ.   geendode.   aræded si.
24. ðes.   bidde 7 halsie ꝥ ne si máre.
25. betweonan ðonn̄.   nyhste niht ða heo ða.
26. cw̄.   frunon hi ða.   hwæne.
27. cw̄.   ða.   moder.
28. ongeaton hi on ðon ꝥ.   þon ðider com ꝥ.

Page 290. 29. sæde.   neahtide hyre forðfore (*p.* 266) And eac.   wæs
B.   swa heo.
      30. ða.   forþgewat ꝥ.   onlysed fram.
      31. hyre lichaman.   -   untrūnesse.   inn eode ecere hælo.

C. S.   29. forþferednesse.

O.   29. sæde.   nehtide hyre.
      30. ꝥ.   alysed fram.
      31. lichaman . untrunnesse (*before* un *eras. of* 1).

Ca.   29. sæde ða.
      30. ða.   forðgewát ꝥ.   alysed fram bendū hyre.
      31. untrumnysse.   éccre (*sic*).

Page 292.   1. Þa (Þ *ornate*).   æþelburhge inn abbudessan þenunge.
B.   willsume.
      2. þeowen.   nama was hildeliþ 7.   manig gear ꝥ.
      3. ytemestan yldo hyre on þam ylcan mynstre fore wæs æghwæþer.
      4. ðinga foresceawunga ða.   gemægnū.
      5. belupon.   gehæledum.   ðeodscypes.

C. S.   1. wilsumnes.

O.   1. Þa.   æþelburhge on abbuddyssan (a *on eras.*, an *small at end*
                                                    eate   n
      of line).   ðenunge.   willsum ... (3 *eras.*) þeowæ (o *out*
      of a ? *by eras.*, a *of* æ *eras.*).
      2. nama.   hildehlið 7.   ꝥ.
      3. ytemestan yldo hyre.   ylcan.   framlice.
      4. eg . hwæþer (a *in* 1*st* æ *added later*, 1 *eras.*).   on ðara.   þa
      þe to (89ᵇ).
      5. weorcum (*on eras. top of* b *seen above the* w) belumpon.   gehylde
      (yl *on eras. of* 3).

Ca.   1. æfīfyligde æþelburhge on.   þenunge.
      2. ðeowa ðære.   hildehlið 7.   geár ꝥ.
      3. ytemestan yldo.   þā ylcan.   framlice.
      4. on ðara.   geménū weorcū belumpon.
      5. gehylde reogollices ðeodscipes.

VARIOUS READINGS. PAGE 292. 333

Page 292. 6. licode hyre. for nearwnesse. þ.
B. 7. is þ. bán úpp ádon ðara. þeowena ðe þær.
 8. bebyrged. 7 hi het a cirican asettan. eadegan.
 9. on anre. gehealdan 7. swiþe. syþþan.
 10. ætywde.
 11. stenoes (*the* c *left unfinished and later roughly turned into* o) becóm. oþer. ætywdon.
 12. þa man mæg on. béc geme(*p.* 267)tán. hi rædeþ. ðas.
 13. álæsan.
 14. tó.
 15. ylce boc sægð þ. þam líctune gewurdon.
 16. gesamnunge. sū gesiþ.
 17. wíf untrumnes. hyre. þ hi hæfedon.
 18. þystredon þ. nyhstan.

O. 6. hyre fore nearonesse.
 7. is. þ. ban úp. þær bébyrigede (*accent ?*).
 8. on cyricean gesettan (*last a* out of o).
 9. on anre. gehealdan (eal onⁱeras. *of* 4). 7. syððan be,rhtnes.
 10. heofonlices stences (*omitted words interlined ; variants* ætywde ; wundarlices).
 11. becom. oþer. wundur ætywdon þa (a *on eras.*).
 12. on. hie.
 13. alæson (æ *on eras.*).
 14. wundur. nis to forlætanne.
 15. ylce boc. þæt. lictune.
 16. gesið.
 17. wif untrumnes. hyre eagan 7 þa þurh. þ. hefe-gadan 7 þystredon.
 18. þ he, æt nyhstan (e *out of* i).

Ca. 6. licode. nearonesse ðære. þ.
 7. is þ. bán upp adón þæra. ðeowa.
 8. bebyrigede. on cyricean. ðære.
 9. ðær on anre. gehealdan 7 Ðær swyðe. syððan beorhtnys.
 10. ætywde. mycel swétnys.
 11. becóm. tacen. ætywdon.
 12. on. béc gemétan. hi rædeð.
 13. alésan.
 14. ðonñ. nis no to forlætanne.
 15. ylce bóc. þ æt þā lictune.
 16. gesiþ. ða gestód.
 17. wíf untrumnes. eagan. þ. hefigodan 7 ðystrodan þ.
 18. nyhstan nænig.

Page 292. 19. ne mihte myd þi.   ða.   blindnesse.
B. 20. nihte.   wunode ꝥ.   becóm.   mód gyf.
21. þan.   gode.   gehalgodra.
22. 7 æt þara.   hyre gebeda ꝥ.   mihte.
23. ꝥ.   onfón.   ylde.
24. ꝥ hyre.   mód becóm.   wæs gelæded ꝥ wíf frā hyre.
25. þeowum þinenum.   þam.   þar neah wæs þær.
26. andettende.   anwealhne.
27. þam líctune.   lange.
28. gebigedum cneowum (p. 268) hi gebæd 7.   ꝥ hyre bína gehyrede.
29. 7 sona ꝥ gelamp þæs.   gebede áras.

C. S. 25. neah wæs ðær heo wæs andettende.

O. 19. mihte.   ða.   on blindnesse.
20. nihte þær (æ *out of* u).   wunade ꝥ hire wunade (ꝥ. h. w.
struck through).   ꝥ hire becō.
                                                  od
21. þam.   gode.   gehalg,ra.
22. 7.   hyre gebęde ꝥ.   mihte ꝥ.
23. eft (90ᵃ).   ylde.
24. hyre.   mód becom.   fram hyre ðeowum (o *by imperfect eras. out of* a).
25. þine . num (1 *eras.*).   þam.
                                              ne
26. ándettende ꝥ.   ónwealh, (o *out of* a *by eras.*, h *on eras.*).   ða.
27. lictune.   lange.
28. gebigdum cneowum hyre gebęd 7 sona geearnade ꝥ hyre (*tick under* ę *in.* będ *later*).   gehyrede.
29. 7.   þā gebede.

Ca. 19. mihte.   ðy.   on blindnesse wunode.
20. nihte.   wunode ꝥ hyre becóm.
21. þam.   ðara haligra.
22. 7.   þæra.   relíquiū hyre gebæde ꝥ.   mihte.
23. ꝥ forlorene.   onfón.   ða.   ylde.
24. ꝥ.   mód becóm.   frā.   þeowū.
25. þínenum.   þā.   ðe.   wæs 7 heo ðær andette ꝥ.
                  e
26. onw,alhne.   ða.
              licrede
27. to þam lictune ðara.   þéowa.   ðær lange gebigdū cneowum.
28. gebæd 7 sona.   ꝥ.   béne (p. 120) gehyrede wǽron 7.
    ðæs.   frā þam gebede aɪás ær ðon.
29. ꝥ.   gyfe ðæs abedenan.   7.

Page 292. 30. þ.   gyfe.   abedenan.   7 hi ær.
B.   31. ðeowen be handum.   gelædde heo þa.
   32. fóta gangum.   ham wæs hweorfende.   þam.
   33. þam þ hwyllwendlice ánforlete þ heo on hyre.

O.   30. gyfe.   abedenan.   7.
   31. hyre ðeowa handum.   hyre (y *and* e *on eras.*).
   32. gangum.   wæs hweorfende.
   33. hwilwendlice.   forlet, þ.   on hyre.

Ca.   30. ðeowa handū.   gangū.   wæs hweorfende.
   31. þ hwilendlice.   forlcte þ.   on.

Page 294. 1. ætywde.   halegan.   ahton.
B.   3. Dære (*ornate* Ð).   tíde eastseaxena ríce.   þeos ylce.   segð.
   4. willsuma.   nama.   7 þæs.
   5. gemyngodon.   man æwfest on.   gelomlic on.
   6. halegum.   swiþe geornfull in arfæstum.
   7. 7.   sundorlif.   munuclif.   foreberende eallum.   welū.

C. S.   3. Ða ðære.
   5. ærest on his.

O.   1. ætywde.   on.   ahte,.
   2. gyfu.
   3. Dære.   ylce.   boc (*same ink*). [libellus]
   4. willsuma.   sebbe þæs þe we (se *out of* si).
   5. gemyngedon.   æfæst on.   gelome on halgū.
   6. geornfull on arfæstum wæstmū.
   7. 7.   sundurlif 7 munuclif.   forberende eallum.   welum.

Ca.   1. ætywde.   mycel.   ða.   on heofonū ahton.
   2. gyfu.
   3. ylce bóc.
   4. willsuma.   sibbe þæs ðe.
   5. gemyngedan.   on.   dædū.   gelome on.
   6. halgū gebedū.   swyðe geornfull on arfæstū wæstmū ælmessena 7.
   7. sundorlif.   munuclif.   foreberende eallū.   weolū.

Page 294. 8. ðæs eorþlican ríces þ líf (*rough* a on abrasure).
B.   9. 7 þ.   ríce.   gyf.   wiþstode þ wiþer(*p.* 269)wearde.
10. wífes þanan manegum wᵣ ᵣ   þte.
11. swylces módes wær ⸱ ᴀ gedafenade þ he wære to bisceope
    gehalgod.
12. he cining.   ᵣᵢyd.   ·XXX·.   þam rice wunude.
13. ðæs heofonliceᵣ ᴊ rices.   licumlicre úntrumnesse.
14. swiþe.   ⁊ on þære.   þa manode.
15. wif 7 hi ða gyta.   þeowedon þa he þ for (*words omitted
    supplied by modern hand in margin from* 'Ms Cantab.').
17. úntrumnesse úneaðe.   com.   bisceope.   nama.   waldere.
    eorcenwaldes.

C. 14. he *deest* (*after* 7).

O. 8. arū þæs (90ᵇ).   eorðlican rices ðæt.
9. þ.   wiðstode þ wiðerwearde mod his wifes.
10. monigum.   cwæden (a *of* e *eras.*) þ swylces.
11. mæ . . . (e *of* æ *eras., then* 3 *eras.*).   bysceope.   þonne he
    cyning.
12. om (*sic*) þam rice.
13. heofonlican rices.   licumlicre untrumnesse.
14. 7 on þære.   þa.
15. wif.   hi (i *eras. on of* 2).   géna (*not* 1*st hand*).   ætgæ-
    dere.   þeowde, (w *on eras. of* d).   hi.   ætgædere.
16. mihton.
17. þa he.   untrumnesse.   com.
18. bysceop,.   nama.   eorcenwaldes.

Ca. 8. árū.   eorðlican rices þ.
9. þ.   forlǽtan.   hī.   wiðstode þ wiðerwarde mod
    his wifes þanon monigū.
10. þ swylces.
11. má gedafenode.   ƀ gehalgod þonn̄ he.
12. wǽre.   þa ðrittig.   on þā rice awunode.
13. ðæs heofonlican rices.   untrūnesse mycelre.
14. swyðe.   7 on ðære he.   þa.
15. þ hi ða gýt ætgædere ðeowdon ða hi má ætgædere.
16. mihton middaneard.
17. þ ða.   untrumnesse.   cóm.
18. ƀ ðæs nama.   eorcenwaldes bisceopes.

Page 294. 19. bissceopes æfterfylgend 7.   þone æwfæstan hád.
B.   **20.** ðone þe he ær willnode.
  21. þam ylcan bissceope micell   únlytel þearfum.   gedælende 7.
  22. sylfum gehealdende ác.   ma.
  23. willnode (*after this words from* swylce *to* ac he *repeated, but
    with variants,* swilce; bisceope micel; 7 he).   þearfum.
    wunigan.   heora ríces.
  24. þa hefegad.   þære.   untrumnesse.   ongeat þ̄.
  25. deaþes.   ongan.   cynelican.   man.
  26. án(*p.* 270)drædan.   miclum sáre weht þy.
  27. unwurðes oððe úngerysenesse gedyde myd.
  28. muþe oððe.   oþera.   styrenessum.   hine ða.
  29. bisceop.   þa wunode ða bæd he him forgeafe.

C.   **26.** (7ª *complete*) cumende.   Ond.   micluñ sarum.
  27. gewæced.   oððe.
  28. muðe oððe.   oþerra.   ða.
  29. bisceop.   þa.

O.   **19.** bysceopes æfterfylgend 7.
  20. æfesttan hád (*2nd* t *on eras.*).   willnode.
  21. þam ylcan bysceope.   þearfum to dælanne.
  22. 7.   sylfum wæs gehealdende.   ma wilnode.
  23. gaste wunian (*vertical dividing stroke at* e).
  24. þa hefigad.   ða.   untrumnesse.   ongeat.
  25. hí deaþes.   ongan.   cynelican modes man.
                he
  26. þoñe, tó (91ª) deaþe cumen.   miclum sarum gewæced.
  27. unwyrðes oððe.
  28. muðe oððe.   his oþera leoma.
  29. bysceop on.   þa wunede.

Ca.   **19.** bisceopes æftfyligend 7.   bletsunga ðone árfæstan hád.
  20. þone lange.   wilnode.
  21. þā ylcan ƀ mycel.   dælanne 7.
  22. hí sylfū.   gehealdende.
  23. wilnode.   ðy.
  24. þa hefigad.   untrūnysse.   ongeat þ hī.
  25. ongan ðæs cynelican modes mann hī.
  26. þoñ.   cumen.   miclū sarū gewæced ðy.
  27. unwyrðes oððe ungerisenes.
  28. muðe oððe mid his oðra.   styrenessa gehét hī ða tó.
  29. ƀ on ðære.   þa wunode.

z

Page 294. 30. sceolde ðæt.   ma manna inne nære buto se bisceop 7 þ
B.   hit swa wære 7 twegen.
   32. bisceop þ hit swa beon sceolde swa. he *(before* he *eras. of* s).

C. **30.** forgeafe ðonne.   sceolde.   ma.
   31. nære ðonne.   bisceop. Ond.   ðegna.
   32. bisceop.   luflice.

O. **30.** forgeafe.   sceolde þ.   ma.
         ne
   31. inne ,.   bysceop.
   32. bysceop þ.   luflice.   dyde.

Ca. **30.** þ he hī forgeafe þonñ.   sceolde þ.
   31. þonñ.   bisceop.   ðegna.
   32. bisceop þ.   luflice.   swa (*p.* 121).

Page 296. 1. þte.   ylca.   limu.
B. **2.** on styllnesse.   7 lyt hwón slep.
   3. frefrigende.   nearanesse ðære gemyngodan.
   4. áfyrrde 7.   swylce.   ætywde hwylce.

C. **1.** illca.   limo.
   2. onslep ða.
   3. gesihþe sio hiḿ.   ðære gemyndgedan.
   4. afirde. Ond eác swilce.   æteowde.

O. **1.** þæt.   ylca.   lima on stillnesse.
        t
   2. onslæp,e.
        n
   3. frefre,de gesyhðe.   neoronesse gemyngedan.
                                  de
   4. 7.   swylce.   ætywde hwylce.   sceol , þis willendlice lif.

Ca. **1.** æft medmyclū.   þ.   ylca.   wer on stillnesse his lima.
        ge
   2. ,restan.   onslæpte ða.
   3. frefrigende.   hī.   ða.   gemyngedan.
   4. 7.   swylce hī ætywde hwylce.

Page 296.
B.

5. ðis hwylwendlice lif.   he eft sæde æfter . þry wæpnedmenn.
   hrægelum.
7. ðara.   sittende.   ræste.
8. cómon (*p.* 271).   frunon hi.   sittendan hu be.
9. geweorþan sceolde ðam.   hí to úntrumum ðyder neosian
   cómon þa hi gefrunon hæddon þa cwæþ he ꝥ his sawl.
10. ænigum sáre 7.
11. micelre.   útgangende.   lichaman.
12. sæde ꝥ.   þryddan.   forþferan.
13. ðinga.   gesihðe geornode forþon æfter.
14. nóntide ða.

C.

5. ðis.   lif.   seolfa æfter.
6. sæde.   hrægelum.
7. gegerede.   sittende.   Ond ston (*sic*).
8. oþre.   comon ða.   hie.
9. be.   sceolde ðone.   hie.
10. niosian comon cwæþ.   his saul.   ænegum.
11. utgangende.
12. cyþde 7 sæde.   ðriddan.   forðfaran.
13. ðinga.   gesihþe.
14. æfter ðy.   gefylledre nonntide.

O.

5. sylfa.
          þon
6. æfter , sæde þry . . . . (4 *eras.*).
7. beforan (a *out of* o).
8. ða ðe.   comon.   frun . on hi ðone (1 *eras.*).
9. be.   geworþan sceolde þo . ne (*eras. of* u).   hi.
           i
10. neos,an coman.   ꝥ his saul.   ænigum.   ac mid.
11. utgangende.   lichaman.
12. sæde.   ðriddan.   (91ᵇ) þara.
          wæs
13. gefylled ,.
14. æfter ðy.   gefylledre nontide.

Ca.

5. ðis hwilendlice lif.   geéndian.   sylfa.
6. æft þon sæde.   wæpnedmenn to hí.   beorhtū hrægelū.
8. geferan þa ðe mid hī coman.   frunon hi þone sittendau hu.
9. hī.   sceolde þe hi.
10. cóman cw̄ he ꝥ his sawul ænigū.
11. myclc beorhtnysse.   utgangende.   hī.
12. cydde.   ꝥ.   ðy.
13. æghwæðer.   ðinga.   gesihðe geleornode.
14. ðriddan.   gefylledre nontíde semninga.

z 2

340   VARIOUS READINGS.   PAGE 296.

Page 296. 15. sæmninga.   slepe 7 butan.   gefélnesse.
B. 16. ðone.   forðgewat.   þa gearwedon hi.
  17. lichaman to bebyrgenne on stænenre þryh.   hi ða.   þæne.
  18. lichaman.   onsettan.   lichama spanne.   þonne
    seo þryh (*sic*).
  19. þa heowon hic þone stan.   swiþe.   hi mihton.   toætycton.
  20. lengo.   twegera gemet. Ac þa gýt.   þ.
  21. hi.   lichaman niman mihton.   micel únyðnes gewurden be.
  22. byrgenne ða ðohton hi.   þ hi oðre ðurh fundon (*p.* 272).
  23. þonne lichaman.   cneowum bigdon.

C. 15. onslepe butan.
  16. sares (7ᵇ) ðone.   onsende 7 forðferde.   gearewedon hie.
  17. lichoman.   bebyrgenne stænene ðruh.   hie ða ongunnon.
  18. ðære þruh.
  19. hiowon hie.   stan.   hie.   toætecton.
  20. lengio ðære.   þa gyt (y *dubious*).   þæt.
  21. hie ðone.   meahton ða.   unæþelicnes.
  22. be.   byrgnesse ða.   hie oððe.
  23. oþre þruh.   cneoum gebigde.

                                                      t
O. 15. onslæp,e butan.   gefelness sares.
  16. forðferde.   gearwedon hie.
                        be
  17. lichaman to , byrigenne.   þurh.   hi ða ongunnan.
  18. lichaman.   onsettan.   lichama.   spanne (a *out of* o).
    þryh.
  19. þa.   hi.   stan.   hi mihton 7 toætycton.
  20. þa.   þ hi.
  21. lichaman nyman mihton (y *on eras.*).   unaþylicnes.
  22. be.   byrignesse.   ðohton hi.   þ hi.
  23. oððe oþre þruh (ru *on eras.*).   lichaman.   cneowum bigde
    i *out of* e).

Ca. 15. onslæpte butan.   yfelnesse sares.
  16. forðferde.   gearwodan hi.
  17. lichoman to bebyrigeanne on stænenre.   þa hi ða.
  18. ðær onsettan.   ðære þryh.
  19. þa.   hi.   swyðe.   hi mihton.   toætycton.
  20. ðære.   gemét ac no þa gýt.   þ hi.
  21. lichoman þær on don mihton ða wæs mycel unðyldlicnes.
  22. be.   byrignesse.   ðohton hi.   þ hi oððe.
  23. þryh.   cneowum begde.

Page 296. 24. þam þ hi.   inngæ don mihton.
B.   25. gewurden þ.   þ naþer.
      26. ðyssa.   stod.   bisceop.   cinges.
      27. þan lice.   swæfred,   æfter.   rice.
      28. micele mænigeo.   seo þurh.
      29. gerisenlicre lengo fundon to gemete.   lichaman.   þam
         þte fram.
      30. heafedes.   swilce mihte wangere.   geset.
                                                                      h
      31. fram.   þæra fota.   gemet þætte seo þur,.   þam.
      32. lichaman lengere.   godes wer.   on.

C.   24. þ hie.   ða wundurlicwise.
      25. heófonlic.   þ te nohwæþer.
      26. stod.   bisceop.
      27. swefræd.   æfter.   rice.   eác.
      28. mengio monna.   sio þruh.
      29. lengeo.
      30. eác swilce.   wangere betwih.   Ońd.
      31. fota.   fingre (sic).   sio ðruh.
      32. legre ða.   món.

O.   24. þ hie.   on.   mihton.   wundurlicwise.
      25. þæt (bis).   nohwæþer þyssa.
      26. stod se bysceop.
                      r
      27. þam lice sigehea ; d (1 eras.).   swæfred.   æfter.   rice.
      28. micel menigo.   þruh.
      29. gerisenlicre lengo.   lichaman.   ðon þæt fram.
      30. mihte.   betwih.
      31. fram dæle (92ª).   fota.   þam lichaman.
      32. man bebyriged.

Ca.   24. ðon þ hi.   on gedón mihton.   ða.
      25. þ.   þ.
      26. þyssa beon ne sceolde.   ƀ.
      27. þā.   swæfred ða.   hi.   rice.
      28. mycel menigeo.   wæs seo þryh semninga gemeted gerisenlicre
         lengo.
      29. þ frā.
      30. ðæs.   mihte wóngere betwih.
      31. frā.   fota.   gemétt.   þā
      32. ða.   man bebyriged on.

Page 296. 33. apostolos manegum.   geleornode.
 B.   34. þ.   heofonlican eadignesse gestáh 7 gehyhtæ 7 inn code.

C.   33. ciricean.   ápostoles ðæs.
      34. heo þa heofonlican.

O.   33. cyricean.   gelǽred (*very rough* l *on eras. of* r *or* h).
      34. þ.   þa heofonlican.   eadinesse.

Ca.   33. cyricean.   monungū.   geræred.   geleornode þ.
      34. heofonlican eadignysse gehyhtc .;. (*stops as at end of chapter*
          XV *is in margin*).

Page 298. 1. Sᵹ (*ornate* S).   feorþa bisceop wæs westseaxena heleutherius
 B.   wæs.
      2. was haten   wæs haten (*p.* 273) ægelbriht se þridda wæs
          haten wine.
      3. cenwalh cyning forþferde.   rice.   ylca heleutherius.
      4. bisceop.   ealdormenn.   þam.
      5. betwyh.   7 tyn winter.   on.   heleutherius.

C.   1. bisceop.   eleutherius.
      2. æfterra.   ðridda.   wine.
      3. ða cenwealh.   forð (8ᵃ) ferde.   rice.   eleutherius.
      4. bisceop.   ða.   ealdormen.   ðæm.
      5. Ond betwih.   gedældon. Ond tyn winter heoldon.   hiora
          rice eleutherius.

O.   1. bysceop.
      2. æftra.   ægelby,ʳht ðridda.   wine.
      3. collenweah.ˡ   on þæs ricc.   ylca.
      4. bysceop.   ealdormen.   þam.
      5. betwih.   gedældon (dæ *on eras.*).   tyn winter heoldon.   on.
          rice.

Ca.   1. Se feorða westseaxna ƀ leoutherius.   sæ.
      2. æftra.   ægelbyrht.   wine.
      3. ða collenwealh.   on.   rice se ylca leutheriu'.
      4. ƀ.   ealdormenn (*p.* 122).   þam ríce.
      5. betwih hī gedældon.   tyn wint heoldon.   on.   rice
          lcutheri'.

Page 298. 6. se bissceop.   7.   bisceop for.
B.   7. bissceope on.   bissceopes tíde.
     de
8. oferswiðe (*small, corrector's style*) 7 feng to westseaxena (*rest wanting*).
9. rice cadwalla cining 7 þa ealdormenn wæron geflymde 7 mid þi þe.   winter rice heold.   cining.   ða.
10. innbryrded.   ðæs upplican rices.   þ eorþlice rice.
11. ylcan bisceopes tíde.   rome.   lif geendode.
12. heræfter sweotolicor is to secganne.
13. ÐA (*ornate Ð*).   hund 7 syx 7 hund seofontig wintra æfter
14. þ te æþelred myrcna cining.

C.   6. bisceop.   Oñd þeodor bisceop for.
7. bisceope.   ðæs bisceopes.
8. ealdormen.   ceadwealla.
9. ðy.   tu winter rice.   ða.
10. uplican rices. Ond.
11. bisceopes tide. Ond.   life.
12. heræfter.   sweotollicor to ..... secgenne (*eras.* ?).
13. þ .... ymb (*defect. in MS.*).   7 s.x (*def.*).   seo ....
     menniscnesse (*defect.*).
14. æþelred.

O.   6. bysceop.   7 beodor (*sic*) bysceop for.   gehalgað hæfde.
7. bysceope on.   7 þæs bysceopes tide.
8. óferswiðde.   ealdormen 7 ceadwalo.   tó.
9. twa winter rice.
10. onbryrd.   upplican rices 7 þ eorðlice rice.   on.
11. ylcan bysceopes tid.   rome.   lif.
12. heræfter.   sweotollicor tó secgeanne.
13. Ða.   æfter.
14. þ æþel . red (d *eras.*) myrcna (y *on eras.*).

Ca.   6. bisceop.   7 theoder ƀ for.   gehalgod hæfde.
7. ƀ on.   7 on.   ƀ.
8. ealdormenn 7 ceadwalo.
9. ðy he twa wint rice.
10. onbryrd.   ðæs upplican rices.   þ eorðlice rice forlét on.
11. ylcan.   rome.   ðær.   lif.
12. swutollicor.   secganne.
13. Ða.
14. þ.   myrcna.   gelædde mycel weorod.

Page 298. 15. werge werod.   (*p.* 274) forheregode.   mynstra butan.

B.   16. oððe godes egesan bærnde 7 fornam 7 hrofeceastre.
17. 7 eac swẏlce putta in þære bisceop wæs ðeah.   on ða tid.
18. andweard ne wærē þa he þa þ anfunde þ.
19. eallū æhtum.
20. forheregod.   cyrde.   seaxulfe myrcna bisceope.
21. sealde.   æhte.   land.
22. 7.   cirican þeowude.   hwẏder swa þonne þearf wæs
ferde (*cross on* d *in* hwyder *erased*).
23. ciricsang.   on sibbe lifde his lif eac geendode.

C.   15. wær ḡ (*sic*).   Ond cent forhergade.   ciricean   bu ...
stnesse (*def.*).
16. oððe.   egesan.   hwyrf .... ceastre (*def.*).
17. swilce.   bisceop þeah ðe.   tid.
18. fornaṁ.
19. þ onf . nd . (*not legible*).   here.
20. forheregod (*2nd* e *not certain*) ða.   seaxulfe.   bisceope
(*final* e ?).
21. hiṁ.   ciricean æhta oṅd.   land 7.
22. ciricean.   þeowde.   hwider.
23. ciricsang.   Ond þær in (8ᵇ) sibbe.   lif geendode.

O.   15. wẹrge.   cyricean (92ᵇ).   butan gesyhðe.
16. oððe.   egesan hwy,fde.   fornam 7.
17. swylce on.   bysceop.   ðe (ð *out of* t).   on þa tid.
18. 7 wea,d.   fornam þa.
19. þa þ onfunde þ.   cyrice.   hyre.
20. forhergod.   cyrde.   seaxulfe.   byscᵉope.
21. him (i *on eras. of* 2).   cyricean æhta.   land 7 he on þære
cyricean.
22. hwider.
23. cyricsang.   on.   lif.

Ca.   15. cyricean.   butan gesyhðe.
16. oððe.   egsan 7 hwyrfde he eac swylcé to hrofeceastre on þære.
17. bisceop ðeah.   on þa.   ðær 7 weard.
18. fornám.
19. þa þ onfunde þ his cyrice eallū hire æhtū.
20. beréafod.   forhergod.   cyrde.   seaxulfe myrcna ƀ.
21. hī.   cyricean æhta.   medmycel land 7.
22. on ðære cyricean.   þeowde.
23. cyricsang.   ðær on.   lif geendode.

Page 298. 24. þam.   bissceop inn hrofeceastre cwichhelm.   bissceope.
B.   25. æfter.   for gifernesse woruldgóda.
    26. fram þam bisceope selde.   7 he þa gyfmund.   bisceope
    gehalgode.
    28. ymbe.   gear ðæs.   æþered myrcna cining centland.
    29. forheregode ꝥ is ꝥ.   gear ecgferðes.   ðæs.
    30. ætywde.   monþe níwe.   is haten.

C.   24. ðæm.   bisceop.   hrofeceastre.   bisceope.
    25. æfter.   fore weoþelnesse.
    26. from ðæm bisceopsetle gewat.   bisceope.
    28. twa.   ðe æðelheard.
    29. ꝥ is.   gear.   ðæs.
    30. æteowde.   niowe.   Ońd.

O.   24. þam.   byscèop on.   bysceope gehalgade.
    25. æfter.   fore weþelnesse woruldgoda.
    26. fram þam bysceopsetle gewat.   þa.   bysceope.
    28. gear.   æþelheard.   centland.
    29. ꝥ nygoðe gear.   þa ætywde on agust'.
    30. niwe.   comèta.

Ca.   24. ðam.   ƀ on.   ƀ.
    25. medmycelre.   weðelnysse woruldgoda frā þā bisceopsetle.
    26. ƀ.
    28. Ða (Ð coloured).   tu géar.   ðe æþelheard myrcna.
    centland.
    29. ꝥ is ꝥ.   gear.   ðæs.   þa ætywde on.
    30. niwe.   commèta.

Page 300.   1. þry monoþ áwunigende wæs 7 on uhttid (p. 275) wæs yrnende.
B.   2. micelre sciman.   berende þy ylcan.

C.   1. þri monaðe.   áwuniende. Ond in.   upýrnende swa swa
    scinendes dæges.
    2. ilcan.

O.   1. þry.   áwuniende.   on uhtide.   uppyrnende.
    2. mycelne sciman.   berende.   scinendes dæges þy.

Ca.   1. ðry.   on uhtantide.   uppyrnende.
    2. mycelne sciman.   berende.   scinendes dæges ða ylcan geare.

Page 300. 3. geare wæs unsibb gewurden betwyh etferðe cininge.
B.   4. þam arweorþan bissceope wyllferþe.   ylca bisceop.
            áscofen (*junctim*).
            5. ádrifen (*junctim*). bissceop selde 7.   bisceopas.   stowe
            sette wæron.
            6. norðhymbra ðeode ræddan 7 lærdon ꝑ wæs bosa.
            7. dera mægþe.   beornica mægðe.   sé bosa.   eoforwicceastre.
            8. bisceopseld 7.   inn hægestealdes éa.   inn lindesfarona éa.
            9. hi.   munucháde on bissceophad.   þam.
            10. eadhæð eac inn lindes ege landes to bisceope gehalgode.
            niwan.

C.   3. geare.   towesnes.   ecgfriðe cyninge. On ðone arwyrðan.
            4. bisceop.
            5. bisceopsetle.   bisceopas.   stowe.
            6. þa þe norþanhymbra ðeode.   wæron .... ðæt (*perhaps* þe
            þa *in vacancy*).   boosa se steorde.
            7. þære mægðe (deira *above modern*). eata (ta ?).   beorneca.
            eo ..... setl (*defect.*).
            8. ea . ta (*erasure after* ea).   heagos ..... ss . farona (*defect.*).
            eá.
            9. hie.   bisc, had (*sic*).
            10. éac aedhleð.   lindesse mægþe.   bisceope.   ða.

O.   3. geare.   towesnes 7 unsibb.   betwih ecgfriꝺ̃, cyninge.
            4. arwyrðan bysceop willferð.   ylca bysceop.
            5. bysceop(93ª)setle 7.   bysceopas.   stowe.
            6. ꝑ.   bosa.
            Dære
            7. þære (*modern correction*).   mægþe 7 ea . ta (h *eras.*).   hæfðe.
            (*cross erased*).   on eoforwicceastre.
            8. bisceopsetl 7.   ea . ta (h *eras.*) on heagostealdes.   on
            lindesfarono.
            9. hi.   mununchade on bysceophade.   ðam.
            10. eadhæð (hæ *on eras.*) on lindesse.   bysceope gehalgadc þa
            niwan ecfrið.

Ca.   3. towesnis 7 unsibbe.   betwih ecgfriðe cyninge 7 ðan arwurðan
            bisceope wilferðe.
            4. ylca ƀ.   asceofen.
            5. bisceopsetle 7.   stowe.
            þeode
            6. ða þe.   ,fore.   ꝑ.   bosa.
            7. ðære.   on eoforwicceastre ƀ setl 7.
            8. on heagostealdes éa.   on lindesfarena éa.
            9. hi.   on bisceophade.   þā.
            10. eadhæð on lindesse.   niwan ecfrið.

Page 300. **B.**
11. ecgferð.   cining.   on.
12. 7.   ylce mægð þysne bissceop to agenum onfengon.
13. æþelwine haten.   geadgar (*sic*).   feorþa cynebriht.
14. mægþ eadethe . (*sic*) saxulf bissceop.   swylce.
15. myrcna bisceop 7 mid (*p.* 276) delengla.   was.   lindesege
ádrifen (*junctim*).
16. hi.   oðera mægða.   gewunode.
17. on eoforwic eadheð 7 bosa 7 eahta fram.
18. bisceope 7.   þa.   æfter þrym.   willferðes.
19. þissū geríme.   bisceopas toætycte trumbryht. Hwearf tó
þære.

C.
11. ecg[frið] (frið *uncertain*).   geflemde.
12. sio.   þ . s ne (*defect.*).   bisceop.
13. æfterra.   æþelwine.
14. sio.   eadhæþe seaxulf bisceop se eác (8[b] *ends*).
(9[a]) . . . lce (3 *gone*).
15. bisceop . Ond.   ða.
16. eógfrið hie.   in . . . . oþerra mægþa (*defect.*).   awunode.
17. gehalg . . . in eoforwicceastre (3 *gone*).   7 bosa.   frō
. . . . . ore bisceope (*rest gone*).
18. eác swilce æfter þrī . . . . . wilferþes (*word gone*).
19. rime . . . . bisceopas (*word gone*).   trumberht.

O.
11. cyninc.   on.
12. 7.   ylce.   þysne byscep.
13. se æresta wæs æþelwine.   eadgar (d *on eras.*).   cynebyrht.
14. seaxulf bysceop (s *out of* f, ceo *on eras.*).   swylce.
15. bysceop.
16. ecfrið.   on.   oþerra mægða.
17. gehalgade on eoforwicceastre.   eadhæð 7 bosa (hæ *on eras.*).
fram þeodore bysceope 7 he þa.
18. æfter.   willferðes.
19. þyssa.   bysceopas toætycte trumbryht.

Ca.
11. hi geéode.   on.
12. 7.   ylce.   þysne ƀ.
13. se æresta wæs æþelwine.   se ðridda.   cynebyrht (*p.* 1 :
14. seaxulf bisceop.   swylce.
15. myrcna ƀ.   ða ecfrið.
16. on.   oðra.   awunode.
17. on eoforwicceastre.   7 bosa.   frā theódere bisceope 7
18. þrī gearū willfreðes aweggewitenesse þyssa rímc.
19. bisceopas toætycte trumbryht to cyricean.

Page 300. 20. tó hægestealdes.   tó.   éa.
B.   21. þas tid.   angelcynne underðeoded ealdhæð.
    22. tó bisceope hreopsætna cyrican.
    23. of lindes ége fór forþon.   æþelred myrcna.
    24. begeat.
    25. Þᴀ (*ornate* Þ). willferð bissceop. bisceopscire. 7 he lange.
    26. manige stowe.   tó.
    27. brytene 7. f . eondscype (r *erased partly*) ðæs gemyngodan.
    28. on his eðel (*p.* 277) 7 on.   bisceopscire onfangen.
    29. mihte he þa hwæðere fram þære þenunge . bewered beon mihte
    (=*whole line* 29).

C. 20. ciric . . . heagostealdes eá Ond.   lindesfearona eá.
    21. pehta.   sio in ða.   oṅgelcynnes rice.
    22. bisceope hrypsætna ciricean.
    23. ða æþelred.
    24. begeat.
    25. Þa.   bisceop.   bisceopscire.   7 he.
    26. stow . (*last uncertain*).   Ond he.
    27. ðe.   gemyndḡdan.
    28. eðle.   bisceopscire.
    29. meahte . . meahte (*letters gone*) hwæþere . . . . . . ðenunge bewered
    beon (*letters gone*).

                       ¹
O. 20. cyricean heagostea,des.   æata (a *of* æ *eras.*, æa *on eras.*).
    lindesfarena.
    21. pehta mægþe seo on þa tid wæs óngelcynnes rices.
    22. eadhæð (hæ *on eras.*).   bysceope hryp(93ᵇ)sættna cyricean.
    23. æþelred.   mægþe.
    25. willferð bysceop.   óf.   bysceopscire 7 he.
    26. stowe.
    27. brytone 7 þeah . . . (*eras. of repeated* þeah).   fore feondscype.
    gemyngedan.
    28. on.   eþel.   on.   bysceopscyre onfangen.
    29. mihte ne mihte. hwæþere fram. þenungge bewered beon.

Ca. 20. lindesfarena éa.
    21. pehta.   on ða tid.   angelcynnes ríce underðeoded.
    22. ƀ hrypsættna cyricean.
    23. forðon þe.   myrcna.
    24. begæt.
    25. Ða willferð ƀ.   bisceopscire 7 he.
    26. stowa.   róme.
    27. brytone 7.   ðe.   feondscipe.   gemynegodan.
    28. oṅ.   on.   bisceopscire onfangen.
    29. mihte ne mihte. hwæðere frā. ðcnunge bewered beon
    godspell.

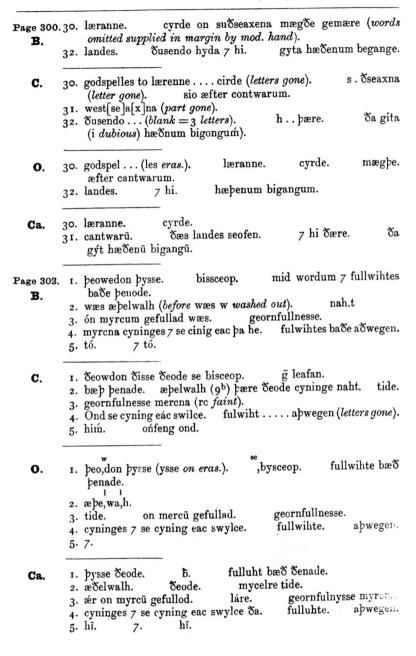

Page 300. **B.**   30. læranne.   cyrde on suðseaxena mægðe gemære (*words omitted supplied in margin by mod. hand*).

32. landes.   ðusendo hyda 7 hi.   gyta hæðenum begange.

C.   30. godspelles to lærenne .... cirde (*letters gone*).   s . ðseaxna
(*letter gone*).   sio æfter contwarum.
31. west[se]a[x]na (*part gone*).
32. ðusendo ... (*blank* = 3 *letters*).   h .. þære.   ða gita
(i *dubious*) hæðnum bigonguṁ).

O.   30. godspel ... (les *eras.*).   læranne.   cyrde.   mægþe.
æfter cantwarum.
32. landes.   7 hi.   hæþenum bigangum.

Ca.   30. læranne.   cyrde.
31. cantwarū.   ðæs landes seofen.   7 hi ðære.   ða
gýt hæðenū bigangū.

Page 302. **B.**   1. þeowedon þysse.   bissceop.   mid wordum 7 fullwihtes
baðe þenode.
2. wæs æþelwalh (*before* wæs w *washed out*).   nah.t
3. ón myrcum gefullad wæs.   geornfullnesse.
4. myrcna cyninges 7 se cinig eac þa he.   fulwihtes baðe aðwegen.
5. tó.   7 tó.

C.   1. ðeowdon ðisse ðeode se bisceop.   ḡ leafan.
2. bæþ þenade.   æþelwalh (9ᵇ) þære ðeode cyninge naht.   tide.
3. geornfulnesse mercna (rc *faint*).
4. Ond se cyning eác swilce.   fulwiht ..... aþwegen (*letters gone*).
5. hiṁ.   onfeng ond.

O.   1. þeo,don þysse (ysse *on eras.*).   ,bysceop.   fullwihte bæð
þenade.
2. æþe,wa,h.
3. tide.   on mercū gefullad.   geornfullnesse.
4. cyninges 7 se cyning eac swylce.   fullwihte.   aþwegen.
5. 7.

Ca.   1. þysse ðeode.   ƀ.   fulluht bæð ðenade.
2. æðelwalh.   ðeode.   mycelre tide.
3. ǽr on myrcū gefullod.   láre.   geornfulnysse myrcn..
4. cyninges 7 se cyning eac swylce ða.   fulluhte.   aþwegen.
5. hī.   7.   hī.

Page 302. 6. mægða.   þ.   wiht land.   meonwáre mægðe þ is
B.   8. cining swiþe blið̃e on.   bisceopes.   7.
         9. ealdormenn on ð̃ære.   þam halegan.
        10. wellan . að̃woh fullwihtes bað̃es 7.   eoppa . 7 padda.
        11. idde (p. 278) þa þ.   folc æfterfylgendre tide.
        12. fullodon.   cwén.   nama.   hyre mægþe.
        13. þ is on hwylcum þ heo gefullwad wæs . wæs.
        14. wǽron cristene.   folcum eac eall.

C.   6. þ is wihte (sic).   on . meanware (d gone).
         7. ð̃eode.
         8. c . . . . . swið̃e (letters gone).   bisceopes.   Ond he[æ]r[est] (def.).
         9. ð̃egnas.   ð̃a . . . gan (def.).
        10. aþwoh fulwihte bæþes ond.   padda.
        11. burhelm.   oþer.   ḡ þa gc æfterfylgendre.
        12. sio cwen.
        13. hwicceum.   hio.
        14. broþor ð̃a.   hiora folce (then space of 7 letters vacant).   Ońd
            eal sio.   suð̃seaxna.

O.   6. mægþe.   þ.   wiht ealand.   meanwara mægþe on.
         8. on (94ᵃ) þæs bysceopes.   7.
         9. ð̃a.
                ı
        10. wy,lan aþwoh . (y on eras. ; h of oh on eras. ; u eras.).   full-
            wihte hæþes 7.   padda.
        11. eoddi þ oþer.   æfterfyligendre tyde.
        12. fulwadan.   cwen.   nama wæs æbbe (a in e late addition).
            on hyre.
        13. þ is on hwyccum.   gefullad.
        14. enheres broþor.   cristenne.   7 eall.

Ca.   6. þ is wiht.   meanwara.   on.
         7. ð̃eode.
         8. on   7.
         9. ð̃ære.
        10. að̃woh fulluht bæð̃es 7.   padda.
                    g
        11. bur,helm (g not usual form, ink same colour) 7 eode þ.   ð̃á
            ge æftfyligendre.
                 7
        12. ,hi gefullodan.   cwén þonū ð̃ære nama.   on.
        13. þ is on hwyccū.   gefullad.
        14. enheres broð̃er.   cristene.   7 eall.

Page 302. 15. suðseaxena.   únwis.   naman.
B.   17. munuc.   háten.
        18. mynster . on.   stowe.
        19. bosanhamm 7 wæs myd.   myd sǽ ymbseald.   on ðam.
        20. on.   lífe 7 on earmlicum dryhtne.
        21. ðeowigende.   næni mann on.   mægþe heora.   onhyrigan.
        22. láre.
        23. 7.   willferð.   bisccop on.   láre.
        24. þ án þ he fram.   nyþerunge.   fram ðam.   wale
        hwilwendlican forw . yrde (eras.).   þrim gearum.

C.   17. munuc.
        18. sum.   ðære stowe.
        19. ymbseald.   ðæm.
        20. broþor.   sexe.   ðearfendum life 7 in earmlicum.
        21. þeowigende.   ðære mægþe ne hiora lif onhyrgean.   hiora.
        23. wilfreþ bisceop.   ðære.   næs þæt an þætte hie from
        ermðum ecre niðerung.
        24. swilce eác fram ðæm manfullan.
        25. forwyrðe.   Forðon þrim.

O.   15. suðseaxna.   unwis.   naman.
        17. munuc.   dicol (o roughly out of u).
        18. on.   stowe þe is nemned þe is nemned (2nd struck through).
                b
        19. ym,seald 7 on þam.
        20. broþor.   on.   life 7 on earmlicum.
        21. on.   mægþe.   lif onhyrigean.
        23. Ono þa.   willferð bysceop on.   nalæs þ an þæt hi
        fram yrmþum ecre nyþerunge (stroke of division before ny).
        24. fram þam manfullan.
                w   de
        25. hwil,endlicre forwyrðe (cross eras.) genere, forðon þrim (ri on
        eras.) gearū.

Ca.   15. suðseaxna.   ðæs.   naman.
        17. munuc.   dicol.
        18. medmycel mynster.   on ðære stowe ðe.
        19. bosanhám.   ymbseald on þam.
        20. broðra.   on.   life 7 on earmlicū.
        21. on ðære mægðe heora (p. 124) lif.   onhyrian.
        22. begins ða ða willferð ƀ on.   ðeode godcundre.   nalæs
        þ an þ he hi frā yrmðū ecre niðerunge.
        24. frā þā mánnfullan wǽle.
        25. ðrī.

Page 302. 26. hys.   þ.   rén.   þam stowum ne cóm.
B.   27. þanon.   grimma.   þ.   wǽcende.
   28. hi (p. 279) mid arléasre (accent not quite certain).   fylde 7
     cwylmde þ.
   29. menn þ.   ·xl· manna oððe.   somod þa þe myd.
   30. gewæcte.   þ is earmlice be handum namon.
   31. ætgædere.   sǽs ofre.   feollon.   hi sylfe oððe
     offeallan.
   32. oððe ádrencan 7.   ðy.   ðeod.
   33. onfengon.   fullwihte.   ástah.   cóm smylte rén.
     micel gemihtsumnes.

C.   26. his cýme In.   þ.   ren.   ðǣ stowū (10^a) com.   Ond
     ðonon.
   28. hie.   felde þæs is to tacne secgeað.
   29. þæt óft.   manna oððe.   somed þa þe.
   30. hie.   be hondum naman.   Ond.
   31. sæes . fore (def.).   feollon oððe adruncon oððe þy seolfan
     (rest wanting).
   32. ðeod.
   33. 7 fulwihte onfeng þa.   cóm.   ren.

O.   26. cyme on þan þrim gearum ær his cyme (repetition struck
     through).   on þa mægþe þ.   reng on þam stowū (94^b) com.
   27. þanon.   hungur.
   28. hi.   fylde þæs is.   secgeað.
   29. þæt.   manna oððe.   somod.
   30. þ hi earmlice (final e on eras.) be handum naman.
   31. ætgædere of sæes ofre.   feollan oððe adruncon 7 þa ðy
     seofoþan dæge.
   32. þe.   geleafan 7 fullwihte onfeng.
   33. þa astagh 7 com smylte reng.

Ca.   26. on.   þ ðær.   réng on þam.
   27. ne com.   þanon.   þ fole wæs wǽcende.
   28. hi.   arlease.   fylde ðæs is to tácne.   sæcgeað.
   29. þ.   XL manna oððe fiftig somod.
   30. þ hi hi.   be handū noman.
   31. ætgædere.   sǽs ofre út feollan 7 adruncon 7 ða þy seofoðan
     dæge.
   32. þe.   þéod.   geleafan 7 fulluht onfeng þa stah 7 com
     smylte réng 7 mycel genihtsū.

Page 304. 1. 7 ða land greowan 7 æfter þam cóm.

B. 2. géar. westmberende. 7 hi ða swa áwurpon. ealdan.
3. deofolgyld. 7 eallra.
4. lichaman wynnsumedon inn. lifigendan. ongeaton. þe.
5. is 7 ꝑ hi sylfe. þam inneran godum.
6. þam uttran. heofonlicre. gewelegode forþon. bisceop.
7. cóm. *Text from* micel *follows* C *to* 306, 7 mægþe. micel wíte.
8. þa lærde he ꝑ. fisceoðe him andlyfne.
9. ðe. seo sǽ ge seo eá. genihtsumode to ælcum anum (*rest wanting*).
11. gesamnodon. bisceopes menn ða ǽlnet æghwanone (*p.* 280).

C. 1. genyhtsū. Ond. Ońd æfter coń.
2. wæstmbærende 7. ða ealdan.
3. deofolgeld. hiora heorton.
4. ongeaton se þe.
5. hie selfe. ðæm innerran godum.
6. ðæm. geweologode. bisceop mid ðy he.
7. ða. com.

O. 1. land greowan. 7 æfter com.
2. god ger 7 wæstmberende 7 (*stroke of separation after* god). awurpan. ealdan dysinesse.
3. deofolgyld. and eallra.
4. lichaman. on. lifigendan. ongetan.
5. is 7 ꝑ hi sylfe. on þam inneran godū.
6. þam uttran. gyfe gewelegade. bysceop.
7. þy þe he on. cō.
8. þa ꝑ hi. him 7 lyfene.
9. þe æghwæþer. seo. heora ea. genihtsumade.
10. ac seo þeod. fyscaðes. cuþe.
11. þa gesomnedon þa bysceopes men. æghwonon þe (*out of* þæt *by eras.*).

Ca. 1. 7 ða land greowan 7 blostmodan 7. cóm gód géar.
2. wæstmberende and. ða ealdan.
3. deofolgild. 7 eallra.
4. on. lifigendan. ongéaton.
5. is 7 ꝑ hi sylfe. on þā inneran godū.
6. þā uttran. gewelgode. ꝑ.
7. ꝑy ðe he on. com. wíte.
8. ðær. ꝑ hi on fiscnaðe hī 7 lyfne.
9. forðon þe. seo sǽ ge heora éa fiscū genihtsumede ac s ᷄
10. ne cuðe ðæs fiscnoðes nymðe. to ælcū éanū þa gesomned
ðæs ᵬ menn ða ǽlnet æghwonon ðe hi mihton.

A a

Page 304. 12. hi mihton.   þone sǽ.   gyfo.   him gefultmode þ hi.   7.
B.   13. þa on.   hi.
   15. þam þe.   nett ahton 7.   hí him sylfum.
   16. ealra.   heora.   hys.
   17. gecyrde.   7 þy.   láre.   gód.
   18. gehyhton.   þenunge hi þa.   gód naman. onfengon eac
   þære tíde þe (*stop only at* naman).   cining hym.   þam
   weorþan bisceope.
   21. willferðe.   hundeahtatig.   landes þæs nama.
   22. seoles íg þ he mihte hys menn.   gehabban þe þe mid him
   wracenodon.
   23. seo.   æghwanon.   sǽ ymseald.
   24. þanon mann hæfð inngang.   micelre.   man.   mæg.

C.   16. (10ᵇ) in his.
   21. nama.

O.   12. hi mihton.   on þone.   gyfu him.
   13. þ. ᵈ gefengon (ge *on eras.* (95ⁿ)).   fixa.   7 þa.
   14. todæl,an.   hi.
   15. þam þæ (a *of* æ *eras.*).   hi him sylfum.
   16. bysceop eallra heora.   on.
   17. gecyrde 7 þy.
   18. gehyhton.   þenuncge hi þa hwilendlican.   naman.
                                        ˡ
   20. þære.   æþelwa,h.   þam arwyrþan bysceopc willferðc.
   21. hundeahtatig.   landes þæs nama.
   22. sylesea þ hi mihton (ea *partly eras.*).   ðe.   him wunedon (u
   out of a, *stroke below it ;* n *over eras. of* c, *all roughly done*).
   23. seo.   æghwanon.
               on
   24. þon, hi habbað.

Ca.   12. sæ.   gyfu hī.
   13. þ hi.   ðreo.   fixa.   7.
   14. þa on ðreo todǽldon.   hi.   ðearfū.
   15. þam ðe ða.   eahton.   hi hī sylfū.
   16. ðære.   ᛏ eallra heora.   on.
   17. gecyrde 7 þy nýdlicor ðurh.   gód gehyhten (*there is a dot
   inside* n = *the original stop*).
   18. hi þa hwilewendlican gód námon.
   20. æðelwalh.   þā arwurðan ᛏ willferðe.
   21. hundeahtig hída landes.   nama.
   22. sylesea þ hi mihton.   menn on habban ða ðe.   hī wunedon.
   23. seo.   æghwanon.   sǽ.
   24. þanon hi habbað.   mycelre.   mæg.

Page 304. 25. þy.   underfeng.
B.   26. 7 ꝥ regollice gesette swyððust.
27. gebroðrum.   þyðer (*cross stroke half eras.*) brohte ꝥ mynster oð gyt to dæge (*p.* 281) hys æfterfylgend.
28. habbað þa þenode sé arweorða.   willferð.   þam.
29. þa bisceopþenuge árweorðlice.   þæs is.   ecgferðes.
30. deað cininges 7 forþon.
31. þa speda.   þar inne.
32. 7 mid mannum forgeaf 7 he.   on.

C.   29. fíf.

O.   25. geworpan.   þy.   bysceop.   onfeng.
26. gestaþolade.   7 ꝥ.   swiðust.
27. broþrū.   ꝥ gen to dæge.   æfterfylgend.
28. bysceopas.   þegnode.   arwyrða bysceop willferð on þam.
29. þa bysceop þenunge.   ꝥ.   ecferðes.
30. 7 forþon.   æþelwa,h.
31. þa.   londe.
32. 7.   7 he.   on.

Ca.   25. geworpan.   ꞇ ða.   onfeng.
26. gestaðelode.   7 ꝥ to reogollife.   swyðost.
27. ðam brodrū.   hī.   ꝥ gýt to dæg.   æfꞇfyligend.
28. habbað þegnode.   arwurða.   (*p.* 125) willferð on þā dælū þa.
29. arwurðlice.   géar ꝥ.   ecferðes de,ð.
30. 7.   hī.
31. ðære.   ðe.   londe.
32. 7.   monnū.   7.   on.

Page 306.   1. fullwihtes baðe aðwoh hundteontig 7 fiftig ðara manna esna 7
B.   mennena wæron gefullode.
2. þa.

O.   1. full(95ᵇ)wihte.   þa tu hundteontig.
2. monna gefullade (*no more*).   þa.

Ca.   1. fulluht bæðe.
2. fiftig ðære monna gefullode.   þa.

Page 306.
B.

3. fullwihte fram deofles þeowdóme onlysde 7 hi gefreode (*rest wanting*).
5. *No break :* betwyh *small letters*.   þing.   cadwalla.
   werede wesseaxena.
6. fromsum.   wrecca.   7 ofsloh æðelwalh.
7. þone cing.   mægðe.   *Text follows* O *from* mid *to*
   l. 19 feng.   grimmum wale 7 heregange abræc 7.
8. þanon.   fram þæs cininges ealdormannum.
9. bryhthúne 7 húne.   mægðe ríce hæfdon.
10. wæs æfter þam fram.   cadwallan.   westseaxena.
11. mægðe mid (*p.* 282).   hefegeran þeowdóme genætte.
12. þe æfter cadwallan to ríce.   geswencnesse.
13. manigra.   tíde yflade.
14. þte.   tíde hí.   bisceop.

C.

7. 10^b *ends* mægþe; 11^b *begins* mid grimme, *and is fragmentary and defaced.*   7 herige gebræc.
8. þanan.   fram (*probably*).   ealdormonnum.
9. Ond andhune (a *fairly certain*).   siððan.   mægðe.
10. fram (a ?) ðæm ilcan ceadwealla.
11. Ond.   ðeowdome gehende.
12. swilce.   se þe ða æfter c . . . d weallan.   geswencnesse.
14. þte ealre ðære.   hie.   bisceop.

O.

3. fullwihte fram.   þeowdome gehæl . de (e *eras.*).   eac swylce.
4. þeowdome onlysde.   gefri-ode ; (*rough* i ? *out of* e ? *then erasure crossed by stroke, after* de *rough semicolon, later*).
5. betwyh (*no break*).   þing.   cumen.   ceadwalla
   (lla *on eras.*).
6. wrecca.   7 ofslog æþelwa,h þone.

Ca.

3. ðurh fulluhte frã.   þeowdome.   eac swylce.
4. þeowdome alysde 7 hi gefreode (*no break*).
5. cumen.   weorede.
6. géong 7 fram.   7 ofsloh æþelwealh þone.
7. ða mægðe.
8. ðanon.   ealdormannū.
9. 7 hune.   mægðe.   hæfde.
10. ðara.   frã.   ofslægen ða.
11. mægðe.   ðeowdome.
12. íne se þe.   to.   geswencednysse moniggra.
13. tíde ða mægðe.   ðære wísan.
14. ðære.   ƀ.   ,mihton.

Page 306. 15. willferþ bisceop.   gelaþod.
B. 16. syþþan hi westseaxena bissceopum underðeod . de (*erasure of* e).
17. ðe wæron on wintceastre.
18. Æfter (*ornate Æ*).   ða ða cadwalla.   gemægenod.
gestrangod 7 wesseaxena.
19. ríce ða geeode. 7 eac.   **T** *begins again at* feng.   wihtland
þ eall.
20. ða tíd deofolgyldum.   7.   gelíce ðy treiscan.
21. wale.   landbígengan.   út áinerian.   mid hys.
22. mannum.   menn þ.   geháte hýne.
23. sylfne biddende.   ðe.   þa gyta.

C. 15. meahton.   wilferð bisceop.   .. ora þæm ....
bisceope (e *final ?*).
16. bisceopum.
17. ða þe.   wintanceastre.
18. ðon ða þe ceadwa ...   gestrongod In.
19. wyht.
20. tr ... escan (*missing letters look like* eoa ; *opposite in margin,
modern,* Troica vel tragica).
21. Ond.
22. þ.
23. ðe hie ða.

O. 17. wint,ceastre.
19. geeode he (96ª).   þ ealand þ eall.
20. oð ða tid.   deofollgyldum.   7 he.   treoiescan.
21. londbigengan (i *by eras. out of* e).   amæran.
22. mannum.
hi wæron
23. sylfne.   þeah ðe hi þa.   ún cristene wæron . eft (ún
roughly out of in, *ends line*).

Ca. 15. ƀ.   gelaðod heora þone ærestan biscop.
16. hi.   bisceopū underðeodde.
17. þa ðe on wintaceastre wæron.
18. Ɇft.   ða ðe.   gestrongad.
19. ríce.   þ.   þ eall.
20. ða tíd deofolgildū seald 7 he gelíce.   troiescan.
21. landbigengan.   amæran.
22. mannū.   menn þ.   geháte.
23. sylfne.   ðe hi þa gyta uncristene wæron hi wæron.

Page 306. 24. fullwihtes.   ðæt gyf.   þ ealand gegán mihte þ.
B. 25. ðonne þone feorþan dæl þære herehyðe.   for godes lufan.
þ swa gelæs (p. 283) te þ he þone dæl willferðe bisceope.
27. þyder cóm.   7 weard.   ylcan ealandes gemét.   angel-
cynnes æhte.
29. hyda 7 þær æhta tó 7 (rest wanting).
30. 7 he þone.   gebead.

C. 24. fulwihte.   ðæt gif . . þ.
25. ðone feorðan dæl 7 þære h . . . . . . dæl wilferðe bisceope fore
(rest wanting).
27. ða tid óf hís.   ðider com.
28. æfter . . . el cynnes æhte.
29. Ond.   ð . m bisceope ge (11ᵇ) sealde.   æhte.   Ond.   ðone.

O. 24. fullwihtes.   þ ealand gegan (2nd g out of n) mihte þ
(dividing stroke before mihte).
25. fore.   þ.
26. þ he þone dæl willferðe bysceope fore.   geseald,.
27. brucanne.   on.   tid óf.   com.   7 weard.
28. ylcan ealandes.   æfter angelcynnes æhte.
29. bysceope.   on.
30. yhte to 7.

Ca. 24. fulluhtes.   þ.   þ.   gegán mihte þ his ðone.
25. þ.
26. þ he ðone dæl willferðe ꝧ.
27. brucanne 7 se on ða.   þyder cóm.   ðær 7 weard.
28. ylcan.   gemen.   angelcynnes æhte.
29. ða þā ꝧ.   on.
30. 7 ðær eac ycte to 7.   ðone.

Page 308. 1. nama.   byrhtwine.   swustur.
B. 2. 7.   him ðær to mæssepreoste.   nama.

C. 1. ðæs.   berhtwine.
2. Ond.   ðæs.

O. 1. preoste.   nama.   byrhtwine.
2. nama.   hid,ila.

Ca. 1. preoste.   nama.   byrhtwine.   sweoster.
2. 7.   hī.   ðæs nama.

Page 308. 3. þam.   gehælede.   wurd.   fullwihtes.
B.   4. þenode.
              5. ꝥ þonne.   ꝥ te.   ða ðe.   ðam.
              6. ylcan ealande.   gehælede.
              7. cnihtas ða myd syndriclicre.   gyfe wǽron.
              8. arwaldes broðra.   ealand cininges þa cadwalla.
              9. myd þi here.   ꝥ igland fór ða.   cnihtas.
             10. þam iglande.   inn.   seo is genemned.
             11. ýtena land on.   se is genemned.   hí.
             12. wéndon ꝥ hi.   mihto (*sic*) digle.   fram (*p.* 284) ansyne.
             13. únholdan.   þa.   hi.
             14. hi þær ofslean het ꝥ þa.   aƀƀ.

C.   5. Nis ðonne to.   þætte.   ða ðe.   þæm.
              7. cnihtas.   ða.   arwaldes (1*st* a ?).
              8. ceadwalla (ll ?).
              9. ðy.
             11. eota lond.   hie 7.
             12. onsyne.   beholene.   S.
             13. cyninges him.   S.
             14. hie ofslean.   Ond.

O.   3. þam þa þe.   gehælede.   fullwihtes.
              4. þenade nis þonne to foreswigianne þæt on.   ða ðe.
              6. ylcan.
              7. cnihtas.   syndriglicre.   gyfe.
              8. árw . aldes (e *eras.*) broþor.   ea(96ᵇ)landes.   þa ceadwala.
              9. on ꝥ ealand.   cnihtas ut.
             10. þam ealande.   on.   nehmægþe (1*st* e *out of* i).
             11. gecyd.   land on.   hie.
             12. hie.   mihton digle.   fram onsyne.
             13. him. þa (*stop at* him).   hi.   gemeldade.
             14. hi.   þa ꝥ.   and.

Ca.   3. eallū ðam þe woldan.   gehælede.   fulluhtes.
              4. þenode.
              5. nis ꝥ to forswygianne ꝥ on.   (*p.* 126) ða þe.
              6. ylcan.   gehælede.
                                    r
              7. cnihtas.   syndriglicc.   gyfe.
              8. arwaldes broðra.   ceadwala.
              9. on ꝥ.   fór.   cnihtas ut.
             10. ðam.   on.   gecyd éota land on.
             11. stáne.   hi.
             12. ꝥ hi.   mihton digle 7 geholene.   frā 7 syne ðas.
             13. cyninges þa wæron hi.   ameldode.
             14. hi.   hét.   ꝥ ða.

Page 308. 15. nama.　　cynebryht.　　þanan naht feorr mynster sum.
B.　16. stowe.　　nemned.　　cóm.
　17. þam.　　se þe in þam ylcan.　　digol wæs 7 leonod (*sic*) fram.
　18. gedóne.　　flat.　　wann.
　19. wiht land 7.　　gyf.　　cnihtas.
　20. seoldon (*sic*) þ.　　ályfde.　　forgeafe þ.　　hi.
　21. geryno.　　cristenan.　　forgeaf se cining.
　22. þ.　　alyfde 7.　　þa hí.
　23. fullwihtes baðe hí fram.

C.　15. ðæs.　　ðonon.
　16. ðære stowe.　　hreodfor.(d *gone*).
　17. ðæm.
　18. þa þe.　　gedone.　　won.
　19. þæt.　　ða cnihtas.
　20. alyfde. Ond forgeafe.
　21. cristenan.　　þa . . . eaf se.
　22. þa hie.
　23. 11ᵇ *ends* soðfæstnesse ; 12ᵃ *begins* worde ; *defective in centre in parts* (12–17 = 308³² suðseaxna *to* 310² comon).　　fulwihte.
　　hie.　　áþwoh. Ond hie.

O.　15. nama.　　cynebyrht.
　16. on þære stowe.　　geci,d ^(ge) (i *on eras. of larger letter*, y ?).　　com.
　17. þam.　　þa on þam.　　digolice l ^(a). cnad (y ? *eras.*).
　18. frä.　　gedone.　　feht 7 won.
　19. wiht (i *on eras. of* y).　　þ ealand 7.　　cnihtas æninga ofslægene.
　20. þ.　　alyfde.　　forgeafe þ.　　hi.
　21. gelæran þa geryne.　　cristenan.　　forgeaf.
　22. þ 7 lyfde 7.　　þa hie intimbrade.
　23. fullwihte.　　hi hi . (1 *eras.*) fram.　　aþwogh.

Ca.　15. nama.　　cynebyrht.　　ðanon.
　16. on.　　stowe ðe.　　gecíged.　　com.
　17. ðä.　　þa on þam ylcan dælū digolice lacnod.
　18. frä.　　wundū.　　hī gedóne.　　ða.　　won.
　19. þ.　　7.　　ða cnihtas æninga ofslagene.
　20. sceoldan þ.　　hī alyfde.　　forgeafe þ.　　hi gelæran
　　ða geryno.　　cristenan.　　forgeaf.
　22. hī þ 7 lyfde 7.　　þa hi intimbrade.
　23. fulluht.　　hi frä synnū aþwoh.

Page 308. 24. hi.   be ingange dæs écan lifes 7 ríces 7.
B.   25. cwellere.   hi sóna.   bliðe under hwilwendlican.
    26. þóne hi.   tweodan færende.
    27. þam écan life. On þisse endebyrdnesse æfter.
    28. brytene cristes geleafan onfengon. 7 fengon eac þa to gelea
    (*p.* 285) fan wihtsæte 7 hwæþere on þam fór yrmþum.
    30. útlican.   nænig onfeng.
    31. bisceoplicre þenunge.   daniel.   westseaxena.
    32. bisceop 7 on his éalande gesett ongean.   suðseaxena.
    westseaxena 7.
    33. betwunan gesett.   míla brád.   geciged.

C.   24. ingong.   ecean.
    25. cwellere.   hie.
    26. hwilwendlican.   ðone hie.
    27. ecean life hiora saula.
    28. Ond þisse.   æfter.   ðe.
    29. onfeng.   hwæþere.
    30. ðæm for ermðo.   utlican.   nænig onfeng.
    31. bisceoplicre ðenung (*sic*) had.
    32. bisceop is þis eal . . . . . seted ongean.

O.   24. hi.   be.   ecean.   7.
    25. cwellere.   hi.
    26. hwilendlican.   hi.
    27. þam.   rice.   saula.
    28. þysse.   æfter þon þe (97ᵃ).   mægþe.
    29. þ ealand hwæþere.
    30. on þam for yrmþðo.   uhtlican.   nænig onfeng.
    31. byscoplicre þenunghad.
    32. bysceop.   ðis ealand.   ongen.
    33. betweoh (*separating strokes before and after*).   gecyd.

Ca.   24. hi.   be.   7 se cwellere hī.
    25. 7 hi.
    26. wilwendlecan.   ðone hí/ne (m *for* in *with marks of division*).
    férende.
    27. ðā ecan life.
    28. *begins* mid þysse.   ðe.
    29. þ.   hwæðere on þā for yrmðo.
    30. uhtlican underþeodnysse nænig.
    31. bisceoplicre ðenunge háde.   danihele.
    32. ƀ.   ðis.   ongean midle.
    33. 7 is sæ betwih þreora.   brád seo is gecygd solente on ðā :s̄.

Page 308. 34. solwente on þam.   sǽflodas ða ðe.   brytene.
B.   35. þam úngeendodan norðgársecge.   ástigaþ.

C.   34. geciged solente.   sæflodas ða þe.
         35. Ond.

O.   34. so . lente (l *eras*., *then* l *written on* u, *of which 2nd curve is erased*)
         on þam.   þe on breotone.
         35. þam ungeendodan.

Ca.   34. sǽflodas.   ðe on breotone.
         35. þā úngeendedan.   dæghwālice.

Page 310. 1. betweonan.   ongean cumaþ.   geendode ðy campe in sǽ.
B.   2. togene.   þanan hí.   comon.
         3. Þyssum.   bisceop.   ðære cirican on.
         4. eutycetis.   gedrefede.
         5. 7.   þa wilnode ꝥ he þa angelþeode.   þam þe he ða.
         6. frām (*stroke very light*) þysses.   wale.   áwunode 7 gesam-
            nedum.

C.   2. . weorfað (h *def.*).   comon.
         3. þ . . . . gehirde.   bisceop (i ?).   ðære ciricean.
         4. ðurh.   eutycetis.   ge . . efde (*2nd* e ?).
         5. ongelðeode ciric . . n·þæm ðe ða.
         6. frā . . . . tes wole.   gesamnodū.

O.   1. betuh.   on.
         2. togotone.   þanon hi.   coman.
         3. Ðyssum.   bysceop.   cyricean.
         4. eutycetis.   gedrefede.
         5. 7.   þa willnade ꝥ.   angelþeodc cyricean þam.   þa.
         6. fram þyses.   wole.   7 gesomnadum.

Ca.   1. hī betwuh.   ongean.   geendode.   on ðone sǽ.
         2. hi.   coman.
         3. Ðyssum tidū.   ħ.   ðære cyricean.
         4. euticetis swyðe gedrefede.
         5. 7.   wilnode ꝥ.   angelþeodes cyricean þc he.
         6. frā ðysses.   wole.   awunode 7 gesomnadū ðreate
            arwurðra bisceopa.

Page 310. 7. árweorðra bisceopa.   on sindrige.
B.   8. acsode hwilces (*p.* 286).   hi wæron 7.
          9. eallra he hi.   rihtum.   þysne.   begymde.
         10. gefæstnigan.   seonoðlicum stafum to inbyrdnesse 7 tv.
         11. æfterfylgendra stafa 7 gewriten.   þæs.
         13. on.   ures.
         14. úrum.
         15. ecgfrið norhymbra.   teoðan geare his under.
         16. þam fifteoðan.   kalendarum.   ðy eahtoðan.

C.   7. arwyrðra bis . . opa.   monegra.   7 syndrige fregn.
          8. ahsode hw . lces.   hie wæron.   eallra hie.
          9. rihtum.   gemete.   þisne.   gȳde (12ᵃ *ends*).
         10. 12ᵇ *begins* bebeod . . 7 ; *lines* 8 *to* 28 *fragmentary and illegible*
             =310¹⁶ kalendarum *to* 310²⁵ ða ðe.   sinoðlicum (1*st* i ?).
             stafum.   intimbrenesse.
         11. æfterfylgendra.   gewriten (*sic*).   þ . . fruman (*sic*).
         13. usses.
         14. ussum ðæm ar . . . . .
         15. ecgfrið nor . anhymbra.   · teoþan geare.
         16. rices.

O.   7. arwyrðra bysceopa.   larþeowa 7 syndryge fræng 7 acsade.
          8. hi wæron 7.   án—mod,e (*after* án *eras. of* 3 : *stroke across*).
          9. eallra hi on rihtum (i *out of* e *by eras.*).   geme,te. ·   þysne.
             gymde.
         10. sinoðlicum stafum.   ontimbernesse.
         11. gewrita (a *on eras.*).   þés fruma ;
             ia. þ ia.
         13. saluatór ; on naman ures (97ᵇ) dryhtnes.
         14. æfestan.
         15. ecfrið.   cyning.   teoþan geare.   rices.
         16. þam fifteogeþan.   kalendarum.   eahteþan.

Ca.   7. 7 syndrigne frægin.
          8. acsode.   hi wæron 7.
          9. eallra hi (*p.* 127).   rihtū.   þysne.   gymde.
         10. sinoðlicū.   ontimbernesse.
         11. þære æffifyligendra.   gewrit is ðes.
         13. on naman ures.
         14. ricsiendū u,sum þā æfestan hlafordū ecfrið.
         15. cyning.   teogeðan geare.
         16. rices.   þā fifteðan.   eahteþan indict 7 æþelred, myrcɐ

Page 310. 17. 7 æþelrede myrcna.
B.   18. rices 7 eadwulfe.   seofonteoðan.
       19. hloðhere cantwara cininge.   seofonteoðan.
       20. gyfe arcebisceope brytene.
       21. ealandes.   cantwara burhge ceastre ætgædere mid hine
           sittende oðrum bisceopum brytene éalandes 7 cantwara burge
           ceastre (*p.* 286) ætgædere 7 arwurðum wérum 7.
       23. þam swyðe halegum godspellum on.
       24. hæðfeld þ hi ætgædere wæron.   rihtne.
       25. rihtwuldrigenne.   wea settan (*sic*).   úrc.
       26. on.   lichaman.   hys.   þa ðe.
       27. andweardlice gesawon.   7 he.

C.   18. .. ces. Ond aldwulfe.   seofantigeþan.
       19. ðy.
       21. Ond can . war ..   ætgædere.
       22. werum 7.
       24. rihtne.

O.   17. indict̄ 7 æþelrede me,cna.   gere.
       18. rices.   séo . fe ... þan (*erasures*).
       19. 7.   cantwara cyning,.   seofoðan geare.
       20. foresittendū theodore (t *on eras.*).   gyfe ærcebysceope (e *of*
           æ *eras.*) brytone.
       21. ealandes and cantwara burhge ceastre ætgædere.   him sittende
           oþrum bysceopum:
       22. ealandes arwyrþum.   7 foregesittendum þam swiðe halgum
           godspellum on.
       24. ætgædere.   rihtne.
       25. rihtwuldriende.   ure.   hælenda.
       26. on.   lichaman.   þa ðe.
       27. 7 weardlice gesawon.   7.

Ca.   18. rices 7 hloðere cantwara (*rest wanting*).
       19. seofoþan.
       20. foresittendū.   gyfe arcebisceopes.
       21. cantwara burhge ceastre ætgædere mid hī sittendū.   bisceopū.
       22. arwurðū werū 7 foregesettendū þā swyðe halgan.   on dære.
       24. ætgædere.   rihtne.   rihtwuldriende.
       25. asettan.   ure driht̄ hælenda.
       26. on menniscū lichaman.   discipulū.   þe.
       27. 7 weardlice gesawon.   7.

Page 310. 28. fædera herebeacen hím.   7.

B.   29. þret.   larowa ðære.
  30. rihtgelyfedan cyrican þære we syndon árfæstlice.   riht-
  wuldrigende.

C.   28. f. dera herebeacen. On[d].
  29. sionoþas.   þreatas.
  30. rihtgelyfedan ciricean (i *in* ci ?).

O.   28. fædora herebeacen 7 gemænelice.
  29. hal̯g . e (*eras. of* i).
  30. synoþas.   eall.   rihtgelyfedan cyricean þas (as *in margin*,
  not 1st *hand*).   syndon (y *on eras. of* eo).   fyligende 7
  ryhtwuldriende æfter.

Ca.   28. fædera herebeacen 7.
  29. sinoðas.   eall.   ðære.
  30. rihtgelyfedan cyricean.   syndon.   fyligende.

Page 312.   1. æfter heora ða ðe.
B.   2. 7 geðwærelice.   andettende 7.   andettað.
  3. halegum fæderum.
  4. ðrynesse on annesse.   7.
  5. þrynnesse þ.   án god in þrymme ástandnessum oððe
  hádum.

C.   1. æfter hiora lare.
  2. gelyfa . (12ᵇ *ends*).

O.   1. lare þa þe wæron (98ᵃ).   onbry,de geþwær . lice (1 *eras.*).
  2. gelyfað her nu ondettende 7.   æfter halgum fæderum swæs-
  lice (æ *on eras.*).
  4. þry,nesse (y *on eras.*).   annesse.   7.   on.
  5. þry,nesse (y *on eras.*) þ.   ana.   on þrim.   oððe.

Ca.   1. lare.   onbryrde.
  2. geþwærlice.   her nu ondettende 7 we andetað.
  3. haligü fæderü.
  4. þrynnesse in annesse.   efēnspediglice 7.   on.
  5. ðrynnesse þ is ana gód in ðrym astondnessū oððe hadū efne-
  spedelicum.

Page 312.
B.
6. efenspedelicum 7.   wuldres oð̃e áre 7 þysses ge (*p.* 288)
   metes menn.
7. æfter.   andetnesse.
8. þa swylce.   tóætycte.   haliga.
9. wé.   halegan fif.   rihte gelyfdon.
10. fædera.   onfengra.   ꝥ.   gesamnode.
11. þreo 7 hund teontig biscpa.   þa þe wið þam árleasestan
    arrum eritice.
12. láre 7.   gesamnode.
13. bisceopa.   wedend heortnesse.   eodoxe.
14. 7.   effessum tú 7.   biscpa.
15. 7.   calcidóne.
16. biscpa.   ðritig wiþ eoticem.   nestorium eft 7 heora
    lare 7 eft on.
17. gesamnod.   ristinianes (*sic*).

O.
6. efnespedelicum.   are 7 þyses.
7. æfter.   sprȩcon þa þe belumpun.   7 detnesse.
8. þa swylce.   toætycte. · synoð.
9. fif seonoþas.   rihtgelyfedon.
10. god 7̇ fengra (*accent over* 7 *apparently*).   þa þe on.
11. . . . . . . bysceopa (6 *eras.*).   ðam arleassestan arrium (i *out*
    of e) eretice.
12. lare 7 on.
13. bysceopa.   wedenheortnesse.   eudoxe (u *on eras.*).
14. lare 7 on effe . sum (s *eras.*) tú hund . . . . (7 *eras.*) bysceopa.
    ðone.
15. lare 7 on.   syx (y *on eras.*).
16. bysceopa.   þritig ,eúticen.   nestórium (o *out of* a) eft
    7 heora lare 7.
71. no.   synoð.   on iustiniánes.

Ca.
6. áre 7 þysses gemetes.
7. ða þe.   7 detnesse.
8. 7 ða swylce.   toætýcte.   sinoð.   stafū.
9. fif syneðos.   rihtgelyfedon.
10. fædera.   7 fengra ꝥ.   ða þe on nicea gesomnode.
11. hundteontig bisceopa.   þā arleassestan aureū eretice.
12. lare 7 on.   gesomnode.
13. bisceopa.   wedenheortnesse.   eodoxe.
14. lare 7 on.   twa 7 hundteontig bisceopa.
15. wyrestan nestoriū.   7 on calcedone six.
16. ꝧ 7 ðrittig.   eoticem 7 nestoriū eft 7 heora.   7.
17. on.   fífta (*p.* 128) synoð.   gesomnod on.

Page 312. 18. tíde ðæs gingran. theodorum. íba.

B. 19. ðam aereticum 7 heora lara larum 7.
20. gewurden on. birig. martines tíde. eadigan.
21. þi. geare. árfæstan (a *of* æ *partly eras.*).
22. 7 gewuldriað (*p.* 289) urne. hælende. swaswa ða
wuldredan nanwiht tóæticende oððe onweg awurpende. hi
wuldredan.
24. 7. amǽnsumiað úrum heortum 7 muþe. þa þe hi
amænsumedon.
25. 7 ða þe hi. swylce þa. wuldrigende.
26. ðone acénnedan.
27. cennende.
28. únasegendlice. bebodenan.

O. 18. giunran (*sic*). þeodorum. theodorete 7 iba þám
ereticum (98ᵇ).
19. larum 7. sinað.
               n
20. on. o, martynes tid. eadigan.
21. nigeþan. rice.
                  nǽ
22. 7 wuldriað urne dryhten halend; (nǽ *above with* a *of* æ *eras.* ;
below 1 *eras.*).
                     eó
23. toætýcende oððe. at .,nde (y *eras.*). hi.
24. 7. muþe. hie ámæmsumedon 7.
25. þe hi. swylce. wuldriende (e *on eras.*). ancen-
nedan (*sic*).
                         stæppende
27. acednedne (*sic*). gast forðferedne of.
28. suna . we bufan (*omitted words interlined; letters* a bodedon
on eras.; before we a *stroke eras.;* ðe *omitted*).

---

                    o
Ca. 18. giungran. theoderū. theodorete. iba þā.
19. larū 7. sinoð.
20. on. on martines tíd. eadigan.
21. nigoþan geare constantin' rice.
22. 7 wuldriað urne driht swa swa ðás.
23. toætycende oððe. atýnde. ðe hi.
24. 7. amansumiað.
25. heortan. hi amansumedan 7 ða þe hi. swylce.
27. weorulde. forðferedne. of suna.
28. ða. lærdon þa ðe.

Page 312. 29. gemyngodon þ wæron. ða halegan apostolas 7 witegan.   7.
B.   30. rode.   fæstnedon.   únderwritan we ðone 7 ða þe.
   31. þone ylcan geleafan.   arcebisceope angloī.

O.   29. gemyngedon.   witegan.   7.
   30. rode.   fæstnedon.   underwritan we.   þe (e *on*
                    t
   eras. of 2) asæt,on (a *of æ eras.*).
   31. ællican (e *of æ eras.*).   ærcebysceope (e *of æ eras.*).

Ca.   29. gemynegodan ða.   apostolas.   witegan.   7 we.
   30. rode.   fæstnedon 7 underwritan ða ðe asettan ðone.
   31. rihton.   arceƀ.

Page 314. 1. Ðæs eac (*ornate* Ð).   on þyssum seonoðe ætgædere.   ða
B.   dómas ðæs árlican geleafan.
   2. árwurða wér.   petres.   ðæs.
   3. apostoles heahsangere.   abƀ scē martines (*p.* 290) mynster.
      niwan.
   4. cóm fram.   agathones hæse ðæs.   wæs his lattéow.
   5. árwurða abbud benedictus.   he se ylca.
   6. getimbrede.   brytene.   ðæs.
   7. on.   ðe man.   ætwiramuðan (*sic*) ða.
   8. cóm.   róme.   hys efenwyrhtan.   ðæs ylcan.

O.   1. on þyssum sinoðe.   ætgædere.
   2. þæs allican geleafan (al *on eras.*).   petres cyricean.
   3. apostoles heahsangere.   abbudes.   martin' myntres
      (*sic*).   niwan.
   4. com.   fram.   agathones (e *out of* i).   wæs his latþeow.
   5. het.   þy he se ylca.
   6. getymbrede on.   on á . re (*eras. of two down strokes*).   scē petrus.
   7. ealdor(99ᵃ)apostoles on.   wiremuþan.
   8. com.   rome.   ' efenwyrhtan.   ylcan.

Ca.   1. on ðyssum synoðe.   ætgædere.   ða.
   2. ðæs allican geleafan.   arwurða.   petres cyricean.
   3. apostoles heahsangere 7 abbudes.   niwan com frā.
   4. ðurh háese agathones.   wæs his latteow.
   5. arwurða abƀ.   het benedict'.   ðy he se ylca benedict'.
   6. getimbrede on.   on are.
   7. ealdorapostoles on.   wiremuðan ða cóm.
   8. róme.   efenwyrhtan.   geféran.   ylcan.

Page 314. 9. ðæs ylcan.   abb.

B.   10. þ.   ǽr.   7.
11. árwurðlice fram þæs eadegan gemynde agathones ðæs.
12. onfanges (*sic*).   7 he.   onfeng fram him in trumnesse
ðæs mynstres freodómes þe.
14. æfter ðon.   wiste þ.
15. ecgferðes willa ðæs.   7.   leaf.   forðon.
16. þe he him ða landáre.   þ.   getimbrede.
17. abbod iohan . nem (*eras.* of w ? *or* n ?).
18. on brytene.   þ he sceolde (*p.* 291).   on.   sang.
19. monðum.   geleornode ða.
20. iohannis.   papan.   wæs mid.   þeawe.
21. sanges cwicre stefne.

O.   9. ylcan.
10. óft.   7 he.
11. fram.   eadigan.   agathones.
12. onfangen.   7.   onfeng fram him on trym͘nesse þæs
mynstres freodomas þe.
13. priuilegium.
14. ealdorlicnesse.   æfter.   wiste (s *on eras.*) þ ecgferþes
willa þæs.
15. 7 his lyfnes wæs forðon.
16. þe he him.   landare.
17. ða.   iohannem 7on brytone.
18. þ sceolde on.   sang.
19. monþum.
20. papan.   endebyrnesse 7 þeau.
21. sanges cwicre stefne.

Ca.   9. æft hī.   ylcan.
10. þ.   ǽr.   ðæro fore.   7.
11. arwurðlice frā.   eadigan.   agathones.
12. onfangen.   7 onfeng frā hī on trymenesse ðæs mynstres
freodómas ðe.
13. ðære.
14. ealdorlicnesse getrymed.   ðe he wiste þ ecgferðes willa þæs.
15. 7 his lyfnes.   forðon þe he hī.
16. landare.   ðe.   þ.
17. ða.   ðone.   abb iohannū.
18. on.   þ.   on.   ðone sang.
19. monðū.   geleornode.   ða.
20. ðæs papan.   ðeaw ðæs sanges.
21. stæfne ðæs.

B b

Page 314. 22. lærde herunge ealles.   symbeldaga gedihte 7 eac swylce míd.
B.   23. sette.   ylcan.
      24. ðis.   7 fram manegum syððan óft.
      25. gehwyder ymbe áwriten.
      26. oþer.   fram þam.   papan.
      27. ꝥ he ꝥ.
      28. angelcynnes ríce wǽre.   hym ꝥ gesæde.
      29. eft tó.   gesamnod on.
      30. brytene.   sædon 7 þa.   on.   úngewemmed.
      31. 7 hym.
      32. ðæs.   ðæt.   tó rome.   þa he þa.

O.   22. on wurþunge.
      23. swylce.   awrat.   o,ƀec.[n]   on.   ylcan.
      24. oð ðis.   7 fram monigum syððan.
      25. ymb awriten.
      26. oþer (99ᵇ).   fram þam.   papan.
      27. ꝥ he ꝥ.   hwilces.
      28. angelcynnes cyrice.   ꝥ gesæde.
      29. synoð gesomnað (cross eras.) on.
      30. on eallum.
      31. 7 him.
      32. synoþes ꝥ.   rome lædan 7 he þa.

Ca. 22. ða þe.   on wurþunge.   abæde he eac swylce stafū awrat.
      23. on.   (p. 129) ylcan.
      24. oð ðis.   7 frā monigū syððan of (sic).
      25. ymb awriten.
      26. he eac ioħs oðer.   frā þā.   papan.
      27. ꝥ he ꝥ.
      28. angelcynnes cyrice.   hī ꝥ gesæde þonū.
      29. ðære.   synoð gesomnod on.
      30. ǽr sægdon ða.   on.
      31. 7 hī.
      32. synoðes ꝥ.   rome lædan 7 he ða wæs.

Page 316. 1. tó hys eðle.   æfter medmiclum.   he ofer þære (p. 292)
B.   sǽ gefaren.
      2. míd úntrumnesse.

O.   1. eðle.   æfter.   sæ.
      2. untrumnesse.

Ca. 1. his eðle hweorfende ða.   medmyclū.   ðe.
      2. untrumnesse.

Page 316.
B.
3. lichama mid his freondum.
4. turnum.   árweorðlice.   on þam.
5. on abb dóme 7.   on.   siðfate forðferde forþon na þe læs.
6. angelcyrican tomege læded (sic).
7. 7 frā þam.   papan.   eallum þam þe him.
8. oððe geleornodon he þancwurðlice.   onfangen.
9. Onfeng (ornate O).   ecgferð.   ðære nama.
10. æþeldryþ.   we eft ær.
11. gemyngodon.   mann gód.   æfest.
12. ón mode.   æþele.   hi ær him.   wær (a in æ
    partly eras.) to wífe se wæs.
13. ealdormann þæs nama.   téodbryht ac æfter medmiclum.
    ðe he hí.
14. onfangen.
15. ða.   forgefen þam.   ðæs.

O.
3. lichama fram.   freondum.   fore.   martynes.
4. turnum.   bebyriged on þam.
5. fore,. on abbuddome 7 (before on eras. of 7).   on.   siðfate.
6. seo bysen.   ang,cyricean.   rome gelæd wæs.
7. 7 fram þam.   papan.   eallum þe hine.
8. oððe reordedon þancweorðlices wæs onfangen.
9. Ondfeng (d partly eras.) ecfrið.   nama.
10. æþeldryð.   easteng,a.
11. gemyngedon.   eall.   on mode.
12. æþele hǽfde (on eras. of brohte still traceable) hi ær him (100ᵃ)
    oþer wer to wife.
13. ealdorman.   tondbyrht.   æfter medmiclum.
14. hie (e on eras. of 2) to wife.
15. forgyfen þam.   ðæs.

Ca.
3. frā.
4. turnū.   ðær arwurðlice.   bebyriged on þā.   ðe.
5. on.   7.   ðe on þā.
6. ðæs.   angelcyricean.   rome gelæd.
7. 7 frā þā.   papan 7 eallū þe hine.
8. oððe reordedon þancwurðlices wæs onfangen.
9. wíf ðære.
10. æþeldryð.   ðæs.
11. gemynegodon.   gód.   eall.   on mode.
12. dædū.   hi ær hī oðer wer to.
13. ealdormon.   nama.   tondbyrht.
14. medmyclū.   ðæs.   hi.   wife.
15. ða.   þā.

Page 316. 16. gemánan (*p.* 292) myd þam.   brycende hwæðere.
B.   17. écre.   mægðhádes.   awunode.
       18. sylfum.   mid þam.   mannum cóm.
       19. ðære eadegan.   willferð bisceop.
       20. sæde.   cwæþ þ.   wita hyre clænnesse.
       21. mægðhádes.   þon þte ecgbriht.   gehet land 7 micel.
       22. gesyllende gyf he þa cwéne aspanan.
       23. mihte þ he.   hys.
       24. þ.   nænne wæpnedmann ne lufode buton.
       26. þ.   geortrywenne þ.   úre yldo þ.   mihte.
       27. þte forðgangendre ylde óft gewurden getrywe spell cymeþ 7.
       28. dryhtnes gyfe.   ylcan.   þe him.
       29. us wunian á.   worulde.   swylce.
       30. þes.   sweotul tácnung þ.   ylcan.

O.   16. mid þy þe.   hwæþere.
       17. mægþhades wundurlice awunade.
       18. sylfum.   sumū monnum cō on.
              r
       19. hwæþe,.   eadigan gemynde (yn *on eras.*) willferð bysceop sæde.
       20. cw̄.   cuþesta gewita hyre clænnesse.
       21. hyre mægþhades.   þon þte ecfrið.   gehet.
       22. gesyllanne.   þa.   gespa . nan (n *eras.*).
       23. mihte þ.   gesynscypes.
       24. næninge.
       26. þ.   geortrywanne (g *out of* o *and* so *with a box top*) þ on
              ure yldo þ.   mihte.
       27. þæt.   yldo.   getreowe.   cyþað.
       28. a . nes (1 *eras.*) dryhtnes gyfe.   ylcan.   þe.   mid
              usic wunian á.   worulde.   swylce.   sweotoll
              tacnunc þ.   ylcan.

Ca. 16. mid þy ðe heo.   wint̄.   hwæðere.
       17. wundorlice awunode.
       18. sylfū frinnendū.   sumū.   cō on.
       19. ða.   eadigan.   willferð ƀ sæde.
       20. cw̄ þ.   gewita.   clænnesse.
       21. hyre.   þon þte ecfrið.   gehét.
       22. mycel.   gesyllanne.   gespannan.
       23. mihte.   gesynscipes forðon.
       24. nænigne monn.   lufade.
       26. þ.   geortrywianne þ on ure yldo þ.   mihte þ.
       27. yldo.   geworden wæs 7 getreowe.   cyþað.
       28. ðæs ylcan.
       29. us wunian oð.   swylce.
       30. þ ðære ylcan.

Page 318.
B.

1. lichaman bebyrged wæs 7.   mihte þ.   fram.
2. gehrinennesse úngewemmed áwunode.   swiþe lange ðone.
3. þ heo moste (*p.* 294).   woruldsorge 7 begyminge.   7 lete
    hí on mynster þam soðan criste.
4. þ.
5. heo þa æt nyhstan úneaðe abǽd þa ferde heo.
6. abbodessan.   ecgferðes faðu.   þ mynster is.
7. geset on.   ðe man.   colundes burh.
8. hali ryfte.   ðeowháde fram þam.
9. bisceope willferðe þa was ymb án gear æfter.   þ.
10. abbudesse.   on ðam þeodlande.   geciged ǽl ǽg ðær.
11. heo getimbrede gode wilra fæmnena 7 seo.
12. manigra.   ongann.

O.

        i   ne   on þä wæs swutol.
1. bebyrged.   ,mihte, þ heo fram.   100ᵇ *begins* fram.
2. ungewemmed awunade.   lange.
3. þ.   woruldsorge.   gymenne.   7, he hi.
4. on.   þam soþan.   þ.
5. nyhstan wenun, (enun *on eras.*) þurhteh þa.   on æbban mynstre.
6. abbuddissan.   faþu.   þ.
7. on.   coludes burh.
8. haligryfte.   frä þam.
9. bysceope willferðe.   ymb.   æfter þyssum þ.
10. abbu . dysse (1 *eras.*).   on þam þeodlande.   gecy,d (y *out*
    of i) hélige (*the curve under* e *not* 1st *hand*).
11. getimbra,.   willsumra fæmnana.
12. ongan.   bysenum.

Ca.

1. bebyriged.   mihte 7 þ.   frä werelicre.
2. awunode (*p.* 130).   lange.
3. þ.   gymenne forlætan 7 þ he hi forléte ·on.
4. þä.   ðeowian þ.
5. ða wenunge æt nyhstan ðurhteah (*dot under* e).   on.
    mynstre ðære.
6. faðu.   þ.
7. on.   coludes burh.
8. ðær haligryfte.   ðeowhade frä ðä.   ƀ willferðe.
9. ymb.   gér.   þyssū þ.
10. abbuddisse.   on þä ðeodlande ðe.   gecyged elige.
11. getimbrade.   willsumra.   7 heo monigra moder ongan.
12. myd bysenū.   lífes.

Page 318. 13. manigū.

B. 14. menn.   hyre syððan.   ꝥ heo linenum hræglum.
15. willenum 7 seldan.
16. on hatum baþe baþede buton þä heahtidum to eastron.
17. dæge.
18. geohhel.   hyre þenunge 7 hyre.
19. oþre.   þa þe.   on (*p.* 295) þwegene.
20. hi.   7.   baðian.
21. buton symnessum þy mæran tídum oððe þy.   ma.
                                                    c
22. æne on dæge mete þingan 7 fram sange oð hlutturne dæg on
    cirican æt hyre gebedum standan buton hyre þe mare þearf
    7 untrumnes wære sume menn.
25. secgað ꝥ heo ðurh wítedomes.

                              un
O. 13. mon . gum (1 *eras.*, g *on eras.*).
14. hyre syððan.   ꝥ.
                                             n
15. linenum hræglum bucan.   wylle,um 7.
16. on hatum baþum.   butan.
                          a
17. tidum.   æ,strum (a *of* æ *eras.*).   dæge.
            o o
18. ge,h,l.   hyre þenunge 7 hyre.
19. oþre.   þe.   wæron onþwegene wæron (1*st* wæron *struck
    through*).
20. (101ᵃ) þonne.   eallra nyhst hi.   butan.
21. symbelnesse on tidum oððe.   nydþearfe ma.
22. ꝥ.   þicgan (c *on eras.*).   symble.
23. untrumnesse bewerede.
24. hlutterne.   on cyricean on.   gebedum.
              þa
25. ꝥ.   ,adle (adle *on eras.*).

Ca. 13. monungū.
14. hyre syððan.   ꝥ.
15. linenū hlinenū hræglum (*sic*).   wyllenū 7.
16. on.   baðū.   butan þä hyhstū symbelnessū.
17. tídū æt eastrū.   ðy.   dæge.
18. geohol 7 þonñ.   ðenunge 7 hyre.
19. ða.   ða þe þær aðwægene wæron.
20. eallra.   hi baðian.   and seldon butan.
21. symbelnysse on tídū oððe.   nydðearfe.
22. þonñ.   ꝥ.   þicgan and symble.
23. untrúnysse.   bewerede.   tíde.
24. lutterne.   on cyricean on halgū.   stód.
25. ꝥ.   ðurh.

Page 318. 26. beforan cwæde.   7 swylce heo eac.   þeowa rim ða ðe.
B.   27. hyre.   geleorniganne.
        28. þ heo swutullice eallum cyþde ða geleornode.
        29. middum hyre æfter.   gearum.   abbodessan.
        30. hád underfeng 7.   gelíce.   nales oþre stowe.
        31. on middum hyre hiwum æfter.
        32. geleorde in tynenre.   bebirged.
        33. ða.   æfter hyre on.   þenunge abbudessan hádes.   hyre.
        34. swustur.   wífe ærconbriht cantwara.   7.

O.   26. forecwede.   7 swilce.   þeo . (o *out of* a, *then* I *eras.*) sum
        þa þe (s *out of* f).
        27. hyre.   middangear,e.   to geferanne.
        28. sweotollice eallum.   geleorde (de *on eras.*).   dryhtne.
        29. middum hyre hiwum æfter.   gearum.   abboddyssan.
        30. hade.   7.   he,.   nalæs on oþre stowe.
        31. on middum hyre hiwum æft endebyr,nesse.
        32. geferde on treoenre (eo *on eras.*).   bebyriged.
        33. hyre on þa þenunge.   hyre.
        34. hęfde.   erconbyrht cantwara.   and.

Ca.   26. forecwéde.   7 swylce.   ðeowa sū.
        27. hire.   to geféranne þ.
        28. swutollice.   cydde ða.
        29. híwū.   ðæs.   abbuddissan hade.
        30. 7.   nalæs on.   stowe.
        31. on.   ðe.
        32. geférde on treowene ðruh.   bebyriged.
        33. ða.   on þa ðenunge.
        34. sweoster ða.   cantwara.   7.

Page 320. 1 æþeldryð.   · XIII ·   ða.   ðære.
B.   2. abbudessan hyre (p. 296) mægen (*sic*) 7.   hyre bán úpp
        on niwe.

O.   1. æþelþryð.   bebyriged.   licade.
        2. abbuddissan hyre mæg (e *of* æ *eras.*) þ.   hyre.   on niwe
        (e *on eras.*).

Ca.   1. þy ðe æþeldryð.   sixtene géar bedyriged ða.
        2. magan þ.   bán upp.   on niwe ðruh asette.

Page 320. 3. þurh.   on cirican.   het heo þa gebroðor sume feran.

B. 4. stan secan þe man mihte.   þruh.   áheawan (*á parted from* h *by a defect in surface*) ða eodon hi on scyp 7 foron on elíga land ꝧ is æghwanan mid wæterum.

6. myd.   hyt micle stanas hafaþ.

7. cómon hi tó grantan streame 7 hi sona gemetton be þæs streames weallum þurh (*defect stated in a modern Latin interlineation*).

9. hwítum stane.

10. wæs gerisenlice gehlidod.   gelicum.

11. ongeaton hi.   ærende 7.

12. frā gode gehradod 7 hi ðæs drihtne sylfū þanc sædon.

13. þurh.   þam.

14. þi.   lichama.

15. bryde.   ðære.   ða.

O. 3. asette 7 on cyricean.   het.   sume þa (101b) broþor feran.

4. þonne stan secean.   mihte.   þruh.

5. gewyrcean.   hi on scyp.   heliga land.   æghwanon.

6. wæterū.   fennū ymbsealdne hit micle stanas.

7. comon hi.   cestre.   feor þanon (*from* feor *to* noht *is twice written ; the first struck through including the* 2nd noht, *not the* 1st).

8. englesc grantaceastre gecied.   hi.

9. be þære ceastre weallum.   stane.

10. swylce eac gerisenlice (e *on eras.*) gehlidad mid gelice (i *on eras.*).

11. hie.   ꝧ.   ærende 7.

12. ,from.   sylfū gehradad 7 gefyr,ad (fyr *on eras.*).   hie.
   wæs ——— ðr

13. sædon.

15. bryde.   byrigenne.   ða.

Ca. 3. on cyricean.   hét.   sume ða broðry (*sic*) féran.

4. secean ꝧ.   mihte ða þruh.

5. gewyrcean ða eodan hi on scip forðon heliga land is æghwanon.

6. wæterū.   fennū.   mycle stanas hafeð.

7. comon hi.   gehrowenre.   þanon.

8. grantaceastre gecíged (*p.* 131) 7 hi.

9. be ðære.   weallū.   hwitū stane.

10. swylce.   gehlidad.   gelíce stáne.

11. ða ongeaton hi.   ꝧ.   ærende 7 heora.

12. wæs frā.   sylfū gehradod 7 gefyrðrad 7 hi.

13. ðruh.   þā.

14. ða.   ðære.

15. bryde.   byrigenne.

Page 320. 16. gemeted (g *afterthought*). ungebrosnod.

B. 17. wære 7 bebyrged swa.
18. bisceop willferð. manige. þa he hit cuðon sædon.
19. hwæðere. læce. hyre (*p.* 297).
20. ða hine mann uþp á hóf of byrgenne.
21. þ. sæde. untrum. þ.
22. swyle. hyre sweuran. het me man þ ic ðone.
23. tosticode þte se sceððenda wǽta mihte út flowan mid þy ic ða dyde þ ða.
25. gesewen. þæt hire geolhstor út fleow ðæt hire bet wæs swa.
26. þte manige menn cwǽdon 7 tealdon þ. gehæled wære þa þy ðryddan.
27. wæs heo. gehefegod mid ðam sarum.
28. was gehrinen 7 genumen.

O. 16. ungebrosnod.
17. bebyriged. se foresæda biscop.
18. oþre þa þe hit cuðon (u *on eras.*).
19. hwæþere.
20. forðferde (de *on eras.*) 7 eft, (7 eft *on eras.*).
21. þ he sægde (102ᵃ).
22. ða. mec.
23. þonne. sceþ,ende wæta út.
24. sio . (1 *eras.*) þerinne. íc.
25. gesewen. hiere lehtor 7 sawel (*sic*) wære (lc *on eras.*).
26. from.
27. untrúnesse ð,. wæs heo.
28. ærran saa . run (1 *eras.*). sona wæs ge,rinen 7.

Ca. 16. ungebrosnod.
17. forðféred 7 bebyriged. se foresæda b̄ willferð.
18. cyddan.
19. hwæðere cuþran.
20. hire lichoman mon of byrigenne úphóf.
21. þ. untrum. þ.
22. mycelne. het mon me cw̄.
23. þ ic ðone. gesticode þte. scæððende wæta út.
24. ðær inne. þ ða. ða.
25. gesewen. þ. 7 swa well.
26. þte. þ. mihte frō.
27. untrúnesse ða ðy. wæs heo eft hefigod.
28. þä ærran sárū. sona wæs gehrinen 7. middanearde.

Page 320. 29. eall þ.   ðone.   écre.   lífe.
B.   30. onwende myd ðy ða æfter.   manegum.   hyre lichama.
   31. úpp áhafen.   aðenedon hi 7 slogon.
   32. ofer.   eall.   gesamnung þara gebroðra 7 geswustra.
      healfa.
   33. 7.   abbodesse on þ.   inn eode 7 fæmnan mid hire þ hi.

O.   29. sar.   life onwende.
   30. þy æfter swa monegum (e *out of* i *on eras.*).
   31. up of bvrigenne ahafen.   aþenodon, 7 aslogan geteld . (d
      on eras., then 1 *eras.*).
   32. ofer.
   33. 7.

Ca.   29. eall þ sár.   lífe onwende.
   30. ðy æft.   monigū gearū.
   31. úp of byrigenne ahafen.   aðenodon hi 7 aslogan.
   32. ofer 7 eall.   halfe.   7.   þ.

Page 322. 1. ban.   úpp á don 7 áþwean.
B.   2. gefeormian þa sæmninga.
   3. abbodessan.   hluttre.   clipigan 7 þus cweðan sy wuldor
      dryhtnes naman.
   4. æfter. (*p.* 298) medmiclum.
   5. clypode me mann inn þ ic sceolde onwreon ða duru (*stroke
      through* me).
   6. ða.   ðone lichaman.   halegan fæmnan godes úpp
      áhafenne.
   7. on bedd gesettne slæpendum ménn.

O.   1. feawa men.   hie þæt hie.   upp.   onþwean.
   2. æfter.   ða.   hyrdon (yr *on eras.*).
   3. stefne.   wuldur cwæð dryhtnes.
   4. æfter.
   5. cigde inn.   ónwreon .. (*final* n *on eras., then eras. of* 2).
   6. lichoman . (1 *eras.*).   upp ahafe,ne.
   7. ón.   slæpendū (ū *on eras.*).   gelícra þonne deadum (102ᵇ).

Ca.   1. feawa men.   hi þ hi.   ,dón 7 onðwean.
   2. gewunon ða.
   3. hluddre stæfne.
   4. cw̄ drihtnes.   medmyclū.   ða.
   5. cigde inn onwreon.   ðæs.
   6. ðære.   upp ahafenne.
   7. byrigenne.

Page 322.   8. onwrugon hi.   hyre andwlitan.   ywdon.

B.   9. þa.   ðæs sniðes.   géo.   þa.

10. gehalgod þte wundorlicum gemetum fór openre ðære wunde.

11. giniendre mid þære.   ðynnisce dolhswaþu.

12. læste ætywde.   ða.   lichama.

13. onwalhe.   niwe.   ætywdon swa þy sylfan.

14. hyre ðam clænum lichaman 7 limum.

15. menn ða ða heo ðrycced.   swyle.

16. myd sáre.   swúran þ.   lustfulligende ðysse úntrumnesse. cynne *deest.*

17. heo oft gewunelice cwæð ic.   þ.

18. minum sweuran (u *on eras., compare* **320**, 22) byrne 7 ðas byrðenne bere þysse adle on þam ic mec (*p.* 299) geseah iú beran ða ic geongre wæs.

O.   8. ða ónwrugon (u *on eras. of* 2) hie.   ondwliton 7 eowedon me þa.
                                    swa

9. snides (i *on eras. of* 2 ?).   gio.   þa wæs heo,.

10. wundurlice gemæte (a *of* æ *eras.*) fore.

11. geoni, re (oni *on eras., then* 1 *eras.*).   dolhswaþo.

12. læste ætywde.   scytan (y *on eras.*).

13. onwealge.   niwe.   ætywdon.
             mb

14. leoman hi y,seald (y *on eras., then* 1 *eras.*).

15. swyle 7 mid.

16. sweoran.   þysse untrumnesse.

17. heo oft gewunalice cwæde ic.

18. gewyrhtū (yr *and* ū *on eras.*).   minum.   byrþenne þysse (y *on eras.*) adle (*cross on* ð *eras.*).

19. þysse untrumnesse.   me gemon geo.   be . ran (1 *eras.*)
             i
   ða.   g,ung.

Ca.   8. þonū deadū ða onwrigon hi.   ondwliton.   eowodon.

9. ǽr.   þa.

10. swa fæstlice gehalod þte.   fore.

11. bebyriged wæs þ seo ðynneste dolhswaðo.

12. læste ætywde.   scýtan ðe.

13. onwealge.   niwe.   ætywdon.

14. ðy.   þā clænū limū hi ymbsealde.

15. ðrycced.   swyle.

16. mid sare.   sweoran þ.   swyðe.   ðysse untrūnesse cynne (*p.* 322).

17. heo oft gewunolice cwæde ic wát.   þ.

18. gewyrhtū.   byrþenne ðysse adle.

19. ðysse untrumnesse.   ðæm ic me gemon geo.

Page 322. 20. idlan.   sigella 7.   gelyfe þ.
B.   21. forðan.   úpplicæ (a *of æ partly eras.*) arfæstnesse wolde
me befylgende beon myd sáræ.
22. swuran þ.   ónlysed fram ðære.
23. swyðe.   leasnesse.   þi.   nú.   golde.
24. sweoran forðhlifaþ.   reðnes.   swyles 7 weorces.
25. ða gelamp.   þære gehrinennesse.   ylcra gegyrela ðe.
26. man.   hyre lichaman.   þte deofolseoce menn.   manige.
27. úntrumnesse.   swylce.   þurh on.
28. manegum menn.
29. sargedon.   hefegedon wearþ.   hæle.   hi heora.
30. to onhliden (*surface of* on *stained and rubbed, not* an).   sona
þ sár 7 seo hefignes onweg gewát. Hwæt.

O.   20. idlan byrþenne.   sigla 7 ic gelyf. de (y *on eras., before* d
1 *eras.,* d *on eras.*).
21. forþon.   úpplice arfæstnes wolde (o *on eras.*) ma (a *on eras.*).
hefigade.   sare.
22. onlysed from þære.
23. leasnese (*sic*).   fore golde 7 fore.
24. sweoran.   readnes ond bryne (ry *on eras.*) ðæs swyles 7
wærces (æ *on eras.*).
25. mid þy gehrine(103ª)nesse.   ylcena.
26. hyre lichaman.   þ deofullseoce.   monigra oþerra
untrumnessa.
        ác
27. swilce e., (1 *eras.*).   þruh.
28. bebyriged.   monigum.
29. sargedon 7 hefegodon.   tó hæle.   hi.   heafud.
30. onhyldon (y *on eras.*).   séo ungescroepnes.
31. fram.   eagum.

Ca.   20. ða ydlan.   sigla 7 ic gelyfde þ.
21. upplice arfæstnes wolde ma hefigad.   sare.
22. þ.   alysed frā ðære swyðe.
23. leasnesse.   golde.   gimmū.
24. sweoran forðlifað.   readnes.   swyles.
25. gelamp.   þy gehrinenesse.   ðære.   gegyrlena.
26. þ.   deofolseocna 7 monigra oðra untrūnessa.
27. gehælede.   swylce.   þruh.
28. ðære heo wæs.   bebyriged monigū monnū ðe.
29. sargedon 7 hefegodan.   hæle þonñ hi.
30. onhyldon.   hī.   seo gewemmednes ðæs.
31. frā.   eagū gewát.

Page 322. 32. hi.   ꝺwogon.   baꝺedon.   lichamaɳ.   halegan.
B. 33. niwū.   gyredon 7 inn to cirican.
34. on ꝺa.   þruh áledon (*p.* 300) þe.
35. gyta.   ꝺysne 7weardan.   on.   arweorþnesse.

O. 32. hi.   þwogan 7 baþedon.   lichaman.
                                                        wæs
33. niwum.   cyricean.   on.   þider.   , 7.
35. ꝺisne 7weardan.   on.   hæf . d (e *eras.*).

Ca. 32. hi ꝺa þwogan 7 baꝺedon ꝺone.
33. niwum hrægelū.   cyricean.
34. on.   gesettan.   ꝺider.
35. gyta oꝺ ꝺisne 7weardan.   on mycelre arwurꝺnesse.   hæfed.

Page 324. 1. ꝥ.   ꝥ.   swa gemæte þære.
B. 2. lichaman swylce heo hyre synderlice geworht wære swylce eac.
3. wundorcræfte gemeten 7 geworht 7 gescyrpendlice gehiwod
ætywde.
4. hyre.
6. élig ꝥ land on.   mægꝺe ꝥ is six.
7. ealandes.   7 is eall mid.
8. wætere útan ymbseald 7 fram.   æla.   þe on þam
ylcum fennum.

C. W. 6. hwæt hwega.

O. 1. ꝥ.   ꝥ.   ᵒgescre,pe.
2. lichaman.   hyre gegearwod.
3. swylce.   wundurcræftiglice.
4. gescro . pelice (1 *eras.*) gehiwad ætywde.   hyre.
6. helig ealond (*sic*).   on.   mœgþe huhug,.ᵘ   on ealandes.
7. eall.   cwędon.
8. wætere ym,sealdᵇ 7 frā.   æla þa þe on þam ylcan (103ᵇ).

Ca. 1. ꝥ.   mycel.   ꝥ.   ꝺruh.   swa geméte.
2. geméted.
3. gegearwod.   swylce.   hafodstow sundercræftiglice.
4. gesceaplice gehiwad ꝥ ætywde.   hyre.
6. élig ꝥ laud on.   on.
7. eall.
8. wætere ymbseald 7 frā.   æla.   oɳ þä ylcan.

Page 324.   9. gefangene.   ða hyt naman.   þa þær willnode.

B.

  10. to habbanne se gemyngode þeowen forþon.   ýlcan.

  12. lichaman frymðe.   ær beforan sprecende.

  13. Þy (*ornate* Þ).   ecgferðes.

  14. ongunnon (*sic*).   betwih him.   æþel (*p.* 301) rede cyninge.

  15. þa wæron ofslagen on þam.   bé treontán.

  16. éa.   wæs geong (o *out of* n, *and* n *in* ng *on eras.*).   æþeling.

  17. swiþe luuiendlic.   æghwæðere.

  18. swustor.   seo ostryð haten.

  19. æþelred myrcna.   tó.   þi þa þæs grimman.

  20. feondscypes ontimbredon.   reþan.

  21. gesǽwen úpp cumende theodor bisceop gode.

O.   9. fongenne.   namon.   willnade.

  10. gemyngade.   þeowa forþon.

  11. mægþe.   lichaman frymðe.

  13. Þa þy nigeþan.   ecfriðes rice (*sic*).

  14. gewin.   æþelrede myrcna cyning (*sic*).

  15. ofslagen on þam.   ,treo,tan.

  16. broþor.   æþeling.

  17. eahtatynewinter (*sic*).   luf,endlic . (*eras. of* 1).   æghwæ-

     þerre (*1st* æ *on eras.*).   forþon.

  18. ,is.   ósþryð.

  19. æþe,red myrcna (y *on eras.*).   wife.   grimgran.

  20. feon,scypes 7timber betwih.   reþan.

  21. gesewen upp.   theodor.   se (e *on eras.*) l,ía (*these 2 words*

     out of sylfa) bysceop.

Ca.   9. fongene.   naman.   gewilnode.

  10. gemyngade.   ðeowa.

  11. frymðe.

  13. Ða þy nigeðan.   ecfriðes.   geðeoded.

  14. gewin 7 mycel.

  15. æþelrede myrcna cyninge.   ofslagen on þā.   trentan

     streame þære éa elfwine ecfriðes broþor wæs he geong æþeling.

  17. eahtatynewint.   swyðe lufigendlic.

  18. sweoster.

  19. myrcna.   hī to wife.   ða grimman gefeoht.

  20. feondscipés andtimber betwih.

  21. ða.   gesewen úpp cumende (*p.* 133).

Page 324. 22. leofa mid godcundre gyfe.

B. 23. trumnesse.   láre ða ongunnenan færnesse swa.   fræcennesse.
24. eallinga adwæste tó þon þ.   betwyh him.
25. þte.   mannes.   lore.   mára.
26. ðæs ofslagenan.   breðer.   feo.
27. geþingode þ.   sibb.
28. tíde.   þon betwyh ða ylcan.   áwunedon.

O. 22. gyfe.
23. ongunnan bernesse.   frecenesse eallinga.
24. þon þ.   gesibbade.   betwyh.
25. mo,nes fe,rh.   lore.
     n   o
26. þā.   breþer.   feo (o *out of* a *by eras.*).   wið (104^a).
27. þ.   þære.   mycelre.
28. þon.   betwyh.   ylcan.   rice awunadon.

Ca. 22. ħ.
23. trymnesse.   ða ongunnenan bernesse.   mycelre freced-
nesse eallinga.
24. þ.   gesibbade ða.   betwih.
25. þ.   mannes.   lore.   mare.
26. ðā ofslægenan.   feo.
27. geðingode þ.   sib wæs syððan seaht 7 sib mycelre tide
æft þon betwyh ða ylcan.   rice awunode.

Page 326. 1. In (*ornate* I).   þam dagum 7 on þam foresprece(*p.* 302)nan.
B. þe.
2. ofslegen wæs sum.   wise wæs geworden monigra hælo
heo bricsað gyf heo asæd bið 7 heo nis to forswigianne wæs þær.
4. on ðam gefeohte sum geong.
5. nama.   myd þy he ða ðy.   7.

O. 1. On þam.   þe.   broþor.
                                  no
2. wæs wæs sum gymendlic wise wæs.   nis,.
3. hi brecað.   asæd.
4. on þam.   betwyh oþre.
5. þeng ecfriðes.   nama.   7.

Ca. 1. On þā.   gefeohte ðe ælfwine.   broðer ofslægen wæs þ sū.
2. wise wæs.   nis no to forswygianne.
3. hi brecþ.   asæd.
4. ofslægen on þā.   betwih oðre sū geong þæs.
5. ðegin ecfriðes.   nama.   ða.   7 ðære æftfyligendan.

Page 326.   6. æfterfyllgendan.   þam ofslegenum gelíc:
B.   7. læg.   þa.   nehstan.   gaśte.
        8. geedwyrped.   úpp asæt 7 himsylf his wunda.
        9. mihte 7.   ðon þe he.   fæc þa á hóf he hine úpp 7
            ongann hine weccan gyf.
       10. gemetan.
       11. mihte ðe his gyman wolde 7 his wunde lacnian þa.
       12. þa ꝥ.   frā ðam mannum.
       13. ðæs freondlican weredes.   hi hine.   ꝥ.
       14. æþelredes gesið.
       15. þa ne dorste he andettan hwæt he wære nolde he na cyþan ꝥ
            he cyninges (*p.* 303) þegn wæs.
       16. Ac he sæde ꝥ.   mann.   gewifad.
       17. 7 ꝥ.   cóme ꝥ.   þæs cyninges þenunge 7 heora and-
            leofan 7 heora mete.   mid hys heafod gemæccum.

O.   6. betwih þa . ra (h *eras.*) ofslenra gelic.
       8. geedwyrped (y *on eras.*).   asęt.   sylfa (y *and* a *on eras.*).
            awrað.
       9. 7.   fæc þa ahof he hine úp.
       10. onwég.   freon (*sic*).
       11. gymæ,ne (y *on eras.*, a *of* æ *eras.*).   dyde 7 his wunde
            lacnian (y *on eras.*).
       12. þa þæt.   from þæm monnum.
       13. feondlican wer,des (1*st* e *on eras.*).   hyra hlafurde.
       14. æþelredes gesið.   ða.
       15. andred (dred *on eras.*).   þegen.   ah sægde.
       16. gewifad.
       17. þæt.   forþon ın þa (104^b).   come ꝥ.
       18. þegnum.   7lyfene.   heafudgemacū.

Ca.   6. betwih ðara ofslægenra gelic deadū.
       7. þa.
       8. geedwyrped 7 úp.   sylfa.   wunda awrað.
       9. mihte 7 æft ðon.   medmycel.
       10. he hine upp.   gán.   meahte gemétan ðe.
       11. gýmenne (e *not original?*).   lacnian.   ða.
       12. þa ꝥ.   geméted.   frā þā.
       13. feondlican weoredes 7 ða læddan.   ꝥ.
       14. gesið (*opposite in margin* medic' *by glosser, repeated lower down*).
            ða.
       15. ondrædde he andettan ꝥ.   ðegen.   ah sæde ꝥ.
       16. man.   ðearfende 7 gewifad.
       17. ꝥ.   cóme ꝥ.
       18. 7lyfene.   lædan.   heafodgemacū ða.

Page 326. 19. gesiþ.   gýminge.   wunda.

B. 20. lacnian.   þa he trumian angann þa bebead.   þ.
     21. mann.   þe læs.   nyht.
     22. mihte.   man.   þa sona.   hí aweg.
     23. þa þe.   ðonne.   þa bendas hæfde he agenne broðor
        se wæs mæssepreost.   nama.   tunna.
     26. abbod on ðam.   7 on.   nú.   ðis fram.
     27. naman is nemned.   myd þy he hi.   on þam.
     28. ofslegene.   com he 7 sohte .. (he *eras.*) on þam wá. le
        (*eras. after* a).   líc.
     29. hwæþere.   mihte.   oðerne him swiþe gelicne.
     30. þ.   7 bær hine þa to (*p.* 304).
     31. 7 hine arlice bebyrigde.   7 for.   sáwle.

O. 19. gesið hinæ (a *of* æ *eras.*).   gymenne.
     20. lacnian.   þa ongan.   haligean.   þ.
     22. mihte.   man.   forþon þe.   hi onweg (i *and* o *on eras.*).
     23. eodan.   þe.   toslupan þa.   tolysde.
     25. broþor.   nama.   tunna.
     26. on þam.   on.   ðis fram his noman is nemned
        tunnancester.
     27. on þam.
     28. ofslegene.   com.   on þam.   lic.
     29. hwæþer.   mihte.   oþerne.   eall.
     30. he þ,. ^{he}
     31. bebyrigde 7.   alys,se his saule.   ^{nes}

Ca. 19. gesið.   gymenne.   hét lacnian ða he þa ongan.
     20. ða.   þ.
     21. man.   þa mihte.
     22. forðon þe.   ðæs þe hi.   eodan.
     23. bundan ðonñ toslupan (u *in* lu *closed, looks like a with square
        top*) þa.   tolysede.
     25. broðer.   ðæs.   tunna.
     26. on þā.   on.   oð ðis frā his noman is nemned
        tunnanceastre.
     27. hyrde on þam. ^e
     28. ofslægene.   com.   on þā.
     29. eall.
     30. hī ðone.   ða.   þ.   bær he hine.
     31. ða.   árlice bebyride 7 for.   saule.

C c

Page 328. 1. mæssesang.   myd þære.   gewurden ꝥ.
B. 2. ǽr.   ðæt.   mann mihte.
3. toslupon betwyh þas þing.
4. þa ac (*1st hand*) se gesíð.   ongann.
5. frinan 7 acsian hwæðer.
6. alyfedlican rune cuðe 7 þa stanas mid him hæfde.
7. swylcum menn.   spell.
8. sprecað ꝥ.   mann forþam.   mihte ða andswarode he
7 cwæð ꝥ.
9. naht.   cúþe.
10. on.   broðor is mæssepreost nú wat ic ꝥ.
11. me ofslegenne.   me gelome.
12. nú on oðrum lífe.   sawl þurh his þingnunge fram þam
écum bendum 7 wítum.

C. W. 2. cwæþ.

O. 1. mæssesang.   ꝥ ic ær cuþe ꝥ.
2. mihte.
3. instæpe (i *on eras.*).   tóslupan.
4. betwyh.   gesíð se þe.   ongan.
5. frinan.   gebidan ne mihte 7.
6. acsade hwæþer.   þa alysendlican rune (105ᵃ) cuþe.
7. hine.   swylcum.   sp,l.
8. sprecað ꝥ.   forðon.   mihte.   7swarode (a *on eras.*).
9. ꝥ.   cræfta cuþe.   cw̄.
10. on.   mægþe.   broþor.   7 ic wat ꝥ.
11. me ofslegenne.   me gelomlice mæssað (ð *on eras.*) 7.
12. on oþrum.   saul.
13. þingunge frā þam ecum bendum.   alysed.

Ca. 1. mæssesang.   (*p.* 134) wæs.   ꝥ ic ær cuðe ꝥ.
2. man mihte.
3. onlysed (e *original*?).
4. betwyh.   ðing.   gesíð se þe.   ongan.
5. frinan.   mihte.
6. 7.   acsade.   þa alysendlican rune.
7. hine.   menn læas.
8. sprecað ꝥ.   forðon.   mihte.   7swarede.
9. ꝥ.   cræfta cuðe.   cw̄.
10. on.   broðer.   7 ic wát ꝥ.
11. me ofslægenne.   me gelomlice mæssað 7.
12. on.   þoñ.   saul.   ðurh.
13. frā þā ecū.   witū alysed.

Page 328. 14. he þa sume hwile mid.   gesið.   wæs ða ongunnon
B.   þa þe hine geornlicost sceawedon.
    15. andwlitan 7 of his.
    16. (p. 305) ꝥ he ne węs.   folce swa he ær sæde.
    17. ac he.   æþeles gestreones.   gecigde.
    18. digollice.   7 frægn (gn out of nc).   þá.   hwanon.
    19. wǽre 7 him gehet ꝥ.   him nán wiht yfeles.
    20. don nolde gyf.   ꝥ.
    21. andette.   sæde ꝥ wære.
    22. andswarede he 7 cwæð synderlice ic ongeat on þinum (n out of
      w) wisum ꝥ þu swa follicmann ne wære.
    24. sædest 7.   nú.   ꝥ þu geart mín gefá 7 eart deaðe.
    25. forðam.   broðor (vertical stroke above 1st r).   on þā.
    26. wǽron ofslagene 7 hwæðere ic ðe nelle.

O.   14. þa.   tiid.   þo. ne (n eras.) gesið.   óngeaton hie þa þæ
      (a of æ eras.) hine geornlice.
                                    ge
    15. 7wlitan.   ,berum.
    16. ꝥ.
    17. sæde ac ꝥ.   æþelre.   gecygde (g on eras.).
    18. dygollice.   hwanon he wære 7 hwæt he wære 7 him.
    19. ꝥ.   naht laþes.
    20. ꝥ.
    21. ða.   sæde ꝥ.   þeng.
    22. 7swarode.   syndrie.
    23. 7swaro.   ongeat.   ꝥ.
    24. þu sædest 7.   ꝥ.   me deaþes.
    25. mine (i out of e) broþor.   on þam (105b).
    26. 7 hwæþere.   þe.

Ca.   14. tíd.   ðone gesiþ hæfed.   ongeaton hi ða þe.   geornlice.
    15. 7wlitan.
    16. wordū ꝥ.   þearfendū.
    17. ꝥ.   æðelre.   ða gecygde.
    18. gesiþ.   digollice to hī.   ða.   hwanon he wære 7 hwæt he
      wære 7.
    19. hī.   ꝥ he hī naht.
    20. gedón.   hī ꝥ.   gecyðan.
    21. ða.   ꝥ.
    22. ðeng ða 7swarede.   hī.   cƿ ðurh.
    23. 7sware.   ongeat 7 óncneow ꝥ ðu.
    24. þu sædest 7 ic ðe.   ꝥ ðu.   me deaðes.
    25. forðon.   broðro.   on ða.
    26. ofslægenne 7 hwæðere.   þe.

C C 2

Page 328. 27. trywa.

B. 28. þa he þa. getrymed. þa gesealde he hine on lundene
sumum.
29. ác hí ne mihton þeah his fynd on hym setton (*rest om.*).
31. cýnn hwæðere hí symle toslupon on undern tíd þonne mann.
33. þa þ þa. se þe hine bohte þ.
34. bendum. mihte (*p.* 306) beon gehaðerod. forgeaf. leafe.

C. S. 28. to sumum.

O. 27. gehat oððe mine.
28. þa he þa. on lundenne (ne *on eras.*).
30. þa he þider. mihte.
31. feond (o *eras.*) hine (e *partly eras.*). oþer. cynn 7. oþer.
32. bende toslupan 7 onlysde. fram.
33. oftust. þa þ þa. þe. þ.
34. bendum ne mihte geheaþorad. forge,f.ᵃ

Ca. 27. gehát oððe.
28. þa he ða. getruman. on lundenne 7 hine sealde
sumū fresan.
29. bindan ac he ne mihte ne þa ða he þider.
30. mihte ænig.
31. ðe. hī onsette on. cynn 7. 7 þeah oftost.
32. benda toslupan 7 onlysede. frā underne tide ðonñ.
33. ða þ ða. þ. mihte gehaðerod. forgeaf hī ða.

Page 330. 1. þ. hine myd feo alysan gyf. mihte.

B. 2. þ. gesohte oððe. ða.
3. cóm he to centlande. þam. se wæs æðeldryðe swustor
sunu ðære cwéne be.
4. sæd. forþam.

O. 1. þ. mihte. aþas.
2. þ. oððe his feoh onsende.
3. com. þam.
4. æþeldryþe. be. sæd. forþon. iu.

Ca. 1. þ. mihte. hī sealde aðas þ. oððe his feoh onsende
ða com.
3. hloddere þā. sweoster.
4. æþeldryðe. be ðære. sǽd. forðon ðe he iú.

Page 330. 5. ðære ylcan cwéne.   ða bæd he hine ꝥ.   ꝥ.
B. 6. alysnesse fore gesealde.   getiðode.   for him asende.
7. swa micel swa he him gehet.
8. æfter þyssum.
9. breþer 7 him eall.   endebyrdnesse his sið asæde 7 he
oncneow þurh his segne ꝥte ðam tidum ðe ða bendas swyðust
tolysede wæron on þam gemete þe he þa mærsunge mæssena
for hine dyde. 7 þurh lac.
15. onsegednesse.
16. forgyfen wesan 7 on.   menn ða ðe ðas.
17. fram þam.   (p. 307) on.
18. on árfestnesse.   gebindanne 7.

O. 5. ylcan.   þa ꝥ.
6. alysnesse.   getiþade.
7. gehet.
8. æfter þyssum.   eþele.
9. breþer (106ᵃ) becom 7.   eall ꝺfter.   sæde.
10. wiþerwe,rdnesse.   on þam wiþerweardnessum.
11. him becoman 7 he oncneow.   gesegene (ege on eras.) ꝥþam tidum.
12. onlysede wæron þam.   fore.
13. mersade.   fela oþerra gescre,pa 7 gesynto.
14. þa þe him t,altriende gelumpan.   broþorlican.
15. lac.   onsæg,nesse.
16. forgyfen wesan 7 (y on eras.).   þe.
17. foresprecenan.   byr,ende (y on eras.).
18. arfæstnesse.

Ca. 5. ylcan.   þeng.   þa ꝥ.   hī ꝥ.
6. alysnesse (p. 135).   him.
7. gehét.
8. ða.   þyssum.
9. becóm 7 hī eall æft.   sæde.
10. wiðerwardnesse.   on ðam ,weardnessum hī becóm 7 he
oncneow.   gesægene ꝥ ðá.
12. swyðost.   onlysede.   þonñ for hine ða.   symbelnessa.
13. mærsade.   fela oðera gescreopa 7 gesynto.
14. hī tealtriende.   ðurh ða.   ðingunge 7 ðurh.
16. hī forgifen beon 7.   menn ða þe þas ðing.
17. frō þa.   byrnende.
18. arfæstnesse.

Page 330. 19. syllanne gode . onsegednesse (t *eras. before* on).   halgan laces
B.   for (hal *on eras., before it* y *still visible*).
                                                          r
20. generednesse.   ŕ,eonda þara of worulde leordon forþam þe.
21. hi ongeatan þte.   onsegdnesse.   écre onlysnesse swyðde.
22. fremede.   lichaman ge sáwle þis spell.   sume ða sædon
        ðæ hit.
23. fram þam sylfan.   on ðam geworden.
24. 7 ic hyt forþam.   úntweogendlice.   urum þam cyriclan
        stære to geðydenne (*break*).
26. Þᴀ wæs (*ornate* Þ).   ymbe.   fram.   drihtenlican.
27. þte.   þeowen.   abbodesse.
28. swa swa beforan cweden is.
29. manegum heofonlicum dædum.
30. lífes.   7 heo (*p.* 308) of eorþan.
31. fifteoþan dæge kalendarum.   þy þe.
32. þã wintrum todæledum.

O.   19. syllenne (y *on eras. of* e).   gode (de *on eras.*).   asegdnesse
        to berenne.   læces (e *of* æ *eras.*).
                                   se
20. generednes,.   þe of worolde leordon.
21. hie ongeaton þætte.   asægdnes.   alysnesse (y *on eras.*)
        r
    swið,ade.
22. fromade (omade *on eras.*).   þ . ara (*eras. of* e).
23. þe.   sylfan (y *on eras.*).   þæ.
                                                         i
24. 7.   hlutto,lice.   untweogendlice.   ussum þæm cir,clican.
26. frō (106ᵇ).   dryhtenlican.
28. streoneshalh swá swá.
29. sædon.   monigū heofonlicū dædū.   eorþan.
                                                               d
30. heofonlican lifés mede 7.   eorþan alædde,.
31. leorde (de *on eras.*).   fifteoþan.   kalendarum.
32. syx (y *on eras.*) 7 syxtig (y *on eras.*).   wintrum.

Ca.   19. syllenne.   onsægdnesse.   ðæs.   laces for generenesse.
20. leordan forðon hi ongeaton þte.   onsægdnes.
22. feormade.   spell.   ðara.   ða þe hit frō þã sylfan.
23. on þã.
24. 7.   forðon.   untweogendlice.   urū þam cyriclican.
25. gesettanne.
26. syx.   frã þære drihtenlican.
27. þte seo arfæste þeowe hilde.
                                      foran
28. ðe.   streoneshalh.   fore sædon æft monigū heofonlicū dædū.
30. heofonlican.   mede 7.
31. ðy fifteoðan.   decembriū.   syxtig.   ðam.   todæledū.

Page 332. 1. þrittig þam. æþellice gefyllde on woruld hade.
B. 2. drohtigende 7 efen. þam æftfylgendan heo cyðelicor on
munuclife drihtne (c *in* cyðelicor *washed out*).
3. æþele on.
4. woruld . gebyrdum (*eras. after* woruld *of* e ?). ðæt. wæs
eadwines cyninges nefan.
5. mid þam.
6. láre þære eadegan; bisceopes norðhymbra.
7. geryno (y *on eras. of* u). únwemne.
8. oð þ̄ þe he. ðæt he. becóm.
9. þa heo ða. woruldhád forlét. anum þeowude þa.
10. gewát. mægþe.

C. *The fragment of* 13ᵃ *begins about* **322,** *line* 1, *and is complete from*
322, 8, þe he geearnode.
3. æþelicor.
5. here . . . [hererinc **W.**]
6. . . . anhymbra.
7. Ond þone. ḡ heold.
8. [þæs ?] þe he. þ̄. becō.
9. þa hio. anum ongan þeowian.
10. hio in. hio wæs.

O. 1. þrittig þa . (a *out of* æ, 1 *eras.*) ærestun . (*sic, last stroke of* m
eras.). æþellice. w . oruldhade (e *eras.*).
2. 7 efen feolo þa . (1 *eras.*). heo æþelicor in munuclife.
3. gehalgade. eác. æþele.
4. weoruldgebyrdum. edwines þæs cyninges nefan.
6. þære eadegan.
7. þo . ne (1 *eras.*). geheold (o *on eras.*).
8. oð þæt þe he. becom. (1 *eras.*).
9. ða heo þa. weoruldhad forleort. geteo,de þeowian
(eowian *on eras.*). ho
10. ða gewat (at *on eras.*). mægþe.

Ca. 1. ðrittig þā ærestū. æðellice.
2. and efen feola ða æftfyligendan heo æðellicor in munuclife.
4. weoruldgebyrdū þ̄. wæs edwines þæs cyninges nefan.
6. þære eadigan. paulines ðæs arfæstan ƀ norðanhymbra.
7. geryne. unwemme.
8. oð ðæt ðe. þ̄. becóm.
9. ða hilde weoruldhád forlét. ánū geteohode þeowian.
10. gewát. forðon.

Page 332. 11. mage heo willnode þanon.   gyf.   mihte ꝥ.   æþel hyre.
B.   12. eall ꝥ.   worulde ahte 7.
     13. cále þā (*p.* 309).   on.   for godes lufan lifigan ꝥ.
     14. ðe eað mihte þone écan.   geearnian forðam.
     15. on ðam ylcan.   hyre swustor hereswyð.   eadulfes.
     16. underðeoded 7 in.
     17. þære tíde gebád þon, écan sige þære bysene.   onhyrigende.
     18. forsetenesse elþeodignesse.   eall gear on þæræ (a *of final*
         æ *eras.*) sprecenan.
     19. ꝥ.   frā.   þam bisceope.
     20. hám gelaþod. þa onfeng.   hiwscypes.
     21. wíre.   éa.   ðær.   án gear.   fordyde.
     22. hyre.   þyssum.   abbodesse.

C.   11. wi. nade (1 *letter dubious*).   hio meahte (a ?) ꝥ hio.   eþel.
     12. Ond eal.   ꝥ hio.   Ond.   rice 7 in calle.
     13. for drihtne (13ª *ends*).
     13ᵇ *begins about* 332²¹ *and is complete from* 332²⁸, gewat.

O.   11. wilnade þanon (107ª).   eþel.
     12. gal. lia (1 *eras.*, i *out of* e) rice.
     13. cale þam.   for dryhtne lifian.
     14. eð.   eþel.   heofenū geearnian.
     15. ylcan.   hereswyð (y *out of* i).
     16. þeodscypum.
     17. bad.   ðære.   onhyrgende.
     18. foresetnesse elþeodunge.   mægþe.
     19. oþ ꝥ (*both on eras.*).
     20. gelaþad.   hiwscipes.
     21. wire.   gear.
     22. gef,rum.   þyssum.

Ca.   11. mage wilnode ðanon.   ꝥ.   forlǽtan.
     12. eall ꝥ heo on weorulde.   cuman (*p.* 136).
     13. cale þam.   elðeodignesse fore.   lifian ꝥ.
     14. eð.   ꝥ ece rice 7 eðel.   heofonū geearnian forðon.
     15. þā ylcan.   sweoster hereswyð.   aldulfes moder.
     16. reogellicū ðeodscipu underðeoded.
     17. ða tíd heo bad.   þære byssene.   onhyrigende.
     18. foresetnesse ælðeodunge.   eall géar.
     19. hæfed.   oð ðæt.   frō.   þā ƀ.
     20. hā.   gesponnen ða.   hiwscipes.
     21. wíre.   éa 7 ðær.   géar.
     22. feawū.   ,féru (g *above is not the usual form*) æft ðyssum.

Page 332. 23. on þam. is cweden heorot ea ꝥ.

B. 24. naht micele áer fram heahgyfe þære ærestan.
25. þeowenne. ærest wæs on norðhymbra munucháde onfonde
7 halig ryfte þurh halgunge (*p.* 310).
27. bysceopes. æft. tíde. þe ꝥ.
28. gewát. ceastre se is háten. cealca ceaster.
29. hyre þær wíc. ꝥ. gode þeowode. þa.
30. ðæs. geréce. þeowen 7 heo mid.
31. regollicum lífe gesette swa heo. gelæredum.
32. wæpnedmannum geleornode. forðan. þe adian. bisceop.

C. 23. gecwæden S.
25. wifa. norþa.......
26. Ond haligrifte (ri *pretty certain*) onfeng þ...
27. bisceopes. hio. þæs þe þæs mynster.
29. kaelcaceaster Ond hiere þær wic. ꝥ hio (i ?).
30. hilde s .. þeow Ond hio ꝥ.
31. hio. gelæredum.
32. forþon þe. bisceop Ond.

O. 23. geciᵍᵉᵈ. (i *on eras., then eras. of* 1) heortea (e *in* ea *out of* æ) ðæt.
hegu.
24. ærestan.
25. wifa. norþanhymbra mægþe.
26. haligrefte. ,algunge aidanesʰ (107ᵇ).
27. nalæs æfter medmicelre. þæs þe.
28. haten.
29. kalcacester. hire þær. ásette (*all on eras.*).
31. gesette,⁷. gelæredum.
32. wæpnedmannum. mihte forþon þe.

Ca. 23. þá. gecyged heortéa ðæt.
24. ǽr frá hegu ðære ærestan.
25. wifa is sǽd.
26. ꝥ. haligrifte.
27. ðæs ꝧ. nalæs æft medmycelre. þæs ðe ꝥ.
28. gewát. ðe. haten kalcaceaster.
29. ðǽr wíc. ꝥ. inlifede ða.
30. ðæs. hilde. ðeowe. ꝥ.
31. reogollice. geendebyrde. gelæredū.
32. wæpnedmannū. mihte forðon þe. ꝧ.

Page 332. 33. oþre ǽfeste wéras 7 góde ða ðe hi cuðon.   hyre snytero.
B.   **34.** wisdóme.   ðæs.   hí.

C.   **33.** oþre.   þa þe hie cuþon.   snytro (13ᵇ *ends*).

O.   **33.** oþre.   þa þe hie cuþon.
         34. wisdome 7 fore.   hi (i *on eras.*).

Ca.   **33.** oðre.   góde.   hi cuðon.
          34. wisdome.   ðeowdomes hi.

Page 334.   **1.** neosodon.   hí georne.   hí geornlice tydan.
B.   **3.** fela.   on ðissum mynstre on.
         4. geornfull wæs.   þa gelamp þ.   timbranne.
         5. endebyrdnesse on.   cweden streoneshealh.
         6. þ weorc þ hyre ða geðeoded.
         7. ða.   þ myn mynster (*sic*).   rihton.
         8. ðeodscipum.   gesette (*p.* 311) 7 getryme 7.   þære.
         9. soðfæstnesse 7 clænnesse.
        10. geheold 7 swyð. ðost (*eras. of* o?).   þte.

O.   **1.** neosede.   hie.   lufedon 7 hie geornlice ty. don (1 *eras.*).
         3. fela.ᵃ   þyssum.   lifes lifes (*2nd struck through*).
         4. timbrienne.
         5. gecy,d (y *on.eras.*) streoneshalh.
         6. geþeoded.   unaswundenlice gefyllde.
         7. sylfan.   heoldan 7 rihton (i *on eras. of* e).
         8. hie.
         9. soþfæstnesse.   clænne,se (108ᵃ).   oþera.
        10. gehyld (yld *on eras.*) 7 swiþust.

Ca.   **1.** neosodan.   hi.   lufedon 7 hi geornlice.
          3. ða fela.   þyssū.
          4. swyðe geornfull forewæs.   gelamp þ.   mynst to timbrianne.
          5. in þære stowe.   gecyged streoneshalh.
          6. þ.   ðe.   unaswundenlice.
          7. forðon.   sylfan.   ðæt mynst heoldan 7 rihton.
          8. ðeodscipū reogollices.   hi eac swylce on soðfæstnysse.
          9. oðra.
         10. gehcold 7 swyðust.   þte on bysene ðære frymðelican cyricean.

Page 334. 11. bysene ðære frymðlican cirican.   wæs 7 nænig.
B.   12. eall gemæne 7 naht agenes ænegum gésewen.
13. snitero.   þte.   þ.
14. þ.   mætteran menn ymbe.   nydþearfe wæron. 7 eac.
15. swilce ciningas.   ealdormenn.   fram heora geþeahte
     wisdóme sohtẹon.
16. þær gemittan 7 heo swiðe.
17. gewrita.   soðfæstnesse.   hyre underþeodde to begangenne.
18. þte.   æþellice manige mihton gemette beon þa ðe.
19. háde cómon þ.   weofodes þenunge þ is to tácne.
21. þ.   fif.   ða ðe.
22. þan ylcan.   cómon.   gelærede.
23. micelre geearnunge 7 halige weras.
24. hátene 7 nemned.   7 ætla. (p. 312) óftfor. iohannes.
     willferð. be þam.

O.   11. bysene.   frymþelican.
12. wẹ,la.   gemæne noht.   ænigum gese,en (eras. of g).
                                         w
13. nalæs þæt . an (eras. of a ?).·
14. nedþearfnesse.
15. swylce.
16. þær gearone.   7 hie.   swiþe.
17. gewrita.   soðfæstnesse weorcū.   dyde (y on eras.).
18. biggongenne þte.   eþelice.   mihton gemette beon þa þe
     to circlicum.
19. þ.   wibe . des (eras. of o ?) þenunge geþungen.'
21. ðæt is.   þ.   gesegon.   þan fif.
22. þe of þæm ylcan.   comon.
                 e
23. mic,lre geearnunge.
24. hatene.   big þæm.

Ca.   11. ðær.
12. eallū wære eall gemæne.
13. ænigū gesewen.   mycelre.   þte nalæs þ.
14. þte ða metruman men.   nedþearfnesse.
15. swylce.   frō.
16. ðær gearone (p. 137) gemettan 7.   swyðe on.
17. gewrita 7 soðfæstnysse weorcū.   underðeoddan.
18. begongenne þte ðær eðelice.   mihton gemette beon ða þe
     to cyriclicū.
19. þ.   þenunge geðungene.
21. þ.   þ we gesegon æft ðon fif.   ða þe of þā ylcan.
22. cómon.   gelærede.   7 ða ealle wæron mycelre geearnunge.
                 ge
24. hatene 7 nemde (g above later).   big þā.   þ.   eoforwicceastre.

Page 334. 25. ærestan þe we be ufan.   þ.   eoforwíceastre.
B.   26. bisceope gehalgod.   þam.   hrǽdlice (*dot over* æ).   þ.
        27. on dorceceastre.   bisceope.   be þam nyhstan
                trumheres (*sic*) æfter.
        28. þ.   ærra.   æt hegestealdes.
        29. éa 7.   eoforwicceastre.   bisceope. gehalgod.
        30. be þam midemestan.   nú.   secganne.   æghwæþerum.
        31. mynstre hyrde þære abbodessan.   hys.
        32. gewrita.   wilnode.   móde.
        33. fullfremedran.   com.   centlande.   éadegan (éa *ends line*).

O.   25. þ.   eoforwicceastre.
        26. bi ðæm æftran.   witahne (itan *on eras.*).
        27. wæs (108 b).   dorce. ceastre (t *eras.*).   gehalgad big þǣ
                mæstan (*sic*) twam (*no more*).
        28. cweþenne.   se ærra.   æt heagostaldes.
        29. 7 se æftra.   eoforwicceastre.
        30. be (e *on eras.*) þǣ midlæstan (a *of* æ *eras.*).   tó.   æghwæþerum.
                ætfalh (*all from this word to* gefealh *inclusive is wanting.*
                See 336²).

Ca.   26. ƀ gehalgod.   þā.   þ.
        27. on dorceceastre.   ƀ.   be þā mæstan twam.
        28. æfƚ.   þ.   ærra wæs æt hagostaldes éa 7.
        29. eoforwicceastre.   ƀ gehalgod.
        30. be þā midlestan.   æghwæðerū.
        31. ætfealh þa wolde (*defect as in* O.).

Page 336. 1. theodores arcebisceopes.   þa þær.
B.   2. leornigum befealh.   rome.   þ.
        3. tíd.   micel mægen geteald.   gelyfed.   þanon.
        4. éft brytene (*p.* 313) ferde þa eft in.

O.   2. wolde (o *on eras.*).   swilce rome.
        3. wǽs.   teald 7 gelyfed (y *on eras.*) ða.   þo . non (ı *eras.*).
                h
        4. ða in ,wiccia mægþe.

Ca.   2. rome.   þ wæs in ða tíd mycles.
        3. teald 7 gelyfed ða.   þanon.
        4. ða.

Page 336. 5. 7 þær wæs osric.   word bodode 7 lærde 7 sómod ætgædere.
B.   7. sylfum gegearowode.   þam.   gesawon.
           8. ðær wunede.   ylcan tíd.   bisceop.
           9. haten 7 swa he wæs mid swa micelre untrumnesse.   lichaman.
          10. hefegad ꝥ.   bisceopþenunge.   ðenian.   mihte.
          11. forþon.   wér.   hine on bisceophade.
          12. 7.   æþelredes hése myrcna.
          13. þære eadegan.   willferð bisceop.   to bisceope.
          14. bisceophád þenode middelenglum.
          15. arcebisceop wæs þa.   nænig bisceop.
          16. gyta næs.   gehalgod. on.   ylcan mægþe.   ǽr ꝥ.
          17. þam.   menn bosele. þa wæs of ðære (p. 313) ylcan abbodes-
               san.   sum wer se wæs wel.   7 wæs scearpre.

C. S.   10. ðeninge *deest* (*after* bisceop).

O.   5. ðær.
             6. ætgædere.
             7. gegearwade.   þam.   gehyrdon (y *on eras.*).
             8. mægþe.
             9. wǽs mid swá micele untrumnesse.
                                    þénunge
            10. hefigað (*cross eras.*).   biscop,.   þenian ne.
            11. forþon.   dome.
            12. 7.   æþelrᶒdes.   myrcna (y *on eras.*).
            13. þære eadegan.   wilfrið.
            14. (109ᵃ) gehalgade se on.   tid.   bysceophad þenade
                middelengla.   forðon þe.
            15. se arcebysceop.   forðfered (ed *on eras.*).   oþer bysceop.
            16. fore.   on þære ylcan mægþe hwǽne (a *of* æ *eras.*).   ꝥ is
                ær ꝥ is ær (*1st set struck through*).
            17. þam.   boosle.   ylcan.

Ca.   5. ða.   ðæs.
             6. ætgædere.   hī sylfū.
             7. eallū þā ðe.
             8. tíde ðær wunode.   ylcan.   ƀ ðære.
             9. mycelre untrūnesse.
            10. gehefigad ꝥ.   ða bisceopþeninge.   sylfe ðenian ne mihte.
            11. dome.   ƀháde.
            12. 7 ða.   myrcna.
            13. þære eadigan.   wilfrið ƀ hine.
            14. on ða.   ðenade middelengla forðon ðe se arceƀ.
            15. ða.   ƀ.
            16. gýt.   gehalgod.   on.   ylcan.   ǽr ꝥ.
            17. þā.   menn boosle.   ðære ylcan.

Page 336. 19. gleawnesse 7 for hi to bisceope gehalgod beon sceolde þæs
B.   nama.   tatfryð.
20. gehalgod.   mihte þ.   mid deaðe.
21. forgripen. Hwæt seo.   þeowen.   abbudesse.
22. hi cuðon.   for árfæstnesse.   gyfe þ hi gewunedon.
23. hí modor to hatenne 7 to nemnenne.   þ án þ.   hyre.
24. þam andweardum.   bysene gestode 7 eac.
25. manegum fyrr wunigendum.   þam.   gesæliga.   hyre
        geornfullnesse.
26. hyre.   becóm þ him gód geréc.
27. þenode.
28. ðæt.   gedafenlic þte þ swefen.   wæs. þ.
29. bregoswyð hyre.   hyre cildháde.   hereríc here.
                                        n
30. wer (*on eras.*) wrac,ode.   cerędice brytta.

C. S. **26.** se god rædde 7 hælo.

O. **19.** taatfrið ac (ac *on eras.*).
20. þon ∴ deaðe (d *on eras., space of* 3 *letters before eras. ; omitted
        words in margin, variants* gehadad; mihte þ).
21. forgripen 7 seo.
22. hie cuþon for arfæstnesse.   gyfe gewunadon hi.
23. hi (e *on eras.*) modor cygan.   nalæs.
24. andweardum.   bysene.
                o
25. monigum fe,r.   þǣ.   gesæliga.
26. becom .. (2 *eras.*).   se godre rece 7 hælo (se, e *in* ce, *and* 7 *eras.*).
        þenade.
28. þætt þæt swefen.
29. bregoswið.
30. atre.

Ca. **18.** sū frō wér 7 well.
19. gleawnysse wæs eac to ƀ.   nama.   taatfrið.
20. ðon.   gehadod wære oððe beon mihte þ.
21. 7 seo.   ðeowe hilde.
22. þ ealle ða.   hi cuðan for arfæstnesse.   gewunedon
        hi moder cygean 7 nemnian.
23. nalæs þ án þ.   on.
24. þā 7weardū.   bysne.
25. monigū.   wunigendū to þā ðe.   gesæliga.
26. 7 mægenes becóm.   þ hī seo gódre rece.
27. ðegnade (*p.* 138).
28. þ eac gedafenlic þ þ swefen.   þte.
29. bregoswiðe.   moder.
30. wér.   brytta.

Page 336. 31. swefen. semnunga fram hyre.

B. 32. aháfen. aláded wǽre þa. eallre (*p.* 314) geornfullnesse.

33. nǽnige swa þeh (*a hyphen-like stroke and pale joins a to* þ *; the accent* (?) *is not original; after* h *an eras.*) ower funde. þa heo. (*eras.*) hine bighygdiglice 7 sohte geornlice.

34. mette. heo . sæmnunga (*letter eras.*). hyre.

O. 32. (109ᵇ) ahafen. eallre geornfullnesse.

33. swaþe his geornlice (georn *on eras., omitted words between lines ; stroke before* geornlice ; *variants* ætywdon; þa heo þa hine bihydilice.

34. hyre.

Ca. 31. ðurh swefeŋ.

32. ahafen wære 7 alæded ða. geornfullnesse.

33. ohwær ætywde. heo ða hine bighydiliee.

34. hrægele.

Page 338. 1. gyldene sigelan swyðe (insegl *above* sigelan). hí.

B. 2. gesewen. mid swa micelre.

3. þ. brytene. gefylde þa heo þa geornlice hi sceawode 7 beheold wæs þ swefn.

4. on hyre dehter be. nú.

5. forþan hyre líf. hyre ánre ac hyre underþeoddum.

6. bysen. swiðe wíde ðam þe.

7. wel þeowigan. Hwæt mid.

C. S. 3. þ heo eal *&c. ad* gefylde *desunt.*

7. wel gelyfan.

O. 1. gyldene. geornlice hi.

2. gesawen. mid swa micle beorhtnesse. sciman gefyllde (*rest wanting*).

4. þæt swefen. on hyre dehter be.

5. hyre lif nalæs hyre. hyre underþeoddum.

6. bysen. monigum wide þam. woldan.

7. leofigean.

Ca. 1. gylden. swyðe deorwurðe. hi.

2. gesawen mid. ⸨swa⸩ mycele (*dots round* swa).

3. sciman 7 gefylled (*rest wanting*).

4. þ swefen. on. dehter be.

5. forðon hyre lif nalæs. underþeoddū.

6. bvsen ac eac swylce monigū wide þā ðe woldan.

7. well leofian.

Page 338.   8. mænig géar on.   wæs þ is.
B.   9. on abbudessan þenunge wæs. þa lícode þam.
   10. foreséonde ure hælo hyre.   saule. 7.   langre.
   11. úntrumnesse lichaman asodenne.   þ.
   12. bysene hyre in úntrumnesse lichaman. 7 syx. syngal gear þære y
      (1 *at margin trimmed away*) can hefignesse gefremed 7 getr.
      (*p.* 316) med (y ? *trimmed away*) wære þa wæs heo *and so on*
      (*line* 13).
   13. gestanden.   hefige úntrumnesse.
   14. lichaman 7 syx syngal gear.   ylcan hefinesse adle.
   15. únblinnendlice wann 7 on eallre.   tíde.   ne blann
      hyre (r *on eras. of* l).
   16. scyppende ælmihtigum þancunge dón ge eac ge eac (*sic*).
                                 i
   17. hyre manian.   þ hi.   gemyndge . (*eras. of blot ?*).   hyre.
   18. bysene ðæt hi on þam gesundlicum.   on.   onfangenan.

C. S.   8. ond mid.

O.   8. ðy.   þ.
                    wæs
   9. on abbuddissan.   fore,.   licade þam.
   10. foreseonde (eo *on eras.*) ure hælo hyre.   saule . eac (1 *eras.*).
   11. untrūnesse lichaman ademde.   þ.
   12. bysene hyre.   on untrumnesse gefremed.
   13. gestanden.   untrumnesse lichaman.
   14. ylcan hefinesse aðle (*cross eras.*) unblin.nendlice (*between* nn *eras.*
      of vertical stroke).
   15. 7 on.   blan hyre scypendde (*sic*) ælmihtigum gode (110ᵃ).
   16. þa . ncuncge (1 *eras.*).   heorde (eo *on eras.*) hyre manian
      (*roughly out of* naman).
   17. læran 7 hi.   hyre bysene þ hi on þam gesundlican.
   18. on.   onfangenan.

Ca.   8. *begins* mid ðy heo ða.   géar þyssū.   þ.
   9. on.   þenunge.   ða lícode þā.   ure hælende.   saule.
   10. hire lichoman untrūnesse wæs asoden 7 gehefegod þ æft.
   11. bysene.   on untrūnesse gefremed.
   13. ða.   gestanden.   untrūnysse.
   14. géar.   ylcan hefignesse adle unablinnendlice.
   15. 7 on.   blan.
   16. scyppende ælmihtigū.   þancunge dón.
   17. manigan 7 læran 7 hi.   hyre bysene þ hi on ðam gesynd-
      lican ðingū 7 on ðære onfangenan.

Page 338. 19. licaman.   þeowedon.   hyrdon.
B.   20. oðð e þy lichaman úntrumnesse ꝥ hi.
    21. getrywlice þancunge dydan.
    22. seofeþan.   hyre úntrumnesse ðætte.   ꝥ.
    23. innan hyre innoð.   becóm.   þam ytemestan.
    24. hancred útan.   wegnyste.   swyðe halegan.
    25. lichaman.   blodes.   het.
    26. hyre feccan þa ðe on ðam mynstre.
    27. hi manede.   ꝥ hi betwyh him.   eallum.
    28. mannum.   (*p.* 317) 7 betwyh þam wordum 7 ðære lare heo
        bliðe deað þrowode 7 gyt soðre ꝥ ic.
    30. sprece ꝥ.   deaðe áras 7 to life gewende. þa wæs on ðære
        sylfan.
    31. ꝥte se . (o *eras.*) ælmihtiga.   hyre.

O.   19. lichaman heo.   þeowde (w *on eras. of* d).
    20. lichaman untrumnessum ꝥ hi . (i *out of* e, *then* 1 *eras.*) symble.
    21. dryhtne þancu . nge (cu *on eras., then eras. of* c ?; þan *in marg.*).
    22. ða.   seofoþan.   hyre untrumnesse ꝥ.   ad . l (*eras. of* e).
            d
        ꝥ sar hwyrf,e on.
    23. innoþas.   becom.   þam ytemestan.
    24. hancred.   wegnyste.   halgan geman (*last word struck through*).
    25. lichaman.   gehet.
    26. hyre.   þe on þam ylcan.   heo þa gyt hi manode.
           be
    27. ꝥ hi ,tweoh him.   eallum.
    28. mannum.   7 betweoh.
    29. trymnesse 7 lare.   bliþe.   gen.
    30. spræce (a *eras. in* æ) ꝥ.   ferde to life.__
    31. on.   sylfan.   ꝥ se ælmihtiga driht (=ten) hyre.

Ca.   19. heo geornlice.   ðeowde.   and on þā wiðerweardū þingū.
    20. untrūnessū ꝥ.
    21. ðancunge.
    22. ða.   ðy.   untrūnysse ꝥ.   ꝥ.
    23. on hire.   becóm to ðam ytemestan.
    24. hancred.   wægnyste ðære halgan gemænsumnysse.
    25. ða gehet.   ða.
    26. on ðam ylcan.   7 heo hi þa gyt monade.
             sylfū
    27. ꝥ hi betweoh heō holdan.
    28. mannū.   7 betweoh ða.   hire trymnesse 7 lare.
    29. 7 gýt.   ꝥ.
    30. word sprece ꝥ.   ferde.
    31. ða.   on ðære sylfan.   ꝥ.   ælmihtiga driht̄.

Page 338. 32. forðfóre on.   þ.   ðy.

B.
33. getimbrede ðæt is genemned heacanos, mid sweotulre gesihðe wæs on þam mynstre (onwreah *in corrector's hand*).
(onwreah above line)

O.
32. on oþrum.   fyr.   þ . (*cross stroke later, e eras.*).
33. getimbrade.   h . acanos (*eras. of* e ?).

Ca.
32. on oðrū.   feor gesettū þ.   ðy.
33. getimbrode.

Page 340. 1. sum nunne swiðe halig.

B.
2. nama.   bégu.   gehalgod.
3. on clænum mægðháde þa wæs heo þrittig wintre mæden. 7 heo þær on.
4. munucháde þa heo wæs þrittig wintre drihtne þeowude þa wæs heo restende on hyre geswustrena slæperne.
5. þa.   sæmnunga.   sweg.
6. heora bellan þær hi gewunedon.   gecigede awehte beon þonne
hyreç hwylc geleored wæs. ða.

O.
1. geeaðmodad.   onwrionne (o *of* io *on eras.*).   (110ᵇ) wæs
on þam sylfan.   sum.
2. nama wæs begu   swȝð.   dryhtne.
3. on.   mægþhade.   on.
4. dryhtne.   on.
5. slæpernne þa.   on.   upp cu,ðne (*cross eras.*) sweg.
6. hleoþor.   cluccgan þære hi gewunedon.   gecigde.
7. þonne.   gefered.   ða.

Ca.
1. geeaðmodad.   (*p.* 139) on þā sylfan.   sum halig.
2. ðære nama.   begaswyð.   gehalgod on clænū.
3. þonn̄ XXX.   þrittig   ðær on.
4. ðeowde.   on.
5. on.   úpcunde sweg.
6. cluggan ðære hi gewunedon.   gebedū gecigde.
7. þonū.   weorulde gefered.   ða.

Page 340.   8. hyre.   hrofe ufa, (*the beginning of* n̄ *on the line is seen, the*
B.   *rest trimmed away and another written above small (in cor-*
rector's hand ?)).
  9. eall þ.   gefy. de (l *trimmed away; the stroke above* y *is a tick*
under ufan).   on þ.
 10. bihygdiglice locode þa geseah heo ðære abbodessan sáwle hilde
in þam sylfan.
 11. leohte úpp lædan to heofonum mid engla werede. Mid þy.
 13. þa slæpe tobræd.   oðre swustor.
 14. hi.   þa ongeat.   on þam.   7 on hyre.
 15. hyre ætywde wesan þ.   áras.
 16. miclum.   arn.   þe þa ðæs mynstres.
 17. abbodesse.   nama.   freogyð. And heo mid.
 18. swyðe.   7 lange sworetunge.
 19. sæde.   abbodessan.
 20. miclum.

O.   8. hyre.   hrofe ufan.
  9. eall þ.   gefyllde.   on þ.
 10. behydilice (di *on eras.*).
 11. sauwle.   on þam sylfan.
 12. weredum.   heofonum up geborene (o *on eras.*).
 13. mid ðy.   tobræd.   geseah hio oþre.
 14. ymb hi.   þa.   on þam swefne (*eras.*).   on hyre modes.
 15. hyre ætywed beon þ.   aras.
 16. arn.   þe þa þæs mynstres abbu . dysse (*eras. of* d).
 17. hylde geongra.   nama.   freogyð 7 heo.
 18. wope 7 (111ᵃ).   7.   sweorettunge.
 19. teonde (eo *on eras.*).   modor.   abbudussan (*originally* ii,
then lower stroke added to form u).   óf weorolde.
 20. gese,ndre (e *in* se *on eras.*).   micele.

Ca.   8. openū eagū ðæs.   ðæs.   hrofe ufan mycel.
  9. eall þ hús.   ða.   on þ.
 10. behydiglice.   7 hig.
 11. ðeowe saule.   ðære.   on þā sylfan.   weredū gelædendū.
 12. 7 up geborene.
 13. ðy.   ðy.   tobræd.   oðre sweoster.
 14. hi.   þa ongeat.   on ðā.   modes.
 15. ætywed beon þ.   arás.
 16. mid ege afyrhted 7 arn.   ðe þa.
 17. 7 wæs.   geongra.   7 heo mid wope.
 18. tearū.   swyðe.   7.   sworetunge.
 19. modor.   abbudissan of weorulde.
 20. hyre.   micele.

D d 2

Page 340. 21. þam écan leohte héofona.   7 to þam.
B.   22. upplicra ceasterwara.   þa heo þa.   þ.   wehte.
       23. þa geswutor (*sic*) het to cyrican gán.   on.
       24. ón (*p.* 319) sealmsange.   modor.   þingodan ða hi þ geornlice.
       25. lafe.   nihte tíde.   cóm.   ǽr on.
       26. sume gebroðra.   hire forðfóre fram ðære.
       27. heo on forðferde 7sworetton 7cwædon þ hi þ ær wiston 7
              ongéaton.
       28. hi ða.
       29. þam gebroðrum.   hi ðas ðing 7 hwænne hi.   7.
       30. hi.   sædon on.   tíd.
       31. þ.   ylcan tíd þe him ða þurh ða.
       32. gesyhðe ætywed.   fægerre geþwærnesse ðara.

C.   30. forðferde ðawæs **S.**
       14ᵃ, *a fragment, begins* **340,** 32 ;   *only parts legible.*

O.   21. ecan.
       22. ceasterwerena.   wehte.
                                y
       23. het to c . rcan (i *eras.*) gan.
       24. modor.   þingedon ða hie.
       25. georne dydon, þa comon (*omitted words above, variants* lafe; nihte).
              ǽr.
       26. þe hire.
       27. wǽs 7sweredon hie.   hi þ.
       28. 7 þy hie þa.
                                    n
       29. aræhton hu hie þas.   hwæn,e hie geleornoden 7 hie hī sædon.
       30. hwylce tíd (y *on eras.*).   leor . . de (2 *eras.*).
                                                    r
       31. þætte hire.   ylcan tid.   hi,e.
       32. gesihðe ætywed.   fægerre geþwǽrnesse.

Ca.   21. ðreatū to þa ecan.
       22. upplican ceasterwarene astígan ða.   ða þ gehyrde ða awæhte.
       23. sweostera 7 hi het to cyricean gán.   gebedū.
       24. moder.   þingian ða hi þ ða georne.
       25. ða lafe ðære nihte.   ða cóman swyðe ǽr.
       26. broðra.   hire.   frō ðære.
       27. ða 7swaredon hi.   þ hi þ ylce.
       28. wiston.   ongeaton 7 hi ða þā broðrū þurh endebyrdnesse
              arehton hu hi ðas ðing 7 hwo . non (u *eras.*) geleornodon 7 hi
              hī sædon.
       30. tíd.   middanearde.   ða.
       31. þte hire.   ðurh.
       32. gesihðe ætywed wæs mid fægerre geþwærnesse.

Page 340. 33. godcundlice gesewen þ. þi hire útgange gesawon.

B. 34. Ꝺissūm (*sic*) life þa Ꝺe úpp (*accent eras.*) hyre ingang ongeaton on Ꝺæt éce líf.

C. 34. .. ssum life þa þa.

O. 33. forese . en (*eras. of* 1). hie hire utgong gesa,on (a *on eras.* of 2) óf þyssum life.
34. þa þa úp hire ingong ongeton in þ (1 1 1ᵇ). lif.

Ca. 33. foresewen þ mid Ꝺy hi hyre útgong gesawon.
34. þyssum life þ Ꝺa upp hire ingong ongeaton in þ ece lif.

Page 342. 1. þar syndon betwyh þam twam mynstrum.
B. 2. ametenra.
3. N (*space*). þysse abbodessan. synderlice gyfe gemærsad
7 (*p.* 320) gewurꝺod forꝺon. gewunode.
5. gerýsenlice. æfestnesse belumpon swa þte hé óf.
7. þ. on.

C. 1. saula.
3. broþor.
4. gyfe.
5. . fæstnesse. .. fæstnesse.

O. 1. syndon betwe,non (*2nd* e *out of* i) þā twam mynstrum.
3. ON þysse. synderlice.
4. gyfe g,mæred. geweorþad.
5. wyrcean þa þe. æfestnesse. arfæstnesse belumpon (on *on eras.*) swa þætte.
7. geleornade.

Ca. 1. saula Ꝺæs syndon betweonan Ꝺam twam mynstrū.
3. On þysse. synderlice.
4. godcunde gyfe gemæred. gewunode.
5. wyrcean. æfestne:se. arfæstnesse belumpon swá þte.
6. godcundū (*p.* 140).
7. þ. æft medmiclū. scęopgereorde (*i.e.* = sco).

Page 342. 8. þære.   swetnesse.   onbryrdnesse geglengde.
B. 9. on englisce reorde.   geworht 7 for his leoðsanggum
  manigra.
  10. manna mód óft.   forhogodnesse.   geðeodnesse.
  11. 7.   swylce mænige æfter.
  12. on angelðeode.   æfeste.
  13. hwæðere.-   þ.   mihte forðam nales frä mannum he
  gelæred næs þ.
  14. leornode.
  15. gefultomod.   gyfe.   sangcræft.
  16. 7.   forþon.   naht.   ideles leoðes.
  17. wyrcan wolde ne ne mihte.   efne þa ðe to.
  18. æfestan.   gedafenade.
  19. mann on wo(p. 321)ruldháde.   ða tide.

C. 13. þ an *deest* (*after* nales) **S.**
  19. 14ᵇ, *a partly legible fragment, begins* ruldhade.

O. 8. swetnesse 7 inbrydnesse geglen,de.
  9. wel gehwær forðbrohte 7.   leoðsongum.
  10. worolde forhohnesse.   geþeodnesse.
  11. onbernde.   7 eác swylce.
  12. ongelþeode.   æfeste.
  13. hwæþere.   nalæs from.
  14. ðæt.   geleornade.
  15. gefultumod.   gyfe þo . ne.
  16. 7.   forþon.
  17. þa þe, æfæstnesse belūpon (on *on eras.*).
  18. æfestan.   gedafenode singan (112ª).
  19. ða.

Ca. 8. ða.   swetnesse 7 inbryrdnesse geglencde.
  9. wel gehwær forðbrohte 7 leoðsongū.
  10. forhogenesse.   geðeodnesse.
  11. 7 eác swylce.
  12. æft hī in angolðeode.   wyrcean.
  13. hwæðere hī þ gelíce dón ne mihte forðon.   nalæs þ án.
  14. gelæred.   þ.   ðone.   geleornode.
  15. gefultumad.   sangcræft.
  16. 7.   leasunga ne ideles wyrcean ne mihte.
  17. ða an.
  18. ða æfestan.   gedafenode.
  19. man.   ða tide.

Page 342. 20. gelyfedre yldo 7 he.   ne leornode 7.   forþon.
B.   21. gebeorscype.   intingan.   þ hi.
    22. sceoldon.
    23. ða.   genealæcan he þonne aras for scame fram þam.
    24. symlum.   huse þa þe ðæt ða.   tíde þ he forlét.
    25. þ.   gebeorscypes.   út.   gangende to ðara neata.
    26. scypene.   nihte.   þa þær.
    27. limu bigde 7 on.   slep.
    28. sum mann ætforan.   swefen.
    29. naman nemde ceadmann 7 cwæð sing me hwæthweg. andswarode.

C.   20. Ond he næfre ænig.
    21. þ hie.
    22. sceoldan (eo ?).
    23. for scome.
    24. Ond.   þ þa.
    25. þ he.   Ond.   gangende.
    26. scypene.   nihte.   . . he þa.
    27. tide his leom . .   Ond onslep þa.
    28. Ond hine.   Ond.

O.   20. gelyfedre yldo (y *on eras.*) 7 he næfre ænig.   7 he.
    21. gebeo,scipe.   þær wæs.   hie.
    22. sceolde,.   ðonne.
    23. nealæcan.   for scome.
    25. forlet (t *on eras. of* 3) þa hus.
    26. scypene.   nihte.   ða he þa.
    27. tide his limo.   onslæp,e.
    28. sum.   naman nemde.
    29. me æthwegu.   andswarode.

Ca.   20. gelyfedre yldo 7 he.   ænig.   geleornode 7.   forðon.
    21. þonn ðær.   þ hi.   sceoldan ðurh.
    22. þonn.
    23. hi nealæcan ðonne.   for sceome frā þa symble.
    24. hā.   þ ða sumere.
    25. þ.   ða hus.
    26. scypene ðære heorde hī.   ðære nihte.
    27. on gelimplicre tide.   limo.   onslæpte.
    28. hī sum.   ðurh swefen.
    29. naman nemde.   æthwegu ða 7swarede.

Page 342. 30. can.   nanwiht.   forþam of ðam gebeorscype.
B.   31. gewát forþam ic singan ne cuþe.

C. S.   30. can naht.

O.   30. þyssum.
             31. ut eode.   noht cuðe (u *on eras.*) eft.

Ca.   30. cw̄.   ic nan þing singan.   forðon.   ðyssū.
             31. uteode.   gewát forðon.   noht cuðe.   cw̄.

Page 344 1. ðe mid him.   hwæðere þu me miht.   þa andswarode
B.   he 7 cwæð hwæt sceal ic (*p.* 322).
             2. ða cwæð.
             3. ongan.   on herunge.
             4. ða uers 7 þa word godes.   næfre ær ne gehyrde ne heora
             endebyrdnesse nu we herigan sculon.

C.   *Hymn : variants from* C.
             6. nu sculon S.

Bodl.   *Hymn : variants from MS. Bodl.* 163.
             (6) we.

Hatton.   *Hymn : variants from Hatton* 43.
             (6) nu we sculon herian.

Laud.   *Hymn from Laud MS.* 243.
             (6) we sceolan herian.

O.   1. ðe mid him.   hwæðere.   me singan cwæð.
             2. frūsceaft.
             3. ða þas.   ða ongan.
             4. næfre ne gehyrde (112ᵇ).   þara endebyrd,es ðis.
             6. nu, sculan herian.

Ca.   1. hī.   hwæðere.   me singan cw̄.
             2. seal (*sic*).   cw̄.   frūsceaft ða.
             3. ðas 7sware.   ða·ongan.
             4. 7 scyppendes.   7 ða.   þara.
             6. we sceolan.

VARIOUS READINGS. PAGE 344. 409

Page 344.   7. metodes mihte.
B.   8. wuldorgodes.   wundra fela.
         9. ord astealde.
     10. bearnum.
     12. þe.   manncynnes.
     14. fyrum.
     15. fram þam.   eall ðæt he.   sang he hyt fæste.

C.   15. þ ðe he.
     15[a] *begins* song (o?); *all but complete.*

Bodl.   *Hymn : variants from MS. Bodl.* 163.
     (13) tida.   (14) on foldum.

Hatton.   *Hymn : variants from Hatton* 43.
     (7) metudes myhte.   (8) wurc wuldor—   (o *out of* u).   gehwilc.
     (9) ece.   ord astealde.   (10) gesceop ylda bearnū.
     (12) middangearde (*omit* þa).   (14) on foldum frea
     ælmyhtig.

Laud.   *Hymn from Laud MS.* 243.
     (7) metudes mihte.   (8) wulder—.   (9) ece.   (10) þa he.
     eorðe bearnū heofon to hrofe þa middangeard.   (13) ece.
     (14) fyrum on folden frea ælmihtig halig scyppend.

O.   7. metodes mihte.   modgeþonc.
     8. wera wuldorfæder.
     9. ece dryhten oór,.
     10. gesceop.   bearnum .. (*originally* bearnunum).
     12. ða middongeard moncynnes.
     13. ece dryhten.   teo de (d *eras.*).
     14. folda,.
     15. ða.   eall.

Ca.   7. metodes mihte.
     8. wera wuldorfæder.   he wuldres gehwæs.
     9. ece.   ord.
     10, æres gescóp (*sic*).
     11. rofe.
     13. ece driht æft.
     14. firū.
     15. ða.   frō þā.   7 call þ he.

Page 344. 16. on.   þam.   þ ylce.

B.   17. gode wyrðes sanges þær.   cóm.   morgen.
18. ðam.   se ðe.   ealdorman.   sæde.   gyfe.
19. onfangen hæfde.   hyne.   abbodessan.   hyre þ.
20. cyðde 7 sæde.   het.   gesamnian.   gelære (*p.* 323) destan
     menn.
21. andwyrdom (*sic*).   swefen.   þ.
22. þte.
23. hwanone þ cymen.
24. þ.   fram drihtne heofonlic gyfu forgyfen.

C.   16. Ond.   moni .. ord.   þ ylce.   wyrþes sanges to-
     geþeode.
18. tungerefan se þe.   sæde.   hwelce gyfe.
19. Ond.   abbodissan.   hire þ cyþde.
20. sæde þa het heo (heo ?).
21. þa ...... as Ond.   ondweardum.   secgean þ swefen ......
     ð singan þte.
23. hwon . on (1 *gone*) þ.   hī eallum gesæd.
24. w . s (1 *gone*) þ.   fram.   seolfū . eofonlíc geofu.

C.   16. mo,ig.   ylce.
17. gode wyrþes.   togeþeod,e.   marne.
18. þam tungerefan se þe,is.   sæde . (1 *eras.*).   gyfe.
19. abbudyssan.   hire þæt.
20. ða het.   þa gelærdestan.
21. · hī andweardum (1*st* d *on eras.*, a *in* ea *out of* o, um *on eras.*).
22. þætte.
23. hī.
24. dryhtne.   gyfo forgyfen ða.

Ca.   16. on.   þam wordū.   þ ylce.
17. góde wýrðes.   (*p.* 141) ða cóm.   margenne.
18. þā.   se ðe.   7 hī sæde.
19. ðære.   lædde.   hire þ cydde.
20. ða het.
21. ða.   hī andweardū.   þ swefen.   þ.
22. þte.
23. þ.   ða.   hī eallū gesewen.
24. þ hī.   frō.   sylfū.

Page 344. 25. hi. sædon. godes spell.
B. 26. bebudan. gyf. mihte þ. leoðsanges þ.
27. þa. onfangenne ða. hám.
28. húse. com. morgen.
29. agéaf 7 asang.
30. þa ongann. abbodesse clipian 7 lufian. gyfe on.
31. þam menn. manode. þ. woruldhád.
32. forlete. munucháde. þ. geþafode 7.
33. gódum 7 heo hine.
34. gesamnunge. het. þ.

C. 25. hy. sædon sū. spel.
26. þ he in sum sunge leoðsonges þ. þa he þa. onfongene.
27. hā.
28. Ond com. morgen Ond.
29. asong. þ.
30. þa ongan sio abbodisse. lufian.
31. mæn Ond hio. þ. weoroldhad forlete.
32. Ond munuchade. þ. hio.
33. þ.
34. Ond het. þ.

O. 25. hie. spel.
26. gif,e mihte þæt he hī (hī *on eras.*) sum sunge ⁷ leoðsonges þæt gehwyrfde (wyrfde *on eras.*).
27. (113ᵃ) ða he þa. onfangene.
28. com. morgen.
29. asong.
30. abbudysse clyp,an (i *eras.*). lufian. gyfe.
31. monode. weoroldhad forlete.
32. munuchade. 7.
33. mynter (*sic*).
34. þeowa (o *on eras.*). het.

Ca. 25. hi hī. spel.
26. hī ða. mihte þ he hī sum asunge 7 leoðsanges þ.
27. onfangenne. hā.
28. cóm. morgen. ðy.
29. hī asong. þ hī.
30. lufian.
31. ða monede. þ he weoruldhád forlæte.
32. munuchade. þ well þafode 7.
33. þ. gódū.
34. ðara. het. þ.

Page 346. 1. halegan.   7.   ealle þa þe.   geherenesse.
B.   2. mihte.   him.   clǽne (*p.* 324) nýten.
     3. oðercende in þæt swetteste leoð gefremede. Ác his sang.
     4. wynsume to gehyrenne þte þa sylfan lareowas.
     5. æfter his.   writon.   leornedon sang he.
     6. be.   manncynnes 7 ge eall þ.
     7. þ.   æryste moises bóc 7 eft be utgange þæs gehátlandes.
     8. be oðrum manegum.
     9. halegan.   7 be.   menniscnisse.

C.   1. gehernesse.
     2. Ond.   swa swa..... neten.
     3. þ.   gehwy.... Ond.
     4. wyn.. mu...... renne þte þa seolfan his.
     5. æt his.........(15ᵃ ends; 15ᵇ *begins* leornodon; *all lut complete*).
     6. . nd be.   ond.   þ.
     7. þ is s..   æreste.   bóc Ond.   be utgonge. . f ægipta.
     8. Ond be.   gehatlondes.   be oþrum monigúm spelluíh.
     9. boc.... be.

O.   1. stæres (tær *on eras.*).   7 he eall.   gehernesse.
     2. mihte.   gemyngade.
     3. gehw,rfde (y *above eras. of* e).
     4. wynsum to, hyrenne ðæt þa sylfan his.
     5. writon.
     6. be.   ea,.   stær (ær *on eras.*).
     7. moises boc 7 eft be utgonge israela.
     8. egypta 7 be.   þæ, gehatlondes.   be oðrum monigū.
     9. cano. es (*eras. of* s) boca 7 be.

Ca.   1. 7 he eall ða he in,hérnesse (g *not usual form*).
     2. mihte.   gemynegode.   nyten oðercende.
     3. þ.   gehwyrfde.
     4. wynsume.   þ ða sylfan his.
     5. writon 7 leornodan.
     6. be.   eall þ stǽr.
     7. þ.   boc.   bi utgonge.
     8. egypta lande.   be.   gehátlandes.   be.   monigū spellū.
     9. bóc 7 be.

Page 346. 10. be.   be.   úppastignesse.
  B.   11. be.   gastes gyfe 7 ðara.   be.
           12. þam ege þæs.   be fyrhto þæs tintreganlices wítes.
           13. be wæstmnesse. þæs heofonlican.   manig.
           14. 7 swylce.   manig.   þam.
           15. fremsumnesse.   on.   ðam.
           16. gymde ꝥ.   menn átuge fram.   mándædū.
           17. aweahte.   forþam he se mann.
           18. swiðe.   regollicum þeodscipū (*p.* 325).
           19. 7 wiþ þam þe hi on.

  C.   10. Ond be.   þrowunge .... astignesse.
           11. Ond be.   c ... Ond.   Ond eft be þæm ege þæs .....
                 dan.
           12. Ond be fyrhto.   tinterlican wites Ond be.
           13. heofonlican rices hu monig leoþ.
           14. geworh .. Ond swilce eác oþer.   þæm godcundum.
           15. fremsumnes ... Ond domū.   þæm.
           16. gēde ꝥ.   mandæda Ond.
           17. forþon he ond regollicuḿ (*interlined* se mon swiþe æfest *only*).
           19. underþeode. Ond wiþ (1 *gone*).   þa þe oþre.   wæs
                 welme.   ellenwodnesse.

  O.   10. be.   he his þrowunge (113ᵇ).   be.   on.
           11. bi (*bis* = **T.**).
                                                            lic
           12. þam ege.   be fyrhto.   tintreg,an witcs 7 be.
           13. heofonlican.   leoþ geweorhte 7 swylce.
           14. oþer.   þam godcundan.
           15. domū.   on.   þam.
           16. gymde ꝥ (y *on eras.*).   frá.
           17. geornfullnesse.
           18. swiðe.   regollicum þeodscypum.
           19. 7.   ðam.   on oþre.   wylme (y *on eras.*).

  Ca.   10. be his ðrowunge.   be his uppastignesse on.
           11. big.   þæra.   láre.   big þam ege ðæs.
           12. be fyrhto.
           13. wítes 7 be.   heofonlican.
           14. 7 swylce eác.   þā godcundū fremsumnessū 7 dómū.
           15. on eallū þā.
           16. gymde ꝥ he mćn.   frá.   mándædū.
           17. awéhte.   forðon.
           18. swyðe.   reogollicū þeodscipū eadmodlice.
           19. and.   þā.   on.   dón.

Page 346. 20. wylme ellenwodnesse.   7 he forþam fægerne.
B.   21. énde hæfde þa he his lif geendode.
            22. forþon þære.   gewitnesse.
            23. feowertyne dagum.   ðæt.   licumlicre úntrumnesse.
            24. ðricced.   hefegad hwæþere.   þan.   þ.
            25. tíd mihte sprecan 7 gangan þa.   on.
            26. úntrumra manna.   on þam.   þ hi.   úntruman.
            27. forþfore.   wæron þ hi þa þider inn læddon 7 him þær.
            28. ætsamne þenodon.   þen.   æfen.   nihte.
            29. worulde gewát þ.   on þam.

C.   20. forþon fægere ende.
            22. þa þære.   nealecte.   gewitnesse.
            23. feowertyne dagum.   þ.   licumlicre.
            24. hefigad hwæþere.   þ.
            25. miht . . . sprecan.
            26. monna (? *only tops left*).   þ hy.
            27. . . . æt.   inlædan.   Ond . . . . somne.
            28. æf . . . . te.
            29. óf.   þ he In (?) . . . . stowe gegearwade þ h .
            gerestan meah . . (15ᵇ *ends*).

O.   20. ellenwodnesse onberned 7 he forþon fægere ende.
                                                               e
            22. þære.   nealecte.   gewit,nesse.
            23. feowertyne dagum.   licumlicre.
            24. hefigad hwæþere.   þ.
            25. mihte.   gangan.   on.
            26. manna.   on þam hyra þeaw . (*eras. of* a).   þ hi.   untruman.
            27. þa þe.   inlædan sceoldan.
            28. þenian.   (114ⁿ) þen . (g *eras.*).   nihte.
            e   sc
            29. þ, he (*cross eras.*).   gangende.   on þam hu,   gege-
            arwade þ.

Ca.   20. wylme mycelre ellenwódnesse.   7.   fægere ende.   líf.
            21. geendode.
            22. (*p.* 142) forðon þa ðe þære tíde nealæhte.
            23. feowertynum.   ǽr þ.   licomlicre untrúnesse.
            24. hefigad hwæðere.   þ.
            25. tid mihte.   gangan.   on.
            26. untrúra manna.   on ðä hyra.   þ hi ða untruman.
            27. inlædan sceoldan 7 hī ðær.
            28. ðenigean.   þeng.   ǽfenne.   nihte.
            29. gangende.   þ he hī on þä huse.   stowe.

Page 346. 30. þ he hine.   mihte ða.   þen.   hwan.
B.   31. þæs.   ‡.   forðfore þa gyt swa neah ne wære.
32. hwæðere swa he hine bæd 7 het. And mid þi þe he þa on reste.
33. móde sum þing ætgædere mid him sprecende wæs þe þær.
ǽr.   wǽron.

dra
O.   30. restan mihte.   wun . de (eras. of e ?).   þeng.
31. þæs.   þ his forðfore.   swa (on eras.) neh (e out of i)
ne (n on eras.) wære.
32. hwæþere.   cw̄ 7 bebead 7.   þa.
                                    o   u
33. reste (2nd e on eras.).   gefe,nde.   sum,.   atgædere
mid him.

Ca.   30. þ he restan mihte.   wundrade.   þeng.   hwón.
31. þæs.   forðon.   ðuhte þ.   forðfore.
32. hwæðere.   cw̄ 7 bebéad 7.   ðy he þa.
33. resten.   ætgædere mid hī sprecende.
34. ðe.   ða.

Page 348.   1. niht þ.   (p. 326) fregn hwæþer hi.   inne mid him hæfdon.
B.   2. andswaredon hí.   þe.
3. þin forðfor nis swa neah nu.   rotlice tó ús.
4. þa cwæð.   beraþ me hwæþere þ husl tó.
5. hit on handa.   hi.   smylt.
6. mode bútan ælcum incan bliþe to him wæron þa andswaredon.

þær   n
O.   1. niht þ.   hwæþer hi.   , inne.   ða 7swarodo,
(last o on eras.) hie and.
2. hwilc.   þe.
3. forðfore.   neh (e out of i).
4. me hwæþere husl.
5. handa.   fræng.   hi.   smylte.
6. butan eallum.   7swarodon hi.

Ca.   1. niht þ.   hi.   husel þærinne.
2. 7swaredon hi.
3. forðfore.   ðu.
4. cw̄.   hwæðere husel tó ða.
5. hit on handa.   hwæðer hi.   smylte mód.
6. butan eallū.   hī.   7swaredon hi.

Page 348.   7. hi.   cwǽdon þ hi nænie.   hym nyston.   hi.
B.   8. him bliðe mode.   7 hi georne hine bǽdon.
          9. þ.   eallū.   andswarode.
         10. broðor þa leofan.   swiþe bliðmód tó.
         11. 7 eallum.   mannum 7 he swa hine.
         12. þære heofonlican wægnyste.   hym.   ingang gegearowode.
         13. tide hit wære þte.
         14. árisan sceoldon.   uhtsang.
         15. andswarodon hí 7 cwǽdon nis.   feorr to þam ða cwæð he uton.
         16. tíde gebidan.   þa hine gebæd.   gesenode.
         17. (p. 327) róde tácne 7.
         18. fǽc slep.   líf-geendode.

C. S.   14. folc ræran.
         15. hit feor to.

O.   7. þ hi.   wistan ac hi.
          8. hi.
          9. þ.   7swarode.   cw̄.
         10. mine broþro þa.   blið . mod . (e twice eras.).
         11. eallū.   7 he swa.
         12. heofonlican wegneste.   oþres.   ingang gearwade ða.
         13. (114ᵇ) hu neh (e on eras.).   þte.   broþor.
         14. sceoldon.   godes folc læran.   uhtsang singan 7swearodon hi.
         15. tela utan.   7 hine (in margin).
         16. . gesenade (1 eras.).
         17. 7.   b,lstre.
         18. medmycel.   onslæpte.   stillnesse.

Ca.   7. þ.   hī.   hi hī ealle swyðe.
          8. hi.
          9. þ he hī eallū.   ða 7swarede.   cw̄.
         10. broðru leofon.   swyðe bliðe mode.
         11. eallū.   mannū 7 he.   trymmende.
         12. ðy heofonlicū wægneste.   7 hī.   ingang.
         13. ða.   ðære tíde.   þte ða broðru.
         14. sceolden.   godes folc lǽran.   uhtsang.   ða 7swaredon hi.
         15. feor lang to ðon.   tela utan.
         16. well.   tíde bídan.   hī.   him gesenade.
         17. róde.   7.   ðam.
         18. medmycel fǽc onslæpte.   geendode 7.

Page 348. 19. And. þ he swa heahhluttrum mode 7 bilewitum.

B. 20. þeowode þ. swilce.

21. smyltum. of middangearde gewát 7 to.

22. becóm 7. ðe. manig. on.

23. þa swylce. ytemystan. on.

24. herunge. sylfne senigende, on his handa bebeodende
  (*last* d *out of* n).

25. 7 eac swylce þ. gesewen þ. wæs.

26. gewiss his silfes (*out of* lifes). forðfóie. þam þe. nú.
  gehyrdon.

27. Þyssum (*very large* Þ, *not ornate*). þ. þe mon nemneð
  colundes burh.

28. gemyngodon ðurh úngemæne. fýre.

29. 7 þæt hwæðere æþelice ongytan mihton. þa ðe þ cuðon þ þ.

30. gelamp. for yfele (*p.* 328) þara.

31. 7 on þærea swiðust. þær ealdormenn wæron.

O. 19. 7. þte. he hlutre. bylewite.

20. willsumnesse dryhtne þeowde þ (*last* w *on eras.*).

21. gesyhðe becom.

22. 7. on.

23. þa swylce. ytemestan. on.

24. her,nesse. sylfne seniende. gast 7 his.

25. swylce þæt is gesægd (*all on eras.*) þ.

26. sylfes. þā.

27. Þys sum (ys *on eras.*). þæt nunmynster. þ. nemneð coludes
  burhg. gemyngedon. ungymenne. fýres lige (s *squeezed
  in*, i *out of* e).

29. þ hwæþere ,aþelice ongyton mihto (a *in* aþ *out of* æ, y *on eras.*).
  þ cuþon þ ðæt.

31. on. byrig 7 in þara. þær ealdormen wæron (115ᵃ).

Ca. 19. þte. he,luttre. bylehwite.

20. willsumnesse. þeowde þ.

21. gesyhðe becóm.

22. túnge. wórd on.

23. swylce. ytemeston. on.

24. herenesse. sylfne seniende. gást 7 his handa.

25. swylce þ is gesægd þ.

26. sylfes. þam ðe.

27. Ðyssū tídū þ nunmynster þ. coludes burhg.

28. gemynegodan. ungymenne. fýres lige.

29. þ hwæðere (*p.* 143) eaðelice ongyton mihton ealle þe þ.

30. þ þ gelamp. wéan.

31. ðær on. byrig 7 in þæra swyðost ðe ðær ealdormen wæron.

E e

Page 350. 1. hwæðere wana ne.　　manung.　　þære.
B.　　2. ꝥ hi.　　synn witnode.　　7 þurh wopas 7.
　　3. gebeda 7 ꝥ hi yrre fram him awurpon þæs.　　on.
　　4. andlicnesse nine uit warona.
　　5. on þam.　　þeode adamnanus wæs haten.
　　6. lifde he his lif on.　　forhæfednesse in halegum.
　　7. willsumlice.　　ꝥ.
　　8. swæsendo buton þi.
　　9. wicdæge 7.　　niht.　　on.
　　10. ástód.　　awunode.　　þearlwisnes.
　　11. nyde becóm.　　hys.　　forðgangendre.
　　12. ꝥ he ꝥ nyd.　　gewunan.　　þa gelamp.　　on hys giogoðhade ꝥ.
　　13. mándæde.　　scyld to þa to.

O.　　1. hwæþere wona wæs.　　þære.
　　　　　　　　　　7
　　2. ꝥ hi.　　fæsten, þurh wopas 7.
　　　　　　　　　　　　e
　　3. yrre fram.　　on þa g,licnesse . nini . uítwarona(*before* n *stroke.*
　　　eras.; 2nd i *out of* u *by eras. of stroke ;* u *on eras.;* a *after* w *out*
　　　of æ).
　　5. on þam.
　　6. lif on.　　forhæfdnesse.
　　7. on.　　willsumlice.　　ꝥ.
　　8. swǫsende þeáh butan.　　dryhtenlican.
　　9. wicdæge 7.　　onwalhge nihte.　　on.
　　　　　　　　　　　　　　　　　　　　　　　　　　　　　r
　　10. astód 7 awunade.　　þearlwisnes.　　hea,dan (ead *on eras.*).
　　11. nyde becom fore.　　forðgangendre.
　　12. ꝥ he ꝥ nyd on.　　on his giógaðhade ꝥ (io *small and squeezed,*
　　　rudely out of y ?).
　　13. mandæde.

Ca.　　1. hī hwæðere wona wæs.　　ðære.
　　2. ꝥ hi.　　synna.　　ðurh.
　　3. 7 ðurh gebédo.　　yrre frā hī.　　on ða gelicnesse niniuén warena.
　　5. on þā.　　wér.　　sceotta ðeode.　　adamnan' háten.
　　6. man his líf on mycelre forhæfdnesse.
　　7. on halgū ȝebedū.　　swyðe willsumlice.　　ꝥ.
　　8. þeáh butan ðy drihtenlican.　　ðy.
　　9. wícdæge 7.
　　10. onwalhge nihte.　　on halgū gebedū astód.　　awunode.
　　　　ðearlwisnes.　　hī.
　　11. nyde becóm.　　bóte.　　forðgangendre tíde ꝥ.
　　12. ꝥ nyd on gewunon.　　hī on his geoguðhade ꝥ.
　　13. mándæde.

Page 350. 14. onscunode.   he hi hefiglice 7 him (*p.* 329).

B.   15. þ.   stranglice gewitnod.   fram þam.
16. for þam he.
17. wende þ him þanan hælo.   ætywde beon sceolde andette
ða him his scylda.
18. mihte.   befleon ðæt towearde yrre.
19. þa hys scylda.
20. behofaþ miceles.   forþam.   swiðe.
21. swa þu mᴇge (a *in* swa *out of* i).   ætfeolh.   ðinum
fæstenum.   sealmsangum.
22. gebedum þ þu sie cumen beforan drihtnes ánsine on andetnesse.
23. geearnige.   gemétan 7.   þóne ðe þæt sár nam.
24. hefegode.   gewitnesse 7 he willncde þ hraðe onlysed.
25. fram þam miclum bendum.

C. S. 14. onscunade hie ða hefiglice.

O.   14. onscunade he hi .. (2 *eras.*) hefelice.
15. þ.   stranglice.   fram þam.
16. fram þam he .. (2 *eras.*) wende þ.
17. hælo.   ætywed.   mihte andette (*last word in margin*).
18. þ.   geþeah,.ᵗ   mihte.
19. fram þam.   (115ᵇ) yrre þa he þa.
20. swiðe.
21. mæge ætfeolh (eol *on eras.*).   þinum fæstenum.   sealmsangū.
gebedum þ.
22. sie.   dryhtnes onsyn,.ᵉ   andetnesse.
23. 7.   þone þe þ unmᴇte sar nam (*out of* mon).
24. hefegade.   gewitnesse.   willnade þ.
25. onlysed.   fram.   ínlicum bendum.

Ca. 14. ða onscunode he hi hefelice 7 hī ondréd þ.
15. ðære stranglice witnat (*sic*).   frā þā þearlwisan.
16. sumū.   frā þam.
17. wende þ hī hælo.   ætywed.   mihte andette hī.
18. bᴇd þ.   hī geðeaht.   mihte.
19. frā þā.   yrre ða he þa.   Ða cw̄.
20. mycel.   mycles læcedómes.   forðon.   swyðe.
21. þu mæge ætfeolh ðu sealmsangū 7 gebedū þ ðu.
22. andetnesse.
23. geearnige.   ðe milde beon 7 eac gemétan 7.   þa ðone
þe þ unmᴇte.
24. nám 7 hefig his.   gewitnesse.   willnade þ.
25. hraþe onlysed.   frā þam ínlicū.   ðe.

Page 350 26. mid gehefegad. þa cwæþ. yldẹo.
B. 27. hál. lichaman. þu me onsetst.
28. þ . (*eras. of* aˑ. ic hal sy drihtnes (*p.* 330). eall. þ.
29. onbere þeah þu me. on.
30. standan. ðe. scyle. wucan butan andlyfene lichaman.
32. oððe þrydæglic.
33. do þ cwæþ. oð þ.
34. tíde fæce. þe cume. ætywe. ðu.

C. S. 26. mid *deest* (*before* hefigod).

O. 26. hefigad. cw̄. giuungre (*giu ends, un begins a line*).
27. on. lichaman. þu me onsetest.
28. þ. halsie on þam dryhtnes. eall ic þ æ,þelice (a
of æ eras., i *on eras.*).
29. þeah þu me. on.
30. staudan. scyle. wucan.
31. cw̄. þ is þ. wucan butan 7lyfene lichaman awunie.
32. twa dæglic. oððe þreodæglic is.
33. healdanne. cw̄ he . þ (1 *eras.*).
34. tide fæce to þe cume. fullicur ætywde.

Ca. 26. mid gehefigad. cw̄. þā. gungre.
27. hál on minū. þu. ónsettest.
28. þ. on þam. dæge þ ic eall þ eaðelice.
29. ðu me háte. on.
30. standan. ðe. scyle. wucan. þ.
31. dó cw̄. mycel þ is þ ðu. wucan 7lyfne lichoman awunie.
32. twa dæglic. oððe þreodæglic is.
33. cw̄ he 7 þ ic eft æft tide fæce to þe cume 7 ðe. ætywe hwæt ðu.

Page 352. 1. hu (h *out of* þ). wunian.
B. 2. fram. 7 gelamp þ he for sumum intingan gewát.
3. ealand þanon. cóm.
4. he na eft to. cwyde 7 wæs hwæðere.

O. 1. sceole. sceole.
2. fram. gelamp. sumum intingan (116ᵃ).
hibernia
3. on,. ealande þanon. com ne he ma eft.
4. gecwyde (y *on eras.*). hwæþere gemyndig.

Ca. 1. dón. sceole ða.
2. frā hī ða gelamp. þ.
3. gewát on. ealonde þonan. cóm.
4. ma eft. hī. æft. (*p.* 146) wæs he hwæðere gemyndi.

Page 352. 5. gemyndig heora cwydes 7 his bebodes 7. gehatis (*sic*) 7.
B. 6. tearum. on halegū wæccum 7 on. forhæfednesse
    drihtnes þeowettes.
    7. ꝥ. þeah.
    8. ðy drihtenlican. swa ic ær beforan cwæð.
    9. awúnode. þa.
    10. gewitán. hibernia. forðferedne.
    11. ðære tíde (*p.* 331) ꝥ gemyngode. forhæfednesse.
    12. gelæste. ꝥ. þæs godcundan lufan lustfulligende (*rest wanting*).
    14. écum. forðgelæste.
    15. þi he þa langre tíde ꝥ forðheold þa gelamp.
    16. fram þam. sumū. fyrr gangende.
    17. ðara gebroþra. ða hi.
    18. hi. háme.

O. 5. 7. 7 he on hreowum tearum 7 on.
    6. wæccum 7 on mycelre forhæfnesse dryhtne. ^d
    7. þeo. de (d *eras.*). ^wo ꝥ. swǽsendo þeh.
    8. dryhtenlican. wicdæge swa ic f,re. ^o
    9. oþrum. þa.
    10. on hibernia. forðferedne.
    11. symble. ꝥ gemyn. gade (d *eras.*).
    12. ꝥ.
    15. ðy. lang,e. ^r gelamp.
    16. ꝥ. fram þam. þingum feor gangende.
    17. broþra. 7 hine mid. hi.
    18. hwurfan hi. hame.

Ca. 5. 7 eac. 7 he on hreowū.
    6. on halgū wæccan 7 on mycelre forhæfednesse.
    7. þeowade. ꝥ. gehreorde. ðeah þonū.
    8. ðy drihtenlican. wicdæge swa ic.
    9. oþrum dagū. awunode.
    10. on hibernia 7 ðær forðferendne.
    11. ðære tíde ꝥ gemynegode gemett ðære forhæfednesse.
    12. ꝥ. ðæs.
    13. onbryrded wæs swa he eac eft. ðære.
    14. lustfulligende. þā ecū medū.
    15. ðy he ꝥ ða langre tíde. gelamp.
    16. ꝥ. frā þā. sumū ðingū feor gangende.
    17. án. geféra. hine mid. hi.
    18. geféredne. hi. háme.

Page 352. 19. þy þe hi.   þam.   genealæcton.   hi gesawon.   getimbro.
B.   20. areht 7 áhafene beon.   mann semnunga.   ongann.
          21. ða únrotnesse.   mid his tearum 7 mid his andwlitan.
          22. gecyðde þa ꝥ his.
          23. acsode.   forhwam.
          24. cwæþ.   ealle.   getimbro þe þu.   gesihst.
          25. gesceawast.   þa mættran þæt is neah ꝥ hi ealle.
          26. fornymeð.   on acsan gehweor (*p.* 332) fað.   broþor ꝥ
              gehyrde.
          27. hi.   eodan.   cyþde he him eallum 7 þære (e *in* cyþde *out
              of* a *or* æ).
          28. meder þæs hiredes seo wæs.
          29. gewyrhton gedrefed be swylcum wítedome wæs.
          30. gehet.   tó hyre ðone.   mann gelædan 7 hine geornlice
              frægn.
          31. acsode hwænne he þa.   cuþe.   ongeate þa cwæþ.

O.   19. hi.   þam.   nealæcton.   hi gesawon.   getimbro (116^b).
          20. ahafen.   man.   ongan heardlice 7 biterlice.
          22. 7wlitan tacnuncge yppan 7.   þa ꝥ þa his.
          23. fræng.   acsade (ac *on eras.*).
          24. gebærde cw̄.   getimbro þe þu.   gesyxst.
          25. þa mættran néh.   ꝥ hi eall.
          26. fornimeð 7 on axsan (ax *on eras.*) gehwirfeð.   broþor ꝥ.
          27. þæs þæ (a *of* æ *eras.*) hie on ꝥ.   sæde.
          28. gesomnuncge.   abbuddissan.
          29. gewyrhtū.   be swilcum.
          30. gehet.   hyre þone.   man.
          31. fræng 7 acsade hwon,.   þa.   cuþe (e *on eras.*) 7 ongeate.

Ca.   19. hi ða þā.   nealæctan 7 hi gesáwon ča getimbro.
          20. ahreht 7 ahafen ða.
          21. heardlice 7 bitterlice wépan.   ða.
          22. 7wlitan.   yppan 7 cydde.   ða ꝥ ða his geféra.
          23. ongéat.   acsade.   hī wǽre.
          24. gebęrde cw̄.   eall.   getimbro ðe ðu hér gesyxst.
          25. mættran.   ꝥ hi eall fŷr fornimeð 7 on axsan gehwyrfeð.
          26. ꝥ gehyrde.
          27. ðæs þe hi on ꝥ.   cydde.   sæde.
          28. ðære gesomnunge 7 abbudissan.
          29. ða.   gewyrhtū swyðe.   be swylcū wítedome.
          30. gehét.   mann.
          31. acsade hwanon.   cuðe 7 ongéate cw̄.

Page 354.
B.

1. niht abisgod. wæccum. sealmsange 7 gebedum.
2. sæmnunga. ætstandan. man.
3. úncuðes andwlitan. andweardnesse. me. cwæþ.
   ondrædde 7.
4. cuðre. dydest.
5. cwæþ. þ þu.
6. on þysse tíde nihtlicre. nales ðe.
7. forgyfan ac. woldest wæccum. þa cwæþ ic þæt me þæs
   wære micel þearf þ.
8. halwendum wæccum.
9. drihten herian þa cwæð he se ðe me wið spræc.
10. sægst æghwæðer (p. 333) ge þe þearf ys ge oðrum manegum þ
    hi heora.
11. myd godum.
12. alysan 7 hi þonne ablinnan fram gewinnum hwillwendlicra.

O.

1. ungeára. niht abysegad. wæccū. sealmsange.
2. semninga. ætstandan.
3. 7wlitan þa. 7weardnesse.
4. me. þ. 7.
5. cuðre. þu.
6. cw̄ he þ þu on þysse. nihtlicre stillnesse. þé.
7. forgeaf, ac. woldest wæccum (æcc on eras. of 4 or 5) 7
   gebedum. ætfeolan 7 for þinum gedwolum (rest wanting ;
   þ on eras. of m ?).
9. synnū (117ᵃ). dryhtne be,sia, (e and a on eras.) cw̄.
10. þe. þu. cw̄.
11. æghwæþer. þæs. monigum. hi heora synne.
12. godum. alyse. hi blinnen (nen on eras.) fram gewinnum
    hwilendlicra.

Ca.

1. niht abysgod. wæccū. sealmsange.
2. gebedū ða. semninga. ætstandan. mannan.
3. 7wlitan. swyðe for his 7weardnesse afyrhted.
4. me 7 cw̄ þ. ondrede 7.
5. he cuðre stæfne. þu.
6. cw̄ he þ ðu on þisse. nihtlicre stillnesse. ðe.
7. forgéafe ac má woldest wæccan 7 gebedū ætfeolan 7 for ðinū
   gedwolum (as in O.).
9. synnū. driht bénsian cw̄ ic to ðä þe mid me.
10. þu. cw̄.
11. ðearf. monigū þ hi heora.
12. godū weorcū alysan. þonū hi blinnen frä gewinnū hwilend-
    licra ðinga.

Page 354. 13. þ hi þonne.   for willunge þara.   goda.
B. 14. gewinne ac þis hwære feawa doð.   eall.   þurh ende-
byrdnesse (*dot under* r).   hus.
15. buton.   ymb þinre sawle.
17. abysgodne.   ac ealle we wæpnedmen.   wimmen
hefegum.
18. slæpe swundon oððe.   7 þa hús þa ðe.
19. biddende.   leornigenne.   þa.   nú.
20. gehwyrfed ofermettas 7 druncenesse scylda.
21. swylce.   þa.   þa ðe.   gehalgode forhogodre.
22. áre heora anddetnesse 7 hi æmettan habbaþ þ hi smale hrægl
wefað.   þam hi hi sylfe.

O. 13. þ̄ hi þonne.   gewill,unge þara ecra goda.   freo . licor
(1 *eras.*) winne,.
14. ac þis hwæþere.   ana doð.   þ̄.   eall.
15. þurh endebyrdnesse geo . ferde (o *on eras.*, *then* 1 *eras.*).   hus
7 bed.
16. nu (u *on eras.*) butan.   gemet,e.
17. abysegad.   ac ealle.   wæpnedmen ge wifmen oððe.
18. sw,ndon (w *on eras.*).   wacedon (a *out of* æ) 7 þa hus þa
þe on.
19. leornianne.   þa.   on hus gehwyrfed oferęta.
20. drun . cennesse (1 *eras.*) 7 leassp,llunge.   oþerra unalyfed-
licra.   7 swylce þa.   þa þæ (a *of* æ *eras.*) gode gehalgade.
22. forhogodre.   heora 7 detnesse . swa (1 *eras.*) oft swa swa
hi æmtam (ta *on eras.*).
23. þ̄ hi smalo hrægl wefað 7 wyrceað (a *in* al *out of* æ).   þam
hie oððe hie sylfe frætw,að on.

Ca. 13. þ̄ hi ðonñ for gewillunge þara ecra goda (*p.* 145) þy freolicor
winnen ac þis hwæðere.
14. ana doð.   þ̄.   eall.
15. þurh endebyrdnesse.
16. eallū nu butan.
17. abysegod.   ac ealle.   wæpnedmenn ge wifménn oððe.
hefige slæpe swundon.
18. synne wácedon 7 þa hus ða þe on.
19. leornigenne.   þa.   on hus gehwyrfed oferæta.
20. leasspellunga.   oðra unalyfedlicra.
21. 7 swylce.   ða þe.
22. forhogedre.   heora 7 detnesse and.   swa swa hi.
23. þ̄ hi smalo hrægel wefað 7 wyrceað.   þā hi oððe hi sylfe
frætwiað on brýda.

Page 354. 24. frætwiað on. anlicnesse. frecenessa heora stealles.

B. 25. oððe ut wæpned manna freondscypes (*p.* 334) ceapigaþ. be.
26. gewyrhtum þysse. hyre eardigendum. heofonum.
27. grimsigendum légum. gegearwod þa. heo seo
   abbodesse. him (*out of* þam).
28. forhwan. woldest þu. hraþe þa. dygolnesse me cyþan.
29. andswarode. ondréd. arweorðnesse þ.
30. sceoldest. swyþe beon gedrefed 7 afyrhted. 7 hwæðere ða
   frofre þu. þ on ðinum dagū ðis wíte þisse burge ne becimeð.
32. ðeos gesihð wæs. þa wæs sum fæc þ.
33. bígengan. feawum.

O. 24. on frece . nesse (1 *eras.*) heora stealles oððe.
25. freondscypes. forþon be gewyrhtū (ū *on eras.*) þysse.
   f
26. hy . ræ (y *on eras., then* 1 *eras.*). o, heofonū grimsiende
   heo
   ligum is gegearwað cw̄,seo abbuddysse.
28. woldest þu sona (117ᵇ). þa digolnesse me cyþan.
29. þa 7swarode. cw̄. arwyrðnesse þ.
30. sceoldest. hwæþere þas.
                                      er
31. þu. þ on þinum. þis wite. of, þas burh.
32. þa þeos gesyhð þa. þa wæs . (1 *eras.*) hwylchugu. þ.
   n
33. bige,gan. þ. feawum. ongunnan.

Ca. 24. on fræcenesse heora stealles oððe utwæpned monna freondscipes
   hī.
25. forþon be gewyrhtū þisse.
26. heora eardigendū. heofonū grimsiendum lígū.
27. gegearwod. cw̄ heo seo. hī.
28. woldest þu. þa digolnesse.
29. þa 7swarede. cw̄. ondrædde. ðinre arwurðnesse
   þ þu sceoldest.
                       a
30. swyðe gedrefed béon 7 fyrhted. hwæðere þas.
31. þu hafost. ðínū dagū þis. burh.
32. ðeos gesyhð þa. þa. hwylchugu fæc þ ða. ðære.
   þ is feawū dagū. hī.

Page 356. 1. hi sylfe. mándæde forlætan 7.
B.

O. 1. hy sylfe. forlætan 7.

Ca. 1. hi sylfe. mándæda forlætan and.

Page 356. 2. æft.   abbodessan.   hi.   únsyfernessum.
B. 3. eac.   þi hi.
4. sibb.   þa instæpe þa hi læst.   þi.
5. wite.   weorces slegene.   ealle.   þing.
6. þus geworden.   arweorða mín (*p.* 335).   eadgyls
sǽde se on.
7. mynstre lange tíd lifde (*rest wanting*).
8. þon monige þara.
9. þanon gewiton.   ðære burhge tolysnesse.   spell.
forþon.
10. on úre.   menn manedon.   hi gesawon drihtnes.
11. egesfull.   he his.   geþeahte.   manna.   þy.
12. tíde urum.   únalyfednessum synd þeowigende þy læs.

C. S.   4. hie selest wendon.

O.   2. þære abbuddissan.   hi hwurfun.   unsyfernessum.
3. 7 eac.   manfullran.   þy hi cwædon.
4. hie þa instępe þa.   læst.
5. wite þæs.   wręces slegene.   e,ll.ᵃ   þing.
6. þus gewordne.   arwyrþa.   edgyls sæde.
7. þa in þæm.   eardode 7 drohtade.
8. longre.   þon monige þara.
9. þo . non (n *eras.*) gewiton.   þærᵉ.   tolysnesse (y *on
eras. of* e ?) þis.   forþou.
10. on ure bec.   monaden (d *defaced*) þæt hie gesawe .ⁿ (w
partly eras).
11. on geþehtingumᵃ (e *in* þe *on eras.*) , monnaᵒᶠᵉʳ bearn (118ª).   þy.
12. tiide urum.   unalyfydnessum (a *on eras.*) syn.

Ca.   2. æft þære.   hi.   þā ærran unsyfernessū.
3. 7 eac myclè mánnfullran.   þy hi.
4. síbb.   instępe þa hi læst.
5. wíte ðæs.   wræces.   eall.
6. þus gewordene.   arwurða mín.   eadgyls sæde.
7. þā.   eardode 7 drohtnade.   ussumᵘʳū.
8. langre.   ðær.   æft þon monige þara.
9. ðonan.   ðære burhge tolysednesse.   spell.
10. on.   ꝥ.   monedan ꝥ hi gesáwon dryhtnes.
11. in geðeahtingū.
12. lǽs   tíde urū lícū unalyfednessū sýn ðeowigende.

Page 356. 13. dóm.   ondrædan sceolon 7 his.

B.   14. samnunga us geþreage.   us hwilwendlicum yrmþum.
15. wǽce oðe (*sic*) to écre.   heardlice.
16. gedéme.
17. A (*space*).
18. ðære drihtenlican.   geare þa ecgfrið cyning se wæs norð-
hymbra cyning.
19. wered (*p.* 336).   fyrde on hibernia.   ealand.
                                                                       t ehton
20. þære.   ladteow.   hi.   únsceððedan þeode   (*the*
t *is a mark only ; by corrector ?*) symle don . swa þte ne ciri-
cum . ne mynstrum.
22. 7 ða.
23. sylfan landleode.   mihton hi hi.   7 wiðcampedon.
24. gecigdon ða.   árfæstnesse.

O.   13. læs to godes dome.   forhtige, 7 us ondræde, þonne we
                                         n
scylen (n *afterthought*).   his semni,ga yrre usic þreage
7 us oððe hwilendlicum yrmþum.
15. w . ǽcce (1 *eras.*).
16. gedéme.
           o
17. Ða.   fe,wer.   hundeahtetig.
18. dryhtenlican.   geare þ (þ *eras.*).   norþanhymbra.
19. wered.   on hibernia.   ea . lande (*eras. of* l).
20. þære.   beorht (eo *on eras.*) ladteow.   hi.
21. symble angelcynne.   holdestan.   forhergedon.   þ ne.
22. mynstrum (y *on eras.*) seo (eo *on eras.*) herehand (1st e *on
eras.*) ne.   ne arade 7.
23. seol . fan (*eras. of* þ ?).   landleode.   mihton hi weredon 7 hī.
24. wiðcompedon.   gecigdon.   ærfæstnesse.

Ca.   13. lǽs to godes.
                                             n
14. forhtigan 7 us ondrǽdan þonñ.   his semniga yrre us ðreage
7 us oððe hwilendlicū yrmðū.
15. wæcce.   gedeman.
17. Ða.   æft.
18. drihtenlican.   þ.
19. wered.   (*p.* 146) on hibernia.   ealonde.
20. þære.   ladteow.   hi ða unscæððendan.
21. symble angelcynne.   holdestan.   forhérgodon.   þ ne
cyricū.
22. herehánd ne sparode nene árode 7.
23. sylfan landleode.   swyðe.   mihton hi weredon.   hi
wiðcómpedon.
24. hī fultū cygdon ða gódcundan arfæstnesse.

Page 356. 25. 7 singalum onbenum (*with stroke under* on).   lange.   þ hi.
B.   26. 7 þeah ðe ða wyrgcwydelan.   rice gesittan ne magon.
    27. hwæðere.   ða.   gewyrhtum awyrgede.
    28. hi hraðe.   wite.
    30. forðon he.   neahstan gearæ.   þissum.   ði þa se cyning
          ðe swa ðrystiglice þone here.
    31. lædde.(e *out of* on *by eras. and adding a top to* o ; *traces of* n
          left).   forherigigenne.   mægðe,   ferde (*corrector*).

O.   25. 7 singalum onbenum (on *eras.*) lange.   þ hie.
    26. 7.   wyrigcwydole (wyr *on eras.*, *also* y *in* cwy).   rice.   magan.
    27. þ þa þe be gewyrhtū wyrgede (yr *on eras.*).
    28. þ hi hraþe.   dryhtnes. wræc.   scylde wite þrowaden.
    30. þyssum (118ᵇ).
          e   her
    31. gedyrst‚lice (yr *on eras.*).   for‚gienne (*below* r *small* i ; ie *in*
          gie *on eras.*) pehta mægþe.

Ca.   25. 7 singalū benū lange.   þ hi.
    26. 7 ðeah ðe wyrigcwydole.   rice gesittan ne magon.
    27. hwæðere.   þ ða ðe be gewyrhtū wyrgede.
    28. þ hi hraðe.   wræc.   scylde.
    29. ðrowedon.
    30. forðon.   géare æft ðyssū.
    31. gedyrstelice.   pehta.

Page 358. 1. him þæt swiðe hys frynd.   swiðost ðære.
B.   2. eadegan.   cuðbrihtes ᵘse ða niwan.   bisscope gehalgod.
                                                              beforan
    3. hwæðere here (*p.* 337) peohtas 7 ða gelicceton hi fleam for (*corrector*) him.
    4. 7 hi betyndon on nearo.   úngeferedra móra.

C. S.   4. an *deest* (*before* nearo).

O.   1. þ.   frynd (y *on eras.*).   eallra swiðost (o *out of* e).
    2. cuðberhte.   niwan to bysceope.
    3. hwæþere.   on pyhtas.   licettan hi fleam fore him 7.
    4. betelldon.

Ca.   1. hī swyðe þ.   frynd.   swyðost.
    2. ða niwan.   gehalgod.
    3. ða.   hwæþere.   on.   ða licettan hi fleam beforan hī.
    4. betilldon in án nearo.   ungeféredra.

Page 358. 5. 7.   weredes ofslagen.   feowertigoðan,

B.   6. hys yldo 7 ðy fiftigoðan (*stroke under* tigoðan; *corrector*) geáre.
       7 þy ðrytteoðan.

       7. kalendarum ianuarium.   bewered.

       8. hys frynd.   ꝥ he ꝥ.   ongann.   forðon.

       9. ðam.   ecgbrihte.

     10. ꝥ.   scottas naht ne sceððede nene grette þa wæs.

     11. ꝥ.   eft ðam gehyrde ðe he wilnodon.

     12. fram.   acigan.

     13. ðære.   ongann.   hiht 7 ðæt.   angelcynnes.

     14. gewanod.   fordam (*rough attempt to cross* d).   land.

     15. ꝥ we angle ǽr.   7 scottas ða ðe on brytene wæron. 7 bryttas.

     16. swylce.   dæl on.   (*p.* 338) betwyh angelþeode þa ðe
        mid.

O.   5. 7 he.   werodes.   feowertygeþan gere his rices (*rest wanting*).

       6. þreoteogeþan.

       7. cw̄.

       8. frynd (y *on eras.*).   þæt he ꝥ.

       9. arwyrþan.   ecbyrhte (*final* e *partly eras.*) ꝥ scottas.

     10. sceððende.   afuhton.

     11. ꝥ.   þe.   willnedon.
        de

     12. forwvr, acygean.

     13. angelcynnes.

     14. forþon.   land.

     15. ꝥte.   7 scottas.   on brytene.

     16. 7 brytta.   swylce mycel.   onfengon þæ (e *of* æ *eras.*)

        betwe,h (etwe *on eras.*).
        o

     17. þa þe oððe.   ofslegene.

Ca.   5. 7.   dǽle.   werudes ofslægen.   feowertygeðan
       geare his rices (*as in* O.).
            geð
       6. ðy ðreotteg,an.

       7. iuliarum.   cw̄.

       8. frynd hi ꝥ he ꝥ.   forðon.

       9. no wolde.   geare.   ðone arwurðan.   ecbyrht ꝥ scottas.

     10. sceððende.   afuhton.   hī.

     11. wite ðære.   ꝥ.   ða.   willnedon.

     12. fró.   cigean.

     13. ꝧære.   angelcynnes ríces.

     14. gewanod.   ðe.   land.   onféngon ꝥte angle ær
        hæfdon 7 scottas.   -

     15. on breotone wæron 7 bryttas eac swylce.

     16. freodóm onfengon þa betweoh.

     17. ongelðeode oððe.

Page 358. 18. þeowdome betyhte oðð̄e.   lande.   7.
B. 19. árwyrða godes wer.   bisscop.
20. gewát.   geferum þe mid him.   on ðam.   ebbercurnig.
21. þ.   geset on.   lande neah þam.
22. land.   toscadeþ.   ða.   bisscop.
23. mihte on mynster.   freondum oðfæstan. And.
24. syluum wunenesse on wíc.   on ðam.
25. mynstre þe is nemned.   7.   ðær.   feawum.
26. geferum on.   sylfum anū.
27. manegum bryce manigra geara lifde.   þar eac forðferde.
28. on scē petres cyrican.
29. gerysenre áre.   hades.   ylcan.

C. 19. 16ᵃ *begins : parts gone, but complete after* 28 scē petres *except*
    a few letters.   hiora bisceop.
21. hwæþere.
22. peh .. lond tosceadeþ. Ond.
24. oft.
25. þ.   Ond he þær eác swilce forðferde (*rest wanting*=O. Ca.).
29. þæs .. can.

O. 18. (119ᵃ) þeowdome.   oðð̄e.   pyhta lande.   flugan 7.
19. þe.   bysceoþ.
20. geferū þa þe.   on þam.   æbbercurnig þ.
21. on engla lande.   hwæþere.   þam sæ.
22. land 7 pehta tosceadeð.   bysceop.
23. mihte.   7.
24. sylfum wununesse.   wic.   on þam.
25. þ i,gecy,d streoneshealh 7.   mid *to* he þær *omitted.*
28. swylce.   on cyricean.
29. bebyriged.   ylcan.   abbudysse on þa.

Ca. 18. þeowdome.   oðð̄e.   pehta lande.   7.
19. arwurða.   man trūwine.   biscep.
20. gewát onweg.   geférū.   on ðā.   æbbercurnig þ.
21. on.   lande.   hwæðere.   þā.   ðe.
22. land 7 pehta land tosceadeð.   ƀ.
23. mihte.   freondū befæstende 7.
24. hī sylfū.   gecéas on þā.
25. þ.   gecyged.   mid *to* he þær *omitted.*
28. swylce.   on cyricean.   æft.
29. áre.   bebyriged.   ylcan.

Page 358. 30. abbodesse on þa tid (*p.* 339).   ælfflæd.

B. 31. hyre.   gemyngodon ac þa.
32. bisscop ðyder.   micelne fultom.   somod hyre.
33. willsume.   on.   æfter.

C. 30. abbodisse in þa.   fæne.
31. medder (*sic*).   b . foran gemyndgodan ac þa.
32. ac þa.   bisceop.   fultum.   Ond somod.
33. sio.   þa.   aldfrið æfter.

O. 30. ælfflæd.
                 r
31. mede,.   gemyngedon (do *scratched*) ac þa.
32. bysceop.   micelne fultum.   somod hyre.
33. willsume.   on.   þa.   æfter.

Ca. 30. abbodesse on þa tíd seo (*p.* 147).
31. befóran gemynegodan ac þa se ƀ þyder cóm micelre.
32. geréces.   somod.   frófre.
33. willsume.   on hī.

Page 360. 1. mann.   gelæredesta.   on gewritum.
B. 2. sæd ƀ.   ðæs.
3. tóworpenan steall.   binnan nerewū gemærum.
4. geedniwode.

C. 1. ecgfriþe.   rice.   mon.   gelæredesta.   gewritum.
2. ƀ.   broþor.   osweoes.   Ond.
3. þone toworpenan.   þeah hit.
4. æþellice.

O. 1. rice.   mon.   gelæredesta.   gewritum.
2. sæd ƀ his broþor.   oswies.
                                                  þ
3. þone toworpenan steal (ea *on eras.*).   þeah,e hit.   nearwū.
        ı
4. æþel,ice geedniwade.

Ca. 1. rice.   mon.   gelærædesta.   gewritū.
2. sǽd ƀ his broðor.   oswies.   ðæs.
3. þone toworpenan stál.   ríces.   binnon nearwū ge-
mærū æðellice geedniwode.

Page 360.   5. þa þis ymb.   fif.   hundeahtatig.

B.   6. fram þære drihtenlican.   þ hlothere.

7. þis deaðlice.   se æfter ecgbrihte.

8. se eahta winter.   ða.   rice.   þ.

9. on suðseaxena.   ða.

10. ecbrihtes.   gesamnode And.   þam.

11. lac(*p.* 340)node.   ða æfer.   ylca.

12. geár þ.   þ rice sumre tíde fæc teonde.

13. fremde.   towurpon oð þæt.

14. þ.   ecgbrihtes.   on.

C.   5. þa þ ymb.   Ond fif 7 hundeahtatig.

6. frō þære drihtenlican.   þ.   cantwarena.

7. þis.   life geendade Ond.   se æfter ecgbryhte.

8. breþer.   · VIII · winter rixsade.   rice 7 þ.

9. winter.   gewun,ad.   suðseaxna.

10. ecgbrihtes.   Ond þa (16ᵃ *ends;* 16ᵇ *gone in parts at beginning, is complete from* 14 þ wæs).

11. mon.

12. þa he þa.   þ rice sumu.

13. forluran 7. owurpan .. þ hiora.

14. wih .. ed þ wæs ecgbrehtes.

O.   5. þa þ ymb (þ *imperfectly eras.*).   fif.   hundeahtatig (119ᵇ).

6. fram þære drihtenlican.   hlothere.

7. þis.   lif geendade.   se æfter.

8. breþer .. eahta (se *eras.*) winter.   þa.   rice.

9. twelf.   gewunad on suðseaxena gefeohte þe wið.

10. 7.   betwyh þon.

11. mon læcnade (e *of* æ *eras.*).   ylca.   oþer.

12. rice.   þa he þa.   þæt rice sum.

13. tide tweogende.   fremþe forluran 7 towurpan oððæt.

14. ecgbyrhttes.   on.

Ca.   5. ðy geare ymb.   fif.   hundeahtatig.

6. frā.   drihtenlican.   þ hloðhere.

7. þis.   lif.   se æft.

8. breðer eahta.   ða.   rice 7 þ.

9. wint.   on suðseaxna.   gefeohte þæ wið.

10. gesomnode 7 ða betwyh þon ðe.

11. mon lacnode.   hī.   ylca.

12. half géar.   hæfde 7 he ða forðferde ðæt rice ða.

13. fæc.   tweogende.   fremðe forluran.   towurpon oððæt.

14. þ.   ecbyrhtes.   on rice gestrangod 7.

Page 360. 15. gestrangod. And.   ætgædere ge mid ærestnesse.
B.   16. geornfullnesse.   utlicre heregunge.
  19. *begins* A (*space for* þ, *which is traced with dry point and original*).   þe ecgfri𝖉.
  20. þ mon þæne halegan.   arweor𝖉an cu𝖉briht.   bisscope.
  21. cyrican.   éa.   wæs on medmiclum.
  22. ealande þ.   farene.   ancorlif.   on.
  23. micelre forhæfednesse.   7.   þ igland fram.
  24. ylcan.   feorr út.   garsecge geset huru on nigon.
  25. halega.   mann fram 𝖉ære.   cniht (*p.* 341) hádes.
  26. symle beeóde in geornfulnesse.   lífes.

C.   15. ætgædere.
  16. geornfullnesse.   þeode frō utlicre.
  19. Ond þy seolfan.   þe.
  20. þ moń þone.   þone arwyrþan cu𝖉breht.   bisceope.
  21. þære ciricean.   lindesfearena éa.   medmiclum.
  22. þ. . farne.   oncorlíf.
  23. micelre.   lichoman 7.   þ.
  24. þære.   ciricean.   in garsecge seted hu hwega oń nigon.
  25. Ond.   from.
  26. born.   gelse (*sic*).   æfestes.

O.   15. gestrangad 7.   ætgædere.
  16. geornfullnesse.   þeode.   utlicre herunge.
  19. Ono þy.   þe ecfri𝖉.
  20. þ mon.   þone.   þone arwyr𝖉an cu𝖉byrht.   bysceope.
  21. gehalgade þære cyricean.   lindesfarena ea.   on medmiclum ealande þ.
  22. ancorlif.   on micelre forhæfed .... nesse (4 *eras.*).
  23. 7.   þ ealand fram þære ylcan cyricean feor ut (120ᴬ).
  24. garsecge seted.   nygan milū.
  25. man fram.
  26. symble bár . n (e *eras.* on gelca (ea *on eras. of* 3 *or* 4)).   georn-fullnesse æfestes.
    fan

Ca.   15. 𝖉a.   ætgædere mid ærestnesse.
  16. þeode frā utlicre.
  19. *begins* Ðy.   ecgfri𝖉.
  20. þ mon.   arwur𝖉an cu𝖉bryht.   ħ.
  21. þære cyricean.   lindesfarena éa.   ǽr on medmiclū.
  22. þ.   ancorlif.   géar on micelre forhæfednesse.
  23. 7.   þ.   frā þære ylcan cyricean.
  24. út.   garsecge seted.   nygan milū.
  25. man frā.
  26. symle barn on geleafan.   æfestes.

F f

Page 360. 27. ða he wæs geweaxen þa willnode.
B.   28. þ mynster þ is on ófre.
    29. tíde.   þæt.   ða.
    30. mannhwære.   æfter wæs biscop geworden.
    31. hægesteald éa.   on.   éa.   gemyngodun.
    32. prauost.   on þa.
    33. micelra.   wítedomes.   þysses.

C.   27. geweaxen.   þa wilnade.   ónfeng muchade (*sic*).
    28. Ond.   mailras þ.   þ.   in.
    29. twides.   þ.   eahta abbod.
    30. Ond monþwære.   æfter wæs bisceop geworden.
    31. heagostealdes éa Ond.   lindesfarena éa.   ḡmyngodon.
    32. profast.   þa tid.
    33. micelre.   Ond.   þisses.

O.   27. þa wilnade.
    28. þæt.   in.
           ᚹ
    29. t,ides.   þæt.   rehte eata abbud se.
    30. monþwære.   æfter wæs biscop geworden in heagostaldes ea.
    31. lindesfearona ea.   gemyngedon.
    32. prafast.   þa.
    33. mycelre.   þyses.

Ca.   27. ða.   geweaxen.   þa.
    28. mailras þ.   þ.   in ófre twéode.
    29. ða.   rehte eata abbud.
    30. wér 7 monþwære.   ƀ geworden in heagostealdes éa.
    31. lindesfarena éa.   gemyngodon ðæs.
    32. prafast.   reogolweard.   tid.
    33. mægna.   ðysses.

Page 362.   1. discipulhádes cuðbriht.   eaðmodlice.   wisdom.
B.   2. godra gewurca bysna fram him nam.

C.   1. cuðberht.   eaðmodlice.   Ond wísdom.   bysene
        (17ᵃ *complete*) frā him̄ nam.

O.   1. discipulhade cuðberht.   eaðmodlice.   wisdóm.
    2. fram him nom.

Ca.   1. discipulhade cuðberht.   wisdom.
    2. from hī nóm.

Page 362. 3. ær ðon þe.   drihtne.   cuðbriht.
B.   4. ylcan.   7.   æghwæðer.
5. bysene.   gesewenlicra.
6. 7 ontimbrede.   nales ꝥ.
7. on ðam.   regollices (*p.* 342).   somod.
8. gegearwode.   ac swiðe eac ꝥ ymbesette.   feorr 7 wíde.
9. fram þam lífe þæs dislican.   heofonlicra.
10. gyfena.   gymde.   þe.   þone.
11. hi.   rihtum.   7.
12. monige.   þa.   ðæs miclan wales.   manncwealmes.

C.   3. æfte þon þe he þa to drihtne gefor.   cuðbryht þæs.
4. Ond.   æghwæþer.
5. ealdorlicnesse hís.   bysene.   gesewenlicra.
6. dæda to regollices lifes monunge (*rest wanting*).
7. Ond somed.
8. gearwade.   swilce.   ꝥ ymbgesetene.
9. frō þæm.   þæs dysiglican.   heofonlicra.
10. geofona.   gymde.   forþon.   þone.
11. unrihte weorce aidledon.
12. swilce.   monige.   þa tid.   miclan.

O.   3. æfter þon þe he þa.   geleorde (d *on eras. of* 4).   cuðberht
þæs ylcan.
4. æghwæþer.
5. ealdorlicnesse.   bysene.   gesewenlicra.
6. tó regol(121ᵇ)lices lifes monunge (*rest wanting*).
                                bysene
7. somod (*last* 4 *on eras.*). his lifes, . . gearwade (ge *eras.*).
8. swylce.   þæt ymbgesetene.
9. þæm.   þæs dysiglican.   heofonlicra.
10. gyfena.   gymde.   þe.   þone.
11. unrihte weorce aidledon 7.
12. eác monige.   þa.   þæs miclan.

Ca.   3. þa to drihtne.   cuðberht þæs ylcan.
4. and.
5. ealdorlicnesse (*p.* 148).   bysne.   gesewenlicra.
6. to reogollices lifes monungū (*rest wanting*). ·
7. somod his lifes bysne gegearwode.
8. swylce.   ꝥ ymbgesette.   wíde frō þæm.
9. ðæs dyselican gewunon.   lufon.   heofonlicra gyfena.
10. gymde.   gehwyrfanne.   þe.   þone.
11. hi.   unrihte weorce aidledon 7.
12. monige.   tid.   moncwyldes.

F f 2

Page 362. 13. gymeleasedon þam gerynū ðæs halegan.   ðam hi.
B.   14. ðam twoligendum deofolgyldum.
        15. efeston.   hi þ.   wíte fram.
        16. urum scyppende.   gealdor oððe leasunge.   þurh sume
            oðre digolnesse.
        17. beweran mihton æghwæþerne.
        18. reccenne.   mann.   gangende.
        19. ðam.   7 hwilum.
        20. 7 ðeah oftor.   fotum gangende to ðam.   ymb(p. 343)-
            gesettum.
        21. ðam.

C.   13. gymeleasedan þæm.
        14. gelærde.   Ond to þæm dwoliendū læcedomum deofolgilde
            efston.
        15. þ.   witu fram.
        16. scyppende.   oððe.   swilce hugu oþre deagolnesse
            deofolcræftas.
        17. meahte Ond æghwæþerne.
        18. moń gelomlice wæs ut of þæm mynstre gongende hwilū.
        19. ón.   ać.
        20. fotum gongende com to.   ymbgesettum tunum Ond.
        21. þæm dwoliendum soþfæstnesse.   þ seolfe eác swilce.

O.   13. gymeleasedon þæm.   þæs.
        14. gelærde.   þæm dwoliendum lecedomum deofulgilde efeston.
            c   æ becn
        16. s.yppende (y *on eras. of* 2).   oððe lýtesne (t *roughly out of* f ;
            æ becn *above, divided by the down stroke of* s *in line above it*).
        17. hugu oðre di . gulnysse (i *out of e, then eras. of* 1).   deoful-
                                                    no
            cræftas bewerigan mihte o, (o *on eras. of* 7) æghwæþerne.
        18. gedwolan (o *on eras.*).   mon gelomlice wæs ut of þæm
            mynstre gongende.
        20. oftor.   fotum gongende com to þæm ymbgesettum.
        21. þæm dwoliendum.   weg bodade 7 lærde þ.

Ca.   13. gymeleasedon þā gerynū.   þa hi gelærde.
        14. þā dweoligendū.   deofolgyldes efeston.
        15. hi þ.   wíte frā.
        16. scyppende.   oððe lifnes.
        17. hugu oðre digolnesse.   mihte ac æghwæðerne.
        18. man gelomlice wæs út of ðam mynstre gongende hwilū he wæs.
        20. gongende com to þā ymbgesettū tunū.
        21. þā dwoliendū.   bodade 7 lærde þ.

Page 362. 22. bosel.   tid.

B.   23. þeaw angelcynnes.   ꝧ.
24. oððe oþer on tun cóm þæt hi eall.   gesamnedon.
25. fullice.   þa ðe hi lærede.
26. 7.   læston þa þe hi.
27. ongytan mihton þōne wæs þam halgan godes.   cuþbryhte.
28. micel gelærednes to sprecanne.   micel.
29. þe.   ongann 7 swylce.
30. andwlitan.   opscan (*original* f *roughly into* p).   þætte.
þara andweardra.

C.   22. ond his tid (*stroke through* 1st d *in later ink*).
23. þa tid þeaw ongelcynnes.   ꝧ þoñ.
24. oððe oþer in tun.
25. ond lustlice.   þa þe hie lærde wæron.
26. eác swilce mid.   læston þa þe.
27. ongytan meahton þonne.   þæm halgan men cuþberhte
(17ᵇ *complete*) swa.
28. micel.   Ond gelærednes.   micel.   þe.   ongan Ond
swilc.   engellices.
30. ófscan ꝥte.   þara andweardra.

O.   22. tíd gewunalice dyde (y *on eras*.).
23. þa.   þeaw angelcynnes (w *out of* u).
24. oððe oþer (121ᵃ) in tun.   þæt.
25. gehyrenne 7lustlice.   þa þe hi.
26. 7 eác.   læston þa þe.
27. ongyton mihton þonne (yt *on eras*.).   þæm halgan godes
men cuðberhte.
28. getydnes (y *on eras. of* 2).
29. to godcundre.   þe.   læron.   7.   engell,ces (ell *on eras*.).
30. ofscean þætto.   þara andweardra.

Ca.   22. eac boisel.   magisꞇ.   tíd.
23. þeau ongelcynnes folcū ꝧ þonū.
24. oððe.   cóm ꝧ hi.   gesomnodon.
25. gehyranne 7 lustlice.   þa ðe hi lærende wǽron 7.
26. dædū læston þa ðe hi ongitan mihton ðonū.
27. þā halgan godes men cuðberhte.
28. getýdnes.   sprecanne.
29. to godcundre.   þe he læron ongan 7 swylce.   engellices
ondwlitan hī ofscean ꝥte.
30. 7weardra.

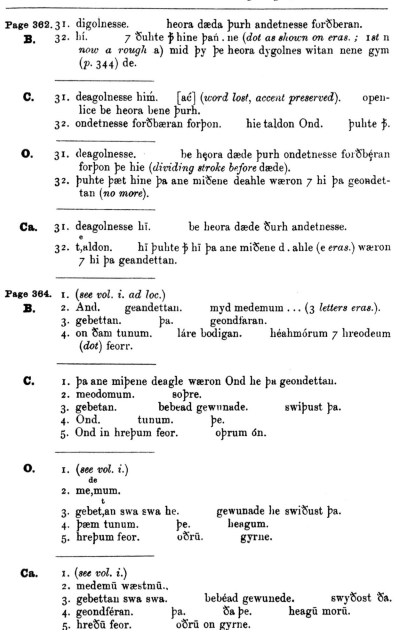

Page 362. 31. digolnesse.   heora dæda þurh andetnesse forðberan.

B.   32. hí.   7 ðuhte þ hine þaṅ. ne (*dot as shown on eras.* ; 1*st* n
        now a rough a) mid þy þe heora dygolnes witan nene gym
        (*p.* 344) de.

C.   31. deagolnesse hiṁ.   [ać] (*word lost, accent preserved*).   open-
        lice be heora bene þurh.
        32. ondetnesse forðbæran forþon.   hie taldon Ond.   þuhte þ.

O.   31. deagolnesse.   be hȩora dæde þurh ondetnesse forðbȩran
        forþon þe hie (*dividing stroke before* dæde).
        32. þuhte þæt hine þa ane miðene deahle wæron 7 hi þa geondet-
        tan (*no more*).

Ca. 31. deagolnesse hī.   be heora dæde ðurh andetnesse.
            e
        32. t,aldon.   hī þuhte þ hī þa ane miðene d. ahle (e *eras.*) wæron
        7 hi þa geandettan.

Page 364. 1. (*see vol. i. ad loc.*)
B.   2. And.   geandettan.   myd medemum ... (3 *letters eras.*).
        3. gebettan.   þa.   geondfaran.
        4. on ðam tunum.   láre bodigan.   héahmórum 7 hreodeum
        (*dot*) feorr.

C.   1. þa ane miþene deagle wæron Ond he þa geondettan.
        2. meodomum.   soþre.
        3. gebetan.   bebead gewunade.   swiþust þa.
        4. Ond.   tunum.   þe.
        5. Ond in hreþum feor.   oþrum ón.

O.   1. (*see vol. i.*)
            de
        2. me,mum.
              t
        3. gebet,an swa swa he.   gewunade he swiðust þa.
        4. þæm tunum.   þe.   heagum.
        5. hreþum feor.   oðrū.   gyrne.

Ca. 1. (*see vol. i.*)
        2. medemū wæstmū.,
        3. gebettan swa swa.   bebéad gewunede.   swyðost ða.
        4. geondféran.   þa.   ða þe.   heagū morū.
        5. hreðū feor.   oðrū on gyrne.

Page 364. 6. æghwæðer. þearfednesse. úngelærednesse.
B. 7. þara lareowa þreowodon þa he hwæðere. arfæstum.
8. micelre geornfullnesse heofonlicre láre lustfullice bodode. And.
9. þam. oft hwilan wucan hwílon twá hwilon þreo.
10. eallne monað þ.
11. áwunode. ðam. 7 þ ung. lærede (1 *letter eras.*).
12. worde ge mid. ðam heofonlican.
13. clypode.
14. *begins* Myd ði. arweorða drihtnes þeow. on.
15. maillor (*sic*). þam. ðær.

C. 6. Ond æghwæþer ge mid earfoþnesse. hiora.
7. þara. heaþeredon þa. hwæþere. arfæste.
8. micelre.
9. Ond óf þæm. uteode oft. wican.
10. þreo swilce eác oft. þ.
11. wunade. þæm morlondum Ond þ. somed.
12. lare. hiofonlican cigde 7 laþode.
14. Ond mid. þa. arwyrða drihtnes þeow.
15. mailros þæm. Ond.

O. 6. æghwæðer. þearfeðnesse.
7. þara. heaþoradon. hwæðere. arfæstnesse.
8. micelre. heofon (121ᵇ) licre.
9. 7. þæm mystre uteode oft onwalge wican.
10. þreo. wunade.
11. þæm morlondum. þæt ungelærde. somod (*2nd* o *out of* e).
12. lare. heofenlican cigde (ig *on eras.*).
13. laðade.
14. on (*on eras. of* 7). þa se arwyrða drihtnes þeow (o *and*
    partly w *on eras.*). ger.
15. mailros þæm.

Ca. 6. æghwæðer. ðearfednesse.
7. þara. heaðoradon þa. hwæðere. arfæstnesse.
8. 7 mid micelre.
9. 7 of þā. onwalhge wican hwilū.
10. þreo. þ. hā.
11. wunede on þā morlandū. þ.
12. láre. þā. heofonli(*p.* 149)can life cygde.
13. laþede.
14. *begins* mid þy. arwurða drihtnes þeow. géar.
15. mailras þæ. ðær. miclū tacnū.

Page 364. 16. tácnum gastlicra (*p.* 345).   7 beorhtode ða genam þa
B.   æt .. (*eras.*).
17. nyhstan.   arweorða abbod.   lindesfarona éa þ.
18. þær.   swylce ðam gebroðrū.   ðeodscypes.
19. dæde ywde 7.
20. þa.   ðe.   ylca arweorða.
21. anwealde.   rihte.   geo.   eald dagum bisceop.
22. geferum.   7 eac ðær wunode abbud mid his.
23. ðeah hwæðere his ðæs bisscopes scíre belumpon.
24. forðam.   halega wer geo dagum.   þære.   bisscop.

C. 16. tacnū.   scan 7 beorhte þa genam.
17. nehstan (*partly defective, but* e *not* y).   arwyrþa abbod.
    lindesfear .. a .... þær eác swilce.
18. þæm gebroðrum salde [regolli]ces (*part gone*) þeodscipes
    geheold.   lare ᵹ mid his (17ᵇ *ends*).   18ᵇ *begins*
    seolfes ; *only some letters wanting.*   eowde.
20. cyþde forþon þa seolfan.   arwyrþa.
21. onwealde.   rihte.   þær gio in.   tidum.
22. bisceop mi . (d *gone*).   geferum.   abbud wunade.
23. hwæþere.   bisceopes.   hiowesclice belumpun.
24. forþon.   mon aidan ..... st þæ .. stowe bisceop.

O. 16. scean 7 byr . ht (y *on eras., after* r *eras. of* 1).   genom hine
    ða æt nyhstan (y *on eras. of* e).
17. abbud.   tó lindesfearona éa þæt.
18. þær eác swylce þæm.   þeodscipes.   gehyld (y *on eras.*).
19. aldorlicnesse.   dæde ywde.
20. cyðde (y *on eras.*).   þa.   ylca (y *on eras.*) arwyrða.
21. onwalde.   rihte.   þær iu in.   tidum ...
    biscop (3 *or* 4 *eras.*).
22. geferum.   abbud wunade.   munucum hwæþere.
23. belumpen.
24. forþon.   mon aidan.   þe.   þære.

Ca. 16. mægna scan 7 byrhte.   genom.
17. nyhstan.   arwurða abbud.   éa þ.
18. swylce þā broðrū.   gehyld.
19. ywde.
20. cydde.   þe ylca arwurða.
21. onwalde.   rihte.   iu.   ealdū tídū bisceop.
22. geférū.   abbud.   munucū.
23. hwæðere hi.   ƀ.   heowæsclice belomp.
24. mon aidán se þe.   ƀ.

Page 364. 25. be munucháde And he ðyder cóm.   7 on munuclife droh-
B.   tode 7 ðær þone regol on þam mynstre gesette.
    28. anon se halga (*space for* þ).   mann cuðbriht weaxendum
      geearnungum æfeste.
    29. 7.   dygol(*p.* 346)nesse.
    30. becóm to ðære.   ancorlifes.
    31. ǽr.   sædon.   forðam.   manegum.

C.   25. b. (*letter gone*).   þider.   .. m (co *gone*).   Ond.
    26. þǽ.
    28. Þonon þa.   mon cuðbriht weaxendum . . . . tre in-
      gehygde.
    29. swilce . . deagolnesse (*not quite certain*).
    30. stilnesse.   þǽre.   ancorlifes swa swa,.
    31. ær.   sædan Ác forþon.   ær monigum.

O.   25. be.   com (*on eras.*).   munucū.
    26. drohtnunge.   þæm.
    28. Ðonon þa.   mon (122[a]) cuðberht.   geearnungum
      æfestre ingehide (1*st* i *on eras.;* ide *on eras. of* 4) 7.   digolnesse.
    30. þære.   ancorlifes swa swa.
    31. sædon.   forþon.   ær monigum.

Ca.   25. be munuchade he þider cóm.   munucū.
    26. drohtnunge.   ðam.
    28. Ðonon ða.   cuðberht weaxendū geearnungū æfestre in-
      gehyde 7 eac.
    29. digolnesse.
    30. stillnesse becóm.   ancorlifes swa swa.
    31. beforon sǽdon.   ær monigū gearū.

Page 366. 1. lifes mægenum.   genihtsumlice.   mæter uersum 7 eac.
B.   2. þís án nú.   andweardnesse.   genoh tó gemyngianne
      ða he þ igland.

C.   1. Ond mægenū.   gewynsumlice awriton.
    2. gerædre.   þis an.   genoh.

O.   1. mægenum.   genihtsumlice awritan.
    2. gerædre.   þis an.   7weardnesse (ne *on eras.*).   genoh to
      gemyngianne.

Ca.   1. genihtsūlice.   méterfers.
    2. gerǽdre.   7weardnesse.   genóh.   gemyngianne.

Page 366.
B.

3. þ he ðam.
4. gebroðrum.   þus.   gyf.   gifu on.
5. forgyfan wyle þ.   libban.   minon.
6. handgewinne.   ‑ þær.   gyf hyt.
7. to eow mid godes willan eft hweorfe.   stow ægðær ge.
8. ac ðar.
9. werod.   æghwylcre mennisce.   eardung úngescræpre.
10. ða.   willan godes hi eardigendlic þurh eall wæs.
11. 7.   werigan gastas aweg.
12. gewitan 7 ða.   þe he þa fynd aweg adryfene wæron.

C.

3. þa he þ.   secean.   þ.   þæm.
4. gebroðrum cyþende Ond þus cwæþ.   sio.   gifu.
5. þære.   forgifan wille þ.   lifian mæge.
6. þær.
7. to eow mid godes willan eft.   sio.
8. ac.
9. werod.   eardunstow (sic) Ond æghwylcre.
10. ungescrope.   þæs.   hio.   þurh eal wæs.
11. þa.   þonan aweg.   gewitan.
12. Ond þa mid . . . . fynd aweg adrifene.   ða.

O.

3. þa he þæt ealand secean (ece on eras.).   þ.   þam bro-
þrum cyþende.
4. þus.   gyfu on.
5. forgyfan wi . le (1 eras.) þ.   lyfigean mæge (mæ on eras.).
6. handgewinne.   þær.   hwæt ælcor bið.
7. hrædlice to eow mid.   eft hweorfe.
8. orðwæstma.   ac þær (þær on eras.).
9. æghwylcre.
10. ungescrépe.   þæs.   eardigendlic þurh eall wæs.
11. 7.   þa werigan.   þanon.
12. gewitan.   þe þa fynd onweg (y on eras.).   adrifene
(1st 6 on eras.) wæron þa geworhte he.

Ca.

3. þ.   sécan.   þ.   ðam.
4. cyþende.   þus cw̄.   gífu on.
5. forgifan wyle þ.   lufigean mæge.   mínum handgewinne.
6. þær.   hwæt elcor bið.
7. hrædlice to eow mid.
8. ac.
9. weorud.   æghwylcre.
10. þæs.   eardigendlic þurh eall wæs.
11. 7.   þa werigan.   þanon onwég gewitan and mid
þy ðe þa fynd onweg adrifene wæron þa geworhte he hī.

Page 366. 13. geworh(p 347)te.   nearewe.   gewunenesse.7 ẟa.   díce.
B. 14. ymbworhte.   on ẟam ẟa nydþearflican.
15. gebroẟra handum.   fultume.   ys cyrice.
16. getimbrodon.   7 het ẟa gebroẟor.   ylcan.
17. þa wæs.   to ẟam.
18. stænihte ꝥ þær.   wyllgespringes on.
19. gesewen beon mihte.   gebroẟor.   geleafum.   bénū þæs.
20. þeowes.   þa wæs.   wæteres full.   ꝥ.
21. ylce wæter oẟ.   andweardan.   þam eallum ẟe ẟider.
22. cumaẟ.   heofonlicre gyfe genihtsumnesse þenigaẟ ẟa.

C. 13. geworhte he him (18ᵇ all but complete) nearo wic.
14. utan ymbworhte Ond gefæstnade 7 to þæm þa neodþearflican hus.
15. gebroẟra handa.   fultume ꝥ.   ciricean Ond.
16. eardunghus.   Ond þa.   þa gebroþor.
17. flore seaẟ.   sio eorþe to þæs.   Ond.
18. þæs.   ꝥ þær . . . . gespringes in gesewen beon mealhte.
19. þa hy þa gebroþra ꝥ.   Ond.   þæs.
20. þeowes þa oþre.   wæteres.   ꝥ.
21. wæter oþ þisne.   ondweardan.   eallum þider cumendū.
22. heofonlicre gife genihtsumnesse þenaẟ.   bead.   mon.

O. 13. wic.   7 þa mid dic . (e eras.).
14. (122ᵇ) 7 gefæstnade 7 on þam þa.
15. hus.   broþra handa.   fultume ꝥ.   cyricean.
16. eardunghus.   þa het þa broþor on þæs ylcan.
17. flore seaẟ.   þæs.
18. þæs stannihte ꝥ þær nænig uht wylgespringes on gesewen
    beon mihte (y in yl on eras.).
19. þa hi þa broþor þæt.   þæs.
20. þeowes þa oþre.   wæteres full.   ꝥ ylce wæter oẟ ẟysne.
21. eallum þider cumendum ,is heofonlicre gyfe (above, is eras.
    of h) genihtsumnesse þenaẟ (cross eras.) þa bead.
22. mon ꝥ him mon issern.

Ca. 13. wic.   wunenesse 7 ẟa.   díce.
14. on þā ẟa nédẟearflican hus.
15. broẟra handa.   fultume ꝥ.
16. broẟra on þæs ylcan.
17. flore séaẟ.   þæs.
18. stánihte ꝥ.   wuht wylgesprynges on gesewen beon mihte.
19. ẟa hi þa ẟa broẟra ꝥ.   benū.
20. þeowes.   wæteres full.   ꝥ ylce wæt oẟ ẟisne dæg eallū ẟyder
    cumendū is heofonlicre gife genihtsumnesse ẟenad ẟa béad.
22. man ꝥ hī mon íssern.

Page 366. 23. him mann iren geoloman.   þyder.   þ.

B. 24. tawigenne.   þ.   gerysne.
25. tíd ðæt land mid hwæte seow.   cóm þær nænig (p. 348).   upp.
26. wæstmæs.   furðon.   hí.
27. gebroðor.   sohton.   þeaw.   het.   beresǽd.
28. wén wære ꝥte ꝥ þære eorðan.
29. gecynde.   oððe willa þæs upplican gyfendes ꝥ.
30. wæstmæs eard ma wǽrere.   yrnende þa him þa þæt sæd.
    tíd to sawenne (stroke over w).
31. eallne hyht wæstm.

C. 23. ꝥ hī mon.   gelome.   þider.   ꝥ lond.
24. teagenne þa ꝥ lond þa getead wæs Ond.   gerisene tid.
    hwæt seow.
25. þær.
26. wæstmes.   furþon.   oþ.   tid.   hine.
27. gebroðor.   sohton.   þeaw.   þa het.
28. brengan gíf wen wære ꝥte oððe þære eorþan.
29. willa þæs upplican geofendes ꝥte þæs.
30. yrð þær ma upyrnende wære þa him þa ꝥ sæd.
31. tide.   hyht wæstem.

O. 23. þider.   ꝥ land.
24. to tegenne þa ꝥ land (a on eras.) þa getead.   gerisene tid.
25. hwæte seow.   þa ne com þær.   úp.
26. wæstmas (as on eras.).   furþan brordes.   sumres tid.
    ða neosedon hine eft.
27. broþor 7 sohton. .   þeaw.   het.
28. ꝥte ꝥ oððe þære (rest wanting).
29. oððe. ‘ þæs upplican gyfendes ꝥ þæs.
30. yrð (y and part of r on eras.) þær ma upp yrnende (yr on eras.)
    wære þa.   þa ꝥ sæd.
31. tid (ofer to sawenne twice written, the 1st struck through,
    before 2nd ofer eras. of 7).   eallne (123ᵃ).   wæstm to
    beranne be on þam ylcan.

Ca. 23. hwǽte þider (p. 150).   ꝥ.
24. teagenne þa ꝥ.   getead.   gerísene tid.   hwæte seow.
25. cóm.
26. wæstmas.   furðon brordas.   tid ða neosodan hine eft.
27. broðra 7 sohton.   þeaw.   het.   hī beresǽd.
28. wén.   ꝥte ꝥ ðære eorðan.
29. oððe willa þæs.   upplican gyfendes ꝥ.
30. yrð þær má úp yrnende wære.   hī.   ꝥ sǽd.
31. tíd.   eallne.   wæstm.

Page 366. 32. beranne ꝥ he on ðam ylcan.   ða arn ꝥ.
B.   33. ða willnodon gereordesse.   7 gegearowode.   agenes
handgewinnes.

C.   32. beorenne.   þæm.   sew.   gearn þær.   uṕ.
     33. genyhtsumlic.   eorð wæstm Ond.   willendan.   þæm.
agnes gewinnes.

O.   32. þær sona up.
     33. yrð (y *on eras. of 2, 2nd was* a *or* e).   willendan.   þam.
     34. gegearwade his agenes gewinnes.

Ca.   32. beranne ,he on ða ylcan land.   sona ungenihtsumlic.
     33. ða willendan.   þā.
     34. wére.   agenes gewinnes.

Page 368. 1. ði.   on ancorlife   drihtne þeowode.
B.   2. ꝥ mon micelne sionoð (*sic*) gesamnode.   alne.
     3. on stowe.
     4. ecgfriðes.   sinoðe on ealdordóme foresét þære.
     5. eadegan.   theodor arcebiscop.
     6. (*p.* 349) eallra.   witena.   cirican.
     7. lindesfarona.   mænige ærendracan.   gewritu.

C.   1. þa.   oncorlife drihtne þeowode.
     2. gelomp ꝥ mon micelne.   gesomnade bi ealne.
     3. in stowe.   twifyrde.   ondweard (18ᵇ *ends*).

O.   1. þa.   on ancorlife drihtne þeowde (w *on eras. of* d) ða.
     2. ꝥ mon micelne sinoð gesomnade be eallne streame on stowe.
     3. 7weardnesse ecgfriðes þæs.
     4. þam synoþe on.   þære.
     5. theodo, ærcebysceop (e *of* æ *eras.*).   þær.   anmod,e.
     6. eallra þara witena.   bysceope.   þære cyricean.
     7. ea.   þa monige ærendracan.   gewrito to him.

Ca.   1. ðy he þa.   ðær on ancorlife drihtne ðeowde.
     2. gelámp ꝥ mon.   sinoþ.   eallne streame on.
     3. ðe.   7weardnesse ecfriðes þæs.
     4. þā sinoðe on.   þære eadegan.
     5. arceb̄.   þær.
     6. þæra witena.   b̄.   cyricean.
     7. ea.   hi.   monige ærenddracan.   gewrito to hī.

Page 368. 8. hi hwæðere mid nænigum þingum hine of.   wícum.

B. 9. mihte.   nyhstan.
10. cynig sylf.   haliga.   oðre.
11. ferdon on þ igland.   monige.
12. ðara gebroðra.   lindesfarona éa comon to him.
13. cneowu bigdon.   þurh dom lifigendan drihten.
14. halsodon.   þ þe hi híne.   fullne.
15. þam.   digolnessum.
16. myd ði.   ðider cóm.   ðe.   wære he ðeah mid ánmodū.
17. genydd.   ða ðenunge.
18. bisscophádes.   swiðust myd ðy.
19. þte.   drihtneş.   ða.   wíte (*p.* 350) domes.
20. ealle ða ðing geoponode.   sæde ða ðe.   wæron eac
    he ða swylce cwæð toweardlice þ he bisscop.

C. W. 17. genyded.

O. 8. 7 hine hwæþere nænige þinga.   wicum.
9. gelaþian mihton þa.   nyhstan.
10. sylfa.   bysceop.   hine.
11. æfæste.   liðan (i *on eras. of* eo).   þ ealand.   monige.
12. broþra.   ea.   him.
13. cneou bigdon.   gutan.   þurh þone lifigendan.
14. oð ðæt þe hie.
15. þam.   digolnessum atugan (tu *on eras., 2nd a out of* n, *2nd* g
    out of t *?*).   þam (123ᵇ) synoþe.
16. þa þider.   þeh.
17. anmode willan eallra.   oferswiþed.
18. þenunge bysceophades.   swiþust.   oferswiþed.
19. þætte bo . sel (i *eras.*).   witedomes.
20. eall þing.   7 sægde þa þe (*these words in margin*).   wæron
    he þa eac.

Ca. 8. 7 hine hwæðere nænige þinga.   wícū.
9. hī gelaðian mihton þa.   nyhstan.   forasprecena.
10. sylfa.   bisceop trūwine.   hine.   oðre.
11. ríce liðan on þ.   monige.
12. efencomon.   him.
13. cneowu bigdon.   þone lifigendan drihten.
14. bǽdon oð ðæt hi.
15. þā swétan digolnessū aguton.   þā sinoðe.
16. þa þider cóm.   ðe.   swyðe.
17. anmodre willan eallra oferswyðed 7 genered.
18. ða ðenunge.   swyðost.   ●ferswyðed þte.
19. drihtnes ðeow.   hī.   witedomes.
20. eall þa ðing.   wæron he ða eac.

Page 368. 22. þa hwæðere.   halgung.   forðaganum.
B.   23. ðam wintra þe ðe.   on.   sylfan.
24. on eoforwícceastre.   on andweardnesse.   ecgfriðes.
25. seofon.   efnecomon on.
26. ðam þære eadegan.   ealdordóm.
27. þone onfangenan.   ónhyrenesse ðara.
28. ðæt.   ðe.
29. gehealdan.   æghwæðer.   gebedum ge eac mid.
30. halwendū maningum.   ðam heofonlican.
31. gecigde 7 gelaðode.   þte.   gewunaþ.
32. (p. 351) gefultumian.   he þæt ær.
33. dæde.   þingum myd ðy fyre.

O.   21. forecwæð þ.   bysceop.
22. wæs he þa hwæþere.   demed.   forðaga . ne (n eras.).
23. þy wintra þa þe.   on þære sylfan eastorlican.
24. on eoforwicceastre.   on 7weardnesse ecgfriþes.
25. seofon bysceopas.   efencoman on þam þære.
26. bysceop ealdordome.
27. þa þone onfonge . nan (n ? eras.) bysceophad.   onhyrenesse.
28. frætwede.
29. h,aldan.   æghwæþer.
30. scylde (y on eras.).   mid,.   monungum.   þam heofonlican.
31. cigde (ig on eras.).   laþade.   þ swiðust.   lareo (124ᵃ)
was gefultumian.
33. dḗd,.   he on eallū þingum.   fyre.

Ca.   21. forecw̄ þ he towardlice ꝥ.
22. he ða hwæðere.   demed.
23. þy wintre þa ðe.   toward.   on.   sylfan
eastorlican.
24. on eoforwicceastre.   on 7weardnesse ecgfriðes.
25. seofon.   on þā.
26. eadegan.   ꝥ ealdordóm.
27. þa.   onfongenan ꝥ hád.   onhyrenesse ðara.
28. weorcū.   ðe he (p. 151).
29. æghwæðer.   singalū gebedū.
30. hálwendū moningū 7 larū.   þā heofonlicū lífe cygde.
31. laðede.   ꝥ swyðost gewuniað.
32. gefultumian.
33. dæde.   he on eallū þingū.   ðy.

Page 370.   1. lufe hat.   geþylde mægenum.   And on.
B.   2. willsūnesse.   gecneord 7 geornfull.
     3. gespræce þe to.   frofre bædon 7.
     4. ðæt.   haliges.   gyf.   þā.
     5. úntrum gebroðrum.   trumnes 7 his.   fultum.
     6. ðe.   lufa ðinne god.
     7. ylca.   þu.   neahstan.
     8. clænsunge for forhæfednesse.   mære simle.
     9. gyfe inbrydnesse.   ðam heofonlican apéné'd (*sic*) þæs.
     10. tacne ðonne.   onsegdnesse.   mæssan sang þ.
     11. upp on heannesse.   ahóf ac.   forðgotenū tearum
        (*p.* 352).
     12. he drihtne.

C. W.   9. þæs.

O.   1. hat.   on geþylde mægena.   7 on willsumnesse.
         c
     2. ge,neorð (*cross eras.*).   geornfull.
     3. gespræce þa ðe.   coman (1*st* o *on eras.*)'.
     4. on þa stowe haliges.   þam.
     5. broþrum.   7 his lare fultum.
         þone
     6. wiste, 7.   drihten.
     7. ylca cw̄ (cw̄ *on eras.*).   þu þinne þone nyhstan.
     8. clænsunge (ns *on eras.*) forhæfednesse.   mære.   symble
        mid þa gyfe (y *on eras.*).
     9. þam heofonlican apened þæs (s *partly eras.*).
     10. tacne þonne.   asægdnesse.   þ.
     11. upp on heanesse.   ahof ac.
     12. inneweardre (inne *on eras.*).

Ca.   1. on geþylde mægena.   7 on willsūnesse.
     2. gecneorð.   geornfull.
     3. eallū gespræce þa ðe.   hī.   coman.
     4. on þa stowe haliges.
     5. broðrū.   trymnesse 7 his.
     6. wiste ðone 7.   se ðe cw̄ lufa ðu þinne ðone nyhstan (*no more*).
     8. clænsunge.   mære.   mid þa.
     9. þā heofonlican.   þ wæs.
     10. onsægednesse bǽr.   þ.
     11. stafne úp on heanesse ne ahóf ac forðgotenū tearū.
     12. drihtne.

Page 370. 13. *break before* þa (*ornate* þ) gyt wæs.   þ he þ biscopseld.
B.   ða.
    14. þ (*sic*) he eft his wíc geceas 7 gecyrde forðon þe ylca ingan (*sic*).
    15. deaðdages oððe mare.
    16. forðam þ an.   soðlíc líf.   cweðanne.   sylfa.
    17. ylcan.   manegum mannum.   þære gewunelican byle-
        wytnesse.
    18. digolum.   geoponode 7 gecyþde ða þær sweotollice æfter
        fæce man ðæt ongytan.
    19. mannū.   þ ylce.   cyðde (*no break*).
    21. arwyrðes.   ðæs nama.   herebriht.
    22. gára.   lange ðam.   were in wære geþeoded.
    23. freondscypes se on ealande wæs.   miclan meres þær he on
        ancorlife lífde.
    25. þ.   gearū (*p.* 353) neosode to him 7 hine sohte fram him
        manunge.

O.   13. Þa.   tu.   þ he þ bysceopsetl swa sæt (s *in* sæ *on eras.*).   ða.
    14. monad þ.   ealand.   wic gecir .. de (i *out of* o ; *after*
        r *eras. of* 2).
    15. gewillnade forþon se ingan, deaðdæges oððe ma.
    16. forþon þ an.   lif to (124ᵇ).   seolfa.
    17. þa ylcan tíd swylce monigum monna.   his þa gewunelican.
    18. deaglum.   hwæðere æfter.
    19. sweotolice onge,tan.   sumum monnum.   þonne.   ylce.
    20. cyðde (*no break*).
    21. arwyrðes.   hereberht.
    22. in wére.
    23. freondscipes se in.   miclan.
    24. ðæ þe þa.   deorwen,an.   in ancorlife.
    25. syndrium gearum.   neosede.

Ca.   13. Ða.   géar þ he þ.
    14. godcundlice monad.   wic gecyrde.
    15. deaðdæges oððe má.   þ.
    16. soðlice.   seolfa.
    17. ylcan.   his ða gewunelican bilehwitnesse digelū.
    18. openode.   hwæðere.
    19. sweotolice ongytan.   þonn þ ylce onwreah openlice 7 cyðd
        (*no break*).
    21. arwurðes.   hereberht.
    22. þā.   godes were in treowðe.
    23. freondscipes se in.   myclan.
    24. ðam þe.   streames in ancorlife wæs wæs his.
    25. þ.   syndrigū.   neosode.

Page 370. 26. hælo.   ða gehyrde he ꝥ.
B.   27. þære.   þa cóm.   þeaw.
             28. þæder.   ꝥ.   trymnessum.
             29. ðam.   má 7 swiðor.   hi.   betweoh.
             30. betweonum.
             31. heofonlican.   bisceop betweonan.   þu.

C. W. 26. hælo.

O.   26. him mo . nunge (*after* o *eras. of* n ; *last* n *out of* m; *so orig.*
         monnum).   þa.
         27. þære.   þa.   swa swa his þeaw.
         28. ðider.   þæt.   halwendū trymenesse.
         29. þæm uplican.   . ma 7 ma onberned (*before* 1*st* ma *eras. of* 7,
                                                o
         then a *on eras.*).   þa betwe,h (e *out of* i).
         30. fædora (æ *on eras.*) life.   beadowig sæncton (a *in* æ *out of* c).
                                        æ   o
         31. heofenlican.   þa cw,ð.   betwe,h (e *out of* i).   þu.

Ca. 26. frō.   éccre.   ꝥ.   ᵬ.
         27. þære.   þa.   swa swa.   þeaw.
         28. hī.   ꝥ.   halwendū trymenesse.   þā.   lustū.
         29. hi.   betweoh hī.
         30. life.   hī.   beadowig.
         31. heofonlican.   cw̄ se ᵬ betweoh gemune þu broþer.

Page 372. 1. herebriht ꝥ þu me fríne.
B.   2. þearfe.   æfter ðon.   nú té (*sic*) cyrrað 7 togane beoð.
            3. wit uncer naðor oþerne on ðisse worulde.

C. W. 1. frugne.

O.   1. hereberht ꝥ . (a *eras.*, *cross added*).   mec frine (c *after-*
                        te
         thought).   sprece.
         2. þu.   þearfe (125ᵃ).   forþon þe æfter þon þe.   betweoh
                  n
         unc togogene (go *on eras.*).
                                            lichā
         3. þæt in þysse (y *on eras.*) worolde, licum.

Ca. 1. herebyrht.   ðu nu me frinne.   sprece.
         2. forðon æft þon.   betweoh únc togongenne.
         3. ꝥ in ðysse weorulde lichomlicū éagū.

Page 372. 4. licumlicum. þte.

B.
5. þa ðas.
6. þa feoll. micelre geornfullnesse geomrunge. (*p.* 354) geat.
7. sarlice. ðus. halsie.
8. þ. me. þ. si. þines getrywan.
9. And ic. upplican. arfæstnesse 7 ðone god. wyt.
10. þeowedon þ. eac swylce. heofonum.
11. beran hys gyfe ðær. tó scawigenne.
12. þ. tilode to lifigenne to þines willan tilode hraðe (*rest wanting*).
14. þa aðéne. biscoc (*sic*). on.

C. W. 12. teolade.

O.
4. wat þætte. tolysnesse (y *on eras.*).
5. neh ða he ða þas.
6. þa. micelre geomrunge. geat 7 sarlice.
7. cwæð ic þe healsige. þone.
8. dryhten þæt þu me. þines getreowan geþoftan 7.
9. þætte. þe wyt *to* þeowdon *in margin in another hand.*
10. þ (*out of* þe). eác swylce s. omod (e *eras.*, *2nd* o *on eras.*) moten to heofonū.
11. be. ran (o *eras.*). gyfe. tó geseonne. sceawienne forþon.
12. þæt. t,olade (*next 2 words written twice, 2nd set struck through*) þines muþes beb. ode (*eras. of* e *or* i). ... sw´a (3 *eras.*).
13. fore. fore tyddernesse (y *on eras. of* i ?) agyl,te ic þæt efenlice tó þines þines (*1st struck through*).
14. t,olade. geb. tenne (1 *eras.*) þáá þenede.

Ca.
4. þte. tolýsnesse.
5. swyðe. ða he ða (*p.* 152) þas.
6. feoll. fotū. micelre geomrunge.
7. wéop. c&wmacr;.
8. driht¯ þ. me. forlæte. þ ðu si. þines.
9. 7. ða upplican. þte þá gode ðe.
10. þeowdon þ. eac swylce. heofonū beran.
11. ðær to seonne. sceawianne. wást þ.
12. tilode. þines múþes.
13. tyddernesse. þ efenlice to dóme.
14. tilade. gebétenne. áþenede se &bmacr;.

Page 372. 15. on.   þ.   fram.

B.   16. drihtne tiða.   þe.   7 þa cwæð.   min.
17. 7 ne wille þu wepan ac.   forþon.   upplice.
18. þte wyt.
19. þæs gehates 7 þæs.   æfterfyllgenda cyme þara.
                               i
20. þa hi.   (p. 355) h,m togane wæron.
21. hí.   þ licumlicum eagum ne gesawon.
22. on anum.   þy ylcan þ.   þy.
23. hi wæron begen.   lichaman útgangende.
24. betwyh him.   geþeodde wǽron.   mid þam.
25. engelicum þenungū ætgædere.   ðam heofonlican ríce.

C. W.   16. tiþad.
20. wisena gesohte **S.**
22. 7 ðy ilcan.

O.   15. him.   wǽs on.   þæt,e.   from.
                                    t
16. tygðe.   þe.   7.   min.
        l   i
17. 7 ne wil,e þu wepan ac gef,oh (*dividing stroke after* þu).   blissa
     forþon.
                       d
18. forgef (125ᵇ) þæt wyt bę,on.
19. þæs gehates 7 þæs.   æfterfylgenda.   þara.
20. forþon þa.   betweoh (eo *on eras.*).   togange . ne (n *eras.*)
     wæron þ hie.
21. þ licum licum licum (*the 2nd struck through and* i *in it eras.*)
                  hi
     eagum, ne.
22. þy ylcan þ is þy þreoteogeþan.
                       de
23. lichaman utgangen, 7 (*last* n *later but same hand*).
24. betwyh.   gesyhþe geþeodde wǽron 7 mid.
25. þenunge ætgædere to þam heofonlican.

Ca.   15. gebǽd.   on.   þte.
16. drihtne tyðe.   þe.   7 cw̄.   arís min.
17. 7 ne wylle þu wépan ac.   blissa.   upplice arfæstnesse.
18. þ.   bǽdon.
19. gehates 7 þæs.   æfтfyligendæ becóm 7 þara.
20. getrymde.   þa hi betwih hī togangen wæron þ hi.
21. þ lichomlicū eagū hi ne gesáwon.
22. ane dæge þ is.   þreoteogeðan.   Kalendarū apreliū.
23. hi.   utgangende.
24. geþeodde.   mid.
25. engelican þenunge.   þā heofonlican.

Page 372. 26. herebriht wæs mid.   úntrumnesse.   swenced.
B.   27. is þæs to gelyfanne ꝥ ꝥ.   stihtunge.
           28. gedón ðære.   arfæstnesse.   læsse 7 hwon licor hæfde.
           29. fram þam.   cuðbrihte ꝥ ꝥ.
           30. sar þære langan úntrumnesse ꝥ he.
           31. geefnad.   þære gyfe.   þingeres.   hé.
           32. áne.   þa ylcan.   him.   lichaman gangende.
           33. þonne eac swylce mid.   him on úngelicum.   écan
               eadignesse (p. 356).
           34. onfangen.

O.   26. ær.   singale untrumnesse .... (4 eras.).   swenced.
                                                    ge
           27. ꝥ to gelyfanne ꝥ ꝥ.   stihtunge ,don.
                                        h
           28. arfæstnesse þætte.   læs 7 ,won hæfde hæfde (1st struck through).
           29. fram þam eadigan (a in am out of original æ) cuðbyrhte þæt ꝥ.
           30. geclænsade ꝥ sar þære langan untrumnesse ꝥ.
           31. geefenlica.   gyfe.   þingeres ꝥ.   on are tide.
           32. on þa ylcan.   lichaman gangende.
           33. þonne eac.   nalæs on.   setle.
           34. geearnade.

Ca.   26. herebryht.   ær.   singale untrūnesse.   swenced.
           27. ꝥ.   gelyfanne ꝥ ꝥ.   stihtunge gedón.
           28. arfæstnesse.   læs 7 hwón.
           29. frō þā eadigan cuðberhte ꝥ ꝥ.
           30. geclænsade.   langan untrūṅesse ꝥ hi.
           31. geefenlico wæron.   ða.   þingeres ꝥ.   on anre tide
               7 on þa ylcan.   gangende.
           33. eac.   nalæs on ungelicū setle.

Page 374. 1. arweorða.   cuðbriht on.   þam iglande.
B.   2. þa gebroðor.   ꝥ he ꝥ he þær eac bebyrged.

C. W.   1. farne.

O.   1. arwyrða.   on farene þam ealande.
           2. (126ᵃ) wæs þa broþra.   þær.

Ca.   1. arwurða.   cuðberht on fagene þam ealande.
           2. swyðe.   broðra.   ꝥ.

Page 374. 3. ꝺ̃ær.   micle tíd.   fore drihtne.   7.
B. 4. hwæþere.   þ.   þ.
5. geþafode þ.   lic.   tó lindesfarona éa 7.   on.
6. cyrican geset.   þ.   wæs þær þa heold ꝺ̃ære.
7. án gear willferꝺ̃.   arweorꝺ̃a bisscop oꝺ̃ þ þær biscop.
8. se for cuꝺ̃brihte.
9. æfter þon þ.   eadbryht.
10. on wísdóme.   gewrita.   on.
11. gehylde heofonlicra.   7.   on.   ælmesdædum.

C. 3. 19ª *begins* þær he ; *only a few letters gone.*   micle tid.
drihtne compode.
4. hwæþere.   nihstan þ.   benúm oferswiþed þ.
5. geþafode þ his lichoman.   lindesfarona éa.
6. ciricean.   þa þ þa.
7. ciricean bisceophád.   gear.   arwyrþa bisceop oþ þ.
se . . . . coren.
8. cuꝺ̃berht\ (*mark below* t, *perhaps modern,* e *above line now gone*)
to bisceope . . . . . god wæs (*missing words interlined in modern
hand mostly gone*).
10. wisdome.   gewreota ond eác swilce somed in gehealde
heofonlicra.
11. swiþust.

---

by
O. 3. be,riged . . (2 *eras.*).   micle tid fore drihtne compade 7 hwæþere.
4. nyhstan þ.   þ.
5. geþafode þ his líc . . (*eras. of* he *or* ha) mon.   7 þær on cyricean.
6. wæs þa þ þa.
7. cyricean bysceophad.   gear willferꝺ̃.   bysceop oꝺ̃ þ.
8. bysceop.   for cuꝺ̃byrhte gehalgad.
9. ꝺ̃a.   æfter.   þ.   bysceope gehalgad.
10. on wisdome.   gewrita.
11. gehylde heofonlicra.   7 swyþust on.

Ca. 3. bebyriged.   ꝺ̃ær.   micle tíd.   drihtne.   7 hwæꝺ̃ere.
4. nehstan þ.   benū.   þ.
5. geþafode þ his líc wæs gelǽded.   éa 7 ꝺ̃ær on cyricean
geseted ꝺ̃a þ ꝺ̃ā.
6. ꝺ̃a.
7. cyricean ƀ hád.   willferꝺ̃.   arwurꝺ̃a ƀ oꝺ̃ꝺ̃æt sū ƀ.
8. se ꝺ̃e for cuꝺ̃byrhte gehalgad.
9. ꝺ̃a.   ꝺ̃on þ.   ƀ.
10. on wisdome.   gewrita.   on gehylde heofonlicra.
11. 7 swyꝺ̃ost on weorcū.

Page 374. 12. mǽre. þ. æghwylce eare æfter moyses.
B. 13. þ an feðerfota neata ac (p. 356). eallra. appla.
14. þone. ælmessan. þearfendum.
15. ÞA (but þ only sketched and not completed except at bottom).
wolde þ openlicor ætywan. arfæstnes on.
16. miclum. drihtnes ðegn cuðbreht æfter his deaþe lifde þæs
his lif ær ðon deaðe lifde þæs his ær ðon deaþe mid.
18. tacnum heofonlicra wundra geoponode. ætywde wæron.
endlufon gear. þe.
19. þte. on þæra gebroðra mód þ hi.
20. woldon. geniman úpp of eorðan. tealdon hím 7.

C. 12. þ. æghwilce. æfter moyses æ.
13. þ an feoþorfotra neatna. swilce eac.
14. þone teoþan. þearfum sellan.
15. begins WOLde þa. sio. arfæstnesse.
16. miclum. drihtnes. cuþberht. æfter.
17. þæs his lif ær þæm. healicúm tacnungum heofonlicra.
18. æteowde þa. endlefte gear. þe.
19. þte. onsende. þara gebroðra. hie.
20. woldon hís ban geniman. of eorþan adon.

O. 12. þ. æghwylce. æfter moyses. nalæs.
13. þ an feowerfottra nytena. eallra.
14. þone teoþan. þearfum syllan : wolde (eras. of vertical stroke).
15. begins Wolde þa. ætywan. arfæstnesse on.
,þæs his lif
16. miclum. æfter. lifde, ær (marks of erasure above lifde).
17. þam. tacnum heofonlicra.
18. openade 7 ætywde þa. ymbe endleofan gear. þe.
19. bebyriged. þæt. onsende (1ste on eras.) on þara broþra. hi.
20. (126ᵇ) geniman 7 up of eorþan adon. hi.

Ca. 12. weorð (p. 153). þte. æghwylce. moyses. nalæs þ an
feowerfottra nytena.
13. swylce eallra.
14. þoñ teðan. ælmessū þearfū syllan wolde.
15. þa. ætywan. arfæstnysse on.
16. drihtnes wér cuþbryht. lifede.
17. lif. þā. healicū tácnū heofonlicra.
18. ópenode 7 ætywde. endleofan gear ðæs.
19. bebyriged. þ. on þara. mód þ hi.
20. geniman 7 úpp of eorðan. hi.

Page 374. 21. fornumen.   lichama þy.

B.   22. þ hi.   niwe.
23. on þære ylcan.   mid gedeflicre arwurðnesse.
24. gesetten (*sic*) 7 ge(*p.* 358)staþlian.
25. sædon hi þ 7 cwædon eadbryhte.   byscope.
26. þ licode.   hyt.   he heora geþeahte.
27. þæt hi ðæt.   gemynddæg 7.
28. forðfor wære þa hi swa dydon þ hi ontyndon.
29. lichaman.   o,walhne.
30. gyta lyfde.   bigendlic.   ðam geþeodnessum his lima.

C.   21. þ hi .. oþer.   þy þeawe.   monna.   fornumen.
22. Ond.   þ.   ban in niwe ciste gedon Ond.
23. þære.   eorþan.   arweorðnesse gesettan 7 gestaþelian.
25. sædon hie þ.   cyþdon eadberhte.   bisceope.   hī.
26. þ licade.   gíf.   þa geþafode (19ᵇ *complete*).
27. he heora geþeahte Ond he het þ hie dydon þy.
28. wære 7 his forðfor wære Ond.   dydon Ond.
29. gemetton gesundne.
30. gita.   Ond.   þæm geþeodnessum his liþa.

O.   21. oþer lichama þy þeawe.   manna lichama fornum wọre
(lichama *struck through*).
22. worden 7 þ hi.   ban on niwe.
23. ,don 7 on þære ylcan.   mid ge,fendlicre arwyrðnesse gesetta
(a *on eras.*) 7 gestaþolian.
25. ða sædon hi þ.   bysceope.
26. þ licade.   leofre.   þa geþafode, heora geþeahte 7 he.
27. þ hie.   þy.
28. wære (*struck through*).   forðfore wære 7 hi.   byrigennẹ.
29. eall,e.   lichaman gemet,on onw,alhne (o *on eras.*, h *on eras.*).
30. bygendlic on þam geþeodnessū his liþa.

Ca.   21. þy.   fornumen wære.
22. dúste.   þ hi woldan.
23. on þære ylcan.   mid gedafenlicre árwurðnesse gesettan.
24. gestaðolian.
25. ða sendon hi þ.   ᵬ þ hī þ lícode.
26. leofre.   þa.   he heora geþeahte.
27. 7 he hét þ hie þ.
28. forðfore 7 hi.   byrigenne.
29. onwealhne.
30. ða gýt.   bygendlic on þā geðeodnessū his liða.

Page 376.

B.

1. þ.   micle.   men.   deadum.
2. þa hrægl þe he.   gewered.   þ.
3. án hi ungewemmede.   ac.   swa hwite (a *out of* h *and* hw *on eras.*).
4. niwe wundorlice ætywdon.   þy ylcan.
5. ða þ gesawon þa gebroðor.   hi.
6. geworden.   þa efeston to þam bisceope him to cyþanne 7 to.   þa þing.
7. þe hi ðar.   ða ænlypig.   on syndrige.
8. (*p.* 359) fram þære.   æghwanon.   sǽs.   útan.
9. on þysse.   symle.   þa.   þæs.

C.

1. þ.   micle.   men.   deadum.
2. Swilce eác eall þa hrægl þæm þe.   gegearwed.   nalæs þ an þ.
3. wære ać swilce eác.   hwit.
4. niwe wundorlice æteowdon.   þy.   mid gegired.
5. þa þ þa þa gebroþor.   hy swiþe.
6. gewordene.   þa efston þæm bisceope.   cyþenne 7 to. þa þing.
7. þe hy þær.   ænlipig áwunode.
8. þære ciricean sio.   æghwonan.   yþum.
9. begyrded.   þisse.   on þa tid þæs.

O.

1. þ.   micle.   splæpendum (*sic*) men.   deadum.
2. eall þa.   þa . þe (1 *eras.*).   nalæs þ an þ.
3. hi (i *on eras.*).   wære, ac.   hwit.
4. niwe wundurlice ætywdon.   þy ylcan.   gegearwad.
5. ða ðæt ða ða broþor.
6. gewordenne.   þa efeston (*both* e's *out of* æ) þam bysceope.
   cyþanne 7 to.   þa þing þe hi þær gemet,on.
7. anlypi awunade on syndrige.
8. fram þære (127ª) cyricean.   æghwanan.   sæes yþum.
9. begyrded on þysse.   symble.   þa tid þœs.

Ca.

1. þ.   micle gelícra slæpendū men þonū.
2. eall.   hrægel.   míd gegearwod.   nalæs þ án þ hi.
3. ac.
4. níwe wundorlice ætywdon.   ylcan.   gegearwod.
5. ða þ þa ; ða (*stop as shown*).   hi swyðe.
6. gewordenne.   þa efeston þā ƀ.   þing.
7. hi þær.   ða anlypi awunode on syndrige.
8. frā.   cyricean.   æghwanon.   sǽs ýþū.
9. begyrded on þysse.   symle.   þæs.

Page 376. 10. fæstenes.   eastrum 7 eft þ feowertiglicæ fæsten (*after*
B.   -licæ *eras. of* f).   gebrydtíde on.
     11. micelre.   on micelre willsumnesse.   on.
     12. gegote swa his gewuna wæs on þære.
     13. cuðbriht.   þon.   farene þ.
     14. fǽc on dygolnesse drihtne.   hí þider.
     15. þam bisceope þara.   dæl ðe.   lichama myd.
     16. ðære gyfe þancweorðlice.
     17. 7.   wundorlicre lufan.
     18. he.   hi þa gyta.   lichaman.

C.   10. fæstenes.   eastron Ond.   þ.   gebyrddæge.
     11. micelre.   Ond.   micelre wynsumnesse 7 his tearas
          gewunelice wæs.
     12. þære.   eác swilce.   arwyrþa.   hís.
     13. cuþberht.   þon.   þ ealond.
     14. drihtne compade.   þider eác swilce þæm bisceope þæra.
     15. dæl.
     16. gegered.   Ond þoncwyrþlice onfeng Ond.   wundur.
     17. ḡ hyrde 7.   seolfan.   wundorlicre lufan.
     18. swa swa he þa gita þæm.

O.   10. fæstenes.   eastrum.   þ.   gebyrddæge on micelre.
     11. on micelre wynsumnesse gebeda 7 his tearas gewunalice wæs,
          on þære (e wæs on þære *on eras.*, geotende *in margin*).
     13. þon.   farene þ.
     14. on digolnesse.   hi þider.
     15. þam bysceope þara.   hrægla dæl.   lichama.
     16. gegyred. ·   þare gyfe þancwurðlice, gehyrde (*omitted words
          interlined ; variant* wundur ; þa *in* þare *marginal*).
     17. 7.   wundurlicre.
          i   b
     18. swa swa h‚eo þa.   lichaman þas.   fædor ym‚seald.

Ca. 10. fæstenes.   eastrum.   þ feowærtig ǽr.   gebyrddæge on.
     11. forhæfednesse 7 on micelre wynsūnesse.   7 his tearas geo-
          tende gewunolice.
     12. on þære.   arwurþa.
     13. cuðbyrht.   farene þ ealond.   sū.
     14. on digolnesse drihtne.   hi ðider.
     15. þā ƀ þara hrægela.
     16. ðære.   ðancwurðlice.
     17. 7.   hrægel.   wundorlicre lufan.
     18. swa swa heo þa gýta.   þā.   ðæs.

Page 376. 19. wære 7 þus cwæþ gegyrwað þone lichaman. niwum.
B.   20. hrægle for þam ic ꝥ cuðlice.
21. ꝥte.
22. (*p.* 360) naht. æmtig wunað seo þe. micelre gyfe
heofonlices wundres.
23. And. him drihten forgyfeð se is ord. eallra eadigra
þæt. on þære.
25. hine restan móte. þas. monige.
26. manegum. micelre inbrydnesse his.
27. gebroðor.

C. 19. þus. gegerewað þone licho (20ᵃ *complete*) man. niwum
hræglúm Ond gegerelan for þeossum þe. þær.
20. Ond. þa ceste.
21. him. forþon. ꝥ. wat ꝥte sio.
22. naht longe æmetig awunað sio. micle. heofonlices
wuldres.
23. Ond. swiþe. þe him drihten.
24. ordfruma Ond sellend. eadignesse. ꝥ. þære.
25. þa se bisceop þas. þisses.
26. monigum. Ond. Ond swilcre eác.
27. forhtiendre. þa. þa gebroþor.

O. 19. þus. gegyrwað þone lichaman. niwum hræglum 7
gegyrelan (y *on eras.*) for þyssum þe.
20. þær ón naman. on þa.
21. him gegearwedon forðon. ꝥ. wat.
22. æmtig awunað. micle gyfe heofonlices wuldres gehalgad.
23. 7. him dryhten.
24. ordfruma. eallra eadignesse forgyfeð ꝥ. on þære.
25. þa he þa se bysceop þas word (s wor *on eras.*), . monigum (1 *eras.*,
omitted words interlined ; variant þyses).
26. micelre onbryrdnesse.
27. (127ᵇ) forhtiendre. þa dydon þa broþor swa swa.

Ca. 19. þus cw̅ gegearwigeaþ þone. níwū hrægelū 7 gegyrlan
for ðyssū þe ge þærón namon.
20. on ða.
21. forðon ic þæt (p. 154).
22. æmtig awunað. micle. heofonlices wuldres gehalgod.
23. 7 se. swyðe. drihꞇ.
24. ordfruma. ealra eadignesse (*sic*). ꝥ. on.
25. ða he þa se ꞇ þas. þisses.
fallendū
26. mid nígum tearū. onbryrdnesse.
27. túngan. þa broðru swa swa he hét 7.

Page 376. 28. 7.   lichaman.   niwum.   inn ða niwan.
B.   29. gedydon þa hi.   ðam geworhtan.   þære.
          31. ylding.   bisscop eadbriht.
          32. grimre.   þread.   hefegode.

C.   28. gegeredon mid niowe gegerelan Ond in þa niowan.
          29. þa hie to þon.   Ond.   þære ciricean gesetton.
          31. Næs þa lang þte.   bisceop eadberht.
          32. grimre adle þread Ond gestonden.   sio dæghwǎlice weox
              Ond hefigade.

O.   28. 7 þone lichaman.   niwan gegyrelan 7 on þa niwan.
          29. gedydon þa hi to þon.   þære cyricean gesetton.
          31. ylding (i *by eras. out of* e ?, *g squeezed*) þæt.   bysceop.
          32. grimre.   þread 7 gestonden.   hefegade.

Ca.   28. niwan gegyrelan 7 on þa níwan.
          29. þa hi to þan.   þære cyricean gesettan.
          31. ylding þ.   Ꝍ eadbyrht.
          32. grimre.   gestonden.   hefegade.

Page 378. 1. nales æfter.   fæce to drihtne.
B.   2. is þy.   þæs lichaman ða gebroðor.
          3. settende.   þa byr(*p.* 361)genne.   þæs gebletsodan.
             cuðbrihtes 7 þa.
          4. þa.   setton in ðære hi gestaþelodon.   úngebrosnendlican.

C.   1. nales æfter miclum.   eác swilce to,r,htne gefor (*modern* ?).
          2. þæs.   gebroþor.
          3. gesetende in þa.   þæs gebletsodon.   cuðberhtes Ond.
          4. þa.   þa.   gestaþeledon.

O.   1. nalæs æfter.
          2. þæs lichaman þa broþor.
          3. on þa byrigenne þæs gebletsedon.   cuðbyrhtes.
          4. þa.   on þa hi gestaþoladon.

Ca.   1. nalǽs.   fæce swylce to drihtne.
          2. broðru.
          3. on þa byrigenne þæs gebletsodan.   cuðberhtes and.
          4. þa.   on þa hi gestaðelodan.   ungebrosnendlican.
             limo ðæs þæs ylcan.

Page 378. 5. limụ.   ylcan.   on þære.
B.   6. heofonlico.   úntrumra.
       7. þa.   gemynd awríton on.
       8. béc cuðbrihtes.   ác ón þíssum stære.   sculon.
       9. an tó ætýcan.   niwan.
     10. æs (*space*).   on þam ylcan.   sum gebroðor.   þæs nama.
     11. ár þegn.   þe.
     12. sohton (n *out of* h).   ꝥ.   þa gyta lyfigende.
     13. writ.   fram.
     14. þam gebroðrum.   fram eallum.   cumū (*p.* 362).   ꝥ.

C.   5. liomo.   þære.   eác swilce oft.
       6. hiofonlico.   Ond.   tacn untrūra in cyþnesse.
       7. geearnunge þa.   fore.
       8. þære bec cuþberhtes.   þissum.   sculun.
       9. á to ǽ e,can þe us glomp.   niwan gehyrdon (20[b] *complete*).
     10. þæm.   sum broþor þæs nama.
     11. longe tid.   arþegn þara þe ꝥ.
     12. Ond cwæþ ꝥ he þa gita.
     13. Ond cyþnesse from eallúm.
     14. þæm gebroðrum Ond from.   þæm cumū.   ꝥ.

O.   5. limo.   ylcan.   on þære.
       6. heofonlico.   tacon.   on.
       7. geearnunge þa sumu.   fore.   on.
       8. þære.   cuðbyrhtes lyfes.   on þyssum urum.   we
          sculun an toætycan (*dividing line after* we).
       9. niwan.
     10. on þam ylcan.   sum broþor þæs nama.
     11. beadoþeng.   tid.   árþeng.   þe ꝥ.
     12. cw̄ ꝥ he þa.   lifigende.
     13. set, hæᵗᵉfde (128ᵃ).   cyððnesse fram.
     14. þam broþrum 7 fram eallum.   cumum.   ꝥ.

Ca.   5. on þære stowe swylce.
       6. heofonlico.   untrūra on.
       7. begra gemynde synd eac ða awriten on þære béc.
       8. ac ðyssū urū.   sculon an toætycean ðe.
       9. gelamp nu niwan 7 we ꝥ eac swa gehyrdon.
     10. Wæs on þā ylcan.   þæs nama.
     11. beadoðeng.   arþeng.   ðara þe ꝥ.
     12. cw̄ ꝥ.   gyta lifigende.
     13. ðis.   frā eallū þa broðrū.
     14. frā.   þā cumū ðe ꝥ mynst.

Page 378. 15. micelre.   wer on þære.
B. 16. þenunge eaðmodlice underþeoded.   heofonlicre mede.
17. þa.   þ.
18. þam ðe.   on.   wæs wolde þa on sǽ.
19. þa he.   sæmnunga.
20. þam siófate.   hefigere adle.   gestanden.
21. þ.   lang.
22. *begins* þa gefelde (7 þa *to* wæs *omitted*).
23. healfne his lichaman fram þam heafde.   ða fet.   þære adle.

C. 15. micelre.   Ond.
16. þenunge eaðmodlice underþeoded.   heofonlicra meda.
17. þa.   þæs broþor.   þ.   reowan 7 hís.
18. þæm þe.   sæ.   Ond.
19. þa he þa.   wearþ.
20. middum.   adle.   Ond.
21. þ.   feol on eorþan Ond.
22. 7 þa æt *to* wæs *omitted*.
23. dæl from þæm.   oþ.   fet.   mid þære adle.

O. 15. arfæstness 7 æfestnesse wer (ness 7 æfest *in margin*).
16. þenunge eaðmodlice underþeoded fore.   heofonlicra meda.
17. þa.   broþor.   þ.   his,w . an (i *eras.*).
18. þa . (*eras. of* m) þe he on.   b,re.   on sæ wacsan (acs
on eras., of *which last part was* c).
19. feorm,an þa he þa.   wea,ð.
20. þam syðfæte.   adle gehrinæn (a *of* æ *eras.*).
21. þ.   lang.
22. nyhstan he aras þa he þa.   gefe . ld, (o *eras.*).
23. lichaman healfne dæl.   fram þam.   ða fet.   mid,
adle geslegenne.

Ca. 15. arfæstnesse 7 æfæstnesse wer.
16. ðenunge eaðmodlice underþeoded.   heofonlicra méda.
17. þa.   ðés broðer.   þ.   reowan 7 hwitlas þa ðe.
18. on.   on.   wacsan.
19. þa.   hám.
20. middū þā.   adle.
21. þ.   hréas.   lang.
22. nyhstan he arás þa he ða.   gefeld.
23. dæl frā þā.   ða.   ða.

Page 378. 24. geslegenne.   paralisis.

B.   25. cricce hine gewreðede 7 ham becóm.
26. þa weox seo sticcemælum.   sona þære ylcan nihte.
27. hefigere.   ꝥte dæg cóm ꝥ (p. 363).   úneaðe.
28. arisa (sic) mihte oððe gán þa he ða wæs mid.
29. wæs gewæced.   nytte geþohte.
30. ꝥ.   swylcum.   becuman.

C.   24. geslegen beon þa.   paralysis we cweþað.
25. Ond.   cricce hine awreþende hä.
26. sio.   þære.
27. ꝥte þa.   com ꝥ he sona þurh.
28. selfne oððe arisan oððe gongan͜ₙₑ meahte þa he þa (ne *modern ?*).
29. wæced 7 swenced.   in.
30. ꝥ.   swilce gemette.   meahte to ciricean becuman Ond.

O.   24. cwæþaþ lyftadle (e *eras.*).
25. cricce.   awreþende.
26. sona þære ylcan nihte.
27. ꝥte þa.   þæt he na þurh.
28. oþþe arisan oþþe gangan.   þa he þa wæs mid þa.
29. wæced 7 swenced ða.   in.   swa he (128ᵇ).
30. cyricean becuman.

Ca.   24. beon.   grécas.   paralysis we cweðað.
25. ðy.   awreði,ende (*above* i *eras. of* g) hám becóm.
26. sticcemælū.   sona þære ylcan nihte.
27. ꝥte, dæg cóm ꝥ he na ðurh.
28. oððe arisan oððe gangan.   þa he ða wæs mid ða.
29. wæced 7 swenced (p. 155) ða.   in.
30. ꝥ he wolde.   tó cyricean becuman.

Page 380. 1. arweorðan.   bigan.
B.   2. eaðmodlice.   ða upplican.   biddan ꝥ.   fram.

C.   1. arwyrþan.   cuþberhtes Ond.   cneowa bigean.
2. eaðmodlice þa uplican.   biddan ꝥ he oððe fram þære.

O.   1. byrigenn (nn *on eras.*).   arwyrðan.   cuðbyrhtes.
cneowu bigan.
2. eaðmodliċe.   upplican.   biddan ꝥ he oððe fram þære.

Ca.   1. byrigenne čæs arwurðan.   cuþberhtes.   cneowu bígean.
2. upplican arfæstnysse biddan ꝥ he oððe frā.

Page 380. 3. gyf hym selre. ꝥ oððe.   þære.
B.   4. ðære.   clænsod.
      5. þæt he ꝥ sár.   smyltum móde.
      6. 7 ða dyde swa swa.   móde gehogode.
      7. limum.   cricce gewreðede 7 eode to cyrican.
      8. on.   lichaman.   godan.
      9. arfæstre inngehigde.   drihten.   ꝥ he him. ár(*p.* 364)fæst.
     10. wære. þa betweoh.   his béne.
     11. ꝥ.   hwon slep þa.   sylfa æfter sæde.
     12. micel hand.   on ðam.

C.   3. him ꝥ selre wære oððe.
      4. foreseonesse.   þa.   clæs(21ª *some letters gone*)nad.
      5. ꝥ he ꝥ sar meahte geþyldelice.
      6. swa swa he oń.   gehogod hæfde Ond.   þa.
      7. leomo.   cricce wreþende in ciricean eode Ond he ne wæs.
      8. sprecende (*dot under* p).   Ond.
      9. arfæstre ingehyde .. rh.   drihten.   ꝥ.
     10. arfæst Ond.   gebed.
     11. ꝥ he hwon ónslep þa.   æfter sæde.
     12. micel.   Ond.   þæm.   þe .... dl 7 ꝥ sar on.

O.   3. him ꝥ selre wære oððe.
      4. foreseonesse.   þa.   clænsad (ns *on eras.*).
      5. ꝥ he ꝥ sar.   geþyldelice.   smylte.
                         he
      6. ða.   swa swa, on.   gehogod hæfde.   þa.
                                                    i
      7. limo.   cricce wreþ,ende on cyricean eode 7 hi, (i *out of* e ?).
                                                    ne
      8. on.   lichaman.   arfæstre.
      9. ingehyde (i *on eras. of* o).
                    l
     10. arfæst 7 mi,de.   7.   betwyh his gebed.
                                                    þ on
     11. ꝥ he hwon onslæpte þa.   he swa he.   æfter ,sæde.
     12. hand.   heafud.   on þam dæle þe śeo adl 7 ꝥ sar.

Ca.   3. genéred wǽre.   hī ꝥ selre wære oððe.
      4. foreseonesse.
      5. ꝥ he ꝥ sár.   geðyldelice.   smylte.
      6. ða.   swa swa.   gehogod hæfde.
      7. limo.   cricce wreðiende on cyricean eode 7 him.
      8. on.   ðæs.
      9. arfæstre ingehyde.   fultū.   driht.   ꝥ.
     10. hī arfæst.   7.   betwyh.   gebed.
     11. ꝥ.   hwón onslæpte þa.   he swa he.   æft þon sæde.
     12. hand 7 brád.   heafud.   on þā dæle ðe seo adl 7 ꝥ sár on.

Page 380. 13. seo adl 7 ðæt sár.   ylcan gehrinennesse.
B.   14. lichaman þe he.   gehefegod.   7 sticcemælum.
    15. þam wæs 7.
    16. þa ðis þus.   þæs þe.   þa aras.
    17. hál.   Ond for.   drehtne þanc.
    18. þam halgan his fultumes.   ꝥ.
    19. þam gebroðrum.   sæde.   hyne.
    20. 7 hi. þa ealle blissedon 7 gefægnedon (*after* hi *eras. of* e).
    æfter þam þrea þy.
    21. þenunge.   hwearf.   ǽr.

C.   13. Ond mid þa ilcan hrinenesse.
    14. lichoman þe he.   þa adle hefigad.   Ond sticcemælum.
    15. Ond.
    16. þa þis þus.   þæs þe he onwoc þa aras.
    17. fore.   drihtne.
    18. segcgende.   Ond.   fultumes gefe Ond.   ꝥ.
    19. swilce.   gebroðrum cyþde Ond.
    20. wære Ond hie ealle in þon.   Ond.   þære.
    21. þrea þy geclæsnedra.   þenunge.   Ond.

O.   13. mid þa ylcan hrinenesse eallne.
    14. lichaman þe. mid (1 *eras.*) þa adle (a *out of* n).   gehefigad.
    7 on sticcemælum.
    15. þam sare 7.
    16. þis þus.   þæs þe he onwoc þa aras.
    17. 7 he.   þanc.
    18. secgende (ecg *on eras.*).   þam.   fultumes.   ꝥ.
    19. þam broþrum.   (129ᵃ) 7 sæde.
    20. wære 7 hie ealle in þæm.   fag. nedon (e *eras.*).   þære
    þrea þy geclænsedra.
    21. þenunge.   hwearf.

Ca.   13. þa ylcan hrinenesse.
    14. lichoman þe mid ða.   gehefigad wæs 7 on styccemælū
    fleondū þa sáre.
    15. æftfyligendre.
    16. ða ðis þus.   þa.
    17. hál 7 gesúnd 7.   drihtne ðanc.
    18. ða.   fultumes gife.   ꝥ.
    19. þā broðrū.   gedón wære.
    20. hi ealle in þā.   fægnedon.   æft ðære ðrea þy geclænsedra.
    21. ðenunge.   hwearf.

H h

Page 380. 22. bighyldiglice.   beeode.

B.   23. 7 swylce eac ða gerynelican 7 þa.   þam þe.   þone.
   24. lichaman cuðbrihtes ǽr lifigende oððe (*p.* 365) æfter forðfóre
       geredon 7 þa.
   25. fram.   áidledon.
   26. on þære béc.   geméteð.   hwilc.
   27. hí.
   28. NIS ꝥ.   forswigigenne ꝥte ǽr þyssum þrim.
   29. níwan.   þone.
   30. broðor geoponode on þam.   þis.
   31. on ðam mynste (*sic*).   be.   þære.   fram þære.

C.   22. bihygdlice.   beeode.
   23. swilce eac þa.   Ond þa.   þæm þe.   þone
       gehalgedan.
   24. oððe ær lifgendne oððe.
   25. ḡredon þa eác swilce.   gefe.   aidledon.
   26. þære béc.   Ond.   gemeteþ.
   27. hy rædeþ.
   28. ꝥ eac swilce to forswigienne ꝥte.   þrī gearū (21ᵇ *complete*).
   29. Ond.   niwan.   þone seolfan.
   30. broþor gecyþde.   þæm.   þís.
   31. þæm.   bi.   þære eá.   Ond frō þære.

O.   22. bighidilice.   beeode.
   23. swilce.   þa gegyrelan 7 þa.   þa . þe (1 *eras.*).   þone
       gehalgedon.
   24. oþþe ær lifigendne oþþe.
   25. gyredon (y *on eras.*) ða.   hælo gyfene 7 lædde swa.
   26. þære bec,   gemeteð.
   27. hie rædað.
   28. þæt.   for . swig,enne (1 *eras.*) þæt.   ǽr þrim.
   29. wǽs.   niwan.   þone sylfan (n *out of* m).
   30. broþor gecyðde on þam.   þis.
   31. on þam.   bi.   þære þære (*2nd struck through*) ea.   fram þære.

Ca.   22. bighydiglice.   beeode.
   23. þa gegyrelan.   hrægel þā.   þone.
   24. oððe ær lifigendne oððe æft.
   25. frō.   gifene 7 læddon.
   26. þære bec his lífes.   mægnes gemeteð.
   27. hi.
   28. Nis ꝥ.   nó to forswigienne ꝥ.   ðrim gearū.
   29. niwan.
   30. gecydde on þam ðe.   þis gedón on þā mynsṫ.
   31. bi.   ea.   fram þære.

Page 382. 1. ea naman.　　　　þam.　　　　an abbodes anwealde.
B.　　2. swyðbryht.　　　æfest.
　　　3. on þam..　　　mann þam únwlitig 7 atolice.
　　　4. bræw hwyrfde 7 wende.
　　　5. þæs.　　　forwyrd tobitode tiledon.
　　　6. beþinge gehælan woldon ác.
　　　7. hí.　　mihton.　　ꝥ.　　man.　　curfe.
　　　8. (p. 366) þæs wyrndon for ege maran frecenesse.　　þa.
　　　9. langre tíde þyllic ungescrepo wann.　　　tobeotigendan.

C.　　1. naman.　　　þæm.　　　þe in abbudes ońwalde.
　　　2. swiðberht.　　　æfest.
　　　3. þæm.　　　mon þæm.　　　unwlitig swiþe On atolic.
　　　4. wyrfde.　　　Ond.
　　　5. þæs.　　　forwyrd.　　　tileden.　　　Ond.
　　　6. þone swile.　　beþenum geþwænan woldan.
　　　7. meahton.　　ꝥ.　　moń onweg.
　　　8. ꝥ.　　for ege maran frecernesse.　　þa.
　　　9. broþor longre.　　þislicum gescrope won he þa.

O.　　　　　naman
　　　1. ea,.　　　þæm mynstre .. (2 eras.) on abbudes anwalde.
　　　2. swyðbyrht.　　æfest wæs on þam.
　　　3. giung mon þam.　　swile.
　　　4. wyr . de (1 eras.).　　dæghwæmlice.　　þæs.
　　　　　wyrde
　　　5. for, (1 eras. after for) tobeotade tileden.
　　　6. þo . ne (n eras.) swile.　　sealfū (129ᵇ).　　beþenum
　　　geþwænan wolden.
　　　7. mihton.　　ꝥ hie nemon (sic).　　onweg.
　　　8. ꝥ.　　for ege maran.　　þa.
　　　9. broþor langre.　　þislicum geswince bad hwonne (wince bad
　　　on eras., h in left margin before wonne) þa tobeotiendan
　　　(endan on eras.) frecennessc.

Ca.　　1. mynstre on abbudes anwalde.
　　　2. swyðberht.　　æfęst wæs on þā.
　　　3. giung mon þā unwlitig 7 atelic.
　　　4. bregh wyrde 7 wémde.
　　　5. þæs.　　forwyrd.　　tiloden.
　　　6. þone swile.　　sealfū.　　beðenū geþwǽnan.
　　　7. hi ne mihton.　　ꝥ.　　onweg.
　　　8. ꝥ.　　for ege maran.
　　　9. langre tide þis lichōlice geswing bád hwonne þa tobeotiendan
　　　frecednesse þā eagan mennisc hand (p. 156) gehǽlan.

Page 382. 10. frecenessa þam eagon.   hand.   dæghwamlice.

B.   11. þa gelamþ ꝥ hine semnunga.   gyfe.
   12. þæs halegan.
   14. forþon þa broðor.   lichaman æfter manegum gearū.
   15. ða.
   16. genamon.   dæl.   reliquium ꝥ hi.
   17. biddendum freondum.   oððe ætywan.   tacen þæs.
   18. þyssa.   dæl.
   19. on þam ylcan mynstre.   nama.   þryðred.

C.   10. frecenesse þæm eagan mennisc.   meahte.
   11. þa gelomþ him.
   12. þæs.
   13. cuþbrehtes.
   14. forþon þa þa broþor hiś.   æfter monigum.
   15. Ond ungebrosnadne.
                i
   16. hie.   dæl.   reliqū ꝥ hy meahton.
   17. biddendum freondum sellan oððe æteawan.   tacn þæs.
   18. þissa.   dæl.   þa tid.
   19. þæs.   þryðred.   æftera.

O.   10. þam eagan mennisc hand.   a dæghwamlice.
   11. gelamp him sē . ninga (1 *eras.*).   gyfe.
   12. þæs.
   13. cuðbyrhtes.
   14. forþon þa þa broþor.   lichaman æfter monegum.
   15. bebyrigednesse.   ungebrosnadne.
   16. genamon hi.   dæl.   hī to reliquium ꝥ hi.
   17. biddendum freondum.   oððe ætywan on.   þæs.
   18. þisra.   dæl on þa tid.   hine.
   19. ylcan.   þæs nama.   ðryþred.

Ca.   10. dæghwālice.
   11. gelamp hit semninga.   gyfe.
                i
   12. reliqas þæs.
   13. cuðberhtes gehæled forðon þa þa broðru.
   14. monigū gearū.
   15. bebyrigednesse.   ungebrosnadne.
   16. genamon hi.   hī.   ꝥ hi.
   17. oððe ætýwan on tácon þæs.
   18. ðisra.   dæl on þa.   hine.   sū.
   19. ylcan.   þæs nama.   ðryðréd.   æft.

Page 382. 20. þæs ylcan.   abbod.   dæge (p. 367).   þa.

B.   21. gangende.   ꝥ he heora his biddendum frynd sumne dæl
      sealde.
   22. ða gelamp ꝥ.   ylca geonga mann.
   23. úntrum.   þære ylcan.   wæs anweald.
   24. þa.   þone.   ðe.
   25. frynd.   þa.   ðam.   menn.   het ꝥ.
   26. on.   hi gesette þa he ðam feaxe.
   27. mid .. (2 eras.).   inbrydnesse manoð (cross erased partly).
   28. ꝥ.   bræwe.   sum.   þone ungehwæran.

C.   20. þæs.   abbod þa.   dæge.   þa ciricean.
   21. Ond þa.   ońtynde þara (22ᵃ complete).   hiora.
   22. biddendum sealde.
   23. þe.   þære.   ciricean.   ondweard.
   24. þa.   þone.
   25. freonde seȧllan (dots above and below a) sealde he ꝥ oþer þæm.
      Ond het ꝥ.
   26. ḡsette.   þa he þa.   ońfeng.
   27. heafodes þa.   he .. mid (2 eras.).   inbryrdnesse monad.
   28. ꝥ.   þæm.   brewe Ond sum.   þone.

O.   20. þæs ylcan.   abbud þa.   dæge.   þa cyricean gangende.
   21. þa.   ꝥ.   sūne (130ᵃ).
   22. freondum.   gelamp ꝥ se ylca iunga.
   23. þe on his eagum.   on þære ylcan cyricean.   ondweard.
   24. þa.   þone.
   25. þa.   ꝥ.   giungan men 7 het ꝥ.
   26. on.   stowe,. ʰⁱ   þa he þa þam.
   27. þa.   he .. (2 eras.).   monad ꝥ.
   28. sum.   þone.

Ca.   20. þæs ylcan.   abbud ða.   sūme dæge.   þa cyricean
      gangende.
                          ⁱ
   21. þa.   cysste ontýnde.   reliqa.   ꝥ.   sūne.
   22. biddendū freondū.   ða gelamp ꝥ se ylca iunga.
   23. eagū untrū.   on ðære ylcan cyricean.   7weard.
   24. þa.   þone.   ðe.
   25. þa.   ꝥ.   þā iungan.   7 hét ꝥ.   on.
   26. hi.   þa he ða þā.
   27. ðæs.   þa.   monad ꝥ.
   28. þā.   breghe.   þone ungcðwæran.

470   VARIOUS READINGS.   PAGES 382–384.

Page 382. 29. mid hælde 7.   þa he gedon.   ða.
 B. 30. on.   háten.   7 gelyfde þ.
    31. feaxe ðæs godan. .   þam.   hrínen wære.
    32. ne him.   wæs. þa.
    33. tid dæges swa he sylfa sæde þa he þ.   7.

 C. 29. swile mid þyde (*last* d *on eras.*).   þwende.   þ.
    30. swa swa.   Ońd gelyfde þ.
    31. þy feaxe.   gehrinen.   hraþe.
    32. nowiht.   þa sio.
    33. tid.   swa swa.   seolfa sæde þa he þ.

 O. 29. swyle mid ðyde 7 ðwende ða (yl *on eras.*).   þ.
    30. on.   swa swa.   7 gelyfde þ.
    31. ege.   feaxe.   þam.   gehrinen.   hraþe.
    32. nowiht.   þa.
    33. æftre tid.   swa swa he sylfa sæde þa.   7.

 Ca. 29. þygde 7 ðwende ða.   þ.
    30. on.   swa swa he gehaten.   7 gelyfde þ.
    31. eage.   feaxe.   þam.   gehrinen.
    32. nowiht.   swa swa he sylfa sæde þa.   þ.   7.

Page 384. 1. for þone.   þ he ær ðon þohte þa hit middæg.
 B. 2. þæs sylfan.   ða sæmnunga (*p.* 368).
    3. eage 7 þa gemette hit.   bræwe swylc him.
    4. nænig.   oððe únwlitignes ætywde.
    A break = 1½ *lines after* ætywde. *Nothing else to mark the*
    transition.

 C. 1. þ he ær don þohte þa.
    2. þæs.   semninga.
    3. hal Ond.   swa swa.
    4. swile oððe unwlitignes æteowde.
    Incipit æclesiasticę historiæ gestis (*sic*) anglor' liber quintus
    (*capitals and small letters intermixed*).

 O. 1. þ he don þohte þa.
    2. þæs sylfan.   semninga.
    3. hal.   bræwe swa swa.
    4. oððe unwlitignes ætywde.
    Incipit ecclesiastice historie gentis Anglorum liber quintus.

 Ca. 1. þ.   don ðohte þa.
    2. þæs sylfan.   semninga gehrán.
    3. bræwe swa swa hī.
    4. nænig.   oððe unwlitignes onætýwde.
    Incipit Ęcclesiasticae HYSTORIE, gentis anglorum liber
    quintus.

Page 384.
B.

5. Þa (*the* Þ *is sketched with a dry point*). æfterfylgde þam.
   cuðbrihte. bigange.
6. þe he beeode. þam iglande ær tidum.
7. biscophádes. árweorða. aðelwold. manegum. ǽr.
8. on ðam. þe. inhreopum þa anfangenan þenunge
   mærsode preosthades.
9. weorðum. þam. gehalgod wæs. þæs.
10. godan mannes geearnung 7 his lif hwylc hyt wære 7 eac cuðlicor
    áscineð.
11. án. wundra. asecge ꝥ. an. gebroðra sæde.
12. ðam 7 in ðam þe. ꝥ. guðfrið. árweorða.

C.

5. æfterfylgde þæm. þæs.
6. ancerlifes þe he. þæm. ær tidum in bisceophades.
7. arwyrþa. æþelwald. monigum gearū ær.
8. þæm. þe. is in hrypum þa. þenunge.
9. wyrþum dædum þæm. gehalgode þæs.
10. geearnunge oððe. hwelc (22ᵇ *complete*) wære cuþlicor.
11. an his wundur asecge ꝥ. an þara gebroðra sæde for.
    þæm Ond in þæm þe.
12. ꝥ. guþfrið. arwyrþa.

O.

5. Ða æfterfyligde þam dryhtnes. cuðbyrhte on bigange þæs
   ancorlifes þe he.
6. on farene þam ealande ær tidum.
7. bysceophades. arwyrða. æþelwold. ær on þam.
8. þe. on hrípum þa onfangenan (on *out of* in) þenunge.
9. wyrþum. þam. gehalgade.
10. geearnunge oððe. lif hwylc wære.
11. án. wundur asecge ꝥ. an þara broþra sæde for þam
    7 on þam þe.
12. ꝥ. gúðfrið. arwyrða crist, þeow (þ *out of* t).

Ca.

5. Ða aftfyligde þā. on bigange þæs.
6. ancorlifes þe he. on farene þā. ær tidū.
7. ƀ hades. arwurða. æþelwald. monigū gearū
   ær on þā.
8. þe. æt hripum þa onfangenan þenunge mæssepreostes
   hade æft wyrðū dædū þā.
9. gehalgade ðæt ðæs.
10. mannes geearnunge 7 his líf ðe cuþlicor.
11. an. wundra secge ꝥ. an þæra. sæde for ðam.
12. on ðam þe. wæs ꝥ guðfrið. arwurða.

Page 384. 13. eac swylce.   þam. ðam gebroðrum.
B.   14. þære ylcan cyrican æt lindesfarona éa on.   áfeded.   in.
    (1 *eras.*) an(*p.* 369)wealde.
   15. abboddomes. cwæþ he ic wille mid.
   16. twam.   gebroðrum tó farene þam iglande sprecan.
   17. wið ðone arweorðan.   aþelwold mid þy þe.
   18. ic wæs.   spræce wel areted 7.   bletsunge.
   19. ham hurfon (*sic ; down stroke erased from* u).   þa we þa.
    middre þære sǽ.
   20. sæmnunga seo heofonlice.   toslíden.   þe.   ǽr
    út an liðon 7 (an *out of* cu ?).
   21. swa.   ónhreas.   swa reðe.   cóm þ.

C.   13. þeow Ond.   eác swilce.   þon þæm gebroðrum.
   14. þære . lcan ciricean lindesfearona eá.   þære.   anwalde
    abboddomes.
   16. cwæþ.   com.   twæm oþrum gebroðrum.   þæm.
   17. sprecan .... æm arweorþan.   æþelwald.
   18. þa.   gereted Ond.   bletsunge.
   19. Ond.   ham.   þa we þa.   in midre þære þa.
   20. semninga heofones smoltnes.   þære þe.   ær uton leoþon.
   21. swa.   Ond swa reþe stormas comon þte.

O.   13. eac swylce.   þon þam broþrum.
   14. þære ylcan cyricean lindesfarena ea on þære.   on anwealde
    abbuddomes.
   16. cw̄.   com.   twam oþrum broþrum.   þam ealande.
   17. sprecan wið ðone arwyrþan.   æþelwald.
   18. þa.   gereted.   bletsunge.
   19. ham hwurfan þa (a *on eras.*) we þa.   þære, þa.
   20. semnunga heofones.   þære (e *struck through, tick below*)
    þe we ær ut on leoþon.
   21. 7 swa.   wínd .. (d *out of* t, *then* 2 *eras.*).   swa reðe stormas
    coman þ we mid s,leg—(*sic ; stroke crosses eras.* e).

Ca. 13. þeow.   eac swylce æft.   þā broðrū þære ylcan cyrican
    lindesfarena éa on þære.
   14. on anwalde abbuddomes.
   16. cw̄.   com.   twā broðrū.   farene þā.
   17. sprecan (*p.* 157) wið.   arwurðan.   æþelwald.
   18. gespræce.   geréted.   bletsunge bǽd.   hám.
   19. wǽron.   þære sǽ Ða.
   20. semninga heofones.   þære.   ǽr út on leoðan 7 swa
    mycel wínd us.
   21. swa reðe stormas coman þ we mid séglinge.

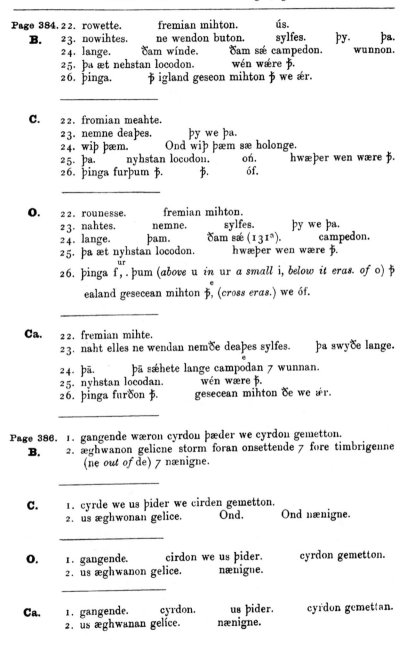

Page 384. 22. rowette.   fremian mihton.   ús.

B.   23. nowihtes.   ne wendon buton.   sylfes.   þy.   þa.
24. lange.   ðam wínde.   ðam sǽ campedon.   wunnon.
25. þa æt nehstan locodon.   wén wǽre þ.
26. þinga.   þ igland geseon mihton þ we ǽr.

C.   22. fromian meahte.
23. nemne deaþes.   þy we þa.
24. wiþ þæm.   Ond wiþ þæm sæ holonge.
25. þa.   nyhstan locodon.   oń.   hwæþer wen wære þ.
26. þinga furþum þ.   þ.   óf.

O.   22. rounesse.   fremian mihton.
23. nahtes.   nemne.   sylfes.   þy we þa.
24. lange.   þam.   ðam sǽ (131ᵃ).   campedon.
25. þa æt nyhstan locodon.   hwæþer wen wære þ.
26. þinga f,. þum *(above u in ur a small i, below it eras. of o)* þ
ealand gesecean mihton þ, *(cross eras.)* we óf.

Ca.   22. fremian mihte.
23. naht elles ne wendan nemðe deaþes sylfes.   þa swyðe lange.
24. þā.   þā sǽhete lange campodan 7 wunnan.
25. nyhstan locodan.   wén wære þ.
26. þinga furðon þ.   gesecean mihton ðe we ǽr.

Page 386. 1. gangende wæron cyrdon þæder we cyrdon gemetton.
B.   2. æghwanon gelicne storm foran onsettende 7 fore timbrigenne
(ne *out of* de) 7 nænigne.

C.   1. cyrde we us þider we cirden gemetton.
2. us æghwonan gelice.   Ond.   Ond nænigne.

O.   1. gangende.   cirdon we us þider.   cyrdon gemetton.
2. us æghwanon gelice.   nænigne.

Ca.   1. gangende.   cyrdon.   us þider.   cyrdon gemettan.
2. us æghwanan gelíce.   nænigne.

Page 386. 3. hælo on ús.   standan. þa,   langum.   (*p.* 370) þ
B.   we ure gesyhðe fyrr.   ahofon.
          4. gesawon.   ðam iglande.
          5. þæne leofan wer aðelwold.   digolnessum utgangende.
          6. þ.   urne.   geson.
          7. forðon.   ðæs wealdendan.
          8. myd ðy ðe he ða us sceawode.   on.   7 on.
          9. bigde.   cneowu.   ures drihtnes.
          10. 7 wæs.   for ure.   urum.

C. 3. hælo.   þa.   þ.
    4. feor up ahofon þa gesawon.   þæm.
    5. þone.   æþelwald of.   deagolnessū.
    6. þ.   siþfæt.
    7. þ.   Ond.   sæs.   gewinne 7 heora mod(23ᵃ)nesse
    (*sic*).   *23ᵃ a few letters only gone up to* 386²³ *þæs ; then only
    half lines left.*
    9. þa begde (*1st* e ?).   cneow. to (w ?).   drihtnes.
    10. hæ . endes.   for.   ussum .... Ond.

O. 3. hælo on.   standan þa,.ᵂᵉˢ   langum.ˢᵉ   þ we us, gesyhð
    fyr upp ahofon (ofon *on eras.*) þa gesawon.
    4. on farene þam ealande gode, (s ᵃ *in same coloured ink, but unusual
    form*) þone.
    5. æþelwald.   digolnessum utgangende þ.
    6. urne.   geseon .. (*2 eras.*).
    7. þ.   weal,endan (c ᶜ *above eras. of* l) sæes.
    8. sceawade.   on.   on.
    9. þa bigde.   cneowu.   ures.
    10. 7 wæs.   for ure.   urum.

Ca. 3. haelo on.   standan.   æft langum.   þ.
     4. fyɪr up ahofan þa gesawon.   on farene þā ealande.
     5. þone.   æþelwald.   digolnessū utgangende þ.
     6. urne.   geséon.
     7. forðon.   þ.   w,alcendan ᵉ sæs.
     8. ða us sceawade.   on.   on.
     9. þa bigde.   cneowu.   ures drihtnes.
     10. 7 wæs biddende.   ure.   urū.

Page 386. 11. 7 myd þy.   ꝥ gebedd.   ða.   ætgædere.

B.   12. ðone aþundenan sǽ.   ðon ꝥ eall.

13. seo reðnes wæs blinnende.   gesundiglice.

14. þurh.   smyltan sæ út æt lande.

15. comon to lande.   ure scyp eac swylce fram ðam.   upp.

16. ylca.   com.   þe.   urum.

17. 7.   ðone.

18. strang.   ꝥte menn ongytan mihton sweotolice (*p.* 371) ꝥ.

19. ðære.   ðar becom.   benum ðæs godan.

20. úre.   forgyfen.

C.   11. þy he þa ꝥ.   somed ætgædere ... one aþundnan sæ.

12. þone.   g . st . lde.   ꝥte.

13. eal seo reþnes þæs.   Ond.

14. þurh þone smoltestan sæ us.   þy we þa.

15. up comon.   lande Ond ure.   eac swilce.   þæm yþum.

16. þa.   com.   þe from ussum.

17. medmi[cel] (*of* cel *only traces*).   swiþe.

18. ꝥte.   sweotollice ongitan.   ꝥte.

19. þær becom.   benum.

20. inti,gan u ... hælo.   fo . gifen.

O.   11. 7.   þy he þa ꝥ.   gefyl . de (1 *eras.*).   ætgædere.

12. aþundenan sæ gemylte ge þone strom gestylde.   ꝥte.

13. eall . (e *eras.*) seo reðnes þæs.   gesundge (u *on eras.*).

14. þurh þone.   sæ.   lande.   þa.

15. coman to lande 7 ure scyp eac swylce fram þam yþum upp.

16. þa.   ylca.   com se þe fram urum.

17. gestillde 7 eall,e.

18. strang.   ꝥ.   ongyton (y *on eras.*) mihton ꝥ se (e *on eras.*) medmicla (e *on eras.*) (131ᵇ) fyr . st (e *eras.*).

19. stillnesse.   þær becom.   benum.   ure.   forgyfen.

Ca.   11. 7.   þy.   ꝥ gebédd.   ða.   ætgædere.

12. aðundenan sǽ.   þone.   ꝥte ðurh eall seo reðnes.

13. gesundige.

14. þurh þone.   sǽ.   lande.   þy.

15. coman to lande 7 ure scyp eac swylce frā þā yþū upp.

16. þa.   ylca.   cóm.   frā urū.

17. medmycel.   7.   ðone.   swyðe mycel.

18. strang.   ꝥ.   sweotollice ongytan mihton ꝥ.

19. ðære.   becóm.

20. ure.

Page 386. 21. wunode.   godes man.   ealande be ðara foresprecenra
B.   (*rest wanting*).
     23. biscop licū on.   cirican ðæs.   bebyrged.
     24. ðing gedon.   ealdfriðes.   ðæs.   sé þe.
     25. ecferðe norðhymbra.   anes wana. þe · XX ·.
     26. on.
     27. N (*space suits* O).   þæs.   ríce foreweardum.   7.
     28. halega.   onfeng biscophade on þære cyrican.   hægesteald
        ea be ðam.
     29. to secgenne manige.

C.   21. wunode.   ilca.   fearne þæm.   · XII ·
     22. Ond.   lindesfearona eá.   be þara fore . . . . . ena
        b . sceopa licum.
     23. ciricean.
     24. gedon.   aldfriþes (s ?).
     25. breþer.   aanes wan þy · XX · (*stroke under* a, w, þ).
     27. IN þæs.   bisceop.   þa.
     28. bisceophad þære.
     29. bisceope.   secggan.

O.   21. on farene.   ealande.
     22. on.   be þare (a *out of* æ).   foresprecena bysceopa
        licum on.
     23. cyricean.   bebyriged.
     24. gedon on aldfriþes.   þe.
     25. breþer.   norðanhymbra.   anes wana þe.
     26. on.
     27. On þæs.   foreweardum   byssceop 7 þa.
     28. onfeng bysceophad þære cyricean.
                          wuni
     29. ea.   bi þam bysceope ge,. að (1 *eras.*) secgan.   wundur
        gastlicra mægena þa þe hine ful hiwcuðlice (ful hiwcuð *on*
        eras.) cuðan.   swiðust.

Ca.   21. ðæs.   wér on farene þā ealande XII wint.
     22. on.   be ðære foresprecenan bisceopa lícum on.
     23. cyricean.   bebyriged ís.
     24. ðing.   on.   tídū.   æft.
     25. norðanhymbra ðeode anes wana XX.
     26. on.
     27. On.   foreweardū.   Ƀ 7.
     28. onfeng Ƀ hád ðære cyricean.
     29. éa bi þam Ƀ.   secgan.   wundur gastlicra mægena ða
        þe hine full hiwcuðlice cúðan.

Page 386. 30. gastlicra mægena þa þe hine cuðon.   ealra swiðust.
B.   31. arweorða.   bryhthún.

C.   30. mægena þa þe.   hiowescl[ice].   23b *begins* eal . .
swiþust s. *(many letters gone and only half lines left after* feor
388, 15).
31. . . wyrþa wer Ond.   beorhthun.   [diacon] *(dubious)* Ond.

O.   31. beorhthun.   deacon.

Ca.   30. *(p.* 158) swiðost.
31. arwurða wér.   diácon.

Page 388. 1. aбб þæs.   ðe is cweden in deora wuda þuhte.
B.   2. ús gerysne ꝥ.   þa wundor *(p.* 372) sume on ðysse and-
weardan béc gemyngodon.
3. sume syndon dygle wíc mid ẃyllum.   bearewum.   nowiht.
4. fram.   cyrican æt hægstealdes éa ꝥ is swylce on oðerre.
5. healfre.   fæce 7 floweð seo éa betweoh.

C.   1. . bbod þæs.   ꝥ is geciged in d . . . wud . þuht . s ge . . . ene.
2. ꝥ.   þa.   þisse bec gemy . . . . . .
3. syndon (y ?) sume deogol wic.   wealle.   bear . . ymbse . lde
naht.
4. feor frā þære.   ea ꝥ is hwæthwego in.
5. oþerre healfre.   tine sio ea betwih.

O.   1. þæs.   ꝥ is gecyged on dyra wyda þuhte.
2. gerisene ꝥ we þa.   sume on þisse bec gemyngade.
3. syndon sume digol wic.   wealle.   beawe ym,sealde.
4. feor.   þære cyricean.   ea ꝥ.   hu hwego on oþere healfre.
5. fæce.   tine.   ea (132a) betwyh.

Ca.   1. þæs.   ꝥ.   gecyged on dyra.
2. þuhte.   gerisene ꝥ.   wundor sume on þisse béc
gemynegode syndon.
3. digol wíc.   wealle.   bearuwe.
4. feor frð þære cyricean.   éa ꝥ.   hu hwego on oðre healfre.
5. fæce fleweð tíne.   betwyh.

Page 388. 6. wíc gebedhús þ is scē michaelis þæs.
B. 7. on ðam.   wer mid feawum his geferum oft.
8. wunode.   beganne.   halige bebodu. And swyðost.
9. tíd þæs.   fæstennes ǽr eastrū.   myd ði.
10. tíde on foreweard easterfæsten.   cóm.   wunigenne.
þa het.
11. þ hi.   þearfan.
12. úntrumnesse 7 wedle gehefegad þ hi mihton on.
13. ðam diglum mid.   7 him ælmessan dón.

C. 6. þa wic gebedhus . nd.   michaelis . . ahengles.
7. þæm.   feawū his g (?) . . . rū.
8. wunade to begangenne.   . . . halige gebedo 7 swiþust.   þa.
9. tid þæs feowertig . . an.   þy he þa.
10. tide . . . oreweard easto [ef]en þider com (eastorefen **W.** and **S.**).
þa het . . . . . geferan.
11. þ hie . . . . . . sumne.   þearfan . . þe.
12. unt . . . nesse Ond wiþelnesse hefi . ad þ.
13. þæ . . . aglum.   Ond (?) hiḿ ælmessan . . . forþon.

O. 6. þa wic gebedhus 7 cyricean.   michaeles þæs.
7. on þam.   feawū his geferum.
8. wunade to bega,nne (1st e out of i, 1st g on eras. of e).   ,bedo
7 swiþust on þa tid þæs.
9. þy he þa sume tide on forewear,.
10. þider com to wunianne.
11. het he hi,.   þ h,e.   þearfan . (2nd a on eras., after
n eras. of g) se þe.
12. mycelre untrumnesse 7 weþelnesse.   þ.   mihton on
þam dagū.
13. habban 7 hī ælmessan don forþon.

Ca. 6. þa wíc gebedhus.   cyrican.   þæs.
7. on ðam.   feawū his geférū.
8. wunode to begangenne.   halige gebedo 7 swiðost on þa tíd
9. þy he þa sume tide on foreweard easter fæsten (easter erased)
þider com.
10. wunienne þa hét.
11. geféran þ hi sohtan sume.
12. untrūnesse 7 weðelnesse.   þ hi mihton on þā dagū.
13. hī.   hī ælmessan dón.

Page 388. 14. þ.   swa.   on.

B.   15. naht.   geong.   wæs dumb 7 hreofl.   þam.

16. oft cóm beforan hine 7.   onfeng. Se næfre (*p.* 373).

17. mihte ac swa.

18. scurf on.   þ.   ænig.   ón úfan ðam heafde.

19. mihte ác ón ýmbhwyrfte.

20. ongryslico hǽr.   biscop þ man þysne.   lædde.

21. on.   cafortune him.   hus.   þ he inne gewunian mihte.

22. hys dæghwamlice andlyfene onfon.   myd ði ða án wúcu.

C.   14. þ.   .. mle swa dyde .... suman.

15. naht feor.   þǽ.

16. ær beforan him com.

17. næfre nænig.   Ond.

18. scurfe oń.   þæm.

20. ongrysenlico hær.   Ond.

21. hus gewyrcean þ he (23^b *ends ;* 24^a *begins*) . . . unian.   *In* 24^a *many letters lost ; and after* him ge— 388^{34} *only parts of lines left.*

22. Ond.   on .... onfon.   þ. hit þa an wice.

O.   14. þ.   symble swa.   on sumū.

15. feor.   iung þearfa.   dūb (b *on eras.*).   þam bysceope.

16. forþon.   fore.   com.   onfeng.

17. nænig.   ge gecweþan (1*st* g *partly eras.*) mihte ac swa mycel.

18. sceorfe on.   þ.   on þam.

19. dæle þæs.   mihte ac on ymbhwy,fte.

20. on,rislico hær þa.   bysceop þysne.

21. on.   cafertune het.   medmycel hus gewyrcean þ. onwunian mihte.

22. dæghwamlice 7 leofone onfon.   þy hit þa an wncu þæs fæstenes.

Ca.   14. þ.   swa.   on sumū.

15. feor.   iung þearfa.   dúmb ge hréof.   ðam ƀ.

16. fore   beforan   him cóm.   onfeng.

17. nænig.   mihte ac swa mycel ,reofla 7 sceorfa on.

18. þ hī.   on þā.

19. dæle þæs.   mihte ac on.

20. stodan.   hær.   bebéad.   ƀ þysne.   hī.

21. on.   cafertúne het hī.   hus gewyrcean þ he on wunian mihte.

22. dæghwamlice 7 leofene onfón.   þy ða.

Page 388. 23. fæstenes.   æfteran drihtenlican.

B.   24. Þ.   het. þone þearfan in to him lædan ða.   inne mid
him wæs.
25. þa het he.   forðdón.   him ywan.   genam.
26. þa be.   þære.   róde hi gesenode.
27. hi gesenod.   þa het he hi teon.   7 het.
28. sprecan.   cweð sum word.
29. gea.   wæs.   ónlysed.   cwæð hwæt he.
30. þá tó ætycte se (*p.* 374).   het stafa.

C.   23. þæs fæstenes ge . . . . . . wæs þa wæs þy æft[er]an (er ?) driht-
enlican.
24. Þ he he . . one . . arfan into him gongan þa he þa.
25. þa h . . . . his . . ngan forðdon.   him eowian gen . m.
26. . . . e þa be.   Ond.   þære h . . gan.   hine gesenade.
27. þa he þa . . . gesenad.   þa het . . teon.   Ond het.
28. sprecan 7 þus cwæþ cweþ sum word cweþ.
29. gea þa.   onlysed.   Ond.   cwæþ Þte.
30. To æt eecte.   bisceop.   het stafa.

O.   23. þa wæs Þ þy æftran . . (2 *eras.*).
24. Þ he het þone ðearfan into him gangau þa he þa.
25. þa het (132ᵇ).   forðdon.   him eowian genam (*originally*
gemim).
26. þa be.   þære.   hi . (1 *eras.*) gesenade.
27. ða he þa hi gesenad.   þa het he tynan eft his muð 7 het.
28. sprecan 7 þus cw̄.   hwylc hugu.
29. gea.   instæpe (i *on eras. of* o) wæs.   only . sed (1 *eras.*).
cwæþ Þ.
                                    na
30. . o, ætycte (*before* o *are seen remains of* t *struck through*).
        e
bysc,op.   het stafa nama . (1 *eras.*) cweþan cw̄ nu a.   cwæð
he á (*all but* c *on eras.*).   c̄ nu . b . (*added below eras. between*
lines.)   cwæþ he Þ. (he Þ *on eras., then* 1 *eras.*).

Ca.   23. wucu þæs fæstenes.   þa.   þy æftran drihtenlican.
24. Þ.   het þone þearfan in to hī gangan.   þa he ða.
25. þa het.   forðdón.   eowian genā.
26. þa be.   þære.   hi gesénade.
27. hi gesénad.   þa het.   tynan eft his muð.   het.
28. sprecan 7 þus cw̄ cweð nu hwylchugu.   cw̄ nu gýt ða.
29. bénd onlysed.   cw̄ Þ.
30. sona ætycte se ẞ.   hét stafena ma cweðan cw̄ nu a cwæþ
he á cw̄ nu b cwæð he Þ.

Page 388. 31. cweðau cweð nú . á . ða cwæð he . á . cweð . nú . b . þa cwæð he .
B. b . myd þi he ðurh.
  32. naman ðara. ðam. cwæð.
  33. het se biscop. word beforan cwæde (rest wanting).

C. 31. cweþan cweþ nu‿ cwæþ he á cweþ nu b cw̄ he ꝥ.
  32. þy. þurh. naman þara. æft þæm bisceope cwæþ.
  33. het. biscop. se .... an (sic ; tops of two tall letters also visible). ndweard forecweþan Ond.
  34. .... rode þa. ꝥ.

O. 32. þurh syndrie (synd on eras.). þara stafa (st on eras.).
  þam bysceope cwæð.
  33. het. bysceop. syllabas 7 weard forcweþan. on.
  7swerede þa. ꝥ.

Ca. 32. þy he þurh. þara. æft þā b cw̄.
  33. hét. bisceop hī sillabas 7weard. on eallū.
  34. 7swarede. bebéad. ꝥ hī.

Page 390. 1. gedæftelice.
B. 2. ne blann 7 ðære æfterfyllgendan. þa.
  3. mihte. sædon þe ðær mid wærou ꝥ. hwæthweg spræc.
  mannum ætywde.
  5. dygolnesse. ꝥ. ǽrðon.

C. 1. beforan. Ond he simle.
  2. þy. ablon. þa.
  3. þe. þa sædon þa þær ondwearde.
  4. .... hwuga spræc Ond oþrū mo . nū.
  5. Ond his ḡ þohta.

O. 1. cwydas beforan. symble gedeftlice.
  2. þæt. þy. ne blon. þa.
  3. þe. mihte. þa sædon þa þær andwearde.
  4. ꝥ he hwæthwugu. oþrum mannum ætywde.
  5. þa dygolnesse. geþohta ꝥ.

Ca. 1. beforan. gedefelice æft cw̄.
  2. þy. blon. æftfyligendan. þa.
  3. þe. mihte. sædon þa ðær 7wearde.
  4. ꝥ. hwæthugu ne. oðrū. ætywde þa digolnesse.
  5. ꝥ. ǽrðon gedón mihte.

I i

Page 390. 6. mihte.   gelicnesse ðæs mannes ðe lange healt.
B.
7. modor innoðe ꝥ hine hys yldran.   sc,oldon.ᵉ
8. mihte ða gehældon hine ða apostolican petrus.   cwyð se bóc.
9. upp ástode.   ongann hleapettan.   ðam apostolicum.
10. on ꝥ tempel eóde.   áwæs (*junctim*).   gangende.
    hleappetende.   drihten.
11. heregende.   geféonde.   hyt elles wundor (*p.* 375) wære
    ðære.
12. þenunge.   fóta þara þe.   tíde.
13. þa wæs se bisceop efengefeonde.   hǽlo.   bead.

C. 6. in gelicnesse.   Ond.
7. scoldon.
9. astode (24ᵃ *ends;* 24ᵇ *begins*) .... unne hleapettan Ond.
   Many letters gone in 24ᵇ ; *only parts of lines after* hweorfende
   390²¹.   apostolum .... tem .... on 7.
   ̣
10. heapende Ond drihten.
11. heri .... wæs.   ænig (?).
12. þe ... ge.   þara þe.   benum̄.
13. þa wæs se bisceop e ... gefeonde.   Ond .. bead.

O. 6. mihte.   on gelicnesse.   mannes.   lange healt.
7. ꝥ hine his yldran.   sceoldon (*2nd* o *on eras.*).
8. mihte.   gehældon hine þa apostolas (*original* os, a *late ink
   and hand*).
                 7 ongunne
9. astode , hleapettan.   þam.
10. on þæt templ eodon (133ᵃ).   á wæs gangende 7 hlea .
    pende (1 *eras.*).
          ge   nænig
11. ,feonde (feo *on eras.*).   hit,   wundur.
12. þenunge.   þara þe.   be . numen (1 *eras.*) wæs.
13. þa.   bysceop efengefeonde (efeo *on eras.*).

Ca. 6. gelicnesse.   mannes.   lange healt.
7. moder.   ꝥ hine his yldran.   (*p.* 159) sceoldan.   gán ne
   mihte.
8. hine þa apłos.   ioħs cweð.
9. bóc ꝥ he upp.   hleappettan.   þā apostolū on ꝥ templ.
10. awæs gangende.   drihꞇ.
           gaudēs
11. he/ge=feonde (*the marks of division and junction seem by the
    glosser*).
12. ðenunge.   fóta.   þe.   benumen þa wæs he.
13. ƀ efengefeonde.

Page 390. 14. Ꝺæt.   sceolde eac swylce.   Ꝺa.

B. 15. gefultumod.   þæs bisceopes bletsunge.
16. Ꝺæt.   geonga.   halum lichaman.   fægerre ansyne.
17. gearawyrde on gesprece.   cyrpse.   fægere.   ǽr.
18. hreofl.   dumb 7 he swa. 7 he wæs swa blissigende.
19. þære onfangenan.   7 Ꝺa eac.   bisceop.
20. þ.   on.   geferscype.   gyf hym leofre.
21. ac he Ꝺa geceas þ he moste beon ham hweorfende.
22. Æde (*space*).   ylca byryhthún.   þam foresprecenan.

C. 14. þ.   eac swilce.   lacnian.   hweorfle (*sic*).   Ond.
15. dyde . . . . . . fultumend.   þæs bisceopes bletsunge.   gebed
. . þ se geonga.
16. Ond fægere onsyne.
17. gearowyrde.   gespræce (æ?) Ond.   cirpse.   fægere.   þe.
18. Ond he swa wæs.
19. þære onfangnan gyfe Ond þa eac swilce.   bisceop.
20. þ.   ferscipe.   þ.
21. ac he ma geceas þ.   ham.
22. Sæde.   oþer.

O. 14. þ.   sceolde eac swylce.   lacnian.   hreofe.
15. gefultume,d.   þæs bysceopes bledsunge.
16. þ se geonga.   lichaman 7 fægere onsyne.
17. gearowyrde on (o *out of* u) gesp,ece and.   cyrspe (pe *on eras.*).
fægere se þe.
18. 7 he swa wæs.
19. þære onfong . nan (1 *eras.*).   7 þa eac.   bysceop.
20. þ.   on.   geférscype.   þ.
21. ac he þa.   þ.   ham hweo,fende.
22. Sæde se ylca byrhthun.   wundur.   þam foresprecenan
bysceope þa.

Ca. 14. þ.   sceolde eac swylce.   lacnian Ꝺa hreofe (*the first* r
in scrurf *is doubtful; the hand is the glosser's, cp. l.* 11).
15. 7 gefultumend.   þæs ƀ bletsunge.   gebédū þ se geonga.
16. fægere onsyne.
17. gearowyrde on.   7 he.   fægere.
18. 7 he swa wæs.
19. onfongenan gesynto his hæle 7 Ꝺa eac.   ƀ hī.
20. þ.   on.   geférscipe.   hī þ.
21. ac.   gecéas þ.   hǽ (*sic*).
22. Sæde.   ylca.   Ꝺam foresprecenan ƀ.

i i 2

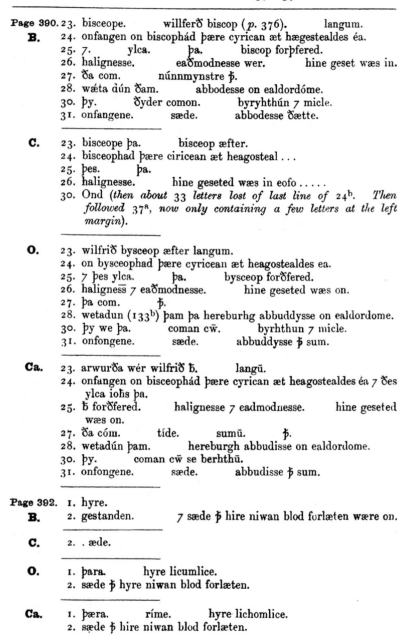

Page 390. 23. bisceope.   willferð biscop (*p.* 376).   langum.
B. 24. onfangen on biscophád þære cyrican æt hægestealdes éa.
  25. 7.   ylca.   þa.   biscop forþfered.
  26. halignesse.   eaðmodnesse wer.   hine geset wæs in.
  27. ða com.   núnnmynstre ⅌.
  28. wǽta dún ðam.   abbodesse on ealdordóme.
  30. þy.   ðyder comon.   byryhthún 7 micle.
  31. onfangene.   sæde.   abbodesse ðætte.

C. 23. bisceope þa.   biscop æfter.
  24. bisceophad þære ciricean æt heagosteal . . .
  25. þes.   þa.
  26. halignesse.   hine geseted wæs in eofo . . . . .
  30. Ond (*then about* 33 *letters lost of last line of* 24ᵇ. *Then
    followed* 37ᵃ, *now only containing a few letters at the left
    margin*).

O. 23. wilfrið bysceop æfter langum.
  24. on bysceophad þære cyricean æt heagostealdes ea.
  25. 7 þes ylca.   þa.   bysceop forðfered.
  26. haligness 7 eaðmodnesse.   hine geseted wæs on.
  27. þa com.   ⅌.
  28. wetadun (133ᵇ) þam þa hereburhg abbuddysse on ealdordome.
  30. þy we þa.   coman cw̄.   byrhthun 7 micle.
  31. onfongene.   sæde.   abbuddysse ⅌ sum.

Ca. 23. arwurða wér wilfrið Ђ.   langū.
  24. onfangen on bisceophád þære cyrican æt heagostealdes éa 7 ðes
    ylca iohs þa.
  25. Ђ forðfered.   halignesse 7 eadmodnesse.   hine geseted
    wæs on.
  27. ða cóm.   tíde.   sumū.   ⅌.
  28. wetadún þam.   hereburgh abbudisse on ealdordome.
  30. þy.   coman cw̄ se berhthū.
  31. onfongene.   sæde.   abbudisse ⅌ sum.

Page 392. 1. hyre.
B. 2. gestanden.   7 sæde ⅌ hire niwan blod furlæten wære on.

C. 2. . æde.

O. 1. þara.   hyre licumlice.
  2. sæde ⅌ hyre niwan blod forlæten.

Ca. 1. þæra.   ríme.   hyre lichomlice.
  2. sæde ⅌ hire niwan blod forlæten.

Page 392. 3. on þære blodlæse þte heo.   úntrymnesse.
B.   4. gestanden. And.   wæs weaxende to ðam swiðe ðæt.
        5. on micelne swyle gehwyrfed 7 to ðam.   geswollen.
        6. ðæt hine man úneaðe.   ymbspannan mihte.
        7. þ heo (p. 377).   hire man.
        8. þa bæd.   forðam seo abbodesse.   bisceop þ.   ðam.
        9. geaðmedde þ.   inn.   hyre.   gebletsode.   þ.
        10. gelyfde þ hyre.   wél.   bletsunge.
        11. frægn se.   hwænne hyre blodlæs ærest.   ða he ongeat þ.
        12. feower nihta ealdne monan gedón cwæð he únwislice.

C.   3. . . e blod[læse] (missing letters from W.).
        4. Ond sio sona.
        5. þte se.   . . . þe aswoll . .
        7. hire mo[n].
        8. þone b . . . . .
        9. geeode.
        10. sona.
        11. hwonne hire.   blodlæs W.
        12. wæs on feoþor nih . . . (sic).

O.   3. on.   7 on þære blodlæs . . þ heo (2 eras.).   untrumnesse.
        4. 7.   þon.   wexende.
        5. on.   swyle gecyrred.   þon.
        6. þ hine mon na mid.   ymbspannan mihte.
        7. þ heo.   hire.
        8. forþon seo abbuddysse þone bysceop þ.   þon.
        9. geeðm,dde (1st d out of o) þ.   into hyre.   hi gebletsode cw̄ þ.
        10. gelyfde (y on eras.) þ hyre.   bletsunge þa.
        11. bysceop hwon . ne (o eras.) hyre blodlæs . . (we eras.) ærest.
            þa he þa.
        12. þ.   feowornihtne mon,.

Ca.   3. on.   on.   þ heo.   uutrúnesse.
        4. 7 heo.   þón.
        5. þ.   on mycelre swyle gecyrred.   þon.
        6. þ hine mon ná mid twā handū ymbspannan mihte.
        7. þ heo.   hire.
        8. seo.   þone ƀ þ.   þon geeadmedde þ.   in.   hire.
            hi gebletsode cw̄ þ.
        10. gelyfde þ hire.   wél.   æft̄.   bletsunge þa.
        11. ƀ hire blodlæswu.   þa.
        12. þ.   on feower niht monan gedón cw̄.

Page 392. 13. dydon ðæt.   sceoldon on fe,wernihta ealdne monan.
B.   14. gemann þ þære.
         15. eadegan.   ðeodor biscop.   þte.   tíde blodlæs wære.
         16. ðonne þæs.   7 ðæs sǽs flodes weaxnes wære ac.   íc.
             dón gyf heo.
         18. forðfóre ligeð 7 heo hwæðere.   hine.   hyre.
         19. dehter.   heo swiðe hi.   hi for hyre.
         20. abbodessan.   ða æt nyhstan.   bissceop þ.
         21. ðam úntruman (p. 378) menn.

C.   13. ungelæredlice.
         14. monan blo[d].
         15. mynde (begins line).   læs wære.
         16. sæs flodes.
         17. gif hio æt forð . . . .
         18. hwæþere geornlice S.   [b]æd 7 hals . . .
         19. Ond mynte hio.
         20. . . hstan geþafo[de] (no more legible of 37ᵃ).

O.   13. unwíslice.   dydon.   sceoldon in.
         14. feowerniht,e.   forþan ic geman þ þære.   eadigan
             (eadig on eras.).   gemynde to þare tide ge added in
             margin, the rest interlined ; variants arcebb; cwæþ; þare.
         16. blodlæs . . . (3 eras., traces like uwu) wære.   frecenlic
             (1st e out of æ) þoñ þæs monan . . . (3 eras.).   7 þæs sæes
             flodes weax(134ᵃ)nes.
         17. ac.   þære.   heo.
         18. 7 heo, hwæþere geo,nlice hine.   halsade.   hyre dehter
             forþon heo swiðe hi . (i out of e, 1 eras.) lufade.
         19. hi. (i out of e, eras. of 1) for hy to (to on eras.) abbuddys,.
         20. nyhstan geþafede se bysceop þ.
         21. þam.

Ca.   13. dydon þ.   sceoldan.   on feower nihte monan.
         14. geman þ.
         15. eadegan.   arceb cw̄ þ þære.   blodlæswu wære.
         16. ðoñ þæs.   7 ðæs sǽes flodes weaxnes.
         17. ac.   dón.   heo.
         18. heo þa geornlice hine.   hire dehter.
         19. heo swyðe hi.   7 hí (p. 160) mynte for hy to abbudissan.
         20. nyhstan.   b þ.
         21. ðam.

Page 392. 22. þa he ða inneode.   þær.   genam.

B.   23. him wæs heo.   sáre gyndgoten.   ǽr.
    24. toswollen.   ðam ðæt.   nænige bygnesse on ðam.
    25. gestod se.   hire foran.
    26. hyre 7 hi gebletsode 7 wæs utgangende.
    27. þy we (w *out of* þ).   tíde.   beode sæton æt.
    28. ða cóm.   hína clypode.   útgán cwenburh.
    29. þ.   nama þ þu raðe to hyre eodest.
    30. inngangende ða.   íc hí.
    31. on andwlitan.   þy.   to hyre sæt.
    32. wilt ðu cwæð heo abiddan unc drincan ða cwæð he me bið willa gyf ðu miht.
    33. man.

C.   24. aswollen W.
    28. com . . . . (1*st word legible in* 37[b] *only preserved at right margin and not very legible*).   . . . . burh bideð wæs.
    29. hire eode mid.
    30. [g]læde.
    33. mon lið.

O.   22. þa he þa ineode to þære.   þe þær.   genam (na *out of* m).
    23. him wæs heo.
    24. þon þ he nænige bignisse on þam elnbogan.
    25. þa.   bysceop æt hyre.
    26. gecw̄ ofer hire 7 hi bletsade 7 gesenade.   utgangende.
    27. þa gelimplice tyde æt beode sæton æt.
    28. ða.   mec 7 het ut 7 cw̄ cwenburh.
    29. þ.   þ þu hraþe eft to hyre gange.
    30. þy ic þæt.   ingangende.   hi glæde andwlitan.
    31. þy ic þa æt hyre.
    32. cw̄ heo will tu.   abiddan drincan.
    33. leofre sie.   þu mage.

Ca.   22. þa he ða.   þære.   þær.   ða genám.
    23. hī wæs heo mid.   getógen.
    24. toswollen.   þon þ.   nænige bignesse on ðam elnbogan.
    25. gestód.   ƀ.   hire.
    26. gecw̄.   hire.   hi bletsode 7 gesenode.   utgangende.
    27. þy.   gelimplice.   beode sæton æt swæsendū.
    28. sū.   cleopode me 7 cw̄ cwenburh.
    29. þ wæs ðære fæmnan freo nama þ.   raðe eft to hire gange.
    30. þy ic þ.   ingangende ða.   hi glæde 7wlitan 7 hál 7 gesúnde.
    31. þa æt hire.
    32. cw̄ heo will tu wít.   abiddan ondrincan cw̄.
    33. wylle.   leofre sig.   mage.

Page 394. 1. wit butu druncun þa ongann.   secgan.   ðæs.
B. 2. bletsode 7 útgangende wæs.   wyrpende (*p.* 379).
3. And þeah.
4. gyta.   hwæðere.   þ sár.
5. éce.   ðær.   hattra wæs 7 byrnendra ge.
6. lichaman.   aweg alæd wæs 7 alæded efne swa swa.   bissceop.
7. þone éce.   þ sár.   him.   7.   swyle þæs.
8. gyta gesyne sy hwæðere þ sár is eall (a *out of* ll).
9. þa we ferdon þanon ða.   swyle geswyðrad.
10. wæs hál.   fram.   heo ðæs drihtne urum.
11. sæde ætgædere.   þam.

C. 1. 7 cwæþ.
2. Ond me ge (*ends line*).
5. wæs ge of minū.   sona (?) wæs ge of eallum.
6. bisceop.   aweg **W.**
7. se swyle (?).
8. of (*below this ends of* 3 *lines illegible ; then a blank of* 2 *lines* = *end of chap.*).

O. 1. wit bu drucan (*sic*).   ongan.   secgean 7 cw̄. þe se / þęs, bysceop.
2. arædde (ræ *on eras.*).   gebledsode (134ᵇ) gesenade.
3. utgangende.   þeah þe.
4. mægen., (*after* n 1 *eras.*).   hwæþere.   þ. ‹ne›
5. ha,tra 7 byrnende. ‹t›
6. lichamaneall (ne *squeezed in, the curve of* a *passes under* n).
alæd,. ‹ed›   bysceop.
7. þone.   þ.   him.   bære (bæ *on eras.*) 7.   þe se swyle þæs.
8. gesyne (y *on eras.*) si . (e *eras.*) hwæþere þ sar (a *out of* æ).   þa.
9. þonon.   swyle gesweþerad.
10. wæs hall.   fram deaþe.   heo þæs.
11. sæde ætgædere.   þam oþrum.

Ca. 1. wit bu druncan.   ongan.   secgan 7 cw̄ sona ðæs.
2. ƀ orationē.   gebletsode 7 utgangende.
3. me sel wæs.   gýt.
4. hwæðere eall þ sár.
5. éce.   minū.   ðær.   byrnende.
6. eallū minū.   onweg alæded.   ƀ.
7. þ sár mid him ut bǽre 7 ðeah þe se swyle ðæs.
8. gýt gesyne sí hwæðere þ sár.
9. ðanon.   swyle gesweðerad seo.
10. wæs hal.   frā.   heo þæs drihtne.
11. lóf.   sæde ætgædere mid oðrū.   ðe þær.

Page 394. 12. þær.

B.   13. þer (*space for* O).   swylce naht ungelíc.   ðam foresprecena
     bisceope.

    14. sæde'. . . (*eras.; 1st was* s).   ylca aƀƀ.   tún.

    15. puhh háten naht feorr urum.   ꝥ is neah on twega.

    16. wæs feowertig.   mid (*p.* 380).   gestanden.

    17. ꝥ.   þrim wucum fullum.   mihte.   úte.   þam.

    18. húse.   gelamp in.   ylcan tíd ꝥte.

    19. ðider.   cyrican.   halgigenne þæs ylcan gesiðes ða.

    20. seo ylce cyrice gehalgod.   gesungon.   ða bæd se gesið
     (ge *on eras., part of* ð *visible*).

C.   16. 25ᵃ begins feowertig *and is complete.*   bestanden.

    17. ꝥ hio þrim wucū.   ute.   óf þæm.

    18. þe hio inne læg þa.   in þa.   ꝥte.

    19. þider gelaþad ciricean.   halgienne.   þæm.

    20. sio cirice gehalgod.   þa.

O.   12. þær.

    13. Oþær wundur swylce.   þyssum.   þam.   bysceope
     sæde.

    14. ylca.   þus cw̄.

    15. puh . . (2 *eras., latter ending in a curve still left,* a ?).   urum.
     ꝥ is hu hu,.ᵍᵘ

    16. wæs hu hugu.

    17. ꝥ.   þrim wucum fullum.   mihte ute cu . man (*eras.*).   þam.

    18. þe heo inne.   gelamp on þa ylcan.   ꝥ.

    19. þider gelaðad cyricean.   halgian,ⁿᵉ fram þam ylcan.

    20. cyrice gehalgad,.ʷᵃˢ   mæssa, gesungeneⁿ (*final* e *squeezed in,*
     pale ink).   þa.

Ca.   13. Oðer.   swylce noht.   ðyssum.   þā.   ƀ sæde
     se ylca aƀƀ.

    14. cw̄.   gesiþes tún.

    15. urū.   ꝥ is huhugu.

    16. wæs huhugu XL.

    17. ꝥ.   ðrim wucū fulle.   mihte ute.   þā.

    18. þe heo inne læg.   gelamp on ða ylcan tíd ꝥ.

    19. ðider.   cyricean.   frā þā ylcan.   ča.

    20. cyrice gehalgod.   þa.

490   VARIOUS READINGS. PAGE 394.

Page 394. 21. hine þ.   inn to.   húse 7 þær.   þigde ða wiðsóc.
B. 22. bisscop.   þ.   þ.   sceolde ðider.
23. faran ða.   geornlice 7 hine bæd 7 gehet ðæt.
24. ðearfum.   syllan 7 his fæsten alysan þ he hine.
25. geeaðmedde þ.   on hís hús éode 7 swæsendo þigde 7 ic in
ðæs gesiðes hus eode 7 þ gebletsode 7 swæsendo þigde (*no more
to end of p.* 394).

C. 21. hine þ.   þær.   þigde wiþsoc.
22. bisceop.   cw̄ þ.   þ.   þider.
23. faran þa befeol him se.   benū Ond gehet þ.
24. sellan Ond his.   alysan þ hine.
25. geeaðmedde þ.   eodè 7 swæsende þicgean bæd.   eác
ætgædere.
26. mid him Ond eác swilce me.   wædlan.
27. þ he unc getiþade 7 in þæs gesiþes.   ineode 7 þ gebletsode.
28. þigde.   þ þa letan 7 uneaþelice.
29. þurhtugan þ he þæs geþafa beon.   eode.
30. swæsendū.

O. 21. hine þ.   on (135ᵃ).   þær.   þygede.
22. bysceop 7 cw̄.   mynst,r neh (e *out of* i *by a top in pale ink*).
þ.   sceolde þider.
23. faran.   benum 7 gehet þ.
24. syllan.   alysan þte he hine geeaðmedde (*3rd* e *on eras.*) þ.
25. on.   eode . swæsendo (*7 eras.*) þicgean.
26. ætgædere mid hine.   me, gehe,t (c, h, *not 1st hand*) wædlan.
ælmæssaṅ, (*not 1st hand*) þ he unc getiþade 7 on þæs.
27. huus ineode 7 þ gebletsode.
28. swæsende þygede.   wyt þæt þa leton 7 uneþelice.
29. þurhtugan þ, þæs geþafa beon.   eode we.

Ca. 21. hine þ.   on.   þær.   ðyg,de wiðsóc.
22. ƀ 7 cw̄ þ.   mynsꜩ.   þ he sceolde ðider.
23. faran ða.   benū 7 gehét þ.
24. ðearfū.   syllan.   alysan þ he hine.
25. þ.   on.   eode swæsendo þicgean.   éac ætgædere.
26. hine.   me.   wædlan.
27. syllan þ he únc getiðode 7 on þæs gesíþes hús ineode.   þ geblet-
sode.
28. þygede (*p.* 161).   ðy wit þ ða létan.   uneþelicc þurhtugan þ.
29. geþafa beon.   ða eode.   swæsendū.

Page 396.
B.

1. bisscop ðam.   þar úntrum lǽg.
2. halegan wæteres þe.   cirican.   anne ðara.
3. gebroðra.   me cómon 7.   ðæt.   hyre.   ꝧ.
4. onbyrganne.   hyre mæst sár 7 éce.
5. ꝧ heo.   ðy wætere ða ꝧ swa gedon (p. 381) wæs ða.
6. ꝧ.   hál.   ꝧ án ꝧ heo ðære.
7. langan úntrumnesse beswicode ac heo.   ða ǽr.
8. 7 ða inneode.   ðam biscope.
9. þenode.   scencte oð ꝧ gereord.

C.

1. bisceop þæm.   þe.   untrū.
2. haligwæteres þe.   þære ciricean.   ænde (stroke through
   d in modern ink).
3. þe.   me comon Ond.   ꝧ.   hire.
4. gebergenne Ond.   hire mæst sar 7 ece wære.
5. ꝧ hio.   wætere.   ꝧ.   þa.
6. instepe.   ꝧ wíf.   7 na ꝧ an ꝧ hio.
7. untrumnesse beswicede Ac hio swilce eác þa ær.
8. somed.   ineode Ond þæm bisceope.
9. þenade 7 scencte oþ ꝧ ꝧ.

O.

1. bysceop þam.   þe.
2. haligwæteres þ,.   þære cyricean gehalgade.   ẹnne.
   e
3. broþra þe.   me coman.   ꝧ.   hyre.   ꝧ.
4. gebyrgenne.   hyre mæst sar 7 ece.
5. ꝧ heo.   wætere.   þa ꝧ þa swa.   þa.
6. instæpe (i on eras.).   ꝧ.   nalæs ꝧ an ꝧ heo.
7. langan untrumnesse beswicede ac heo.   þa ær forlorenan.
8. ineode.   þam bysceope.
   c
9. þenade 7 s,encte oððæt ꝧ gereord.

Ca.

1. ða.   ƀ þā.   þe ðær lǽg untrū.
2. haligwæteres þe.   þære cyricean.   ðurh ænne þara
   broðra þe mid me coman.
3. ꝧ.   hire.   ꝧ wǽt.
4. byrigenne.   hwǽr.   hire mæst sár 7 éce.
5. ꝧ heo.   wætere ðwóge.   þa ꝧ ða swa gedón.   þa.
6. arás ꝧ wíf.   gesúnd.   nalæs ꝧ an ꝧ heo ðære langan
   untrūnesse beswicede ac heo swylce.
7. þa ǽr.
8. ineode.   þā ƀ.
9. eallū þenade 7 scencte oððæt ꝧ gereorde.

Page 396. 10. onherigende ða swegere scē petres ðæs.   þy.
B.   11. feferadle þ heo.   hrinenesse.
12. drihtenlican handa.   onfeng.   mægene.   þam.
13. þenode 7 his apostolum.
14. Ft (*space*).   oðere tíde.   to sumes.   cyrican.
15. halgienne.   wæs idda háten mid.   ða ðá ábodenan þenunge.
16. hine þ.   inneode inn.   ánum.
17. mid þære.   úntrumnesse gehefegad.   ðricced.
18. þ.   lama.   lima þenunge.
19. be(*p.* 382)scyred.   mannum.   þ.   7 wæs.

C.   10. hio.   þa 7sware (*sic*).   petres.   mid þa hio.
11. feferadle (25ᵇ *complete*) þ.   hrinenesse.
12. drihtenlican handa somed onfeng.   mægene Ond aras 7 þæm.
13. þenade 7 his apostolū.
14. Eft oþre.   bisceop gelaþod.   ciricean.
            de
15. halgienne.   þa abe,nan þenunge.
16. hine þ.   in.
17. untrūnesse.   þrycced.
18. þ.   lama.   eallra.   leoma þenunge.
19. bescered.   þ.

O.   10. onhyrigende.   swegre scē petres.   þy heo wæs (135ᵇ).
11. feferadle.   heo.   hrinenesse.
12. handa.   onfeng.   mægene 7 aras 7 þam.   þenade
      his
7, apostolum.
14. Eft oþre.   bysceop gelaþad.   cyricean.
            de
15. ðy he þa þa abe,nan þegnunge.
16. hine (e *on eras.*) þ.   in.
17. untrumnes̄s̄ hefegad.   þrycced.
18. þ.   lama.   eallra.   lima þenunge benunge
(*struck through*) benumen.
19. bescyred.   þ.

Ca.   10. onhyrigende.   swegere scē petres.
11. feferadle þ heo.   hrinenesse ðære drihtenlican handa.
12. onfeng.   mægene.   aras.   þā.
13. ðenade 7 his apostolum.
14. Eft.   ƀ.   cyricean.
15. he þa ða.   þenunge.
16. hine þ.   in to ánū.
17. untrūnesse.
18. þ.   lama.   eallra.   lima ðenunge benum̄.
19. bescyred.   monnū.   þ.

Page 396. 20. þryh gegearwod.   on þære.

B.   21. sceolde ða ætycte.   swylce.   ꝧ.
         22. geat 7 geornlice.   halsode ꝧ.   ðam.
         23. úntruman menn inneode.   bæde.   sæde ꝧ he him.
         24. nydbehoflic wære.   ꝧ.   gelyfde.
         25. handa him on.   hine bletsian.   ꝧ.   sel wære.
         26. þider to.   hine.
         27. menn.   únrote wæron þe him ymbstodon 7 þa þruh be him
             gesette hæfdon.
         28. on ðære.   tó bebyrgenne gesett.   sceolde ða.
         29. orationem.   hine 7 hine bletsode 7 he ða útgan.

C.   20. him.   gegearwod.   in þære.   7 bebyrged.
         21. toætecte.   swilce.   ꝧ.
         22. halsode ꝧ.   þæm.
         23. hine fore.   sæde ꝧ he him.
         24. hís.   nedbehóflic Ond cwæþ ꝧ.   gelyfde.
         25. handa hine oṅsette.   hine.   ꝧ him sona sel wære.
         26. þa.   bisceop.   þider in to him.   hine.   ḡseah.
         27. þa.   unrote þe him.   þa.   þruh (uh *rough on erasure*)
             be him gesette.
         28. þære.
         29. orationem.   hine 7 bletsode 7 senade Ond þa.

O.   20. þruh (ruh *on eras.*).   on þære.   bebyriged.
         21. sceolde toætycte.   swylce.   ꝧ.
         22. ꝧ.   þam.
         23. hine fore.   sæde ꝧ.
         24. nydbehoflic.   cw̄ ꝧ.   gelyfde.
         25. handa hine.   hine bletsian.   ꝧ hī.   sona sel wære.
         26. þa.   bysceop þider in.   hine neh.
              ge
         27. ,seah 7 þa.   unrote þe him.   þa þruh be him gesette on þære.
         28. byrigenne.   sceolde þa (136ⁿ).
         29. orationē.   hine 7 bletsade 7 gesenade 7 þa he ut gangan.

Ca.   20. hī.   þruh gegearwod.   on þære.   bebyriged.
         21. sceolde toætycte se gesið eac swylce.   benū ꝧ he tearas.
         22. géat.   hǽd.   halsode ꝧ.   þā.
         23. hine fore.   sæde ꝧ he hī.
         24. líf nydbehoflic.   cw̄ ꝧ.   gelyfde.
         25. handa hine on gesette.   hine bletsian.   ꝧ hī.
         26. ƀ þider in to hī 7 hine.
         27. unrote þe hī.   þa ðruh be hī gesett on þære.
         28. byrigenne.   sceolde ða.
         29. orationē.   hine 7 hine bletsode 7 senode 7 þa he út gan.

Page 396. 30. þa.   þ̄.   frefrigendra.

B.   31. þe hraðe 7 wel gehæle.   þyssum ða hi.   beode 7 æt
swæsendum sæton þa.   sé.   mann.   hys.

C.   30. þa cwæþ.   þ̄ gewunelice.   þara frofrendra.
31. þe raþe.   þissū þe hy.   beode 7 æt swæsendum sæton þa.

O.   30. þa cw̄.   þ̄ gewunalice.   þ . ara (e *eras.*).
31. þe hraþe.   þyssum þe hi æt beode 7 æt swæsendum sæton.

Ca. 30. þa cw̄ he þ̄ gewunalice.   ðara.
31. þe hraðe.   ða.   æft þyssū ðe hi æt beode 7 æt
swæsendū sæton.

Page 398. 1. 7 bæd.   (*p.* 383) sende wínes.   þ̄.

B.   2. hine.   ða.   þ̄.   mihte.
3. 7 ða him onsende an glæsfæt mid wíne gefylled 7 þ̄ se bisscop
gebletsode.
4. innstæpe.
5. getrymed.   hine gyrede.   hræglum.   út.

C.   1. onsende (*letters dubious*) win . . óndrincan cwæþ þ̄.
2. þ̄.
3. glæs ful wines Ond þ̄.   bisceop gebletsode.
4. swa (26ᵃ *complete*) áras.   Ond.
5. hine gegerede.   hræglū Ond.

O.   1. hī (hī *out of* m).   cw̄ þæt (*on eras.*) hine þyrste (yr *on eras.*).
2. þ̄.   mihte.
3. glæs , full.   fæt þ̄.   bysceop gebletsade.
4. instæpe (i *on eras.*).
5. untrumnes, ge,rumad.   se t   hine.   hræglum.

Ca. 1. hī.   cw̄ þ̄.
2. hine.   ða.   swyðe.   þ̄.   mihte.
3. hī, glæsfæt full wínes.   an   þ̄ se ꝧ gebletsode.
4. arás.   instæpe.
5. untrūnesse.   hine gegyrede (e *hardly original*).   e   hræglū.

Page 398. 6. þanon eode 7 eode inn.   ðam.   hine.   ða.
B.   7. þ.
        8. þa heton hi hine.   swyðe.
        9. wæreon (*sic ; no dot*).   gesynte.   hæle.   he on
        swæsendum 7 æt . 7 dranc.
       10. blissode.   géar æfter þam.   on ðǽr.
       11. ylcan hæle wunode þ he onfeng his wundor se gemyngoda.
       12. abb sæde þæt.   andweardum.
       13. ac þ.   sædon ðe þær andwearde.
       14. IS þæt (*space for* N).   forswigianne þætte herebald (*p.* 384).
       15. sæde fram.   þ.   beon sceolde on.   sylfum.

C.   6. 7 eode in.   þæm bisceope.   hine.
        7. ymbsittende.   cwæþ þ.
        8. heton hie hine.   swæsendum Ond swiþe.
        9. dranc.
       10. blissode.   him.   æfter.   Ond.   þære.
       11. awunade.   onfeng.   gemyngada.
       12. abbod sæde þte.   andweardum.
       13. ac þte.   sædan þa þær.
       14. þ wundur.   forswigienne þte.
       15. sæde.   þ.   swilce.   seolfum.

O.   6. þonon eode 7 eode.   bysceope.   hine.
        7. cw þ.
        8. heton hi hine.
        9. dranc 7 blissode.
       10. moni ger æfter þyssum lif,e 7 on þære ylcan.
       11. áwunade (á *on eras.*).   onfeng.   wundur.   gemyngeda
        abbud sæde þæt.
       12. andweardum.
       13. ac þæt.   hī sædan þa þe, andwearde.
       14. þ wundur to forswigienne þ.
       15. sæde.   þ.   on.   sylfum.

Ca.   6. þanon eode 7 eode,to þā b.   hine.
        7. ymbsittendan 7 cw þ.   etan (*p.* 162).
        8. heton hi hine.   hī.   swæsendū.   swyðe.
        9. swæsende þéah.   dranc 7 blissede.
       10. hī.   géar æft þissū lifede.   on þære ylcan.
       11. onfeng.   gemynegoda abb sæde þ.
       12. hī 7weardū.
       13. ac þ ða.   hī sædan ðe þær 7wearde.
       14. Nis þ.   forswygienne þ.   ðeow sæde frŏ hī 7 þ.
       15. geworden beon on hī sylfū.

Page 398. 16. on.   geferscype.   abbod on þam.
B. 17. ðam gemyðum tíne streäes.   þæs.
18. bisceopes líf. - mannum is.   ehtienne ꝥ.
19. andweard gear.   þurh.   gemette þam bisceope wyrðe.
20. swylce æghwylcre geearnunge he hræd wære.   þam innlican.
21. gewitan 7 in manegum.   on me sylfum.
22. ingeotende forðon he me ðæs þe ic cweðe fram.
23. þerscwalde.   acigende.   me.
24. bletsunge.
25. on þam.   tíd minre yldo 7 geogoðe on.   geferscype.
26. drohtigende.   ðam ꝥ.   sceolde.   ge béc ge sang.

C. 16. þa.   drohtiende Ond.   abbod.   þæm.
17. þæm gemærum tine.   cwæþ.   þæs bisceopes.
18. swiþe.   monnū.   æhtienne ꝥ.
19. geare cuþe þurh eal.   bisceope wyrþe.
20. eác swilce.   geearnunge.   hæfð (sic).   þone in ilcan
(a pale modern ink has made in into m and dotted next i).
21. gewiotan.   monegū oþrum ge swiþust.   seolfū.
22. ongitende forþon.   me.   þe.   cweþe frö deaþes.
23. þirscwealde.   acigende Ond me.
25. þa.   geoguðhadnesse.
26. drohtiende.   þon ꝥ.   æghwæþer.

O. 16. þa on.   (136ʰ) geferscype drohtiende.   on þä.
17. þam gemyþum tyne.   cw̄.
18. þꝫs bysceopes.   ehtienne ꝥ.
19. 7weard.   cuþe þurh.   byscope wyrðe.
20. hwylcre ḡearnunge.   þone.
21. on monigum oþrum.   swiþust on me sylfum.
22. ongytende.   me.   þe.   cweðe (1st e out of æ).
fram deaþes þercswalde (ercs on eras. of 5).
23. acigende 7 me.
24. bletsunge gelædde (2nd d on eras.).
25. on þa.   geoguðhadnesse on.   gefyrscype.
26. drohtiende.   þon ꝥ.   sceolde æghwæþer.   ge bec ge sang.

Ca. 16. þa on.   geférscipe drohtiende.   aƀƀ on þä.
17. þä gemyðum tyne.   cw̄.   þæs ƀ líf.
18. swyðe.   monnū.   ehtienne ꝥ.
19. 7weard.   þurh.   ic hine gemette biscope wyrðe.
20. eac on hwylcere geearnunge.   hæfed.   þone.
21. gewitan 7 on monigū oðrū þeah swyðost on me sylfū.
22. ongitende.   he me ðæs þe ic cweðe frä.
23. þrecswalde.   acigende 7 me.
24. bletsunge.
25. on.   tíd.   geoguð hádnesse on.   geférscipe drohtiende.
26. hī.   ꝥ.   sceolde.   ge béc ge sang.

Page 398. 27. gyta ne wæs.   mín mód fullfremedlice.
B.   28. bewerigende þam geogoðlicum únalyfednessum þa gelamp.
29. dæge þa we sceoldon beon swa (*p.* 384) farende 7 wæron.
him þ.   becomon ón ánne.
30. 7 wæs efne ærnignweg.   ongunnon þa.

C.   27. bec ge song.   þa gita (26ᵇ *complete*) ic næs.
28. geogoþlicū unalyfednessum.
29. þa. farende.   mid him þ.   smeþne.   ongunnon þa.

O.   27. þa.   fullfremedlice bewerigende þam geogo,licum (go *on eras.*)
unalyfednessum.
29. þa.   him þ.   gescroepe,ne weg.   þa.

Ca.   27. þa gyt.   mód fullfremedlice bewerigende þā geoguðlicū
unalyfednessū.
29. þa we férende.   hī þ we becóman on sūne smeðne.
30. rūne.   gescroepe.   ða ongunnon.

Page 400. 1. ða ðe.   mid hī.   swyðost gelædde.
B.   2. gelædde þ.   alyfde þ hi.   moston.   cunnian hwylc.
3. hyra swiftust.   þa wiðsoc se biscop.
4. þ þ idel wære 7 unnytt þæs ðe hi wilnodon 7 bædon.

C.   1. bisceop.   þe mid him.   swiþust.
2. þ.   alyfde þ hie.   mosten.   hwylc.
3. þa wiþsoc.   bisceop.   cwæþ.
4. þte þ.   þte hi bæden 7 wilnedon.   þa.

O.   1. iungan.   bysceop.   þe.   him.   swiþust lærde (r *on
eras.*) þ.
2. alyfde þ hi.   mosten.   gecunnian (1*st* n *out of* m *by eras.*)
hwylc.
3. þa.   bysceop.   cw̄ þ þ idel,.⁷
4. þ, bædan 7 wilnadan.   þa.

Ca.   1. iungan.   ƀ.   þa ða mid hī wæron þ he hī alyfde þ hi.
2. mostan.   hwylc.
3. ƀ.   cw̄ þ þ.
4. þ hi.

K k

Page 400. 5. nehstan.　　　ann. modum (*one letter erased after* ann : *a dot or*
B.　　　　　*stop in its place*).　　þ.　　oferswyðed.
　　　6. þa cwæð.　　willan 7 hwæðere þ.
　　　7. eallinga frā ðam geflite hine ahebbe ða bæd.
　　　8. halsode þ.　　lyfnes seald.
　　　9. getrȳwe mínum hórse.　　þam.
　　10. þe me se biscop sealde 7 þeah íc mid ænigum þingum leafe
　　　　abiddan.
　　11. þi.
　　12. ðider me hwyrfde.　　me beheold.　　ærndon hí.
　　13. sume 7.　　geglescum móde.

C.　　5. nihstan.　　monegra þ.　　oferswiþed.
　　　6. cwæþ.　　doþ.　　willan 7 hwæþere þte.
　　　7. eallinga hine.　　þæm.　　ahæfde þa bæd.
　　　8. halsode þte.　　seald.
　　　9. him forþon.　　þ.
　　10. bisceop sealde Ońd.　　þe.
　　11. ic nænige.　　lyfnesse.　　þy.　　þa.
　　12. þider me hwyrfde.　　bisceop me a.　　hy.
　　13. þrage.　　Ond.　　gealge.　　oferswiþed.

O.　　5. nyhstan (137ᵃ).　　þ.
　　　6. cw̄.　　willan 7 hwæþere þ herebald (hwæþere þ here
　　　　on eras.).
　　　7. eallinga hine fram þam.　　ahæbbe ða bæd.
　　　8. halsade þ.　　lyfnes seald.　　ærnenne (*2nd* n *on eras.*).
　　　　flitanne.
　　　9. hī forþon.　　þæt þā (þæt *struck through*).
　　10. þ me byscedp sealde 7.　　þe.　　mihte ic nænige.
　　11. lyfnesse.　　þy ic þa geornlice.
　　12. þider me hwyrfde.　　bysceop me a.　　geærdon hi.
　　13. þrage.　　ic (*on eras.*).　　gea,lisce.

Ca.　　5. nyhstan.　　þ.
　　　6. cw̄.　　willan 7 hwæðere þ.
　　　7. eallinga hine frā þā.　　ahæbbe ða bæd.
　　　8. halsade þ.　　lyfnesse seald.　　ærnanne.
　　　9. hī.　　getruwade minū.　　well þā.
　　10. þ me se ƀ sealde 7 ðeah.　　mihte ic nænige.
　　11. lyfnesse.　　ða geornlice hider 7 ðider me hwyrfde.
　　12. ƀ me a beheold (*marks of division not original*).　　hi
　　13. þráge.　　geaglisce.　　oferswyðed þ.

Page 400. 14. ꝥ.   mihte bewerigan.   (*p.* 386) þeah ðe se biscop me
B.   wyrnde ac.
    15. ic to ðam plegan me gemengde 7 ongann.
    17. þy.   gehyrde.   ðone biscop.   bæcgling.
    18. mid gnornunge cweðan.   þu.   yfel dest.
    19. gehyrde 7 na ðe ær.
    20. blann.   þa ylding.   þi ꝥ.   swyðust.
    21. arn 7 onælþene.   ꝥ.   sum slógh.   ðam wege.
    22. swyðran.   oferstylde ða wearð.   óf.
    23. áfeoll.   wæs sona geswolten.

C.   14. ꝥ.   bewerian.   þe se bisceop me.
    15. þæm.   gemengde 7 ongon somed.
    16. hī.
    17. þy ic ꝥ þa.   þa gehwyrfde ic þone bisceop.   bæclingea.
    18. cweþan.   þu.   laþ.
    19. Ond ic þa.   gehyrde 7 na þe ær.
    20. þær ærninge.   þa elden.   ꝥ.   swiþust.
    21. arn (27ᵃ *complete*) 7 on eal þane wæs ꝥ.
    22. swiþran.   óf.
    23. feol.   geswolten.   eal.ᶫᵉ

O.   14. ꝥ.   mihte bewerigean.   þe se bysceop me.
    15. þam.   gemengde.
    17. þæt þa.   gehyrde.   bysceop.   bæclinga.
    18. cweþan.   ꝥu (*cross eras.*).   mycel.
    19. des, min þinre.ᵗ   þa.   gehyrde 7 noht þon.
    20. ǽrninge.   þa yldin, (i *out of* e ? *by eras.*).ᶜᵍ   ꝥ.
    21. arn (a *out of* o) 7 on. æll (1 *eras.*) þene (1*st* e *on eras.*) wæs ꝥ.
    ꝥ.   sum . slóg (1 *eras.*).   þam wege.
    22. swiðran.   þa.
    23. afeoll.   geswolten.

Ca.   14. ꝥ.   mihte bewerigan ðeah þe se ƀ me.
    15. þā.   gemengde.
    16. hī.
    17. ic ꝥ þa.   ða gehyrde.   ƀ.   bǽclinge.
    18. geomerunga cweðan.   mycel.   laþ.
    19. ic þa.   gehyrde 7 noht.
    20. ðære.   ylding.   ꝥ.   - swyðost.
    21. on eall þene wæs ꝥ.   sū slog.   þā wege.
    22. swiðran (*p.* 163) rǽse.   ða wearþ.   hī.
    23. afeoll.   geswolten.

Page 400. 24. on þære ylcan.   þære.   gelíc.
B. 25. ðí tyrf.   on.   ðam felda.
        26. mihte þa gelamp.   ðære.   foresewennesse.
        27. úngehyrnesse þa.   hreosende.
        28. þa ic com.   ði.   mid ðære handa on.   drifan.
        29. wæs tobrocen.   ge(p. 387)þeodnes.
        30. tobrocen 7 tolysed wæs.   þ.
        31. gelíc.   styrigan ne mihte þa slogon hi.

C. 24. þære.   þære eorþan.
        25. þynre.   Ond.   oþer.   eallū þæm felda.
        26. foreseonesse.
        27. unhyrsumnesse þa.   hreosende.
        28. þa ic com mid þy.   honda on þone.   dryfan Ond.
        29. þuma.   eác swilce.   geþeodnes.
        30. tobrocen Ond tolysed wæs.   þ.
        31. nane leomo styrian.   þa aslogon hie.

O. 24. on þære ylcan stowe (137ᵇ).   þære eorþan.
        25. þynre (y *on eras.*).   oþer.   on.   felda.
        26. mihte.   gelamp.
        27. unhyrsumnesse.   hreosende wæs þ (*eras. of* a) ic com mid þy.
        28. handa on þone.   drifan.
        29. þuma.   geþeodnes.
        30. tolysed wæs.   cw̄ þ.
        31. onstyrian mihte.   aslogan hi.

Ca. 24. forléas.   on ðære stowe.   stan þære.   gelíc.
        25. þynre.   on eallū ða felda.
        26. mihte ða gelamp.   ða.   foreseonesse ðære synna.
        27. unhyrsumnesse.   hreosende wæs þ ic com mid þy.
        28. handa on ðone stán drifan.
        29. þúma.
        30. tobrocen 7 tolysed wæs 7.   cw̄ þ.
        31. deadū gelíc.   onstyrian ne mihte.   aslogan hi getéld.

Page 402. 1. on ðam.   hit huru seofoðe tíd.   þ.   án.
B. 2. tíd.   fram.   tide á (d *crossed but cross erased*).   stille
        wunode swa ic dead wære ða.

C. 1. hit hwætLwega.   seofoþe.   þ.
        2. þære.   aá oþ.   stille 7 swa swa dead wunade.

O. 1. on ðam.   seofoþe.   þ.
        2. fram þære tide á oð.   stille 7 swa.

Ca. 1. on þā.   þ.
        2. frā þære tid á oð.   stille 7 swa swa.

Page 402. 3. þa.   hwón.
B. 4. me ham bæron.   wunode.
5. forðon þe min innoð on þam (on *on eras. of* of?).   tolocen wæs.
6. bisscop.   sargode.   ðam fylle 7 minre.
7. forðam ðe he me.   nolde þære.
8. þeawe.   wunigan.   ána on.
9. þa.   wacode.   wéne ꝥ.
10. biddende ða upplican arfæstnesse.   on.
11. ærne morgen eóde.   inn.   sang.   nemde.
12. me be minon naman.   hefegum.   áweaht.

C. 3. þa acwicode.   Ond.
4. bæron.   þa.
5. spau forþon þe.   innoþas in þǽ felle.   wæron.
6. Ond se bisceop.   þæm fylle 7 minre.
7. forþon.   me.   syndrige.   þære.
8. þeawe.   In.
9. þa.   wacode.   wene ꝥ.
10. biddende þa.   arfæstnesse.   Ond sona oń.
11. ærmergen.   in.   sang orationé.   nemde.
12. me minne naman.   hefigum.   aweaht.

O. 3. wunade.   þa acwicode.
4. me.   swigiende ealle þa.   awunade.
5. spau forðon þe.   innoþas on þam.   toloce, wæron.
6. bysceop hefelice.   þam fylle 7 minre for . wyrde (1 *eras.*) forþon.
7. me.   syndrige.   lufade.   þære.
8. þeawe mid his þeawe (*last* 3 *struck through*).   on.
9. þa.   wacade.   wene (*2nd* e *on eras.*) ꝥ.
10. biddende þa.   arfæstnesse.   on ærne morgen.
11. into me (138ᵃ).   sang.   nemde me minne.
12. : sona (*eras. of vertical stroke*).   hefigum splæpe (*sic*) aweht.

Ca. 3. awunode ða hit þa.   ða acwicode.   hwón.
4. me hám.   swigiende.
5. spau.   ðe minne innoþas on þá.
6. ꝥ.   sargode.   þá fylle 7 mine.
7. me.   syndrige.   þære.
8. æft.   geferú.   on gebedú.
9. þa.   wacode.   wene ꝥ.
10. þa.   arfæstnesse.   on ærne morgen.
11. in.   sang orationé.   nemde me minne.
12. hefigú.   aweht.

Page 402. 13. me hwæþer (*p.* 388).   þ̄ wære ðe to.
B. 14. me sprecende.   eagan 7.   hine.
   15. þ̄ þu.   leofa.   ða cwæð.
   16. þinceð þe miht þu libban ða cwæð he.   eowre.
   17. gebedu.   drihten wyle ða.   hand.
   18. me senode 7 hwearf.
   19. neosode.   cunnode þa.   me.
   20. sittendne.   mihte.   ongann.   me.
   21. frinan hwæþer.   bútan incan gefullad.
   22. mid þære godcundan gyfe onbrydnesse manod.   þ̄.   æfter.
   23. þa andswarode.   þ̄.   buton tweon.

C. 13. þa.   me hwæþer (27ᵇ *complete*) ic wiste.   þ̄.   þe.
   14. me sprecende.   þa.   locade on hine.
   15. cwæþ.   þ̄ þu.   mín.   leofa bisceop cwæþ.
   16. þinceþ.   þu lifigean cw̄ he ic.
   17. gebedo.   drihten.   hand.   oń.
   18. me . (c *eras.*) senade.   bletsade.   Ond.
   19. þa.   me.
   20. sprecan.   me ahsian.
   21. hwæþer.   hwæþer.   incan.   gefullad.
   22. þa.   inbryrdnesse.   þ̄.   æfter gecyþed.
   23. 7swarode.   cwæþ þ̄.   tweon.

O. 13. fræng.   me hwæþer.   þæt.   þe.
   14. me sprecende.   þa.   locade on hine.
   15. cw̄.   þ̄ þu.   leofa bysceop cw̄.
   16. þinceð.   þu libban.
   17. gebedo.   wi . le (l *eras.*).   hand.   heafud.
        ˡ   ʳ
   18. me senade 7 b,etsade 7 hwea,f.
   19. neosade.   me.
   20. sprecan mihte ða.   me.
   21. hwæþer.   hwæþer.   incan gefullad.
   22. þa.   onbryrdnesse.   þ̄.   æfter gecyþed.
   23. 7swarode.   cw̄ þ̄.   tweon.

Ca. 13. frægn.   me.   þ̄.
   14. me sprecende.   þa.   locade on hine.
   15. cw̄.   wát.   þ̄.   leofa ƀ cw̄.
   16. þinceð ðe miht.   libban cw̄.   ðurh.
   17. gebedo.   driht̄.   ða.   hand.
   18. me senade 7 bletsode.   æft̄ medmiclū.
   19. neosode.   me.
   20. sprecan mihte.   me.
   21. hwæðere.   incan gefullad.
   22. þa.   onbryrdnesse.   þ̄.
   23. 7swarede.   hī 7 cw̄ þ̄.   tweon.

Page 402. 24. fullwihtes baðe ond synna.   áþwegene.

B.   25. ðæs.   naman.   nemde fram ðam.   þ.
26. gefullad.   þa cwæþ se.   fram.
27. gefullad.   þoñ.   earðu (*junctim*).   ne on.
28. gefullad.   hine.   þa he to.   gehalgod.
29. næfre for his gleawnesse 7.   únscearpnesse þa.
30. þenunge.   cristigenne oððe.   fulligenne.   mihte.
31. 7.   þa þenunge.   rihtlice hi.
32. mihte þa.   ylcan tíd þa cristnode.
33. me þa.   sona þæs (*final* s *out of* c).   me ón mine
andwlitan blew þa.

C.   24. bæþe.   aþwegen.   Ond.   naman him nemde.
þæm.   þ.
26. gefullad.   cw̄.   bisceop.   þu fram.
27. gefullad.   þu fulfremedlice.   ne on.
28. gefullad forþon.   hine.   gehalgod.
29. Ond.   for his ungleawnesse.   unscearpnesse þa.
30. þenunge.   cristnienne oððe.   fullianne.
31. forþon þa þenunge.   forþon.
32. þa he þis cwæþ.   þa.   þa.
33. me þa.   þæs he me on minne 7wlitan.

O.   24. fullwihte bæþe on.   me n / ,aþwege,ne.
25. naman.   nemde fram þam.   þ.
26. gefullad.   cw̄.   bysceop.   þu fram þyssum.
27. gefullad.   þu.
28. gefullad forþon.   hine cuþe.
29. (138ᵇ) for his ungleaunesse.   unscearpnesse þa.
30. þenunge to cristnienne oððe to fullianne.   mihte 7.
31. forþon þa þenunge.
32. mihte þa he þis.   on þa ylcan.   þa crist . nade (*eras. of* e).
33. me.   þe.   mi,ne 7wlitan bleou.

Ca.   24. fulluht bæðe on.   forgifnesse me aðwegenne.
25. naman hī nemde frā þā.   þ.
26. gefullad.   cw̄.   ꝧ.   frā þissū.
27. gefullad.   þoñ.   ne on.
28. gefullad.   hine.   gehalgod.
29. for his unglaunesse (l *out of* f).   unscearpnesse þa.
30. cristnienne oððe.   fullianne.   mihte.
31. 7 ic hī forþon.   þenunge.   forbéad.   rihtlice hi.
32. mihte þa he þis cw̄.   on.   tíd þa.
33. me.   minne (*p.* 164) 7wlitan.

Page 404.   1. instæpe.   íc me. batigende 7 wyrpende beon þa het he his.
B.   2. þ.   tolysedan geþeodnesse.
   3. heafodwunde.   gewriðe And.   ðæs þe.   hys bletsunge.
   4. þa getrymede.   me.   gestrangod.
   5. morgenne.   him on.
   6. oþrū hame.   þæs þe.   gehæled wæs; wunode (*rest wanting ;
   the comma in* ; *seems later—pale*).
   9. þæs (a *in* æ *eras.*).   on biscopháde. in · XXX · (*sic*, in).
   10. ríce.   on scē.
   11. petres.   on.   þ.   cweden. in dera wuda. forðam.
   12. (*p.* 390) þa hé.   yldo þone biscophád þenigan.   mihte.

C.   1. instæpe ..... (5 *letters eras. at end of line*) ..... 7 wepende þa
   het he (5 *letters eras. at beginning of line ; rest wanting*).
   2. þ.   tolysdan geþeodnesse.   wriðe.   ⁻ þe ic his
   blet (27ᵇ *ends, after which gap* = 1 *folio*).

O.   1. instæpe (i *on eras. of* o).   gefelde (2*nd* e *on eras.*).   b. 6-
   tiende 7 wyrpende (o *on eras. of* 2 ; *also* y *on eras.*) þa het.
   2. þ.   tolysdan geþeodnesse.
   3. 7 wriðe 7.   þe.   bletsunge.
   4. þa getrumade ic me 7 gestrangad.
   5. morgenne.   him on oþre.
   6. oþrum hame.   þæs þe.
   7. wæs þa ic.   þa liffæstan yþe þ.   fullwihte bæþe.
   8. gefullad.
   9. wunade þes (e *out of* æ).   þreo 7 þritig.
   10. þæm heofenlican.   bebyriged.   scē petres.
   11. deera (*on eras.*) wuda (d *out of* n) forþon.
   12. fore.   heldo þone.   þenian.   mihte.

Ca.   1. instæpe.   me beotiende 7 wyrpende þa het he his læce.
   2. hī 7 bebead hī þ.   ða tolysdan geðeodnesse.
   3. wriðe 7.   ðæs.   bletsunge.
   4. getrumade ic me.   gestrangad.
   5. morgenne.   hī on.
   6. oðrū hame.   æft medmiclū.   ðæs þe ic.
   7. wæs ða.   liffæstan.   þ.   fulluhte.
   8. ðurhgoten 7 gefullad.
   9. wér.   þreo 7 þrittig
         XXXIII.
   10. þā.   ríce.   bebyriged.   scē petres.
   11. on.   þ.   in dera.
   12. yldo þone ƀ hád ðenian.   mihte.

Page 404. 13. gehadode man on biscophád willferð.   on.
B.   14. 7.   gewát.   foresprecenan.
     15. þær.   líf on godre weorðunge drohtode (*line ends*).
     16. Ða (Ð *sketched with hard point and ornate, but not inked*).
       þy þryddan.   ealdfriðes.   þæs.   ꝥte.
     17. cadwalla wessexna cininges.   þy he.   þeode.
     18. on cynedóme.   wæs ꝥ he.   ꝥ.   ríce.   for
       drihtne (*these words on eras.*).
     19. écan ríce on heofonum to.   cóm.
     20. willnode ꝥ.   begytan ꝥ.   ðara eadigra apostola mid
       þæs willes fullwihtes baðe aþwogen.
     21. on.
     22. manna cynnes inngang openian þæs.   rices 7 lifes 7 swylce.

C. W.   19. syndriglice.

O.   13. gehadade.   mæssepreost (139ᵃ).
     14. eoforwicceastre (re *on eras.*) 7.   þæm.
     15. þær.
     16. þy.   rice,ˢ (*all on eras.*) þæs.   þætte ceadwalla westsexna.
     17. mid þy he.   þeode tw . a (e *eras.*) ger.
     18. wæs ðæt he.   forlet (l *on eras. of* 2) þæt.
     19. þæm.   heofonum.   synderlice.
     20. begytan.   þara eadigra apostola.   þam wyl,an (y *on eras.*)
       fulwihte bæþes.
     21. þæm.   geleornade.
     22. monna (na *imperfectly eras.*).   openian þæs.   7 swylce eác.

Ca.   13. gehadode monn.
     14. eoferwicceastre 7.   gewát.   þá.
     15. ðær.   líf.   *In margin, in capitals, paler ink, is written*
       opposite beginning of chapter:—Hu ceadwala west sæxena
       cining forlet his rice 7 for to rome 7weard gefullod frä
       sergio papa 7 eft ine cing dyde alswa.
     16. Ða.   þy ðriddan.   þæs.   ꝥte ceadwala westseaxna
     17. mid þy he.
     18. wæs ꝥ he forlét ꝥ.   drihtne.
     19. ríce.   cóm 7 hī synderlice.
     20. ꝥ.   ꝥ.   ðara eadigra apostola.   þä willan fulluhte.
     21. aþwægen béon in þä anū.
     22. moncynne.   openian þæs.   7 swylce éac.

Page 404. 23. gehyhtende þ.   ðæs þe he gefullwad wære.
B.   24. lichaman tolysed.   écan.   leorde.
    25. wuldres. And hwæðere. ægðer þara swa he.   móde.
    26. (*p.* 391) þurh drihtnes.   forþon.   þider.
    27. cóm.   sergio þam.   gefullad.   þy.
    28. easterlican restedæges.   adle forgripen.
    29. þ.   kalendarium maiarum þ.
    30. lichaman onlysed.   ríce.
    31. on.   swylce.   on ða tíde fullwihtes se gemyngoda.

C. W.   24. geferde.

O.   23. gehyhtende.   þe hine.,   gefullade.
    24. tolysed.   þæm.   leor . de (*eras. of* 1 *or* 2).
    25. 7.   þara.
    26. þurh.   forþon he þider.
    27. frō ser,io.   gefullad.   þy.
    28. eastorlican restedæges.   aðle (*cross of* ð *eras.*) . . . gestonden
        (3 *eras.*).
    29. þy. ,er nu twelf(139ᵇ)tan (*after* y *eras.*).   from lice onlysed.
    30. forðfered.   geþeoded to þara eadigr,.
    31. swylce.   eác in þa tide.   gemyndiga.

Ca.   23. gehyhtende þ.   ðæs þe hine.   gefullade.
    24. tolysed.   þā.   geféan leorde.
    25. 7.   þara.
    26. þurh drihtnes fultū.   ðider becóm.
    27. frā sergio þā.   gefullad.   þy.
    28. eastorlican restedæges.   gestonden.
    29. þy.   kldarū maiarū þ.   frō lice onlysed.
    30. forðfered.   geþeoded to ðæra.
    31. heofonū swylce hī.   tíde fulluhtes.   gemyndiga.

Page 406. 1. sc,op (1*st hand*).   þam eadegestan.
B.   2. haligan lichaman.   arfæste.

O.   1. noman sceop þæm eadiggestan ,ald . re (*eras. of* o ?).
    2. þæs þæm.   arfæstre.

Ca.   1. noman scóp þā eadigan ealdre ðara.
    2. þā.   arfæstre.

Page 406.   3. fram.   cóm.   naman.
B.   4. 7.   cyrican bebirged.   het on his . (*eras. of* g).
    5. þæt.   þä ægðer.   sio.
    6. willsumnesse.   eac þa.
    7. menn þe ꝥ.   rædan oððe gehyran.   seo bysen.   dæda.
    8. æfest gelice onbærnde.
    9. cadwalla.   róme gewát.   feng (*p.* 392).   íne,'to
        (*marks of separation ; ink of original*).   westseaxena.
    10. ríce.   cynelican gebyrdo.
    11. ríce.   þære þeode ꝥ.   ꝥ ríce.
    12. forlet.   to ðara.
    13. farende.   þa.   on.   tíd willnode.
    14. on neaweste þara.   tíde þæs elþeodigan.   eorþan.   ꝥ.

C. W.   12. gingrum.

O.   3. from eorþan.   geþeoded.
    4. 7.   in his cyricean bebyriged 7 papa het.
    5. þætte in þæm.
    6. wilsumnesse þurh.   weoruld.   awunade ge eác.   þa.
    7. þe.   rædden (*all but* r *on eras.*) oððe gehyrde seo.
                 fan
    8. æfæstnesse gelea, (*1st* a *on eras.*) onbærnde.
    9. ða ceadwalla.   þa feng æfter hī Ine (*originally* him *at end
        of line, altered into* hī Ine, *tall* i).   westseaxna.
    10. þære.
    11. þritig.   þære þeode.
                  i
    12. forlet.   g,ungrum.   þara.
    13. þa tííd.
    14. neaweste þara.   e . lþeodian (1 *eras.*) in.

Ca.   3. frū.   gemærñ cóm.
    4. 7.   on his cyricean bebyriged.   het.
    5. byrigenne.   ꝥte in þā.
    6. wilsumnesse þurh.   þa.
             n
    7. ꝥ.   rædde, oððe gehyrden seo.   dæda.
    8. æfestnesse geleafan.
    9. ða ceadwalla.   róme gewát.   feng.   hī.   westseaxna ríce.
    11. ðrittig.   þære ðeode he.   (*p.* 165) ꝥ.
    12. forlét.   giungrū.
    13. þa tíd wilnode.
    14. on neaweste þara eadigra stowe.   tíde on ælðeodignesse
        wunian on.   ꝥ he ðe.

Page 406. 15. þy.   þam halgum geearnode on heofonū onfangen.
B.   16. þ ðyssum.   tidum.   angelcynne æþele.
        17. ge únæðele læwede 7 bescorene wæpnedmenn 7 wifmenn
            geflittlice dydon.
        18. Þᴀ (but Þ only sketched with a point, not inked).   þy.   þon
            þe cadwalla on.
        19. þte þære eadegan.   theodor biscop éald.
        20. daga.   wæs þ wæs ða.
        21. 7 þ sylfe gerím wæs hæbbende þara wintra 7 he oft (p. 393).
        22. mannum foresæde þ.   onwrigenesse.   swefnes.

C.   16. æðele ge unæðele lædde bescorene wæpned 7 wif geflitlice S.
        18. 28ᵃ begins Þa; complete.   þy nyhstan.   þæm þe ceadwalla.
        19. þte þære.   theodor ercebisceop ge . . . . g . . . forðfered
            (traces of ge ; then blank or erasure = 7 letters ; then g faint ;
            then 3 letters space).
        20. þ.   æhta.
        21. þone.   hine.
        22. monnū foresæde þ.   onwrigenesse.   swefnes.

O.   15. þy.   frō (140ᵃ) þæm halgum.
        16. ðæt þyssum (y on eras.) ylcum (y out of i ; above it a stroke
            dotted).   tidum.   æð,le.
                       ge   we   ge   ge
        17. unæðele, læ. (1 eras.) de, bescorene, wæpned (ned small in
            margin) ge wif (ge eras. before wif).   dydon.
        18. Ða wæs þy nyhstan (y on eras.) gere.   þam þe ceadwalla.
                                              e
        19. þære eadigan.   ,ald and (roughly out of ond) dagena (1st 4
            on eras., 1st a out of æ written on eras.) ful.
        20. eahta (e later in margin).
        21. sylfan rim.   hine hæbbende.
        22. monnum (nu out of mi) foresæde þæt.   onwrigenesse.
            swefnes.

Ca.   15. frō þā halgū geearnode on heofonū.
        16. þ ðyssū ylcū.   angolcynne æþele 7 unæðele ge læwede ge
            besceorene ge wepnedmen ge wifmen þis.
        17. dydon.
        18. In margin : hu theodor' arceb forðferde 7 britwald feng to þa
            rice. Ða.   nyhstan.   æft þam.   ceadwalla æt róme.
        19. þte ðære eadigan.   ðeodor' arceb eald 7 dagena.
        20. þ.   ða.
        21. sylfan rím.   hine.   beon oft he.
        22. monnū foresæde þ.   onwrigenesse.   swefnes ongeate
            wunade he in.

Page 406. 23. ongeate.   twa.   scē petres.
B.   24. ealra biscpa lichaman cantwara burhge.
   25. syndon be.   ætgædere.   þam ylcum efenhlyttum.
   26. hádes.   cweden beon þte.   lichaman on.
   27. bebyrgede syndon.   heora nama.   ferhð on.   . and (*small
      a after stop*).
   28. þ.   cweðe þ.   ðære tíde.   biscophádes.   micel
      gastlic fromung ongann.
   29. on angelcynnes cyricum swá næfre.   þon.
   30. mihte.

C.   23. ongeate wunade.   in bisceophade twa.   in.
   24. scē petres ciricean.   þære ealra þara bisceopa.   cantwarena.
   25. ḡ sette syndon be þæm æt gode mid.
   26. mæg cweden beon þte.
   27. bebyrgede syndon 7 heora nama.   wide feor.
   28. þ.   cweþe þ.   þa tide.   bisceophada.
   29. ciricean.   þon.

O.   23. wunade he in.   twa 7 twentig.   in scē petres cyrican.
      þære ealra þara.
   25. syndon be ðæm ætgædere.   ylcum.
   26. cweden beon þætte.
   27. bebyrigde syndon 7.   heora nama.   ·fær,ð (a *in* æ
      partly eras.).   7.
   28. þæt.   cweðe (we *on eras. ; 2nd letter* a, ð *out of* d).   þa tide.
      mycel gastlic fromung ongonn.
   29. cyrican.   þon.

Ca.   23. twa 7 twentig.   bebyriged in scē petres cyricean.
   24. þære ealra.
   25. burhge.   syndon be þā ætgædere.   þa ylcū efenhletū.
   26. gecweden beon þte.
   27. behyrigede syndon.   heora.   ferhð.   7 þ.
   28. cweðe þ.   tíd his b'hades.   mycel gastlic freomung.
      angelcynnes cyricū.   þon.   mihte (*no break*).

Page 408. 1. þa.   þeodore to biscopháde byryhtwold.
B.
C.   1. berhtwald to þæm bisceophade.

O.   1. ða.   þeodore berhtwald (140^b) to þæm biscophade.

Ca.   1. ða.   æft þeodore brihtwald to þā biscophade.

510   VARIOUS READINGS. PAGE 408.

Page 408. 2. abbod on þam.   ðe is raculf.
B. 3. wér on his wisdóme gewrita wel.   on.
4. þeodscypum.   on.   þeah þe.   sy.
5. hys foregenga wið to metenne.   on biscop (*p.* 394) hád .
(*eras. of vertical stroke*).
6. lui . eron (*before* e *an erasure: an imperfect* wæron : *scribe*
began lius *again*).   7 wihtred 7 swæfheard (*omits* ða).
7. þa cyningas.   centlande.   gehalgod æfter ánan (*sic*)
geare 7 þy ðryddan.
8. iuliarū.   drihtenlican.   fram.
9. aldorbiscope.   ríces 7.   sæt.   selde.   centlande.
10. þy ærran.   þy drihtenlican..

C. 2. abbod.   þæm.   þe is reaculfe nemned.
3. gewrita.   somed.
4. þiodscipum.   healicū.   þeah þe.
5. sie foregengan.   wiðmeotenne.   bisceophad þy.
6. wæron þa.
7. cent.   gehalgod þy æfteran.   þy þriddan.
8. drihtenlica.   frā.
9. ealdorbisceope.   Ond.   sæt.   cent.
10. þy drihtenlican.

O. 2. þæm.   þe is reaculfe nemned.
3. gewrita wel.   seomod (e *after* s *eras. ; 2nd* o *on eras.*).
circlicum þeodscipum.
4. healicum.   þeah þe.   si . (1 *eras.*, i *perhaps later*).
5. wiðmetenne.   biscophad þy.
6. monþes wæron þa wi,tred.   swæfheard.
7. oent.   þy.   þy þriddan.
9. aldorbiscope gal,ia.   7.   sæt.   cent ær,an.
10. þy drihtenlican.

Ca. 2. þā.   ðe is reaculf (e *paler, with a stroke through in modern*
ink) nemned.
3. wér.   gewrita wel.   cyriclicū þeodscipū.
4. mynsterlicū.   þeah.   si.
5. wiðmetenne.   ƀ hád þy.
6. wæron þa.   swæfheard.
7. cent.   gehalgod þy æfteran.   þriddan.
8. kłdarū iuliarū.   drihtlica.   frō.
9. ealdor ƀ.   7 he sæt.   cent.
10. kłdarū septembriū ða gefmund (*rest wanting*).

Page 408. 11. betweoh monige biscpas þa. gehalgode. swylce. gyfmund.
B. 12. þære cyrican biscop. hine.
13. gehalgod wæs. elelendisce. on grecisc 7 on.
14. wel.
15. Þ.ære tíde (*large* þ, *fantastic* Æ). arweorða. þeow 7 mæsse-
preost ecgbriht. halega.
16. þone. ǽr. sædon Þ. hibernia þam ealande.
17. on elþeodignesse. ðam écan. (*p.* 395) on. begytanne.
18. sette he. þohte. Þ. manegum bricgian.
19. Þ is Þ. þæt. weorc onhyrigian.

C. 11. monige bisceopas þa. gehalgade (28ᵇ *complete*) eac swilce þa.
12. þære cir...........p æt (*illegible*). Ond tobiam...hine.
13. gehalgode. in læden. grecisc.
14. wel.
15. þeow. sacerd ecgbreht.
16. þone þe. sædon Þ. hibernia. ealonde.
17. elþeodignesse. fore þæm ecean eþle. heofonum to begitanne.
18. Ond þohte. Þ. monegum bycnian.
19. Þ is Þ. Þ. weorc onbyrgean (*sic*). þara.

O. 11. monige biscopas. gehalgode. swylce.
12. þære cyrcan biscop. hrof,ceastre. fore hine.
13. on lædenisc (on *partly on eras.*, isc *on eras.*). on (o *on eras.*)
grecis gereorde micellice (*rest wanting*).
14. wel.
15. Ðær,. þeow. sacerd ecberht.
16. þo . ne (n *eras.*) þe. sædon. hibernia (*2nd* i *on eras.*)
þam
,ealonde.
17. elþeodignesse. þæm ec,an. heof,num. begytenne
(y *on eras. of* 2).
18. for,sette. þohte. moniggum.
19. þæt is þæt. Þ aposto . lice (l *eras.*) (141ᵃ) weorc (eor *on eras.*)
onhyrian (y *on eras.*). þara þeoda.

Ca. 12. þære cyricean ƀ. hrofesceastre forðferde þa gehalgode he
eac swylce betwih monige biscopas tobiam for hine to ƀ se wer.
13. lædennisc. on greccisc micellice.
14. wel.
15. Ðære. arwurða. sacerd ecbyrht.
16. þone. sædon Þ. hibernia ðá ealonde.
17. ælþeodignesse. ðá. heofonū to begitanne.
18. Þ. monigū.
19. Þ is Þ. Þ. weorc onhyrian sumū.

Page 408. 20. godes spæl.   bodian wesan ðanan engle 7 (*rest wanting*).
B.   22. þe nú brytene.
   23. wǽron fresan. rume. dene. hune. ealdseaxan bructuare.
   24. eac ða gyt oðre.   manig.   ðam ylcum dælum hæðenum.
   25. þeowigende.   ðam.   seforæ sprena (*sic*).   cempa
       ymbliþendra.
   26. brytene.   wolde 7 wén wære ꝥ.   þær hwylce.
   27. mihte deofle.   gecyrran oððe. -   ꝥ beon mihte þohte
       he ꝥ he wolde.
   28. gesécan.   ðara.
   29. martira.   þær bodigan.

C. 20. þeoda.   bodian þæm hit þa gyt.
   21. gehyrdon þara.
   22. þe nu breotone.
   23. wæron fresan (*then to end of line blank* = 20 *letters ; then at
       beginning of line blank* = 5; *then*) wæron eác oþer.
   24. þæm.   þa gita hæðnum.
   25. þiowiende.   þæm.   foresprecena.   cempa.
       ymbliþendre breotone.
   26. ꝥ he þær hwilce.
   27. meaht . (e *gone*) deolfle (*sic*) oþgripan Ond.   oððe.   ꝥ.
   28. meahte þohte ꝥ.   þa.   him þær gebodian.

O. 20. godes spell.   bodian þam þe hit þa gyt.
   21. gehyrdon þara.   on.
   22. þanon engle 7 seaxan (an *on eras.*).   þe nu on breotone.
   23. wæron frysan.   dene hunę.   boructware.
   24. oþer.   on þam ylcan dælum þa.   hæþenum.
   25. þeowiende.   þam.   foresprecena.   cempa
       ymbliþendre breotone.
   26. ꝥ.   hwylce mihte deofle.   gecyrran oððe.   ꝥ.
   28. mihte þohte ꝥ.   þa.
   29. þær gebid ., an (i *on eras., after* id *eras. of* 1).

Ca. 20. þeoda.   godspel,'lǽran (*marks of division*) 7 bodian þā.
       þa gyt.
   21. gehyrdon.   monige.   on.
   22. ðanon engle.   þe nu on breotone.
   23. (*p.* 166) wæron frysan.   dene, hune, ealdseaxan boructware.
   24. on þā ylcan dælū þa gýt hæðenū.
   25. þeowiende.   þā.   foresprecena.   cempa.
   26. breotone.   wén.   ꝥ.   hwylce mihte deofle oþgripan.
   27. gecyrran oððe.   ꝥ.
   28. mihte þohte ꝥ.   gesécan.   þa.   ðara.   hī þær gebiddan.

Page 410.   1. onwrigennesse 7 þ.   þ hé . nó (*eras. of* o).

B.   2. hwæþer þyssa ne fremede nene þurhteah.

3. þa (*p*. 396) geceas he.   æghwæþer.   hyra.

4. frumscearpe.   bodigenne.

5. ealle þing gegearowode þa ðe scypliðendum nydþearflico wæron.

6. ða.   ærne morgon (*sic*).

7. gebroðra.   wæs on brytene boseles discipul 7 þenode þam leofan sacerde.

8. ylca bosel.   regolweard ðæs mynstres.

9. ðam abbode swa we ær beforan.

C.   1. hī þa uplican onwrigenesse 7 þær somed wiþstodon þ he nohwæþer.

2. þissa gefremede.   þurhteah.

3. þa geceas he him.   þa þe æghwæþer.   hira dædū.

4. hira gelærednesse.   scearpe (29ª *a few letters gone*) wæron. bodianne.

5. læranne Ond eal þa þing gegearwade þa þe scipliþendū neodþearflicu.

6. cö.   on morgen.   þara broþra.

7. ieo in breotone.   ond þegn (o *small*).

8. þy.   þa.   bosel wæs regolweard þæs mynstres.

9. u,der.   þæm abbode swa swa.

O.   1. þa upplican onwrignesse.   þ he no hwæþer þyssa gefremede ne þurhteah.

3. geceas.   þa þe æghwæþer.   heora dædum ge on heora.

5. læranne 7 eall þa þing gegearwade þa þe scypliþendum nydðearflicu (y *and* u *on eras.*).

6. ða.   þara broþra.

7. on brytene (o *on eras.*).   (141ᵇ) þeng.

8. þy.   þa.   ylca bosel.   . regolweard (h *eras.*) þæs mynstres on.

9. þam.   swa swa.

Ca.   1. hī.   þ he no.

2. þyssa gefremede.

3. geceas.   hī.   þa ðe ægðer.   heora dædū ge on heora.

5. læranne.   þing gegearwade þa ðe scypliðendū nydþearflicu.

6. ða.   hī.

7. brytene.   ðeng.

8. þa se ylca bosel.   reogolweard þæs mynstres on.

9. þa.   swa swa.

L l

Page 410. B.

10. sædon sæde.   gesyhðe seo.   ðære ylcan.
11. ætywde. cwæð.   þi.   hæfdon urne uhtsang.
12. úre gebedu.   limu on bedde gesette 7 me leoht slæp ofernam.
13. ða ætywde.   min magister.   fostorfæder.   bosel.
14. me.   ongytan mihte gea cwic [=cw' ic].
15. bosel to ðam ic com.   þ.   sceolde drihtnes ærende.
16. ecgbryhte bringan 7 þu hwæðere hit scealt (p. 397).   him secgan.
17. cyðan. sege him to soðon þ.   ðone.
18. gemynt hafað forðon.   þ.

C.

10. sædon Sæde.   him þære.
11. æteaude cw̄.   hæfdon urne uhtsang.
12. gebeda.   on bed gesette 7 me leoht slæp oferarn.
13. æteowde.   min geo.   fosterfæder.   bosel.
14. me fregn hwæþer.   ongitan.   cwæþ.
15. bosel Cwæþ.   þ ic sceolde.
16. hælendes.   ecgbrehte bringa . (n gone) þ.   hwæþere.
17. secgean 7 cyþan Sege.   for so . (last gone) þ.
18. gemynteþ (sic) hafað.   þ.

O.

10. sægdon sæde (sic).   gesyhþe seo him þære ylcan.
11. ætywde cw̄.   hæfdon urne uhtsang.
12. min leomu on bed gesette 7 me le,ht (e out of i) splæp oferarn.
    ætywde.
13. min iu.   bosel.
14. me.   hwæþer.   ongytan mihte ge, cw̄.   ear,.
15. bosel cw̄.   þ.   sceolde dryhtnes hælendes.
16. ecbyrhte.   þ.   hwæþere.
17. secgan 7 cyþan saga.   þ.
18. gemynteð (eð eras.) hafað.   þ he to columban mynstre ma
    fere to.

Ca.

10. sædon sæde hī.   seo hi þære ylcan.
11. ætywde cw̄.   ðy.   hæfdon urne uhtsang.
12. gebeda.   leomu.   on bed gesette.   leoht slæp oferárn.
13. ætywde.   min íu magist̄.   bosel.
14. me.   ongitan mihte.   cw̄ ic ðu.
15. bosel cw̄.   þón.   þ.
16. hælendes.   ecgbyrhte.   þ ðu hwæþere.   hī secgean 7
    gecyðan saga hī.
17. þ.
18. ðe.   hafað.   ðe.   þ to columban mynstre he ma
    fære 7 lære wæs.

Page 410. 19. he to.   mynstre fare.   lærenne.
B.   20. lareow.   þæs cristenan.   7 on þam morlandum þa ðe.
     21. syndon.   And he ða ærest getimbre ge staþelede.
     22. þ mynster þ in hí þam ealande manigum folcum peohta 7 scotta
        árwyrðe wunode.
     23. þ.   ylca colūba.
     24. þa ecgbriht ða gehyrde þas word þysse.
     25. þa.   ðam.   þ.   nænigum menn.   sæde.
     26. ða gesyhðe.   þ.   mihte beon þurh bysmrunge ætywde 7
        hwæðere.

C.   19. he to columban mynstre ma [fore] to lærenne (*missing letters*
        from **W.**).
     20. lareow þæs crist. nan.   morlondum þa þe.
     21. syndon to norþdæle pehta.   Ond.   getimbr . . . 7 gesta-
        þelode.
     22. þ mynster þ in hii þæm ealond (*sic*) monegum folcum.
     23. arwyrþe áwunode.   þ.
     24. collūcille.   þa ecgbreht þa gehyrd . þa word þæs (*sic*).
     25. þa.   bre . . . þ he nængum ne sæde.
     26. cwæþ þ.   eaþe . . . . meahte.   þ hie.   beosmrunge.

O.   20. lareow þæs cristenan.   on þam morlandum þa ðe syndon.
     21. pehta.   getimbrade 7 gestaþelade.
     22. þ mynster þ on hi þam ealande monigum folcum.
     23. lange arwyrðe awunade.   þ.   ylca.
     24. syððan columcylle.   ecgbyrht þa (142ᵃ) gehyrde þa word
        þysse gesyhþþe þa.
     25. þā breþer þ.   nænigum oþrum men ne sæde.
     26. gesyhþe cw̄ þæt (*on eras.*).   beon mihte þ hi þurh bysmrunge
        ætywed.

Ca.   20. lareow.   cristenan.   on þam morlandū.   þe syndon.
     21. norðdæle pehta.   getimbrade 7 gestaðelade þ mynsт þ on
        híí þā.
     22. monigū folcū.
     23. lange arwyrðe awunode.   þ se ylca colūba.
     24. syððan columcylle.   ecbyrht þa gehyrde þa.   ðysse
        gesyhðe.
     25. þa.   ðam.   þ he nænigū oðrū men.   sæde.
     26. þa gesyhðe cw̄ þ.   eaðe beon mihte þ hī ðurh bysmrunge
        ætywed.

Page 410.27. sceawode 7 ondréd þæt heo.   owihte þe ma.   fram
B.   gegearwunge.
    29. siðfates.   faran wolde þa ðeode to læranne ða æfter.
    30. feawum dagū com eft.   foresprecena broðor to him (*p.* 398).
    31. sæde þte ðære ylcan.   bosel.   ætywde.
    32. þam ðe.   gefylled wæs.   him to cwǽde forhwan sædesðu.
    33. ecgbrihte.   gymeleaslice.   wæclice.   ðe ic ðe.

C.   27. æteaw .... e (æt?) hwæþre h . þa ..... (*so ends* 29ª; 29ᵇ *begins*)
          swigende sceawode.
    28. óndred þ.   þe ma ableon [fram scea]wunge (*letters supplied*
          from S. *and* W., *now gone*).
    29. Ond.
    30. feawa (*sic ; for* ū?) dagum.   foresprecena broþor.   Ond.
    31. sæde þte þære.   bosel.   gesihð æteowde.
    32. þon.   gefylled wæs.   him cwæþ to.   sædest þu.
    33. ecberhte.   gymeleaslice.   wleclice.   þing þe ic þa.

O.   27. hwæþere.   sceawade.
                                         r
    28. þ hi.   þy ma blan fram gea,wunge.
    29. siðfates.   feran (fe *on eras*.).
    30. feawum.   foresprecena broþor.
    31. sæde þ þære ylcan.   bosel.   gesyhþe ætywde.
    32. þon þe uhtsang gefylled wæs.   him cw̄ to.   sædest þu
          ecbyrhte.   gymeleaslice.   wleclice.   þing þa ic þe.

Ca.   27. hwæðere.   sceawode.
    28. þ hi.   þy má blan frā.
    29. ðæs.   féran.
    30. æft.   deagū.   forasprecena.   hī 7 hī sæde þ.
    31. hī besel.   ætywde æft þon ðe.
    32. gefylled wæs 7 hī cw̄ to.   sædest ðu (*the scribe first wrote*
          sædestu, *then changed* u *into* ð, *and added* u).
    33. ecgbyrhte.   wlætlice ða þing ðe ic þe.

Page 412. 1. secgenne ác gang nú sege him wille he nelle he.
B.   2. sceall tó.   forðam.   heora.

C.   1. Ac gang.   sege hī.   wille swa he nelle.
    2. colūban.   forþon.

                                g
O.   1. hī.   ac gau,.   wille swa he nelle.
    2. sceall.   forþon.   heora.

Ca.   1. hī to secganne ac gang.   hī.   wille swa he nelle.
    2. (*p.* 167) forðon ðe heora.

Page 412. 3. únrihte gangaᵭ ac.   rihte stige geteon. þa he nænigum.
B. 5. menn má ꝥ ne geopenede ne gecyᵭde.   ᵭeah.
6. gewurden.   ætywednesse ᵭære.   nahte.
7. gegearwode.   þam gemyngodum.   ᵭi.
8. hi þa ꝥ scyp gehlæst hæfdon.   ᵭam.   þe ᵭa.
9. micles siᵭfates nyd þearfes 7 hi manega.   gewydera.
10. bidon.   nihte.
11. ꝥte.   miclum.   þing.   lore wurdon.   on.

C. 3. unriht gangaᵭ ác.   þa.
4. þa þas.   gehyrde.   breþer ꝥ.
5. nængum men openade.   cyþde Ond þeah þe he wiste ꝥ
geworden.
6. æteownesse.   nahte he þon læs he.
7. gearwode.   þæm gemyndgadan broþrum.
8. hie þa ꝥ.   hæfdon.
9. micles siᵭfætes neod wære Ond hie.
10. bædon þa.   nihte.
11. reþe ꝥte óf miclum.   þing to lore wurdon.

O. 3. gangaᵭ ac he þa.   riht,e.ʳ
4. ᵭa he þa þas.   gehyrde.   þam breþer ꝥ.
5. nænigum ma openade ne cyᵭde 7 þeah he wis.
6. þa ætywnesse.   gesyhᵭe.
7. fóre gearwade.   þam gemyn . gadan (d *eras.*) broþrum.
8. hi þa ꝥ scyp gehlæsted hæfdon.   þam.
9. micles siᵭfætes nyd abædde 7 hi.   ge(142ᵇ)wydora bidan
(i *rudely out of* æ).
10. nihte.   strm.ᵒ
11. ꝥ.   miclum.   þing.   wurdon.   on þam scype
wæron.

Ca. 3. gangaᵭ ac.
4. ᵭa he ᵭa þas.   gehyrde ᵭa.   þá.   ꝥ.
5. nænigū ma openade ne cyᵭde.   þeah.   wís.
6. ᵭurh þa ætywnesse ᵭære.
7. fóre gearwode.   þá gemynegodan broᵭrū.   ᵭy hi ᵭa
ꝥ scyp gehlæsted hæfdon.
8. þam þingū ᵭe.
9. mycles siþfætes nyd.   7 hi.   wíndes 7 gewidora bidan.
10. nihte.
11. ꝥ of miclū.   wurdon.   on þá scype wæron.

Page 412. 12. þam (*p.* 399) scype wæron.   ꝥ scyp forlét betwyh ða yðe
B.   on sidan.
    13. oncnéow.   mann ꝥ.
    14. 7 cwæð íc wát ꝥ þes storm for minum þingum cumen 7
        onseded wæs.
    15. ðære fóre.   únrot.
    16. And hwæðere.   geferena.   wihtbryht háten.
    17. wisdóme godcundre.
    18. lare.   7 he monig gear in ibernia elþeodig on áncorlífe
        drohtode on.
    19. þa ástah.   on scip 7 on.
    20. land cóm.   singallice þære.   rædbede heora.
    21. godcundre.   bodode.

C.   12. þæ.   wæron Ond ꝥ.   forlet betweoh.   yþe.   sidan.
    13. mon ꝥ.   feran.
    14. Ond cwæþ ꝥte.
    15. Ond.   u,rot.
                          n
    16. on hwæþere an h.s geferena.   wihtbreht.
    17. mid . . . geard.   Ond he was ON wisdo . . . .
        mæg . . 7 he monig gear (29^b *ends*).

O.   12. ꝥ scyp forlet betwyh.   yþa on sidan.
    13. ða oncneou.   man ꝥ.   feran.
    14. cw̄ ꝥ þɇs storm fore me cumen.
    15. ferde (erd *on eras.*).
    16. 7 hwæþere.   geferena.   wihtbyrht.
    17. forhicgende.   wisdome godcundre lare.
    18. 7 he moni gear on.   ællþeodig ancorlif dyde on mycelre.
    19. stah he on scyp 7 com on frysena.
    20. tu.   þære.   redbede heora.
    21. godcunde.

Ca.   12. ꝥ scyp for betwih.   on sidan.
                          ne
    13. ða.   man ꝥ he féran,moste.
    14. 7 cw̄ ꝥ ðæs storm wæs for mé cumen 7sended 7.
    15. ðære.   hám.
    16. 7 hwæðere an his geférena.   wihtbyrht.
    17. forhicgende.   wisdome godcundre lare.
    18. 7 he monig gear on.   ellðeodig ancorlif dyde on mycelre.
    19. stah he on.   cō on frysena lánd.
    20. tu.   ðære.   redbede heora.
                7 godcunde lare
    21. word bodode 7 lærde.

Page 412. 22. hwæðere.   westm.   micles.   ðam elreordigum
B.   mihte gemétan. þa.
        24. elþeodignesse.   inn þære.   stilnesse drihtne þeowode.
        25. forðam.   ðam út (*p.* 400) lican.   geleafan bringan ne mihte.
        26. geférum mare.   mægenum 7 bysenum bringan wolde
        (*so ends chap.*).
        28. Þᴀ (*ornate* Þ).   þ þa se.   ecgbriht.   þ.
        29. lare.   bodigenne ac þ.   gehæfd for.
        30. nytnesse ðære.   cyrican be.   foremanod.

C.   25. brucan ne **W.** (*but* **W.** *refers it to* brytian, *l.* 26).
        26. bysenum ciricean gymde **S.**
        28. næs forlæten **W.**

O.   22. hwæþere.   wæstm swa micles.   ellreordum ᵍᵉ,ᵗᵃⁿ me
        mihte þa.
        23. þære.   stowe.
        24. ellþeodinesse.   on þære.   stilness̄ dryhtne.
        25. forþam.   þa . (1 *eras.*) ú . tlican (1 *eras.*) bri . gan (i *out of* u, n
        g *out of* c) ne mihte.
        26. þa.   geferū.   mægena by : senū (*eras. of stroke*) brycian
        gymde (y *on eras.*).
        28. Ða þ þa.   ecgbyrht.   þ.
        29. godcundre lare.   ac þ.   gehæfd.   oþre.
        30. nytnesse þære (143ᵃ).   cyricean be þære.   foremanod.

Ca.   22. hwæþere.   wæstm.   þā ellreordū.
        23. mihte þa.   stowe.
        24. ellðeodignesse.   on.   stilnesse.
        25. forðam ðe.   ða utlican.   bringan ne mihte.
        26. þa.   mægna bysenum brycian gymde (*the curve over* y e
        seems a rude e).
        28. Ða þ ða.   ecgbyrht.   þ he ne wæs for leodū.
        29. lare.   bodiganne ac þ.   gehæfed for.
        30. nytnesse.   cyricean be þære.   foremanod.

Page 414. 1. onwrigenesse.   þte wihtbryht.   þeah.
B.   2. becóme þa.   gýta.   þ weorc.

O.   1. þ wihtbyrht owiht fre : mede (*eras. of stroke*) þeah þe he on þa
        dælas (a *out of* æ).
        2. þa ongan.   on þ weo,c (eo *on eras.*). r

Ca.   1. þ wihtbyrht owiht.   þeah.
        2. on þa.   becóme.   ongan.   ða gýt on þ weorc.

Page 414. 3. láre sendan.   weras.   twelfe.
B.   4. ealdormann wæs. willbrord myd.
             5. þy hi.   ðider comon on þ.   þa cyrdon hi.
                 c
             6. faro na (o *out of* d).   cyninge (*2nd* n *on eras.*).   þanc-
                weorðlice wæron fram.   onfangene.
             7. 7 forðon þe.   níwan.   ða.   þanon redbed.
             8. þone.   sende he hi ða ðyder. comon on þ land þ hí sceoldon
                godes word bodigan (*p.* 401).
             9. eac swylce him.
            10. þ him mon hefiges.
            11. laðes nanwiht gedón ne dorste.   myd manegū fremsumnesse
                ða geweorðode.
            12. þanon.   gewurden.
            13. gyfe.   fultume þ hi mænie (*sic*).   fram.

C. S.   12. ða ðe cristes.

O.   3. lare sendan.   twelfe.
             4. ealdorman.. (2 *eras.*).   willbrord.
             5. þy hi þa.   comon.   þa cyrdon hi.   pipne francna.
             6. þancweorðlice wæron fram.   onfonge. ne (1 *eras.*).
                                           ni
             7. 7 forþon þe he ,wan (a *out of* u).   frysan 7 þanon redbed.
                                                        þ hi þær
             8. þone.   adraf.   hi þa þyder (y *on eras.*) ,sceoldon godes.
             9. eac.   hi.
            10. ealdorlicnes̄s̄ þ.
            11. laþes.   monegum fremsumnesse.   geweorþade.
                       on
            12. wold., (e *eras.*) þanon.
            13. dryhtnes gyfe.   fultume þ hi.

Ca.   3. lare. sendan.   twelfe.
             4. ealdorman.   willbrord.
             5. þy hi.   cyrdon hi.   pipne francna.
             6. þancweorðlice wæron frā hī onfangene 7 forðon þe.
             7. frysan 7 ðanon redbed.
             8. adraf.   hi.   þyder þ hi ðær sceoldan.
             9. eac swylce wæs togefultumiende.
            10. ealdorlicnesse þ hī.
            11. dórste.   monigū fremsūnessū ða geweorðode þe cristes.
            12. onfón woldan ðanon.
            13. fultume þ hi.   frā deofolgyldū.

Page 414. 14. deofolgyldum.   gecyrdon.

B. 15. ðysse bysene wæron fylgende (*small* ð, *no break*).   twegen
mæssepreostas.
16. angelcynne 7 ða.   ibernia þam ealande.   tíde.   heofona.
17. ríces lufon 7 on elþeodignesse lif͘,don. comon hi on ealdseaxena
(e *above by corrector*).
18. wén.   hyra.   cryste.
19. begytan mihton 7wæron begen anum.   hi.
20. eac.   wæron.   heora.   æghwæðer.
21. heawold.   þis toscead hwæðere. þte fore missenlicre heora
feaxes hiwe.
22. cweden.   heawold.
23. hwíta heawold.   heora æghwæðer æfestlice (*p.* 402).

C. 15. bysene **W**.
21. hiwe *deest* **S**.

O. 14. fram deofolgyldū.   gecyrden.
15. ðysse bysene wæron fylgende.   twegen mæssepreostas.
16. angelcynne on hibernia þam ealande mid mycelre tide (mid
struck through).   heofona rices.
17. od elþeodignesse lifdon comon hi.
18. mægþe.   þ hi (i *on eras.*).   þur, heora lare (143^h).
19. begytan.   wæron begen ane naman hatene swa 'hi eac.
20. wæron.   heora æghwæþer heawold.
21. þis toscead hwæþere þ fore missenlic, heora feaxes oþer (oþ
on eras.).
22. cweden.   bleaca.
23. oþer.   heora æghwæþer æfæstlice.

Ca. 14. gecyrdon.
15. Ðysse bysne wæron fyligende.   twegen mæssepreostas.
16. angelcynne on hibernia þā ealande mycelre tíde.   heofonan
rices.
17. on ellþeodignesse (*p.* 168) lifedon.   comon hi.
18. wén.   ðær.
19. begitan.   wæron.   begen ane naman hatene.   hi eac.
20. wilsūnesse wæron.   heora æghwæðer heawold.
21. ðis gescead hwæðere þ for misenlice heora feaxes oþer.
22. cweden.   bleaca heawold.
23. se hwita wæs heora ægðer æfæstlice.

Page 414. 24. heawold hwene swiðor in.

B.   26. ða hi þa on ealdsexe comon ða.   hí.   tungerefan healle
7 hine bædon þ hi hæfdon nytt (*rest wanting*).

O.   24. hwæþere ma on wisdome.
26. hi þa on.   comon.   hi on.   gestærn.   þ he
hi.   þam ealdormen.

Ca.   24. heawold hwæðere má on wisdome.
25. getýd.
26. ða hi ða on ealdseaxan comon.   hi on.   túngerefan gestærn.
27. bædon þ he hi.   þā ealdormen.

Page 416. 2. intingan.   hi.   sceoldon.   hi.   ylcan.
B.   3. næfdon.   agenne.   ac.   ealdormenn wæron on
þære þeode gesette 7.
4. seo tíd.   gefeohtes þonne hluton hi mid tanū.
5. þam.
6. heora.   seo tán (a *on eras. of* u ?).   ætywde.   gecuron
hi þone.
7. ladteowe 7 ealle þam fylgdon 7 hyrdon.
8. þonne þ gefeoht.   geendod.   wæron hi ealle efenríce
forðon hi wæron ealdormenn. ða onfeng se.

O.   1. sædon þ.   þi hæfdon nýt.   nytne intingan.
2. hi.   sceoldan.   hi þa ylcan.
3. ealseaxan næfdon agenne.   ac.   ealdormen wæron heora
þeode foresette 7.
4. seo tid.
5. com þonne hluton hi.   tanum.   þam.
6. heora.   tán ætywde.   gecuron hi þone.
7. him (m *on eras.*).   ladþeowe 7 ealle þone fylgdon.   hyrdon.

Ca.   1. sædon þ hi hæfdon ærend 7 nytne intingan.
2. hi hī.   sceolden.   hi þa ylcan.
3. næfdon agenne.   ac ealdormen wæron heora ðeode foresette
7 þonn̄ seo tíd.
5. cóm þonn̄ hluton hi.   þā ealdormannū.
6. hwylc heora.   hī.   tán ætywde þonn̄ gecuron hi.
7. hī.   ladðeowe 7 ealle þā fyligdon 7 hī hyrdon þonn̄ þ gefeoht.
8. þ.   geendad.   þonn̄ wæron hi.

Page 416. 10. 7 him gehét ꝥ. hi. ealdormenn. onsendan
B.   swa hi bædon.
11. hi ða feawa dagas. him.
12. hæfde. he ða ða elreordigan ongeat ꝥ hi wæron.
13. oðerre (p. 403) æfestnesse forðam hi symle heora sealmas
     sungon. on halgum gebedū.
14. þeowedon 7 dæghwamlice. onsegdnesse.
15. bæron. sungon hæfdon hi. gehalgode.
16. gehalgode tablu. weófodes. ða wæron ða ,æþenan.
17. betwyh. þeahtigende 7 sprecende cwædon gyf hi. ðam
     ealdormenn.
18. becomon. him. wæron ꝥ hi. fram heora.

C. 11. hi ða feawa dagas S. (but hwelce feawa W.)
14. asægdnesse W.
16. weofodes W.
18. 7 wiþ hine S.

O. 9. þonne ꝥ gefeoht 7 ꝥ gewin (i on eras.) geendad. wæron
     eft
     hi, efenrice wæron ealle ealdormen ða onfeng hi.
10. ꝥ he hi. (144ᵃ) ealdormen.
11. hi bædon. hi. hwylce hwugu. mid him gehæfde.
12. hi þa þa ellreordan ongeton ꝥ hi wæron oþre æfestnesse forþon
     hi symble heora sealmas.
13. on halgum.
     w
14. þeo,don 7 dæghwamlice.
15. bæron. hæfdon hi. gehalgod fato.
                     an
16. gehalgodne tabul, on. wrixle. wæron. hæþenan.
17. betwyh. þeahtiende. gif hi to (all 3 on eras.) þam
     (margin ; from ealdormen to wæron inserted between lines :
     variants becoman ; mid hī þeahtiende 7 sprecende wæron).
18. ꝥ hi. fram heora.

Ca. 9. efenrice 7 wæron ealle ealdormen ða onfeng hi. túngeréfa.
10. hī. behatende ꝥ he hi. ealdǫrmen.
11. hi bǽdon. hi ða. hī gehæfde.
12. hi þa ða ellreordan ongeaton ꝥ hi wæron oðre æfestnesse.
13. hi symle heora sealmas. on halgū gebedū.
14. þeowdon 7 dæghwālice. onsægdnesse bæron.
15. hæfdon hi mid hī gehealgode fato 7 gehalgode tabulan.
16. wrixle. wæron ða hæþenan.
17.. þeahtiende. hi to þā.
18. becóman. mid hī þeahtigende 7 sprecende wæron ꝥ hi.
     frā heora godū acyrdon.

Page 416. 19. ácyrdon.   niwan æfæstnesse ðæs cristenan.
B. 20. gehwyrfde 7.   sticcemælum ealle heora.   nenydd.
    21. hi heora eald begang fðrleton.   þæt niwe beeodon. genamon.
    22. sæmnunga.   ofslogon.   hwítan heawold hraðe to deaðe
    mid sweorde 7 þone blácan heawold hi lange cwylmdon.
    24. ðurh limu witnodon.   hi.   ofslegene wæron.   wurpon.
    25. hi heora.   ut ríne þære éa þa ꝥ ða se ealdormann gehyrde.
    26. hu hí ymb ða men gedon hæf (*p.* 404) don.   hine geseon 7
    gesecan woldon.
    27. yrre 7.   ða werod ðider.
    28. het þone tunscype eallne.   ðone tún forbærnan wæron.

C. 26. hine *deest* S.
    27. gesecean **W**.

O. 19. acyrdon.   þære niwan æfestnesse þæs cristenan geleafan.
    20. gehwyrfde 7.   styccemælum eall heora mægð nyded.
    21. hi heora eald bigang forlete.   þæt niwe beeode.   þa.
    22. semninga.   men 7 ofslogan (*last word struck through*).
    heawald hie hræðe (*cross erased*) deaðe mid.
    23. hie lange cwylmdon.
    24. li (i *on eras. of* 2).   hi þa ofslegene wæron.   wurpon hi heora.
    25. ut on rine.   ea.   þa se ealdorman gehyrde.
    26. hi ymb (y *on eras.*) þa men gedon hæfdon þa þe , geseon 7
    gesecan woldon.
    27. yrre.   werod.
    28. het þone tunscype eallne.   forbærnan wæron.

Ca. 19. þære niwan æfæstnesse ðæs cristenan.
    20. gehwyrfde 7 swa sticcemælū eall heora mægð nyded.
    21. hi heora eald bigang forlǽten.   niwe beeodan genamon
    þa semninga ða.
    22. men ðone hwitan.   hi hræde deaðe mid.
    23. hi lange cwylmdon.
    24. lima.   ða hi ða ofslagene wæron.   wurpon hi heora
    lichaman út on ríne.
    25. éa.   ða ꝥ ða se ealdormon gehyrde.
    26. hi ymb ða men gedon hæfdon þa ðe hine geséon 7 secan
    woldon ða.
    27. swyðe yrre sendæ ðá weorud ðider.
    28. het ðone túnscipe eallne.   ðone tún forbærnan wæron
    ðrowiende ða foresprecenan.

Page 416. 29. þrowigende ða foresprecenan.   ðeowas.   mæssepreostas.

B.   30. fyftan dæge nonarium.   heora martirháda wana.
31. wæron 7 heora lichoman (*sic ; rest wanting*).
32. fram ðam hæðenum.   cwædon.
33. éa.   wæron. þa gelamp þte.   lichaman fram ðam
ongean ræse þæs forðgotenan.

C. W. 30. won.

O.   29. fore(144ᵇ)sprecenan.   mæssepreostas.
30. dæge.   heora martyrhada won ͣ wæron heofonlicu wundru
forþon.
31. hi ofslegene wæron.
32. heora lichama fram þam hæþenū.   cwędon on þa.
33. wæron þa gelamp þ þa lichaman.

Ca.   29. ðeowas.   mæssepreostas ðy.
30. dæge nonarū octobriū.   heora martyrháde wona wæron
heofonlicu wundru.
31. ða hi ofslegene wæron.
32. heora lichoman frā ðam hæðenū.   ǽr cwædon on.
33. wæron þa gelamp þ ða lichoman ongean.

Page 418.   1. borene wæron.   eall.
B.   2. · XL · mila (a *out of* n).   oðð þa.   heora cuðan.   7 heora.
3. wæron.   eac.   heofonlices.
4. æghwylcne (*sic*).   ða.   scán þær þ æt gelamp þ ða lichaman.
5. upp cómon (1*st* o *out of* u).   þ eac.   hæðenan gesawon.

O.   1. þam ͥ ræsc þæs forðg͵otendan (d *out of* n).   wæron.   eall.
2. heora cuþe men.   heora geferan inne wæron 7 swylce eac.
3. heofonlices.
4. æghwylcre.   scean þær þ gelomp þ.   lichaman coman.
5. þ eac.   þa hæþenan gesawon.

Ca.   1. ða ræse þæs forðgotenan.   wæron.   eall (*p.* 169) XL.
2. oþ þa.   heora.   men.   heora geféran inne wæron 7
swylce eac.   -
heofonlices
3. mæsta scíma , leohtes sean (*sic*) ðær þ gelomp þ ða.
5. coman 7 þ eac.   þa hæðenan gesáwon.

Page 418. B. 6. hi. Ac. ðara martira (*1st* a *and* i *on eras.*). on nihtlicre gesyhðe.
7. æt(*p.* 405)ywde. heora geferena. tilman.
8. ꝥ mære. worulde eac. æþelra gebyrda.
9. ærest cyninges ðegn. ða.
10. ðæt. mihte heora lichaman on ðæræ.
11. gemétan ðar. ꝥ. heofonum.
12. ða ꝥ eac swa. wæs. fundon hi. heora lichaman on ðære stowe gemetan.
13. gerysenre tíde 7 áre martirum. wæron. dæg heora.
14. þrowunge 7 heora lichaman gemettnesse míd arweorðre.
15. on ðam. mærsode. mid þy pipin þa se mæra cyning fracna ðas.
16. gehyrde. geacsode ða. werod. het.
17. heora lichaman. hi. miclum.

O. 6. þe hi slogan ac þa oþer. martyra on nihtlicere gesyhþe ætywde.
7. heora geferan ðæs. tilman.
8. ꝥ mære. worolde eac. æþelre.
9. from (o *out of* a). þegn (*out of* þem).
10. ꝥ. mihte heora lichaman on þære.
11. gemetan. ꝥ. heofonū. scinan.
12. ꝥ eac swylce swa. wæs. fundon hi. heora lichaman.
13. are martyrum bebyrigede wæron. dæg heora.
14. heora. weorþunge on þam.
15. mær(145[a])sode (o *on eras.*). mid þy pi . pen (i *out of* e, *then* 1 *eras.*) se mæra cyning.
16. þing gehyrde. het heora lichaman.
17. hi. wundre.

Ca. 6. þe hi slogan ac ða þara martyra oðer on nihtlicre gesyhðe ætywde sumū heora geféran.
7. tilman.
8. ꝥ mære wér. worulde eac. æðelre.
9. ærest cyninges þegn 7 ða.
10. hī. ꝥ. mihte heora. on þære. gemetan ðær.
11. ꝥ. heofonū. scinan ꝥ eac swylce swa.
12. wæs. fundon hi. heora.
13. æft̄. are martyrū. bebyrigede wæron. dæg heora þrowunga.
14. heora. arwurðre weorþunge on þā stowū mærsode.
15. mid þy pippen þa se mæra cyning.
16. ðas þing gehyrde. weorud 7 het heora.
17. hī. hi. wundre 7 weorþmyndum bebyrigde on cyrican colónie þære.

Page 418. 18. weorðmyndum.   bebyrgde. on cyrican colonia ðære.   be
B.   ríne . (*out of* rime).
   19. eac.   þte (*p.* 406) on þære.   ðær hi ofslægene wæron
       wille aweoll se ys on ðære ylcan.
   20. andweardan dæg genihtsume.
   21. wæter of forðfloweð 7 geoteð mannum.   þenunge.   are.
   22. Ona (*space for* S).   þam ærestan.   ðæs þe ða.   cómon
       of fresena.
   23. land.   willbrord þæs cyninges leafe hæfde þ.   þær.
   24. hrædlice.   ða wæs.
   25. setles.   ðæt he wolde.
   26. leafe 7 his bletsunge þ.
   27. ðam ðeodum godspell.   7.   willnode æt him onfón ðara.
   28. apostola.
   29. þ.   ðу.   deofolgyld.   cyrican.   on.

O. 18. weorðmyndum bebyrgde on cyricean colonie þære.   bi rine.
   19. þ eac.   þ on þære.   þær hi ofslegene wæron wyl . .
       (le *eras.*) aweolle se on þære ylcan.
   20. ðysne 7weardan dæg.
   21. wæter forðfloweð.   geoteð monnū.   þenunge.   are.
   22. þam ærestū.   þæs þe . . (he *eras.*) þa.   coman on
       frisena land.
   23. willbrord fram þā.   lyfnes̄s̄.   þ.   þær.
   24. ða.   þær hrædlice (þær *struck through*).   ða wæs
       bysceop þæs.
                g
   25. setles ser,ius.   þ he wolde.
   26. lyfnesse.   bletsunge þ.   ongynnan.
   27. þam þeodum godspell.   7.
   28. fram him.   þara.   apostola.   martyra þ.
   29. deofolgyld.   cyricean timbrade.   on.

Ca. 18. bi rine.
   19. þ eac sǽd þ on ðære.   þær hi ofslægene wæron wylle
       aweolle seo on ðære ylcan.
   20. ðisne 7weardan dæg genihtsum wæt̄ forðfloweð 7 geoteð monnū.
   21. ðenunge.
   22. Sona ðam ærestū tidū ðæs þe þa.   coman on frysena land.
   23. wilbrord frā þā.   lyfnesse.   þ.   þær.
   24. ða.   hrædlice.   ða wæs ƀ.
   25. setles.   þ.   wolde.
   26. lyfnesse.   bletsunge þ.
   27. þā ðeodū.   godspell.   7.   wilnode frā hī onfón
       þara.   apostola.   martyra þ.
   29. ðy he deofolgild.   cyrican.   rærde on.

528 VARIOUS READINGS. PAGE 420.

Page 420.   1. ðære þeode.   þ.   ðær.   hæfde.   reliquias.
B.   2. settenne þ he gerysenlice mihte on þara.   áre.
  3. ge (*p.* 407) hwylce halgian ðara þe heora.   inne wæron.
  4. eac.   oðerre.   willnode.   ðær.
  5. oðð þanan onfon on eallum þam myd þy.   willfægen.
  6. wæs.   godcundre láre.
  7. ðære tíde ða gebroþor þa.   on fresum wæron.   him on.
  8. ðære ðenunge godes.   hí.   heora ríme.
  9. mann on.   þeawe.   monnþwære heortan se wæs
    haten swyðbyrht.
  10. þ he him gehalgod wære.   biscope willferð hine gehalgode
    se wæs in ða tíd *(rest wanting)*.
  12. eðle.   on myrcna.   folgode 7.
  13. forðan.   þa tíd cantwara næfdon nanne biscop wæs þeodor.

C. S.   9. on *deest* (*before* heortan).

O.   1. þeode.   þ he þær.   hæfde.   reliquias, þær in
    (i *on eras.*) wæren (e *on eras.*; *rest wanting*).
  4. eac.   oþre.   þær.
  5. onfon on eallū þam mid þy.
  6. wæs.   eft (145ᵇ).   godcundre lare.
  7. þære tide.   broþor þa þe on frysum wæron mid him on
    þær, þenunge þæs.
  8. gecuran hi of heora rime gemet . . fæstne (2 *eras.*) man on.
  9. þeawum.   monþwære.   swiðbyrht þ.
  10. gehalgad . (1 *eras.*) wære.   bysceope (*last* e *squeezed in*).
    bre,tone (*1st* e *on eras.*).
  11. heora bene.   arwyrða bysceop.   willfrið.
  12. wæs on þa tid, cantwara næfdon bysceop wæs (*rest wanting*).

Ca.   1. ðeode þ.   þ he ðær.   hæfde.   reliqia þ þær inne
    wæron (*rest wanting*).
  4. eac.   wilnode.   þær.
  5. on eallū þā.   willfægen wæs he eft.
  6. godcundre láre.
  7. tíde ða broðra þa þe on frýsū wæron.   hī on þære
    ðenunge þæs.
  8. hi.   heora ríme.
  9. man on.   þeawū.   monþwærne on.   swyðbyrht þ.
  10. hī gehalgod wære.   ƀ.   ða.   breotone.
  11. heora.   arwyrða ƀ willfrið.   gehalgode.
  12. wæs on ða tíd þe cantwara næfdon ƀ wæs (*rest wanting*).

Page 420. 14. biscop. byryhwold. æfterfylgend. ða gyt. cóm.
B.   15. bisscopselde. wæs. sǽ onsended. hadigenne.
16. swyðbryht hæfde bisscopháde. onfangen ða. brytene.
17. æfter medmiclum fǽce. gewát. ðære (p. 408).
   boructuaromum.
18. heora. soðfæstnesse. cyrde ac.
19. æfter naht langre tide (cross on d erased) seo ylce ðeod wæs.
   fram. geleafsuman (last a out of u).
20. ða ðe.
21. wæron.   7.   sumū.
22. pipin fracna. þa geærendode bliððryð. cwén þ.
23. gewunenesse stowe. on. ealande þ be ríne þ.
24. on heora gereorde gecẃeden on litóre on ðam.

C. W. 14. berhtwald.
19. naht.
22. geærendade.

O. 14. bysceop. byrhtwold. æftfylgend. gen. com. (1 eras.).
15. bysceopsetle forþon. wæs. sæ on sæ onsended (on sæ
   struck through). hadianne.
16. swiðbyrht hæfde. bysceophade. eft on breotone.
17. æfter medmiclum fæce. þære.
18. heora. soðfæstnesse. gecyrde ac þa.
19. æfter. langre tide seo ylce þeod wæs. fram eal,seaxum.
   (d above)
20. þa. men. þe.
21. wæron.   7. bysceop.
22. pi . pen (p eras.) fracna. þa geærendade bliðþryð.
   cwén þ.
23. wunanesse. on sumū ealande hi rine þ.
24. heora. (146ᵃ) gecy, (eras. of 1 after y). on þam,.
   (ged above) (he above)

Ca. 14. arceð. bryhtwold. æftfyligend ða gyt. cóm.
15. ƀ setle. wæs. sǽ onsended. hadianne.
16. swyþbyrht hæfde ƀ hade. on breotone.
17. æfter medmiclū fæce. gewát. ðære. boruchtuarorū.
18. heora. láre. (p. 170) soðfæstnesse. gecyrde ac þa.
19. æft. langre tíde seo ylce þeod wæs. frä ealdseaxū.
20. geleafsuman men.
21. wæron.   7 se ƀ. geferū sumū.
22. pippen francna. hī þa geærndode. blyðþryð his cwén þ.
23. hī wunonesse. ,sealde (g not usual form) on sumū ealande
   (ge above)
   bi ríne þ.
24. heora. geciged. on þā.

530   VARIOUS READINGS.   PAGES 420–422.

Page 420. 25. getimbrede 7 nu gýt oð ðis.   yrfeweardas (f *out of* w).
B.   26. ðær.   fǽc on forhæbbendum life.   þær.   dagas.
         27. geendode.
         28. æfter þon.   hí.   sume.   godcunde.   on.
         29. ríce þa þe.   him cómon.   heora ealra.
         30. geþeahte 7 ðe þafunge ðone arweorðan wér.   rome.   þam.
         31. 7 bæd hine ꝥ he him (*p.* 409) fresena þeode ðone wer to arce-
             biscope gehalgode.

O.   25. getimbrade ꝥ.   oð ðis ágan (*2nd* a *on eras.*).   yrfeweardas.
         26. þær.   fæc on forhæbbendum life.   þær.   dagas.
         28. æfter þon þe hi.   sumu ger godcunde lare.   on frysena rice.
         29. þe mid him coman.   pippen mid heora eallra.
         30. rome to serge þam.
         31. 7.   ꝥ.   frysena þeode.   ærcebysceope (e *of* æ *eras.*).

Ca.   25. mynst̄ getimbrade ꝥ gýt oð ðis agan.   yrfeweardas.
         26. ðær.   on forhæbbendū life lifede.   ðær.   dagas.
         27. geendode.
         28. æft̄ þon ðe hi.   sumu.   godcunde lare.   on frysena ríce.
         29. hī coman ða.   pippen mid heora eallra.
         30. ðone arwurðan.   róme.   serige þā.   7.   ꝥ.
             frysena þeode to arceb̄ gehalgode.

Page 422. 1. 7 he gedyde.   gehalgod on cyrican ðære.
B.   2. þe hyre gemyndæg.
         3. wæs.   hyre nēde.   ðæs.
         4. gehalgod.   þæt.   feowertyne.   þæs þe.   on.

O.   1. he gedyde swa swa.   gehadad.   cyricean.
         2. martyres.   þe hyre.
         3. wæs.
         4. gehalgad.   ꝥ.   feowertyne.   þæs þe.   on.

Ca.   1. 7 he gedyde swa swa.   cyricean.
                                                      ge
         2. fæmnā 7 martyres.   ðy. þe hire mynddæg (g *above not usual*).
         3. wæs.   ðæs.
         4. gehalgad.   ꝥ.   æft̄ feowertyne dagū þæs þe.   on
             rómeburh cóm ꝥ.

Page 422. 5. romana burh cóm ðæt.   to his eðle on his þa ceastre seo
B.   aldum (*rest wanting*).
    7. worde þara þeoda is nemned willtaburh.   galleas hi.
    8. 7 we cweþað æt troicum on ðære se árweorþa.   cyrican.
    9. feórr 7 wíde.   word 7 his geleafan.
  10. bodode.   wæs cigende fram hǽþenesse 7 fram gedwolan.
  11. heora lifes.   monig . mynster (*after* g, e *washed out*).
      cyrican on þam landum.
  12. 7. oþre biscopas þar.
  13. gehalgode.   ðæra gebroðra ríme þa ðe (*p.* 410).   him.
      æfter.
  14. comon godcunde.   bodigenne ðara.   forðgeleorodon on.
  15. Ac.   ðe.   lange.

C.   6. alde **W**.
  14. eac *deest after* monige **S**.

O.   5. com ꝥ.   bysceopsetle sealde him pippen 7 forgeaf bysceopsetl
      on his mæran ceastre seo ealde.
    7. þara þeoda is nemned wiltaburhg galleas.
    8. cweþað æt ættreocum (1*st* æt *ends a line*).   on þære se.
      bysceop cyricean getimbrade.
    9. feor 7 wide ymb godes word 7 cristes.
  10. wæs gecigende fram hæþenesse 7 fram gedwolan heora lifes.
  11. mynster and cyricean on þam lande (146ᵇ) getimbrade 7.
  12. oþre bysceopas þær.
  13. broþra rime þa þe.   him.   æfter.
  14. coman godcunde lare.   bodianne.   forðgeferdon on
      dryhten ac.
         r
  15. willb,ord.

Ca.   5. ƀ setle sealde hī pippen 7 forgeaf ƀ setl on his mæran ceastre
      seo ealde.
    7. þære ðeode is nemned wiltaburh.
    8. cweðan ǽttreocū on þære.   arwurða ƀ cyricean getimbrade.
    9. feorr.   word 7 cristes.   bodade (a *was originally* n
      and then closed below to make a).
  10. wæs gecygende frā hæðenesse 7 frā gedwolan heora lifes.
  11. mynsṫ 7 cyricean on þā lande getimbrade 7 æft.
  12. biscopas þær.
  13. ðæra.   ríme.   hī.   æft hī coman.
  14. láre to bodigenne.   eac forðgeferdon on.
  15. ac.   ðe.   lange ylde 7 arwurðe hæfde ꝥ is ꝥ he syx
    7 þrittig.

Page 422. 16. yldo on arweorðnysse hæfde þ ys þ he. syx 7 XXX. wintra on
B.   biscopháde lifde.
17. 7 æfter manigfealdum.   camphádes.
18. médum þæs upplican.   becóm (*chapter so ends*).
19. Ðyssum (*ornate* Ð).   tidum sum gemyndelíc wundor 7 eallum
    wundrum gelic on.
20. brytene wæs gewurden forðam ðete (*sic*) áweahtnesse lifigendra
    manna sawle of deaðe.
21. mann wæs.   fǽc.   lichaman.
22. þing gemyndelice sæde.   þara rim. we.
23. hrædlice areccað 7 awritað wæs sum.
24. hiwscypes.   7 hina ealdor on þeodlande norðhymbra.
25. þ is gecweden in cunigum lifde.   æfæstlice.

C. 20. wæs geworden **S**.
25. cunungum **W**.

O. 16. yldo 7 arwyrðe hæfde þ is þ he syx.   þritig.   on
    bysceophade lifde 7 æfter.
17. gewinne.   camphades.
18. medum þæs upplican becom (*break after this word*).
19. Ðyssum tidum wæssum (wæssu *on eras.*).   wundur.   gelic
    on breotone.
20. forþon þe.   lifigendra.
21. wæs.   fæc.   lichama,. (n above)
22. þing gemynd . wyrþe (1 *eras.*) sæde þæt he.   ðara.
23. hrædlice areccean 7 awritan willað.
24. wæs.   hiwscypes (w *on eras.*).   hina ealdar (*last a out of* o)
    in þeodlande noþanhymbra þ is gecy, (d *eras. after* y) on (r above, ged above)
    cunu,gum lifde. (nin above)
25. æfestlice.

Ca. 16. on ƀ hade lifde 7 æft monigfealdū gewinne.
17. camphades.
18. médū þæs úplican becóm (*break ; then in break to left of XIII,*
    sumes goodes mannes gesihðe be heofene rice 7 be helle wite
    rǽd hit 7 well understond 7 þu bist þe betere).
19. Ðyssū tidū wæs sū gemyndelic wundor.   ealdū wundrū gelíc
    on breotone geworden.
20. lifgendra.
21. wæs.   fæc.   lífe lichoman.
22. arás.   þing.   gemynwurðes sæde þ.   ðara.
23. hér hrædlice areccan 7 writan wyllað.
24. wæs.   híwscipes.   hína ealdor.   ðeodlande.
25. þ is gecyged on cununingū lifde he æfestlice.

Page 422. 26. lif.   hirede (*p.* 411) þa.   lichomlicre úntrumnesse.
B.   27. gestanden.   dæghwamlice.   oð ƿ.   ðam.
     28. dæge.   wæs.   on.   niht.   ac on.
     29. acwicode.   sæmnunga úpp asæt 7.   þe.
     30. lichaman wepende.   ungeméte miclum ege geslagene wæron.
     31. útflugon buton.   wife anum ðe.   swiþost lufode seo
         ána þar inne.

C.   28. ac on dægred he **S.**
     29. acwicode **W.**

O.   26. lif.   hirede þa.   lichamlicre untrymnesse.
     27. gestanden.   dæghwamlice weox (e w *on eras.*) oð ƿ.   þam.
     28. dæge.   wæs.   on.   niht.   ac on.
     29. eft awæccnade.   upp asæt 7.   þa þe (147ª).
     30. lichaman wepende stodon mid.   geslegene wæron.
     31. wif án þe.   seo an inne.

Ca.   26. lif.   hirede þa.   lichamlicre untrūnesse.
     27. gestanden.   dæghwālice.   oð ƿ.   ðam.
     28. dæge.   wæs 7 on.   niht.   ac on dágunge.
     29. eft awaccnede 7.   upp asæt 7 ealle þa ðe æt (*p.* 171).
     30. wæpende stodon mid.   wæron.
     31. útflugon.   wife anū þe.   swiðost.   seo an inne.

Page 424. 1. wunode þeah heo.   wære.   bifigende þa.
B.   2. hi.   cwæþ ne þearfst ðu þe ondrædan forþam ic.   fram.
     3. aras.   eom.   forlǽten.   mannum lifigan.   hwæþere.
     4. life.   lyfode ac swyþe úngelice.   tíde.

O.   1. awunade þeah þo heo.   forht 7 bifiende wære þa frefrade.
     2. he hi 7 cƿ.   wil,e.   þe ondrædan forþon.   frā.
     3. deaþe aras.   eft (*on eras.*) forlætan (for *on eras.*).   lifigean
        nalæs hwæþere.
     4. life.   lifde ac.   þysse tide.

Ca.   1. awunode þeah.   heo swyðe forht 7 bifigende wære þa frefrade.
     2. hi (*tick to right late, and not mark of contraction*).   cƿ ne
        wilt ðu.   ondrædan.   frā.
     3. arás.   monnū lifian nalæs hwæðere ðy lífe.
     4. ǽr lifde ac.   þisse tide.

Page 424. 5. 7.   áras.   þære.   þæs.
B.   6. hlutturne.   þær on.   7.   þam.
7. æhta on.   anne dæl his wife oðerne.   þriddan (*p.* 412).
8. gelamp.   instæpe þearfum gedælde.
9. eall woruldðing forlét 7 ða to mailros.
10. þam.   cóm ꝥ.   ðam dæle mæstan mid ymbegange.
11. twyde.   betyned 7 hwæðer godes þeowháde.   sceare.
12. on digle ancorstowe eode ða se aƀƀ him forgeaf.   þær.
13. þone.   on.   micelre þræstnesse.   forhæfednesse.
14. lichaman á eardode.   wunode ꝥte.   ongytan mihton ꝥ.
15. þing egeslices.   geseah.
16. oþre menn miðon þeah.   seo.   swigode ꝥ.   lif wæs.

C. S.   16. men ne meahton.

O.   5. lifigeanne 7 sona aras.   þære cyricean þæs.
6. hlutterne dæg þær in.   7.
7. æhta on.   ænne.   wife.   oþerne . (1 *eras.*).
8. gelamp.   instæpe (i *on eras.*) þearfum gedælde.
                                g
9. eall w . oruldþin,c (*eras. of* e ?) forlet.
10. þam.   com ꝥ.   þam mestan.   ymbbignesse.
       wi   eow   a
11. t ., de (*eras. of* i ?).   þær.   þ . hade (y *eras.*).   sce,re.
12. on digle ancorstowe eode þa se.   þær.
13. on.   miclre geþræstnesse 7 forhæfdnesse.   lichaman
    aheardade.
14. ꝥ men ongytan mihton ꝥ.
              eges
15. þing ge .,. lice (*eras. of* li).   geseah.
16. oþre men miðon (i *on eras. of* eo) þeah þe seo.   ꝥ.   lif
    wæs (147ᵇ).

Ca.   5. 7 sona aras.   þære cyricean þæs.
6. þær in.   7.   æft.
7. æhto on þreo.   ænne.   wife.
8. bearnū ðone.   ðe hī gelamp.   instæpe þearfū gedælde.
9. æft medmiclū.   eall woruldðing forlét.
10. þā.   cóm ꝥ.   þā mæstan.   ymbbignesse tweode.
11. þær.   þeowhade 7 sceare.
12. 7 digle ancorstowe eode ða se aƀƀud ꝥ geseah hu he oð þone.
13. on.   mycelre geþræstnesse 7 forhæfednesse.
14. aheardode 7 awunode ꝥ men ongitan mihton ꝥ.
15. ge egeslice ge willsūlice (ge, ge, *both with later g above*) geseah
    ðe oðre men miðon þeah ðe seo tunge swigode ꝥ.
16. lif wæs.

Page 424.
B.

18. sæde.   on þissum gemete þte.   cwæð^{wlitigre}., ansine 7 leohte
gesihðe. 7 beorhte gegyrelan (*word above by corrector; printed partly on p.* 413).
19. wæs se mé.   eode wit.
20. swigende. þæs.   þuhte.   gesewen wæs. ongean.
21. uppgang æt middum sumera. mid þi wit þa hwile.
22. eodon ða becomon wit.   seo.   (*p.* 413) 7 úngeendodre
lengo wæs.
24. geset oð̲er del̲l̲ (*stroke under* ll; *corrector*).   weallendum
legum.   swiðe.
25. wæs nahte.   únárefnedlice cyle hageles 7 snáwes full.
26. wæs æghwæðer.   sawla.   ða wrixliende.
27. twa healfa gesewene wæron.   míd únmætnesse micles.

C.

20. norþ east **W. S.**
25. þon læs **W. S.**
27. mid *deest* **S.**

O.

18. sæde.   þætte.   cwæð leohte (leo *on eras.*) gesihþe.
19. ónsyne (y *on eras. of* 3).   be,^orhte gegyrelan wæs.   þe.
eode wit swigende þæs þe.
20. þuhte 7 gesewen (w *on eras.*) wæs.   norð 7 east.
21. upgon,.^g   middan.   þy wyt þa,.^{hwile}
22. becomon wit to sumre.   seo.
23. ungeendadre lengo wæs.   þa wynstran (yn *on eras.*).
24. geseted 7 þær.   weallendum ligum ful swiðe.
25. egesfullice 7 þær wæs nohte þy læs unarefnendlic . (e *eras.*) cyle
hagles 7 snawes ful wæs æghwæþer monna sawla ful ða
wrixendlice (x *on eras.*).
27. twa.   gesewene (w *on eras. of* g) wæron swa swa unmétnesse
micel.^{es}

Ca.

18. sæde.   þisse gemete þ.   cw̄.
19. onsyne.   beorhte gegyrelan wæs.   eode wit swigende þæs.
20. þuhte 7 gesewen wæs ongean norð 7 east.
21. sunnon úpgong.   middan sumere mid þy.   þa hwíle.
22. becoman wit.   sumre.   seo.
23. ungeendodre lengo wæs.
24. geseted 7 þær.   weallendū lígum.   swiðe.
25. egesfullice 7 þær wæs nohte læs unaræfnendlice cyle hagles.
26. snawes full wæs æghwæðer monna sawla ful ða.
•27. twa halfe gesewene wæron swa swa unmætnesse.

536

Page 424. 28. Ჰonne hi Ჰa mægen þære únmætan.
B.   29. hæto aræfnan.   mihton.   stældon hi.   on.
     30. middel wæs únmætan cyles.   þi hi.   ræste.
     31. mihton. stældon hi.   on middum þæs únmætan brynes þæs
        byrnendan.
     32. únádwæscedlican liges.   þi hi Ჰa þysse úngesæligan.
     33. gewrixle feorr 7 wíde.   ic geseon mihte fyrstmearce.

O.   28. worpene (r out of p).   hi.   mægen þære unmætan hæto
        aræfnan.
                         a
     29. mihton þonne steldon (e on eras.) hi.   on.
     30. cyles.   hi þær.
     31. mihton steldon (e by eras. out of æ) hi.   on midell.
     32. þæs unadwæscendlican liges.   hi þa þysse ungesæligan wrixle.
     33. swa ic.   mihte.

Ca.   28. Ჰonñ hi þ mægen þære unmætan hæto aræfnan.
     29. mihton þonñ stealdon hi.   on.
     30. Ჰæs.   cyles.   hi þær.
     31. gemétan mihton stelldon hi.   on middel Ჰæs.
     32. Ჰæs unadwæscendlican liges.   hi.   þysse ungesæligan
        wrixle.
     33. ic geséon mihte.

Page 426. 1. reste.   þære úngerimedan mænigo.   þræste.
B.   2. ongann.   þenҫcan (dot under 1st c).   þ þ hell.
     3. únaræfedlicum.   secgan hyrde (p. 414) þa audswarode.
     4. . geþohte se ladteow (before g, Ჰ washed out) beforan eode.
        þis.

O.   1. reste.   mænigeo.   þræste (æ out of original e).
     2. þencean.   þ þæt hell (148ᵃ).   þam.
                nend
     3. unaræf. , . licum (eras. of ed) secgean hyrde.   7swerede.
        minum (i out of e).
                                              ᴮ
     4. geþohte se latteow.   þe.   cw̄ ni, þis cw̄ he.

Ca.   1. reste.   Ჰa.   mænigeo.   Ჰræste.   Ჰa.
     2. þencean.   þ þ hell.   tintregū aræfnendlicū.
     3. secgan hyrde.   7swarede.   minū.
     4. geþohte se latteow.   cw̄.   þis cwæჇ he seo•hel.

Page 426. 5. hell þe ðu talast.
B.   6. ðy.   þysse ongryssenlican wæfersyne swyðe.
       7. afyryhted.   ða.   sticcemælum.
       8. fyrrnessum þa.   sæmnunga.   þystrigan.
       9. þa.   wæs miclū ðystrum eall.   þy wyt.
    10. þa þystreo eodon.   hi sticcemælum.   þicce.
    11. wæron 7 ic nanwiht.   ne mihte buton þ.   ansyn scán.
    12. leohte wæron þæs þe me.   myd ði wyt.
    13. forðgangende.   þam.   ðære þystran.   þa.
    14. ætywdon sæmnunga.   manige swearte heapas þara liga.
    15. upp.   oft (sic).   seaþe.   feallende.

C.   8. þeostrian W.
    11. nanuht W.   butan ða nemne þ S.

O.   5. hel¹,.   þu talast.
       6. þa.   þysse ongrislican wæfersyne.
       8. fyrran.   ða.   semninga.   ongynna, þystrian þa.
       9. þystrum eall gefylled beon.   þy.
    10. þa on þa þystru (u on eras.).   in,odon (d out of n).   hi
        sticcemælum.   þicce.
    11. nowiht.   mihte butan ða. nemne þ (stop at ða).   ansyn
        scean.
    12. hræg, leohte wæron þæs (on eras. squeezed in) þe me.   þy.
        þa.
    13. þæm.   þystran.
    14. ætywdon semninga.   ligea (i on eras.) þa.
    15. feallende.

Ca.   5. talost.
       6. þa.   ðysse ongrislican wæfersyne swyðe afyrhted.
       7. styccemælū.
       8. fyrran lænd ða.   semninga.   þystrian þa.
       9. myclū þystrū eall gefylled béon (p. 172).   þy wít.   on þa
        ðystru ineodan.
    10. hi styccemælū.   þicce.
    11. þ, nowiht.   mihte nemðe þ.   ansyn scean.
    12. hrægel leohte wæron þæs ðe me lædde mid þy.
    13. þā scuwan ðære þystran.
    14. ætywdon semninga.   ungc.   ligea.
    15. upp.   miclū.   feallende.

Page 426. 16. on þone ylcan.   þa ðider.

B.   17. þa ðider ge(*p.* 415)læded.   sæmnunga.   ladteow cóm.
           me.
           18. on.   ðam þystrum on þære ongryrnesse gesihðe.
           19. ylcan.   blinnendan.   upp.
           20. on heannesse.   nyðer.   on.   neowelnesse.
           21. sceawode.   ðara upp ástigendra ysla mid (*rest wanting*).
           23. réce.   on.   upp.   hwilum eft togeanes.
           24. þara.   þrosmū aslidene 7 to grunde feolle in neowelnesse.
           25. swylce.   únaræfnedlic fulness.
                                a   a
           26. awe,llende 7 e,lle.   þystra gefyllede.   ði ic þær lange forht.

C. W. 21. legea.

O.   16. þone ylcan.   þy ic þa þider.
           17. þa.   semninga.   ladþeow com.   me.
                                                on
           18. on middan þan þystrum . þære (1 *eras.*) angryslican.
           19. þy.   ylcan.   (148^b) hwilum.   up.
                 n   wol
           20. on hea,nesse.   niðer (n *on eras.*) gewitan on þa neo . nesse
           (neo *on eras., then* 1 *eras.*) þæs seaþes.
                                                        þa
           21. eall þa.   upp astigendra liga (þa *not same hand*).
                                        þa
           22. manna.   in ónlicnesse.   upp astigendra mid.
           23. on heannesse.   upp...worpne hwilū (3 *erased*).   togenū
           þara.
           24. þrosmū.   on·neowelnesse 7 on.
                                                    n
           25. swylce.   unaræf,endlic fulnes.   upaweallende.
           26. þa.   þara þystra gefyllde (de *on eras.*).   þy ic þa.

Ca.   16. gewítende on þone ylcan.   þy.
           17. semninga.   cóm.   me forlét on middan.
           18. ðam þystrū on þære angrislican.
           19. þy ða ylcan.   ðara fýra.   hwilū upp astígon on heannesse
           hwilū.
           20. gewiton on ða neowolnesse þæs.
           21. sceawode eall þa.   ðara upp astigendra lígea.
           22. gasta on.   upp astígendra mid réce hwilū on heannesse.
           23. upp worpene.   atogenū.
           24. þrosmū.   a,'slidene on neowolnesse.   on grund (*opposite in
           margin, not same hand,* þæs pyttes).
           25. swylce.   unaræfnendlice fúlnes.   uppaweallende.
           26. þara ðystra.   þy.

Page 426. 27. stód. úncuð. oðõe hwæder.

B. 28. oðõe hwylc. becóme þa gehyrde. sæmnunga.
29. sweg. ón bæcling wopes. swylce.
30. gehlýd. ceahhetunge (*p.* 416). úngelæredes.
bysmrigendes.
32. becóm ða. werigra gasta wifmanna sawla.
33. gnornigende. héofende. ða þystro. hi.

C. 28. ende **W.**
30. beosmriendes folceo **W. S.**
32. werigra **W.**

O. 27. oþþe.
28. oþþe hwilc. become þa gehyrde ic semninga mycelne sweg.
29. on bæcling (*all but* o *on eras.*). swylce. mycel gehlyd.
$\qquad$ ·he
30. ceah,tunge. ungelærdes. bysmriendes geheftum.
31. ða he þá se (s *out of* w *by eras.*). nýr.
32. monige þara .. (*eras. or abrasure*) werigra. fif monna sawla.
33. gnorniende (gn *by eras.* out *of* gr). þystro 7 hie.

Ca. $\qquad$ 7 afered
27. stod 7 me (*same hand as in margin, l.* 24). oðõe.
$\qquad$ ic
$\qquad$ to
28. oðõe hwylce (to *original*) dome (ic *hand as in* 24, 27) becóme.
gehyrde. semninga mycelne sweg.
29. swylce eac mycel gehlyd 7 ceahhetunge.
30. *originally* bysningendes (*roughly changed by a later hand into*
bysmrigendes).
31. gehæftū heora feondū ða he þa. nýr.
32. becóm. monige þara gasta wifmonna sawla gnorniende.
téon. ðystro 7 hi.

Page 428. 1. ðam. ceahhetton. sum wæs læwede sum wœs

B. wifmann sum þæs þe ic (i *in* wif *out of intended* e).
2. mihte wæs. preost tugon.

O. $\qquad$ h
1. þon. ceah,etton ðara monna. þe.
2. gewitan mihte. wæs læwede.

Ca. 1. þon swyðe. ceahhetton.
2. gewitan mihte. læwede sū.

Page 428. 3. hi þa werigan.   nyðer.   gewiton on.
B.   4. þa neowelnesse þæs byrnendan fyres. Mid þy hi ða fyrr
             gewitene.
             5. wóp.   ðone hleahter ðara.
             6. deofla sweotollice.   gehyran.   mihte. hwæþere.   gyta.
             7. on.   betwyh þas.   upp.
             8. þara ðystra gastas (sic).   þære neowellnesse.   þære
             wíte stówe.
             9. me.   ymbsealdon (b out of s).   hi fyre.   fúl fýr.
             10. muþe (p. 417).   nosum.   út.   7.
             11. tange.   handan.   me nyrwdon.   tobeotodon.
             12. þ hi.   ðam gripan.   on.   7.
             13. þe hi me.   bregdon 7 færdon ne hi hwæðere me gehrinan.

O.   3. tugun hie þa (149ª) werigan.   gewitan.
             4. þa neowolnesse þæs.   liges.   þy hie þa fyr gewitene.
                                                   ne
             5. þone.   monna.   þo, (not 1st hand).
             6. deofla.   gehyran.   mihte hwæþere.   þone.   þa
                        c
             gemer,gedne on (on on eras.).
                   eo
             7. betw ., h þas (i eras.).   þa (a on eras.) up.
             8. þara þystra.   þære neowelnesse 7 of þære.
                                                      e
             9. me.   ymbsealdon.   hie fyren,.   fúl.
             10. nosum.   7.
             11. me nyrwdon.
             12. hie me mid þæm gegripan (a out of o).   þa.   7.
             13. þe hie me.   brægden . (eras. of e ?).   fyrhten . (1 eras.).
             hie hwæðere me gehrinan . . (2 eras.).

Ca.   3. wífmon.   hi ða werigan.   gewitan.
             4. neowolnesse þæs.   liges.   hi þa fyrr gewitene.
             5. þone wóp.   monna.
             6. deofla.   gehyran.   mihte hwæðere.   þone.   ða
             gemencgedne on earū.
             7. betwih ðas.
             8. þara ðystra.   ðære neowolnesse.   þære wítestowe.
                                                           eode
             9. me útan ymbsealdon.   hi.   fúl fyr, (not 1st hand).
             10. nósū.   út.   7 fyre tángan hī.
             11. 7 me nyrwdon.   tóbeotodan þ hi me.
             12. þā tacggū (this last word in margin adjoining þā) gegrípon.
             forwyrd.   7.
             13. hi me.   bregdon.   hi hwæðere me gehrínan.

Page 428. 14. ði.·   æghwanon mid þam.   ymbseald.

B.   16. þære blindnesse ðara ðystra.   þa ahóf.

17. locode.   hwæþer.   fultum cóme oððe toweard wære.

18. ꝥ.   mihte.   ætywde.   þam.

19. cóm betwyh.   þystréo swylce beorhtnes scinendes steorran.

20. ꝥ.   wexende.   raðe.   to me efestende.

21. þe.   nealæcte.   aweg.

22. ealle þa wiðerweardan gastas.   þe.   ǽr.   tancgum tobeotodon.

23. ꝥ.   ladteo.   me ær.   ða cyrde he sona (*p.* 418).

24. þa hand.   me ongann.   ðone.

25. rodor swa sunne on wintra upp gangeð ða wæron.

C. W.   22. tungum.

25. reador.

O.   15. þy ic þa.   þæm.   ymbseald.
     d

16. þa blin,nesse.   þystra.   ahof.
       er

17. up.   hwæþ, (þ *out of* r).

18. þæt.   mihte ða ætywde.   þon wegé.

19. com betwih þa þystro swa swa beorhtnes scinendes steorran (149ᵇ).
        h

20. þæt leot, (*sic:* h *not same hand*) hraðe (a *on eras.*).   me
  e
ef,stende.

21. þæs þe.   nealæhte þa.   onweg.

22. ða wiðerweardan (*in* wea w *is in margin,* ea *on eras.*) gastas. þa þe.   tangan (1*st* a *out of* u) tobeotodon.

23. þæt.   ladþeow.   þe me ær.   ða cirde he sona.

24. þa.   me.   on þone rodor swa sunne on wintra up.

25. ða wæron.

Ca.   15. þy ic wæs.   æghwanon.   þam feondū ymbseald.

16. þa.   ðystra.   ahóf.

17. úpp 7 lócade.   fultū.   wǽre ꝥ.

18. mihte ða ætywde.   (*p.* 173) æft þon wege ðe.

19. cóm betwyh þa ðystra swa swa beorhtnes scinendes steorran.

20. ꝥ.   efestende.

21. þæs ðe.   nealæhte þa.   onweg flugan.

22. þa wiðerweardan gastas þa.   ǽr.

23. ꝥ.   latðeow se þe me ær lædde ða cirde he sona on þa.

24. hand 7 me ongan.   on ðeone rodor.

25. swa sunne on wintra.   ða wæron.

Page 428. 26. ðystrum abrodone.   me.   on.   smyltes.
B. **27.** þy he ða me on.
  28. beforan þone.   lengo.   healfa 7 his.
  29. heanes.   gesewen.   ða ongann.   wund,igan (1st hand).
  30. hwā wyt.   ðam wealle eodon.
  31. eahþyrel.   uppastigennesse ó hwanum.   ænige healfe.
        mihte.
  32. myd.   wyt.   becomon.   wealle ða.   nyst ic (junctim ?).

C. W. **32.** nyste.

O. **26.** þystrum abrodene.   me.   smyltes.
            me
  27. þy he, þa on.
          a
  28. wel (e out of æ).   lengeo.
          n
  29. heanesse æni.   gesewen.   ða.   ic.. (2 eras.).
                        e
  30. wyt to þan w,alle eodon.   þy.   ne ænig eaghþyrl.
  31. ahwonon.   ænige healfe.   mihte.
                          e
  32. þa.   þam w,alle.   instæpe (i on eras. of o).

Ca. **26.** þā ðystrū abrodene.   me.   smyltes.
  27. me.   on openū.
  28. weal.
  29. gesewen.   ða.
  30. to þon wealle.   þy.   hī nænige eaghðyrl ne.
  31. ahwonon.   ænige healfe.   mihte.   þy.   ðā wealle.   wát.

Page 430. 1. hwylcere endebyrdnesse wyt wæron on ðære heanesse.   þam
B.   wealle.
  2. ufan 7 þa.   ðone.   7 ðone.

O. **1.** hwylcre.   wyt.   þam w,all, ufanweardum.
                                    e   e
  2. þær.

Ca. **1.** hwylcre.   wealle ufanweardū.
  2. þær ðone.

Page 430.   3. swetnesse full.   blosma 7.
B.   4. swetnes.   micelan swæcces 7 sona.
            5. ealle þa ðystro (*p.* 419) 7 þa þystro (*sic*) 7 ða fulnessa þæs
                sweartan ofnes þe me ær þurh sweg aweg aflymde 7.
            7. ða. geonscán ꝥ. ealles ðæs dæges beorhtnesse oððe þære.
            8, beorhtra.
            9. þyssum.   únríme gesamnunge.   hwittra.   fægerra.
                monige.
           10. æþele gefeondra weredra.   myd þi he ða me lædde.
           11. betweoh.   þa.   gesæligra ge eac þara wereda.   ongann.
                þenccan.
           12. ꝥ ꝥ wære.   ríce.   oft ær secgan gehyrde 7 bodian.
           13. andswarode.   geþohte nis þis heofona ríce swa þu talast.

C. S.   5. ðurh seah aweg.
            14. nis þis cwæþ he.

O.   3. blosmana 7.
            4. wundriende swetnes.   swęcces (1*st* c *on eras.*).
            5. þa fúlnesse þæs þystran of. nes (e *eras.*) þe me ær þurhw,ogh
                (150ᵃ) onweg aflymde 7.
            7. geondscean ꝥ.   beorhtnesse oððe þære.
            8. sunnan wæs.
            9. þyssum.   hwittra.   fægera.
           10. setl ge. f,endra (1 *eras.*, o *above as shown*) we. roda (1 *eras.*) 7
                blissendra.   he þa me.
           11. betweoh.   þa.   we. roda (1 *eras.*).   þencean.
           12. þuhte ꝥ ꝥ wære.   þam ic oft ær gehyrde bodian 7 secgean
                þa 7swarode.
           13. geþohte 7 cw̄.   þis cw̄.
           14. heofena.   þu talast.

Ca.   3. fægrestan.   blostma 7.   wundriende swetnes.   swæcces.
            5. fullnessa þæs ðystran ofnes þe me ær ðurhsweógh onweg afly-
                mede 7 swa mycel.
            7. ða.   geondscean ꝥ.   beorhtnesse oððe þære.
            8. sunnan wæs.
            9. þyssū.   hwittra.   fægera.
           10. seld.   weorada.   blissendra.   þy he ða me lædde betwih.
           11. þa ðreatas.   weroda.   þencean.
           12. ðuhte ꝥ ꝥ wære.   ríce.   þā.   oft ær gehyrde bodian
                7 secgan.
           13. 7swarede.   mínū geþohte 7 cw̄ nis ðis heofonan ríce.
           14. talast.

Page 430. 15. þy.   þa.   forðgangende.   wunenesse.
B.   16. unc maran gyfe.   on.
18. þa swettestan stæfne godes lof singendra swylce eac (*p.* 420).
19. stówe.   swæcces wæs.
20. þte seo swetnes ðe.   byrigde.   on þa.   witgemetnesse.
22. gesewen swa eac swylce þ.   beorhtnes ðæs.
23. on.
24. myd þy.   ætwende ingangende beon ða sæmnunga.
25. ladteow.   yldinge.   eft wæs.   gang cyrrende (d *out of* n).
26. me.   þy sylfan wege þe.   comon.

C. W.   18. swetestan.
25. eldenne.

O.   15. þy wit þa.   forðgangende 7, ferdon. [ofer]
f
16. be,oran.   gyfe.
17. on þære.
18. stefne gehyrde.
19. þære.   wundurlices sw.ces (*eras. of* i) onsended, [æc] [wæs] þætte
seo swetnes.
20. b,rigde i *out of* e). [y]   þa wið.. met,nesse (2 *eras., of which 2nd* [e]
was e).   æftran le,htes 7 be,rhtnesse. [o] [o]
wen
21. medmycel gese, swa eac swylce.
o
22. be,rhtnes.
23. medmycel gesewen in þære stowe wynsūnesse (150b).
24. þy.   ingangende beon.   semninga.
c
25. ladteow.   ylding,e eft wæs hī geond (ond *on eras.*) cyrrende.
26. me.   þy sylfan wege þe we ær to coman.

Ca.   15. þy.   forðgangende 7 oferférdon ðas wununesse.
16. gife.
17. ðonn.   on þære.
18. þa swetnesse án stæfne gehyrde.
19. þære.   mycel.   swæcces onsended wæs þte seo swetnes ðe.
20. byrigde.   wiðgemetnesse.   æftran.   medmycel gesewen
on þære stówe wynsūnesse.
24. þy.   ingangende beon.   semninga.
25. latðeow gestód yldinge eft wæs his geond cyrrende.
26. me.   þy sylfan wegge þe.   tocoman.

Page 430. 27. þi ðe wyt þa.   hweorfende wæron ða becomon wit to ðam.
B.   gewunenessum.
    28. fægera cwæþ.   tó.   wastu.   þas.
    29. syn.   ðu sceawodest.   gesawe ða.   him.
    30. wát ic hwæt hi synt. ða cwæð he tó me seo denu þe ðu gesawe.
    31. weallendum lygum (*p.* 421) 7 þam strangum 7 ðam þrosmum
        7 þam cylum egeslice beon gefylled.
    32. þ.   on.   syndon tó ádemenne.   clænsigenne þara.
               u
    33. sawla ða þe yldinge dydon heora synna to andettenne (*the mark
        over* la, *if* u, *is irregular*).   betenne 7 ða mán þe hí fremedon.

C. W. 27. bliþran.

O.   27. þy wyt þa.   hweorfende.   þam.   wunenessū.
    28. þara hwitra.   fægera cw̄.   þu hwæt þa þing.
    29. synd þe.   gesawe 7swarade.   him.
    30. hie (e *on eras.*) cw̄ he seo dene þe þu gesawe weallendū lige 7
             r
        st,angum cylum.
            gefylled
    31. beon, þ (gefylled *later hand*) is.
    32. on þære syndon to ademanne and to clænsienne monna.
    33. þe yldende wæran to ondettenne 7 to betenne (*last 3 words in
        margin*).

Ca.   27. þy.   hweorfende.   þā.   wunenyssū þara.
    28. fægera cw̄.   wástu hwæt þa ðing.
    29. synd.   sceawodest 7 gesawe (*p.* 174) andswarede.
    30. næse cw̄.   wát.   hi cw̄ he seo dene ðe ðu gesáwe weallendū
        ligū 7 þā strangū cylum.
    32. þ.   on þære syndon to ademanne.   clænsianne monna.
    33. yldende wæron.   betanne.

Page 432. 1. hwæðere.   nyhstan.
B.   2. on.   sylfan tíd.   hreowe.   lichaman.

O.   1, mán þe hi gefremedon.   hwæþere.   nyhstan on þa sylfan.
    2. deaþes.   hreowe.   lichaman eodan.

Ca.   1. synna 7 þa mán ðe hi.   hwæðere.   nyhstan on þa sylfan tíd.
    2. hreowe.

Page 432. 3. hwæðere forþam.   hi.   on.
B.   4. sylfan.   on.   ríce.
           5. benum 7 gebedum 7 ælmessum.
           6. fæstenum.   eallra.   mæssesang gefultumaðƀ hi.
           7. wit þu ƀ se fæmenda seaðð.
           8. fúla.   þe þu.   ƀ.   tintregan.   on þone.
           9. hwylc swa æne syþe inn befealleð.   ðonon on ecnesse.
          10. ne bið. seo blosmberende stów (*p.* 422) þone on þære þe ðu ƀ
              (*above this* 1st *line several upright dashes*).
          11. fægeroste werod gesawe on þære beoð onfangene (*rest wanting*).
          12. manna sawla ða ðe on.
          13. worcum.   lichaman gangað.   hwæþere.
          14. ƀ hi.   syn on.   ríce.
          15. þa hwæðere on.   gesyhðe.

C. S.   7. se lig ferbærnda seaþ.

O.   3. hwæþere forþon.   hie.   on.
           4. sylfan.   on.   heofena.
           5. monna.   ælmessan.
           6. swiþust mæssesang.   þæt hi (t *on eras.*).
           7. þu ƀ.   li,fǽm . enda (b ? *eras.*).
           8. þu.   þone.
           9. hwylc swa æne.   on befealleð.   þonon on ecnesse.
          10. se, blostm(151ᵃ)berende.   þonne on þære þe þu ƀ fægerɔste
              werod on geogeðhadnesse.
          12. ƀ.   on.   onfangenne.   þa þe.
          13. weorcum.   lichaman gángað (2nd a *out of* c).   hwæþɔre.
          14. ƀ hi.   synd on.   ge,dde.
          15. þa hwæþere on.   gesyhðe.

Ca.   3. eodan ða hwæðere forþon.   hi.   on ðā sylfan.
           4. on.   dæg.   ríce.
           5. monna.   ælmessan.
           6. swiðost mæssesang gefultumað ƀ hi.
           7. ƀ.   ligfæmbenda.
           8. fúla.   ƀ.   þone.
           9. hwylc swa æne.   on befeallað.   ðonon on ecnesse.
          10. seo blosmbærende stów on þære ðe þu ƀ fægereste.
          11. on geoguðhadnesse.
          12. ƀ.   on þære.   onfangene.
          13. gódū weorcū.   hwæðere.
          14. ƀ hi.   synd on.
          15. þa hwæðere on.   gesyhðe.   geféan.

Page 432. 16. ríces inn gangaＤ forＤon swylce swa.   eallum.

B. 17. weorce.   on geþohte.   þæs þe hi.   lichaman.
18. gangaＤ hi.   hefonlican ríce.   ríces neaweste.
19. seo.   þæne.   þæs sanges.   þy.
20. swæcce Ｄære swetnesse Ｄe Ｄu gehyrdest.   Ｄa.
21. gesawe.   Ｄu þonne.   forＤon scealt to lichaman.
22. betwyh.   lifian.   þeawas word on.
23. on bylewytnesse.   healdan.
24. Ｄonne.   betwyh.   blis(*p.* 423)sigendan.
25. werod.   þe þu.   nyh,t.[s]
26. sceawodest 7.   tíd fram þe.
27. Ｄam.   ｈ dyde ｈ.   geacsigan.

C. 19. weorþan sanges **S.**
20. beorhtnesse **W.**
21. Ｄu nu scealt **S.**
22. eft beon in mannum **S.**

O. 16. ingangaＤ forþon.   hwylce swa on eallū.
17. w,orce[e] 7 on geþohte.   þæs þe, of lichaman gangaＤ.[hi]
18. þam.   þæs.   neaweste.
19. seo.   þu.   þæs wépan sanges.   þy.
20. sw . ce[æc] (*eras. of* i).   swetnesse gehyrdest.
21. gesawe.   þu þonne forþon.   lichaman.
22. betwyh.   . mannum (1 *eras.*) lifigean.   þu þine.
23. on.   on bylewytnesse.   healdan.
24. þonne.   æf..(2 *eras.*) deaþe.[ter]   wununesse.   betwyh þa.
25. weorod.   þe þu.   nyhst (n *out of* h).
26. 7.   þu þá.   fram þe.
27. þon.   ｈ.   ｈ.   geacsian.   hwæt,.[ic]   þe don sceolde.

Ca. 16. ingangaＤ.   swa swylce swa on.
17. weorce 7 on geþohte.   þæs Ｄe hi.
18. gangaＤ.   þā.   ríce To (t *unusual form*) þæs.   neawiste.
19. seo.   Ｄær þu þone.   þæs swétan sanges.   þy swæcce.
20. swetnesse gehyrdest 7 þa leohtnesse þæs.
21. gesáwe.   Ｄonn forＤon nu.
22. 7 betweoh mannū.   lifian.   þu þine.   Ｄeawas.
23. Ｄin.   on rihtwisnesse 7 on bylehwitnesse.   healdan wylt þonū.
24. æft.   wununesse.   blissigendra werod.
25. þe Ｄu.   nyhst.
26. sceawodest 7.   wíte.   tíd frā þe gewát.
27. þon.   ｈ dyde ｈ.   geacsigan.

N n 2

Page 432. 28. gedon beon sceolde.   þy he me to cwæþ ꝥ.   lichaman.
B.   29. sceolde.   ic ꝥ swyðe onscunigende.
     30. forðam.   lustfullode ðære.
     31. þe.   gemanan.
     32. þe ic þære.   sceawode.   hwæþere.   ladteow.

O.   28. þy he þa.   ꝥ.   lichaman.   sceolde.   ic ꝥ swiðe
     onscunnienne.
     30. forþon.   lustfulliende wæs *(later in margin)* (151^b) þære.
     31. þe ic þær.   gemanan.
     32. þe ic on þære.   hwæþere minne ladteow.

Ca.   28. ðe dón sceolde.   þy he ða to, c$\bar{w}$ ꝥ.
     29. sceolde ða.   ic ꝥ swiðe onscuniende.
     30. lustfulliend þære.   swetnesse *(hardly 1st hand).*
     31. þær.   ðæra gemánan.
     32. þe.   þære.   sceawode.   hwæðere.   latðeow.

Page 434. 1. nahtes biddan ac nu betwyh.   þing.
B.   2. hwylcere endebyrdnesse.   me su seo . betwyh mannū *(after*
     seo *vertical stroke eras.*).
     4. þas þing.   oðre ða ðe.   drihtnes.
     5. mannum æghwæðer swengum.   lifes ungemyndum secgan.
     6. ac þam.   oððe.   tintregan.   oððe.

O.   1. owihtes.   ac nu betwih þas þing, ne wat hwilcre endebyrdnesse.
     2. me.   betwyh mannum lyfigean.
     4. þas þing.   oþre þa þe.   nalæs ǽnigū (ænig *on eras.*)
     mannum á hwær (á *by eras. out of* æ) swongrum.
     5. lifes úngymendran secgean.
     6. ac þam ánū . (*eras. of* 1) þa þe oþþe (*2nd* þ *on eras.*).   eges
     (s *later in margin*) tintrego.   oððe.

Ca.   1. owihtes.   ac.   betwih þas ðing ic ne wat hwylcere
     endebyrdnesse.
     2. me.   mannū lifian.
     4. ðas þing.   oðre þa ðe.   drihtnes wér.   nalæs
     eallū monnū æghwær swongrium.
     5. lifes ungemyndū secgan.
     6. ac þā anū þa ðe for.   tintrego.   oððe.

Page 434. 7. myd. ðara ecra gyfena lustfulludun þam (*p. 424*).
B. 8. arfæstre. þa ðing. secgan. sum mæssepreost
munuchades.

 9. on neahnesse his,ýtan (*corrector*). ðæs nama.
 10. hámgels. hád ,mid (*corrector*). dædum emlice. Se.
 11. on hibernia þam iglande ðære ytemestan yldo. on ancorlife.
 12. medmiclum hlafe 7 wætere awreðede; þæs gelomlice (*the semi-colon and dot under æ in corrector's ink*).
 13. inngangende. ylcan. hys geornfulnesse fram.
 14. hym gehyrde hwilce ðing he.
 15. lichaman ongyrwed. onwrigenesse. segene 7 eac.
 16. ða feawa þe. ure cyððe becomon. sæde.
 17. ealdfryðe þam. on halgum gewritum se.

C. W. 10. hamgels.
 16. usse.

O. 7. gyfena (y *on eras. of 2*, e *on eras.*) lustfulledon þam.
 8. arfæstnesse. þa. cyþan 7 secgean.
 9. on nehnesse (*1st e out of* i). cytan eardiende. nama.
 10. hamgyls 7 þone had.
 11. on hibernia þam ealande. ytemestan yldo. on.
 12. medmiclū. c,alde wætere awreþede ðes gelomlice.
 13. ingangende. þā ylcan. frigenesse.
 14. hī gehyrde ,hwilc, þing þe (ge *and* e *later*). þa.
 15. lichaman ongyrwed. onwrignesse 7 gesægena.
 16. þa fea þe. writan to ure cyððe becoman sæde.
 17. gesyhþe ea,dfriðe þam. on halgum gewritum.

Ca. 7. eccra gifena. þā.
 8. arfæstnesse. þa ðing. wæssū (*mark like capital* t *before this, indicating paragraph ?*).
 9. munuc (*p. 175*). on nehnesse. cytan. nama.
 10. hamgels. hád. godū.
 11. on hibernia þā. ytemestan yldo. on.
 12. medmiclū. cealde wætere. awreðede ðes.
 13. ingangende. þā ylcan. ðurh. frigenesse frā hī gehyrde hwylce þing he.
 14. þa.
 15. ongyrwed. ðæs onwrigenesse 7 gesægena.
 16. þa fea ðe. writan. ure cyððe becomon sæde.
 17. ealdfriðe þā on halgū gewritū.
 18. 7 geornfullice.

Page 434. 19. hym gehered. þ.   ꝥ gemyngode.
B. **20.** béne (accent ?).   on munuchád.   7 ðonne.
    21. cyning in.   lan(p. 425)des.   þ.   hī.
    22. gangende. þ.   sage gehyran. On ðam.
    23. on þa tíd æfæstes.   gemetfæstes abbod.
    24. aðelwold.   eft æfter ðam ꝥ bissceopseld.
    25. dædum hys.   lindesfarona éa sette 7.
    27. onfeng.   mann on þam ylcan.   digle.
    28. mihte freollice on.
    29. scyppende hýran.   þeowian. 7.   sylfe stow ofer.   þæs.
    30. streames ryne.   gesett. (above the point a horizontal stroke).
    31. lichaman.   ꝥ he gelome ut on þone striem.   þær.
    32. on sealmsange.   on.   stód.   wunode hwilū.

C. W. **27.** deahle.

O.   **19.** gehy(152ᵃ)red ꝥ he on ꝥ gemyngade.
    20. ingedon (i on eras. of o).   on munuchad bescoren (r out of p)
    7 þonne.
    21. cyning on þa.   þæs landes.   þ.
    22. gangende ꝥ.   gesægena gehyran on þam.
                                  liues
    23. on þa tid æfestes .... (eras.) 7 gemetfæstes, (sic, later).
    24. aþelwold.   se eft æfter þan ꝥ bysceopsetl efenwyrðū (u out
    of e).
    25. þære cyricean.   lindesfarena.
        on
    27. , . feng (1 eras.).   man on þam ylcan.   digle.
    28. wunanesse ꝥ.   þær mihte freo .. lice (ls eras.) on singalū.
                                                   on   c
    29. scyppendes herigean 7 þeowian 7 forþon.   sylfe stow, of . r,
    þæs (corrections in hand of line 23 liues).   þære.
    31. lichaman clæsnunge ꝥ.   on þone.   þær.
    32. on sealmsange 7 on.   awunade.

Ca.   **19.** frā hī gehyred ꝥ.   on ꝥ gemyn . gade mynst̄.
                                                     e
    20. béne ingedón.   7 on.   7 þonn̄ se.
    21. on þa.   landes becóm ꝥ.   hī gangende ꝥ.
    22. gesægena gehyran on þā.
    23. on.   tíd.   gemetfæstes abb̄.
    24. æþelwold.   se eft æft̄ þon ꝥ ƀ setl efenwyrðe dædū.
    25. cyricean.   lindesfarena.   sǽt.
    27. onfeng.   man on þā ylcan.   digle stowe 7 wunanesse ꝥ.
    28. mihte freoslice on singalū gebedū.
    29. scyppend herian 7 ðeowian 7.   sylfe stow . (t eras.) ofer þæs.
    31. ꝥ.   on þone.
    32. on sealmsange 7 on gebedū.   awunode hwilū.

Page 436. 1. midde. hine on ðam.
B. 2. secncte (*sic*). dyfde. lange swa. gesewen wæs 7
he hit aræfnan.
3. mih(*p.* 426)te. þonne. ðanon gangende. lande.
he his ða hrægl 7 ða.
4. cealdan gedrigan wolde ær hí of his sylfes.
5. lichaman gewearmedon. ádrugedon. þy he on wintres tíde.
6. hyne. ðam. healfbrocenra ísa. sylfa.
7. gescænde þ. on þā. tó.
8. oððe hine. besencenne. Cwædon. menn. ða þe þ.
9. þ ðæs.
10. þ þu. cyles áræfnan.
11. miht . ða andswarode. bilewitlice. forðon he.
bilewitre gleawnesse.

C. W. 5. sticce hlaf brocenra hisa (*sic*).

O. 1. midde. ðone swe,ran. hine on þam.
2. sencte 7 dýfde. lange swa he gesewen. þ. aræfnan
mihte.
3. þonne he þanon gangende he his þa wætan.
4. hrægl (g *small and squeezed*). cealdan asettan. oððæt hi of.
5. lichaman gewearmedon. þy he on wintres.
6. hine flowende þam sticcū healfbrocenra ísa þa he sylfa.
7. gescænde þ. on þam.
8. stonde,ne oððe hine to besencenne. þa þe þ.
9. þ. (152b) broþor. þ.
10. þ þu. cyles ænige rihte.
11. miht . (1 *eras.*) /swarode. bylwytlice forþon he. bylwytre
g,eaunesse.

Ca. 1. midde sídan hwilū. hine on þā.
2. sencte 7 dyfde. lange swa. gesewen. þ he
aræfnan mihte.
3. ðonñ. ðanon gangende. he his ða wætan hrægel.
4. cealdan asettan wolde oððæt hi of.
5. gewearmedon. þy he on wintres.
6. hine flowende þā styccū healfbrocenra isa þa he sylfa.
7. gescænde þ. stowe hæfde on þā.
8. stondenne hine to besencanne. hī. þa ðe þ.
9. þ ðæs.
10. þ. miclum reðnesse cyles ænige rihte.
11. miht 7swarede. bilehwitlice forðon he. bylehwitre
gleawnesse.

Page 436. 12. mann 7 he.   cealdran.   7.
B. 13. ði hi.   þ is.   þ þu.   reðe forhæfdnesse.
14. ða andswarode he 7 cwæð.
15. reþran.   his gerecenesse of.
16. úngeswencedlicum.   góda.
17. (p. 427) lichaman.   betwyh dæghwamlico fæstenne swencte.
                                              d
18. monigra manna ge mi, wordum ge mid his (*1st hand*).   bysene.
19. hæle.
20. Ngean (*space for* O).   ðissum.   mann on myrcna lande ðæs.
21. gesyhðe andweard nales drohtung.   lif magenum menn
    sæde ne.
22. sylfum bricsode.   on cenredes.   myrcna cyninges.
23. æþelrede.   feng.   wer on læwedum háde.

---

                          e
O. 12. man 7 cw c‚aldran.   7.
13. hi.   þ þæt is wundur þ þu.   reþe forhæfdnesse.
14. 7ꞩwarode he heardran.   reþran.   oððꞓne (*sic*)
                                        d
    dæg.   gecignesse of mid‚angearde.
17. lichaman.   betwyh dæghwamlicū fæste . ne (1 *eras.*) swencte.
18. monigū.   on wordū.   bysene.
20. Ongen (e *out of* æ) þyssum.   sū man on myrcna lande þꞓs
    gesyhþe.
21. nalæs.   drohtunge.   monigum.
22. sylfum bricsade.   on cénredes tidū myrcna (y *on eras.*)
    cyninges.
23. æþelrede.   feng.   wer on læwedum.

Ca. 12. mán cw̄ he cealdran.   7.
13. þy hi cwædon þ þ.   þ þu.   reðe forhæfednesse.
14. wylt 7ꞩwarede he heardran.
15. reðran.   ðone.   gecigednesse.
16. góda.
17. lichoman betwih dæghwæmlicū fæstene swencte.
18. monigū monnū.   on wordū.   bysene.
20. Ongean þyssū.   man on myrcna lande.
21. gesyhðe.   (p. 176) nalæs.   drohtnunge.   lif
    monegū mannū.
               t freomede
22. hī sylfū bricsade.   on cenredes tidū myrcna cyninges.
23. æft æþelrede.   ríce feng þ.   wer wæs on læwedū
    hade ðæs cyninge (*sic*) þegn ꞩwa we magon secgan to bysne
    hu suman geongan læwedū men gelamp se ða forgifenan tide
    hreowsunge 7 to dædbote forseah se wæs anes cyninges þegn
    7 hī leof 7weorð ac swa swyðe swa.

Page 436. 24. þegn.   þære uttran.
B.
  25. woruldlica (1st hand).   cyninge.   liċigende.
  26. gymeleasnesse.   herenesse his sylfum mislicode.
  27. þa manode.   cining hine.   þ.   andette.   bette.
  28. mándæda.   sæmnunga.
  29. tíd.   bóte.   (p. 428) 7 þeah.   manod.
  30. hwæðere.   þa ðe.   hine lærde. Ac he.

C.
  27. 7 bette *deest* S.
  29. 30ᵃ *begins* hreowe *and is complete.*   þe.   gemonad.
  30. hwæþere.   þa.   þa þe he hine.

O.
  24. þegn (*out of* þen) swa we magan secgan to bysene hu su . man
  (m *eras.*) geongan læwedan men gelamp se þa forgyfenan tide
  hreowsunge 7 dædbote forseah se wæs anes cyn,ges þegn (*out
  of* þen) 7 hī leof 7weorð ac swa swiðe swa.   þære uttran.
  25. w . oruldlicra (1 *eras.*).   cynin,ge.   þære inlican
  (1st i *on eras.*).
  26. gymeleasnesse.   herenes͞s (*below line, later*).   sylfum.
  27. manade se cyningc (c *squeezed*).   hine.   þ.   bette.
  28. synne 7 man . dǽde (1 *eras., accent dubious*) ær þon þe he.
  semninga deaþes ealle tid.
  29. 7 þeah (h *on eras.*) þe.
  30. hwæþere.   þa.   þa þe he hine.   7.

Ca.
  24. uttran.
  25. woruldlicra.   þā cyninge.   swyðe.   ðære gymeleasnesse.
  26. herenesse hī sylfū.
  27. manade.   hine.   þ.   bette.
  28. synne 7 mándǽde.   þon ðe.   semninga daðes.
  29. tíd.   bóte.   7.   hwæðere.   word þe he
  hine lærde ac.

Page 438. 1. hine gehet.   yldra.   hys.
B.   2. andetnesse dón.

C.   1. hine gehet.   yldra.
  2. andetnesse.

O.   1. hine gehet.   þon,e he yldra.   hreowe ... (and *eras.*)
  7detnesse.

Ca.   1. hine gehét æftfyligendre.   þonn̄.   yldra.
  2. andetnesse dón.

Page 438. 3. betweoh. þas. gestanden sæmnunga.
B. 4. on bedd gefeoll. grimmum sáre ongann þræstcd beon.
  5. cyning ingangende (nd *out of* m). him 7 hine trymedc
   7 lærde.
  6. þ. gyta. andetnesse.
  7. ær ðon þe he swulte forðon þe he hine lufude. þa andswarode
   he 7 cwæð þ.
  8. ða gyta ne wolde. andettan. eft þonne he fram
   ðære úntrumnesse.
  9. árise ðy læs. ætwíte. edwít.
  10. geðofta þ. þæs deaþes ða ðing. ær.

C. 3. þas þing. semninga.
  4. untrymnesse Ond. on. grimme. ongon
   þræsted beon ða.
  5. cyning ingongende. hī forþon þe he hine.
  6. hine. þa gena. ońd (o *small*).
  7. ær þonþe. 7 cweð þ.
  8. þa gena ne wolde. synne andettan ác. þonne he of þære.
  9. arise þy læs. on.
  10. hís geþoftan þ. þæs deaþes þa ðing. ær.

O. 3. þa betwyh þas þing. gestanden semninga.
  4. untrymnesse. on bed gefeoll. grimme sare ongan
   þæsted beon þa wæs.
  5. cyning ingangende. forþon þe he hi,. lufade.
  6. hine. þ he þa gena. 7 (*on eras.*) andetnesse.
  7. ær þon þe. 7swarode he 7 cw̄ þ.
  8. þa gena ne wolde. andettan. þonne he . (*7 eras.*)
   of þære untrumnesse arise þy (*no more*).
  10. geþoftan þ. þæs deaþes þa. ær gedon ne wolde.

Ca. 3. ða æft þā betwih ðas þing. gestanden semninga.
  4. untrūnesse. on bed. grīme sáre ongan þræsted beon þa.
  5. cyning ingangende to hī forðon þe he hine swyðe.
  6. hine. þ. gýt. andetnesse.
  7. ðon ðe he. 7swarede he 7 cw̄ þ.
  8. gýt ne wolde. andetan. þonn̄ he of þære untrūnesse
   arise þy.
  9. hī.
  10. his geþohta þ. þæs. þa ðing. ær gedón ne wolde.

Page 438. 11. dón.   sylfum.   gesewen.   þ he.

B.   12. stranglice spræce hæfde ac.

13. searwe.   hyt.   mid ðy (*p.* 429).

14. hefegode.   cyning inneode to him 7 hine lærde ða clypode.

15. he earmlice to ðam cyninge 7 cwæð hwæt.

16. þu nu héra oððe to hwam cóme þu.   miht þu.

17. nú.   ænigne help me gefremman ða cwæð se.

18. cyning ne scealt ðu.   þ þu tela.

19. þa cwæþ.   wéde ic ná ac þa.   inngewitnessa ic me gesco ætforan minon eagon ða befrægn.

C.   11. hiṁ.   þ he.
r

12. st,onglice.   ác.

13. ḡcyþed.   seo lað swiðe.   Ond hefigade.

14. cyning ineode.   hine to niosiende.

15. cleopade.

16. woldestu nu oððe.   þu nu hider forþon.   þu.

17. þisne.   cwæþ.

18. cyning hwy wilt þu la swa.   þte þu tela.

19. cwæþ.   wed ic ac þa.   mec geseo.

O.   11. sylfum.   gesewen.   þ he heardlice 7 stran,lice.
g

12. ac.   beswycen.

d

13. gecyþed.   þy seo a,l.

14. cyning ineode.   hine toneosiende (d *out of* n).

15. læranne ða cleopade.   earmlic,e stefne.
r

16. þu nu oððe.   þu nu.   forþon ne miht þu.

17. þysne.   geoce (geoc *on eras. in margin*).   cw̄.
le

18. cyning ne wil . (*eras. of* e) þu la swa.   þæt þu tela.

19. cw̄.   wédic ac (*sic*).   þa wyrstan.   ge . seo (o *eras.*).

Ca.   11. ðuhte hī sylfū.   hī gesewen.   þ he.

12. stranglice spræce ac.

13. searwū.   æft̄.

14. swyðe.   hefegode.   cyning ineode.   hī hine to neosienne.

15. læranne ða clypode.

16. þu nu oððe.   þu nu.   miht.   me ofer.

17. cw̄.

18. cyning.   ðu la swa.   þ.   teala.

19. cw̄.   wéde.   ac.   wyrstan.   me ic (m *partly eras. and line under* e).

Page 438. 20. hine.   þ.

B.   21. þa cwæð he hwene ær þu cóme eodon on.   tó.
22. menn fægere.   7 hi.   oþer.
23. heafdum.   bóc swiðe medmicele.
24. rædenne.   bóc sceawode.
25. on writen ealle þa gód þe.   ac.
26. swiþe feawa.   namon hí.   bóc.
27. nanwiht to ne.
28. cóm.   sæmnunga.   wered.   gasta ða wæron.
(*p.* 430) ongryslices andwlitan.

C.   20. Ond.   minū eagū.   fregn.   hine.   þ.
21. cwæþ he hwene ærþu.   eodon in þis.
22. m̄ fægere.   sæton.   oþer.   minū.
23. oþer.   minū fotū (30^b *complete, but very faint in parts*) þa
.... oðer (*illegible*).   fægere.
24. ac swiþe.   to ... nne þa ic þa þa bóc sceawode.
25. ic þ .. awriten eall þa god þe.   ac þa.
26. swiþe feawa.   medmicele.   namon hie.   þa bóc.
27. nowiht.
28. semninga.   weorud.   gasta þa wæron ongrisenlice
7wlitan Ond þis hus ge utan ḡ innan ymbsæton of þæm
mæstan.

O.   20. habbe (e *on eras.*).   hine.   þ.
21. cw̄ he hwæne (a *of æ eras.*) ær þu.   eodon on þis (153^b).
22. iunge.   fẹgere.   gesẹton.   oþer.
23. oþer.   oþer.   fægere boc a . (c *eras.*) swiðe.
24. þa ic þa.
25. þær.   eal þa god þe ic.   ac þa.
26. swiþe (swi *small and squeezed*, s *in margin*, wi *on eras.*) feawa.
namon hi.   þa.
27. nowiht.
28. ða cō . (1 *eras.*)   semninga.   we . rod (o ? *eras.*).
gasta þa wæron ongrislices 7wlitan 7 þis hus ge utan ge innan
ymbsæton of mæstan.

Ca.   nu to
20. 7 fore minū eagū.   hine.   þ.
21. cw̄ he hwene ær ðu.   eodon on þis.
22. mé.   iunge.   fægere.   minū.
23. minū fotū ða.   fægere bóc ac swyðe.
24. þa bóc sceawode.
25. gemette.   eall.   gód þe.   ac þa.
26. feawa.   namon hi.   ða bóc.
27. nowiht.
28. cóm.   semninga.   werod.   gasta ða wæron
ongrislices 7wlitan 7 þis.

Page 438. 29. hús innan 7 útan sittende gefylldon.
B. 31. ðystran ansyne 7 þam oðrum úngelic wæs he egeslicran hiwes
7 wæs on setle yldost be ðam me þuhte 7 ic geseah þ.
32. aldor wæs 7 beon sceolde.
33. áne bóc angryslicre.   ormætre micelnesse 7 unaberendlicre.

C. 30. gefylde.   hiora.
31. þeosterran onseones.   oþrū.   yldest Ond.
32. þuhte 7 gesewen wæs þ.   ealdor.
33. bóc ongrysenlicre.   unmættre micelnesse Ond lytelne.

O. 30. gefylde þa.
31. þystran onsyne .. (2 eras., y on eras.).   þam oþrum egeslicra.
(1 eras.).   yldest.
32. þuhte 7 gesewen wæs þe he.   ealdor beon sceolde.
33. ongrislicre ansyne.   micelnesse 7 lytestne.

Ca. 29. ge utan ge innan ymbsǽtan of.
31. (p. 177) þystran onsyne 7 þā oðrū egeslicra.   yldest.
32. þuhte 7 gesewen.   þ.   ealdor.   sceolde ða.
33. bóc ongrislicre ansyne.   unmǽttre micelnesse 7 lytestne.

Page 440. 1. byrþenne. sealde hi ða.   het me beforan rædan.
B. 2. myd.   ic ða bóc rædan gehyrde þa mette.
3. hyre.   atelicum sweotolice awriten ealle.   mán.
4. þe.   nalæs þ an þ.   worde gedyde eac swylce eall þ.

C. 1. unábeorendlicre byrþenne.   þa.   het.
2. rædenne.   þy ic þa þa bóc.   þa.   in.
3. hire sweartū stafū Ond atolicū sweotollice.   eal þa man þa ic.
4. þ an þ.   ón weorce oððe oń worde ác eac swilce þ.

O. 1. unaberendlicre byrþenne.   þa.   het.
2. þy ic þa boc.   þa.
3. hyre.   atollicum sweotollice.   þa.
4. þe.   nalæs þ.   weorce (eorce on eras.) oððe on.

Ca. 1. unaberendlicre þyrðenne.   anū.   het.
2. þy ic ða bóc.   þa.
3. hire sweartū stafū 7 atollicū sweotollice.   þa mán.
4. nalæs þ an þ.   weorce oððe on worde ac eac swylce on þā
medmæstan.

Page 440.   5. ðam midemestan geþohtum.

B.   6. ealle wæron þær.   þa cwæþ.   þara werigra.

       7. fægeran mannum.   beorhtum þe me wiðsæton.

       8. hwam sitte git her.   gyt.   þ.

       9. (*p.* 431) mann þa andswarodon hi 7 cwædon.   secgað foþ him on 7 on.

    10. geapunga eowerre nyðerrunge gelædæð. 7 mid þam cwyde instæpe hí.

    11. fram.   gesyhðe gewiton 7 þa arison twegen atolicra.

    12. gasta 7.   handseax.   handum.

    13. me.   oþer on þ.   on þa fét.   7 þa.   nú. miclum tintregum.

C.   5. in.   medemestan geþohte gesyngade.

       6. eal þa wær .. þær.   Ond þa cwæþ se ealdor.   werigra.

       7. þæm fægeran.   þæm beorhtū þe.

       8. sitte ge.   cuþlice.   þ.

       9. man Ondswar. don hie soþ.   secgeað cwæþan onfoþ hine Ońd in.

    10. heapung. oń þære niþerunge.   þy cwide hie instæpe.

    11. gewiton.

    12. þara.   handseax.   handū.

    13. me þa oþer on þ.   oþer.   Ond þa wunde.   mid micle tintrego.

O.   5. ac eac swylce þ.   þam medemestan geþohte gesyngade eall þa.

       6. þæron (*junctim*).   þa.   ealldor.   werigra.

       7. þam fægeran.   þā beorhtan (154ª).   þe.

       8. sitte gyt.   gyt cuðlice.   þ.

       9. man 7swarodon hi soð ge secgad (*last 4 words struck through in shiny ink, like darkened vermilion of illuminator*) cwæð he ac onfoð hine.   on þa heapunge eowre niþrunge.

    10. þy cwyde hie instæpe (i *on eras. of* o).

    11. fram min : re (*stroke eras.*) gesyhþe gewyton 7.

    12. þara atollra.   handseax.   handum.

    13. me þa oþer on heafud oþer on.   þa wunde.   micle tintrego togædere snican in þa innoðas.

Ca.   6. eall þa wǽron þǽr on.   þa cw̄ se ealdor.   wérigra.

       7. þā fægeran monnū.   þā beorhtū þe.

       8. To.   sitte git hér.   cuðelice.   þ ðis.

       9. man 7swaredon hi.   secgað cw̄ he ac.   hine 7 on þa.

    10. eowre niðerunge.   *t mid þissū wordū . ˉhi*   þy cwide hi instæpe frā (*mark t and* hand *as in* 438, 22).

    11. gewiton 7.

    12. handseax.   handa slogan me.

    13. on.   on fét.   wunde.   micle tintrega togædere snicað in þa innoðas.

Page 440. 14. togædere sniðað on ðone innoð.   lichaman.
B. **15.** þæs þe hi togædere.   þonne.   deoflu.
16. hwænne hi me gegripan magon.   gelædan.
17. þa.   mann ðus.   ormodnesse sprecende.   þa.
18. æfter þam on.   7 ða hreowe ðe he on.
19. tíde mid forgyfenum wæstme yldinge ða hé.
20. únderþeoded bútan.   écnesse þrowað 7 þté he.
21. þ.   úngelice bóc ætywan him 7 borene beon (*p.* 432).
gódan.
22. oððe ða gálan forþon mid þære upplican.
23. ðætte we gemundon. þæt we ure.
24. ure.   þisne.   toflowene ac.
25. dóme ðæs.   gehealdene.   ús.   on.
26. ætywede.   oððe þurh.   englas. oððe þurh.

C. **14.** togædere snican in þa innoþas.   Ond.
15. þæs þe hie togædere.   þonne swylte ic (30ᵇ *ends*).
19. eac *deest* (*after* he) **S.**

O. **14.** lichaman.
15. þæs þe hi togædere.   þonne swylte.   þa deoful.
16. hi me gegripan.   lo . cum (*eras. of* c) gelædan.
17. þa he þa.   ormodnesse sprecende.   þa.
18. æfter.   7.   þa.
mid   se
19. tide, forgyfenes,.   forylde dón.
te
20. underþeoded.   on.   deð 7 (*on eras.*) ðæt, he cw̄ þ.
21. berende beon.   þa.
22. oððe.   þa gálan forþon þ upplican.
23. þ.   gemundan þ we ure dǽde (æde *on eras.*).
24. ure geþohtas nalæs.   þysne.   on.   ac.
25. gehealdene beon.   on.
ᴵ
26. ætywde.   oððe þurh þa.   eng,as oððe þurh fcond þ.

Ca. **15.** þe hi togædere.   þonñ.   þa deoflu gearwa.
16. hi me gegrípan.   locū gelædan.
17. þa he.   ormodnesse sprecende.
18. synnū 7 ða hreowe ðe he.
19. tíde.   forgifenesse.   forylde þa he eac witū.
20. on.   deð 7 þte he cw̄ þ.   béc hī berende beon ðurh.
22. oððe þurh.   gálan forþon þ upplice stihtunge.
23. þ.   gemundan þ we ure dǽde 7 úre geþohtas nalæs.
24. þisne.   on.   toflowan ac.
25. ðæs.   gehealdene beon.   on.
26. ætywde.   oððe ðurh.   englas oððe þurh feond þ he
cw̄ þ ærest.

Page 440. 27. fynd ꝥ.   ꝥæt ærest þa fægeran béc.
B.   28. wlitigan englas.   þa deofol sweartan englas brohton swiðe
          únmæte bóc ꝥ.
          30. tó óngytanne ꝥ.   on.   yldo.
          31. hwæthwega godes dyde ꝥ he hwæþere eall ðurh.

C. W. 31. hwæthwugu.

O.   27. cw̄ ꝥ ærest þa fægeran bec þa hwitan englas forðbrohte 7 æfter
          þon (154ᵇ) (*rest wanting*).   swiþe medmicle 7 þa unmætan
          (*last 3 words struck through; cp. line* 9) ꝥ is to ongytanne ꝥ he
          on þære.
          30. yldo.
          31. hwylchwugu.   dyde þa.   hwæþere ealle þurh.

Ca.   27. fægeran béc þa hwitan.
          28. forðbrohton.   æft þon deoflu.
          29. swyðe medmycle ðæt is to ongytanne ꝥ he on.
          30. yldo.
          31. hwylchugu gód dyde ꝥ he hwæðere eall þurh his unriht
          dæde mid þweorum lífe aðystrade 7 fordilgade (*cp.* **440,** 10).

Page 442. 1. his únrihte dæde mid feorum limum lífe á þystrode 7 fordilgode
B.   ðær.   þa.   wiþ ðan gedwolan.
          2. cnihthades areccan wolde on geogoðháde 7 þa ðurh góde.
          fram.   eagan ahweorfan ðonne he mihte þara.
          4. geþeoded beon.   sealm cwyð.
          5. sunt (*p.* 433) et tecta sunt peccata.   eadige þa þe.
          wonesse forlætað 7.

O.   1. his unriht . (e *eras.*) dyde 7 (*on eras.*) mid þweorum (þweo *on*
          eras.) life aþystrade 7 fordilgade.   þa wið þon þa.
          2. cnihthada (*final a on eras.*) gymde on geogoðhade 7 þa.
          3. gode dyde fram.   eagū a . h,yrfan þonne mihte he þara.
          4. geþeoded beon.   þam se sealm cwið.   quorū.
          5. & cet.   eadige þa heora wonesse forlætene.

Ca.   1. wið ðon þa gedweola.
          2. cnihthada.   gymde on geoguðhade.   ðurh góde.   frā.
          eagū ahwyrfan.   mihte.   þara.
          4. ríme geþeoded beon.   ðā se sealm cwið.
          5. & cēra ða.   eadige.   wonessa forlætene.

Page 442. 6. þara synna þe hi míd bewerigene. ðis spell. geleornode.

B. 7. peohthelme þam arweorðam bisscope 7. ðære hælo gehyrde
7 leornode 7 hluttorlice awrát 7 sæde.

9. Ic (I *not completed*). sylfa. broðor þone. þ.
i næfre þes naman.

10. ic genemnan mihte. gyf þ. bricsige.

11. þoñ wæs. gesett on. ac. hwæðere æþellice.

12. gelomlice. þam gebroðrum. ðam.

13. ealdormannum. hí hine manedon. þ.

14. gecyrde. clænsunga. þeah ðe he him hyran.

15. hwæðere. geþyldelice. fram. for.

16. nydþearfe his ytemestra weorca. syndriglice on. wel.

17. gelæred lufude he swiðe druncen(*p.* 434)nesse. manegum.
únalýfednessum.

18. þæs sleacran. 7 he gewenede on. smiððan.

O. 6. þ . ara (e *eras.*) synna þe. geleornade frá.

7. þam. bysceope 7. þe. oððe gehyrde. sæde.

9. Ic sylfa cuþe. broþor þone. þ. ne cuþe.

10. þæs. þ. brice wæs.

11. wæs he geseted on æþelum. ac. hwæþere unæþelice.

12. gelomlice. þam broþrum. þam ealdormannū.

13. hi hine manodan. þ.

14. lif gecyrde. clænsunge. þeah þe he hi no (o *on eras.*)
gehyran ne.

15. hwæþere. geþyldelice. fram. fore nydþearfe.

16. uttran w,orca. syndriglice on smiðcræfte (155ᵃ) wel.

17. þeo,de. drucennesse. monigū oþrū unalyfednessum þæs
sleacran.

18. 7. on. smiðð,.

Ca. 6. synne bewrigene. ðis. geleornode frá.

7. þá arwurðan ƀ 7. þe. leornige oððe gehyrde.

8. awrát 7 sæde.

9. Ic sylfa cuþe. broðor þone. þ ic næfre.

10. þæs noma. þ. bryce wæs.

11. wæs he geseted on æðelū. ac. hwæðere (*p.* 178).

12. lifede. gelomlice frá þá broðrū. þá ealdórmannū.
stowe þ hi hine manodon. þ.

14. gecyrde. clænsunge. þeah. ðe he hí no gehyran ne.

15. hwæðere. frá hī eallū aræfnend fore nydðearfe.

16. uttran. syndrilice on. well.

17. þeowode he swyðe. druncennesse. monigū oðrū
unalyfednessum.

18. sleacan (r *very faint*). 7. gewunode on. smiððan.

Page 442.19. nihtes.   on cyrican singan (1*st* 13 *letters on eras.*).
B. 20. ðam.   gebroðrum.
21. gehýran ðanon.   gelamp ꝥ.   menn.
22. cyrican.   willsumlice mid eaðmedum ingangan.
23. sceal on (*before* s *eras. of* c).   únwillsumlice genyðerod 7.
T. *ends at* únwillsumlice.   *Text from* **O.**
24. þæs mann.   gestanden hefigere.
25. hefegode oðð ꝥ.   ðam.   ða cigde.
26. ða gebroðor.   tó.   gnornigende. 7 genyðeredum.
27. gelíc ongann.   satanas.
28. manncynnes.   ðam.   tintregan.
29. cwæþ.   ðær.   ðone ealdormann.

C.W. 27. satan.

O. 19. nihtes.   licgean þonn̄.   cyricean singan.
20. þam oþrū broþrum.
21. gehyran þonon hī gelamp ꝥ.   cweþan.   þe.   cyricean.
willsumlice geeaðmoded ingangan.
23. nyde on.   unwilsūlice.

Ca. 19. nihtes.   licgean ðonn̄.
20. cyricean singan.   þā oðrū broðrū.   láre.
21. gehyran ðonon hī gelamp ꝥ.   cweþan.
22. wyle cyricean.   unwilsūlice geniðerad.
24. gestanden.
25. hefigade.   þā.
26. hét.   broðru.
27. gelíc.   hī.   gesáwe.   ðone.
28. þā grundū.
29. ꝥ.

Page 444. 1. oþrū (*p.* 435) þe drihten hælende crist.   be.
B. 2. legum gesealdne.   on ðara neaweste þe cwæð wá mé.
3. earmum.   gegearowode.   écre forwyrde.
4. þa ða gebroðor.   ongunnon.

O. 1. dryhten.
4. þa þis.

Ca. 1. ða.   þā oðrū ða ðe driht.   ofslogan.
2. hī wrecendū ligū gesealde.   neawiste cw̄.
3. wá.   gegearwode.   eccre forlorenesse.   ða broðru.
4. ongunnon.

Page 444. 5. ða gýta.   gesett hys.
B. 6. ða andswarode (an *out of* nn).
7. nú geteohhod min líf.   onwendenne.   ðy.
8. dóm.   þa he ða.   spræc he ða bútan wegnesse.
9. gewát.   bebyrged.
10. ðam.   stowū.   mann ne.
11. hine sealmas.   furðon.   eála.
12. miclum gesceáde. betweoh leohte 7 þystrum.
13. martyr 7 se eadega.   þrowigende.
14. soðfæstnesse lufan geseah heofonas opene 7 geseah godes.
15. wuldor (*p.* 436).   standedne.   ða swiðran healfe.
16. ðyder.   deaðe þyder.   his modes eagan.
17. ær he his.   he þe bliðelicor (*1st* i *on eras.*).   þrowode.
þon þe se (s *on eras.*).
18. smið þæs módes andetnesse þa his deaðe.   geseah he eac
swylce his sylfes tintrego 7 helle duru opene geseah he helle
duru opene 7 geseah he helle tintrego 7 deofles nyðerunge.
20. úngesælignesse stowe 7 racetan betwyh.
21. þi.   géowenedre hælo forwurde Ac.
22. mannum.   ðas.   ongeaton.   forlét.

C. 16. modes eagan **W.**
21. her nu *deest* **S.**

O. 9. hælo (155ᵇ).

Ca. 5. ða gýt.   lichoman.
7. tíd.   líf.   onwendenne.
8. geséo.   dóm.   ðus spræc þ he.
9. gewát.   lichoma.
10. þā.   stowū.   ne dorste.
11. hinc sæalmas.   furðon.
12. betwih.   ðystre (e *imperfectly changed into* a).
13. 7 se.   stephan'.
14. he geseah.   opene 7 eac þ godes wundor þone.
15. on godes ða swiðran 7.
16. ðe.   æft deaðe.
17. ði.   ðrowode.   þon ðés.
18. módes.   deaðe nealæhte.
19. 7 geseah.   niðerunge.   æft fyligendra.
21. betwih swilce.   ðy.
22. lifigendū monnū.   ðas ðing ongyton.   forlét.
23. forlorenesse.   níwan.

o o 2

Page 444. 24. mægðe.   wíde.
B.   25. yldinge heora mándæda hreownesse don þ ic.
         26. swylce wynsum forð sy on.   úre.

C.   24. breotone **W**.
         26. wiscu forð swa on **S**.

Ca. 24. mægðe.   wíde.
         25. yldinge.   mándæda.
         26. forð on.

Page 446. 1. A (*space for* þ).   wintrum 7 fíf wintrum.
B.   2. drihtenlican.   þte ealdfriþ norðhymbra.
         3. wint.   ríces buton an ða gyt næs gefylled þa.
         4. to ðam ríce.   þ.
         5. ríce hæfde.   endlufon.   ðysses.   ríce foreweardum.
         6. fórðferde (fo *partly on eras.* ; *part of cross stroke seen*).   west-
            seaxena bisscop.   þam.   life leorde wæs.
         7. gód.   wér.   ðæt biscoplice líf mærlice.   beéode inn.
         8. mægena eall swa he gelæred wæs.
         9. ðam biscope.   peohthelm.   arweorða.
        10. biscop.   aldelme.   æfterfylgendra.   tíd ða gyta.
        11. in ðære.   bisscop.   for.
        12. earnunge halignesse wundra manega hælo gefremede.
        13. 7 ðære.   menn.   moldan (*p.* 438).

C. S. 5. he hæfde.

O.   3. wintra (156ᵃ).

Ca.   1. (*p.* 179) Ða.   æft.   wintrū 7.   æft.
          2. drihtenlican.   norðanhymbra.
          3. XX.   án.   gyt.
          4. ósred.   VIII wintra.   þ.
          5. rice hæfde.   wintra.   ðisses.   ríce.
          6. ɓ.   þā.
          7. gód wer.   þ biscoplice líf 7 láre má.
          8. mægna.
          9. þā ɓ.   arwurða ɓ.
         10. eadhelme.   æftfyligende.   micele tíd.   gét.
         11. ðære.   ɓ forðféred.   for.
         12. wundorhælo gefremede.
         13. on þære.   gewunalice ða.   adlū 7 untrūnessū.

Page 446. 14. úntrumnessum.　mid beorh(t)nesse (*the t is smudged out*).

B.　15. ᚦæs.　manegum untrumum menn 7.
16. gelamp.　ᚦære.
17. ᚦæræ.　seaþ.　þa he ᚦa.
18. bissceopdóm þære.　bisscopscíra.　gyt.
20. aldelme þær he fewer gear.
21. cyriclicum.　genihtsūlice.　ᚦæs.　þte aldel:n.
ᚦa gyta.
22. abb ᚦæs.
23. nemnaᚦ aldelmes burh.
24. awrát.　bóc.　seo,nes (*1st hand ?*).
25. gedwolan þé hi.　eastron.　wurþedon.　tíde.
26. oᚦer manig ᚦa ᚦe ciriclican.

C.　20. fromlice fore wæs S.
23. Maldulfes W.
26. ciriclian (*sic*) W.

O.　18. mægþe.
22. þa gena wæs (156ᵇ).

Ca.　14. wæt' sendan.　byrignesse.
15. wætres.　untrumū.
16. neatū.　gelamp.　gelomlicum.
17. ᚦære.　ᚦær.　mycel.　þa he ᚦa.
18. biscopdom ᚦære.　b scíre.
19. oᚦer.　a　he gýt to dæg.
20. ealdelme.　feower gear frōlice heold 7 fore wæs.
21. cyriclicū wisū.　genihtsūlice.
22. ealdelm.　ᚦa gyt.
23. maldmes burh.
24. æᚦele.　ᚦeode.　sinoᚦæs.
25. weorᚦedon.
26. oᚦer monig ᚦa.　crican.　wiᚦerweard.

Page 448.　1. brytta (*p.* 439).　westseaxum underþeodde wǽron.

B.　2. ᚦara drihtenlica eastrena.　mid þære.

O.　1. underþeodde.

Ca.　1. ᚦe westseaxū underþeodde.
2. weorᚦunge þære drihtlican.

Page 448. 3. bóca.

B. 4. ða.   sedulium twyfealde.
5. meter uersum asang 7 árǽdde 7 sprǽce gesette.
6. manige oðre.   æghwanon.
7. he on.
8. gewrita þa he ða (rest wanting).
9. for.   biscophád.   gyt.
10. tó.   cwæð.   ys.   mann.
11. gewritum.   ðyssum mannum.   biscophád.
12. þenigendum.   sinoðe gesett.   þætte suðseaxena.
13. ænne bisscop. 7 biscopsetl.   leodū.
14. belumpon. belumpon (sic).   ǽr tó (p. 440) wintceastre
    bisscopscíre.   dæníel.
15. bisscop fóre.   ða.   him ærest to bisscope gehalgod.
    ealdbyryht.
16. abb.   eadegan.   willferðes biscpes.
17. æt seolesigge.   ða feng.
18. ðære biscopþenunge.   ða efter únmanegū gearum.
19. ðissum.   bisscophád.   siððan fela geara.
20. blan.

C. S. 4. geteah &c. ad virginitate desunt.
7. 7 wæs he ge on wordum.

O. 14. bysceopscire.
16. eadi(157ᵃ)gan.

Ca. 3. leornunga þissa boca 7 þá on bysne.
5. meterfersū.   gelæredre.   wrát.
6. monig oðru.   æghwanon.
7. on ge wordū.
8. ða he ða.
9. for.   ðone ƀ hád.   gýt.
10. dæg.   cw̄.
11. halgū.   well.   ðissū.   ƀ had.
12. þeniende.   synoðe.
13. ƀ 7 abƀ setl.   leodū.
14. belumpon.   ƀ scíre.   ðe.
15. ƀ.   ða.   bisceope.   gehalgod.
16. abb.   wilfriðes ƀ.
17. ða.
18. ƀ ðeninge.   æft monigū.
19. þissū.   ƀ had.   feola.

Page 448. 21. ꝼA (ꝼ *sketched with point only*).   wæs ꝥy.   ríces ꝥte
B.   cenred sume tíde fore wæs (*rest wanting*).
22. æꝥellicor ꝥone anwald.
23. ríces forlét forðon.   cóm tó.   ðær scare.
24. tidum.   pápan.
25. fæstenum.
26. áwunode.   ðæne.   dæg ða wæs æfter him on myrcna
lande ceolred.
27. se æfter ðam cenre(*p.* 441)de.
28. him tó.   eastseaxena.

Ca. 21. (*p.* 180) Wæs.
                      sume tide
22. ríce æꝥelice fore.   micelre æðelicor.
23. forlét forðon.   ðær sceare.
24. ðæs.
25. gebedū.   ælmesdædū.
26. awunode.   ða.   æft.
27. æðelredes.   ær cenrede.
28. éac.   róme.

Page 450. 1. ðæs.   gemyngodon.   óffa.
B.   2. geogoðe mann willsumlice.   eallre hys.
3. ðeode.   ríce.   hæbbenne.
4. willsumnesse módes.   ðam.   forlét.   wíf.
5. lufon.
6. ðissum lífe.   hundteontigfealdlíce.   onfeng.
7. worulde éce líf.   ðæs.   róme.   ðam.
8. scare.   múnucháde.   líf geendede.
9. gesihðe.   heofonum becóm.

O.   5. 7 *before* magas *afterthought*.
8. lif wæs (157ᵇ).

Ca. 1. ðæs.   gemynegodan.
                                          iu
2. ðæs.   gemynegodan.   ,guðe.
3. léof.   ríce.   gerislicre willsūnesse.
4. ꝥā.   forlét.   wíf.
5. eðel.
6. ꝥyssū.
                                          halgum
7. worulde ece líf.   ðæs.   cóm.   ꝥā stowū sceare.
8. líf.
9. gesyhðe.   becó̄ ða

Page 450. 10. móde.   willnode.
B.   11. geare ðe.   brytene forleton.
     12. bisscop.   halega willferð.   feowertigum wintrum.
     13. onfangenan bisscophádes þone (*p.* 442).
     14. mægðe.   geciged.   inundalum.
     15. to his mynstre.
     16. ꝥ is gecweden in hreopum.   gerysenre áre swa.   mærum.
     17. biscope ón.   cyrican.   bebyrged.
     18. þyses biscopes.   stale foreweardum.   feawum.
     19. wordū gemyngian þa ðing þe.   him gedone.
     20. gleawnesse.   ða ylde.   þeawum wæs.
     21. gemætfæstlice.   ymbsceawendlice.
     22. eallum.   ꝥ.   gewyrhtum.   ealdormannum.
     23. lufod 7 gearweorðod.   án.   sylfū.
     24. ða.   minsterlíf.
     25. forebær.   gelufude.   sæde 7 his meder ær he.
     26. heofonlicū (*p.* 443).
     27. lustas geþafode.   gefultumode.   hin het (*1st hand*).
     28. ðam halwendū ongunnenessum georne befulge.   com.
     hraðe.

O.   15. ofer gemære on his gemære (o. h. g. *struck through*).
     18. þyses.
     23. hī.
     27. lustum (158ᵃ)

Ca.   10. þis sohte.   wilnade.
     11. ða ðy ilcan geare.   ðas.   forlœtan.
     12. ƀ.   æft XLV.   ðæs.
     13. onfongena ƀ hades ðone.
     14. mægðe.   in undalū.   lichoma.
     15. gedón.   mynst̄.
     16. on hripū.   æft̄.   myclū ƀ.
     17. aꝑles.
     18. þisses ƀ.   sculan.   feawū.
     19. gemynegian.   ðe.   hī gedóne.
     20. gleaunesse.   ðeawū.
     22. þingū.   ꝥ.   frā.
     23. lufan.   arwurðod.   án óf hī sylfū þe he.
     24. XIIII wint̄.   mynst̄ líf þā.
     25. weoruldlif forbær.   gelufode.   ðe he þa ꝥ.
     26. forðon.   heofonlicū lustū.
     27. geðafode.   gefultmade And.   hét.
     28. ðam.   ongynnessū.   com.   hraðe.

Page 450. 29. lindessarona (*sic*) éa.   ðær in.   gesealde ðam munecum.
B.   30. þá ongann.   dón þa ðing þe he.

C. S.   30. ongin leornade ða ðe.

Ca.   29. éa.   syl,ne.   ðeowdom.
       30. dón.   ðe.

Page 452.   1. þ belumpon.   ðære.   árfæstnesse.
B.   2. forðon.   scearpere glæawnesse.
       3. geleornode.   fela bóca.   hwæðere þa gyta.
       4. scare.
       5. ðam mægenum eaðmodnesse 7 hyrsumnesse.   nahte.
       6. gnedra.   forðam ege fram.   wítum.   efenaldum.
       7. lufod.   þy þe he þa.   géar.   ðam.
       8. ongeat.   geonga.
       9. þ ne wæs þ fullfremed se weg.   him scottum.
     10. ða.   (*p.* 444) on his móde.
     11. tó.   ðær.   cyriclice þeawas æt ðam.
     12. selde.   wǽron.
     13. ða ðam gebroðrum.   ða.
     14. foresetnesse.   speonon.   ða fóre.

C.   4. ðam ða ðe S.
       6. weotum W.

Ca.   1. belūpon.   ðære mynstlican.
       2. forðon.
       3. geleornode.   feola oðra.   hwæðere.
       4. gýt.   hwæðere.   ðam þe on sceare.
       5. ðā mægnū eadmodnesse.   hyrsūnesse.   ðon læssa wæs forðon.
       6. frā þā witū.   frā.
       7. ðy he ða.   gear.   ðam.
       8. (*p.* 181) ða ongeat.   iunga styccemælum.
       9. fulfremed.   mægna.
     10. frā.   sǽd.   ða.
     11. róme.   ðær.
     12. mynstþeawas.   þā.
     13. ðy.   broðrū.
     14. foresetnesse.   speonnan.   lærdan.   ða fóre ðurhtuge.

VARIOUS READINGS. PAGE 452.

Page 452. 15. móde. hraðe cóm tó.

B. 16. cwéne forðon. hyre. hyre geðeahte.
17. gedón. geðeoded.
18. sæde ða hyre hys lust 7 his. ðæt.
19. ðara. was. cwén.
20. lustfulligende ðære. foresetnesse. geongan.
                    t
21. hine ða. cen,lande. eorcenbryhte.
22. arweorðlice. tó róme sende.
23. tíde ða in centlande. ðone arcebiscophád.
24. án. discipulum. eadegan (*p.* 445) scī.
25. cyriclicum. intimbred. ðy.
26. ða. geonga sum. wunigende. him. ða.
27. leornode. ðær.
28. þyder. ða. tíd oðer geong mann.
29. bisscop. he æþelre gebyrdo on angelþeode.
30. ðæs. gemyngodon.
31. róme gesecan ðysses mannes. ða.

C. W. 20. geongan.
26. geonga.

O. 15. þa hraþe.
16. 7 mid (158ᵇ).
24. dyscipulū.
30. gemyngedon.

Ca. 15. he ða hraðe cóm.
16. eanflǽde. forðon. geðeahte.
17. mynsͭ gedón.
18. sæde. ða. ða.
19. aᵽla. cwén. ðære godan foresetnesse.
21. ða. þā.
22. hire. suna.
23. ðære. ðær. honori'. arceƀ hád.
24. án. grogoríí.
25. wér. cyriclicū wisū.
26. ða. cwíces.
27. ðing ðe.
28. ða. tíd oðer.
29. biscop. benedict'. æðelre.
30. angelþeode ðæs. gemynegodan.
31. ðisses mannes. geférscipe. wilfrið.

Page 454. 1. geþeodde 7 bebead.   hine (*out of original* him *by* 1*st hand*).
B.   2. ða.   lugdunum cómon.
            3. biscope.   fromlice.
            4. ða ongann.   bisscop.   geongan.
            5. snytero.   andwlitan fægernesse his dæda gestæððignesse.
            6. geþohtes.   forþon ealle.
            7. þing (*p.* 446).   forgeaf.
            8. swa he hi mid him hæfde.
            9. healdenne.   reccenne.
            10. micelne.   him.   æþele fæmnan.
            11. wífe.   symle in.
            12. ðancode.   him.   ðære arfæstnesse ðe.   him.
            13. he ða elþeodig.   7 he him andswarode þ.   líf swyððor
                lufude 7 cure.
            14. woruldlíf.   forðon.
            15. ánforléte.   faran wolde þa he ða.   biscop.
            16. ða.   ladteowe.   7 þær hine wel.
            17. þoñ he to.   eft hwurfan.
            18. to him eft cóme 7 he hine ham wel scyrpan wolde (an *out of* te,
                e *washed out*).   cóm. .   tó.

C. W. S. 10. æþele fæmnan.

O.   12. arfæstnesse.
        13. oþer.
        18. well (*out of* will).

Ca. 1. bebéad.   róme.   ðy.
        2. gehæfd frā.
        3. ƀ benedict' ðone ongunnenon.   frālice:
        4. róme.   ƀ.   ðæs.
        5. snyttro.   wíslicra wórda.   andwlitan.
        6. gestæððinesse.   geðohta.   hī.
        7. ðing.   hœfdc ðcarfe.   geférū.
        8. hī.
        9. hī.   healdenne.
        10. micelne.   fæmne.
        12. ðancode.   ðære arfæstnesse.
        13. ðy.   ælþeodig.   hī andswarede þ.   líf má.
        14. lufode þoñ.   woruldlíf.   forðon.   eðelturf forlét.
        15. róme féran.   ða se ƀ.
        16. latðeowe.   róme.   well.
        17. hét þoñ.
        18. cóme.   wél hám.   cóm.   róme.

Page 454. 19. on gebedū.   smeagunge.   wisena (*p.* 447).   in.
B.   20. móde.   þeowigende.
          21. becóm.   tó freondscype. ðæs.
          22. papan archidiacones.
          23. ðæs.   ðæs lareowdóme.
          24. geleornode cristes feower béc.
          25. monige oðre ða ðe.   ciriclicum þeodscipum ðe.
          26. his ðeodscype geleornian ne mihte on his eðle.   æghwæðer.
          27. béc ge láre sealde.   ðy fela monða.   gesælegum.
          28. læswum.   abysgod.   ríce.
          29. daluino ðam biscope.   him.
          30. wunigende.   fram.

C.   22. weota **W**.
          28. geleafum geornlice **S**.

O.   26. his (159ᵇ).

Ca.   19. wísena.
          20. dæg(*p.* 182)hwālice.   ðeowiende.
          21. becóm.
          22. bonefacius.
          23. geðeahtere.
          24. geleornode IIII.   béc.   eastræna.
          25. monige oðre.   ðe belūpon.   cyriclicū þeodscipū.
          26. eðle.   hī æghwæðer.
          27. béc.   ða feola monða.   ðā gesæligū.
          28. ríce.   þā ƀ.   III wint mid hī wæs.   besceoren (*dot
          under* e).   hī.

Page 456. 1. hæfed.   þ.   him.
B.   2. gedón ac he hwæþere.   mihte (*p.* 448).   bisscop.
          3. wælhreowum.   wæs swiðor gehealden.
                                                    b ru n
          4. angelðeode tó bisceope þa.   baldhild (1*st hand, original ink*).
          cwén micel.

C. W. 4. balthild.

Ca.   1. micelre.   hæfed.   þ he ðohte.
          2. gedón.   hwæðere.   ƀ.
          3. wilfrið.
          4. angelðeode.   ƀ.   balthild seo cwén.

Page 456. 5. werod. biscop. ða he ða to ðære.
B. 6. gelæded. him man. ꝥ heafod ófáslean. fylgde him.
7. willfrið. handþegn. willnode þæt he moste mid him.
8. þeah se bisscop. swiðe belóh. Ac.
9. ðæs ðe. cweleras. ða elðeodigne. óf.
10. angelðeode. áredon him ðá.
11. ðam bisscope þeah ꝥ.
12. ða. brytene cóm. geðeodde.
13. ðæs. geleornode. symle.
14. godes cyriclum fylgde. lufude.
15. willfrið rihtgelyfedne. ða geaf.
16. sona X hida (dots in o and in both a's ; below, in margin, ·X· hid, brown ink, modern ?). landes (p. 449). hī mynster 7 þrittig hida on.
18. ys cweden on hreopum. ða.
19. mynster to timbrigenne. mannum. ðe.
20. fylgdon. forðon ðe. þa him weox 7 seald . (eras.).

C. S. 10. ongle cynne. him noldon.
15. riht gelyfedne 7 wisne. onfand.

O. 15. (160ª) 7 wisne.
      i
18. seo,s.
19. þe scotta.

Ca. 5. weorud. ðone ꝧ. ða.
          mon
6. hī,. ꝥ heafud. hī willfrið.
7. hondþeng. wilnade.
8. ðe. ꝧ hī.
9. ðæs þe ða. ælþeodigne.
10. áredon. woldan.
11. ðy ꝧ ðeah ðe.
12. ða. cóm. freondscipe.
13. geleornode. symle.
14. lufode. forðon.
15. wísne.
16. hī. híwisca. ðe is cweden.
17. æft medmiclū. hī mynsꝥ XXX híwisca.
18. geciged in hripū ða.
19. mynsꝥ. timbrianne. monnū. ðe scotta.
20. forðon. æft. þá hī wíc.

Page 456. 21. má. ðære. gewítan þoñ. woldon.
B. 22. oðere. þeawas onfón.
23. ðære. cyrican. 7 ðære. forðon. ða.
24. ðam sealde þe he. þeodscipū.
25. ða tíd. ðæs.
26. willfrið. gehalgod. dam (*not crossed*).
27. ægelbryhte westseaxnea (*sic*) biscope ðæs. gemyngodon.
28. willnode se cyning þæt.
29. him syndriglice úntodæled,^es geferscypes (*corrector*) mæsse-
   (*p.* 450)preost.
30. nales.

O. 21. woldon.

Ca. 21. má. gewítan.
22. oðre. þeawas onfón æft.
23. ðære. þære. forðon.
24. þā. ðone he. ðeodscipū.
25. þeawū gelǽredne. ða tíd. ðæs.
26. wilfrið. mæssepreost gehalgod.
27. frā. ƀ þe we. gemynegodan.
28. mycelre.
29. arfæstnesse. syndriglice úntodælede geferscipe.
30. æft miclū.

Page 458. 1. ríce. geðeahte. geðafunge osweos.
B. 2. man. biscope gehalgode. ðy. ða.
3. ·XXX·.
4. se ægelbryht. ða tíd. ðære. bisscop.
5. oðre. biscpas 7 he wæs.
6. 7 hine swiðe árweorðlice. ðenunge (ðenu *on eras.*).
7. gefylldon. þy þa gyta. sǽ.

O. 5. endlufon (160ᵇ).

Ca. 1. ríce. geþeahte. geðafunge.
2. hī. bisceop gehalgode.
3. XXX.
4. tíd. ƀ.
5. mid ðon we. oðre XI biscopas. wæs XIIᵗᵃ (*p.* 183).
6. he. arwurðlice. ðenunge.
7. ða gýt. sǽ.

Page 458. 8. oswéo.   cyning.   biscope.

B.   9. ðone halegan.   gemyngodon.

    10. cyrican.   reccetende.

    11. gewát.   mynstre ꝥ.   on glæstinga igge (*g before* 1 *erased*). þa.

    12. biscopscire.   norðhymbra mægðe 7, ecgfriðes ríce ðæs (*corrector*).

    13. wæs ða gyt þe he wæs ádrifen óf (*p.* 451).   biscopscíre oðre   ·iu· biscpas (*not* 1*st hand*).

    14. for him gehalgode wæron ðara we ær beforan gemyngodon.

    15. ða.   tó róme farende.   ðam.   pápan.

    16. ðæs.   scip éode ða astah westerne wind 7 bleow.

    17. drifen.   cóm upp.   frysena.

    18. 7 þær arweorðlice.   fram elreordigum.   fram (f *out of* p).

    19. bodode.

    20. manig ðusendo.   soðfæstnesse. wæs intimbrigenne.

    21. únsyfernesse (únsyf *on eras.*).   aþwoh.   fullwihtes.

    22. baðe.   þætte.   willibrord (2*nd* i *doubtful*).   bisscop micelre.

C.   10. styrende *deest* **S.**

    11. in glastinga ea **W.**

    19. aldgilse **W.**

    22. ðeow 7 *deest* **S.**

O.   11. þa.

    14. oþre.

    17. drifen.

    19. eadgylse.

    21. fulwihte.

Ca.   8. ƀ.

    9. gemynegodan.

    10. III wint.   ða.   æft.

    11. gewát.   mynst scíre.   ća.

    12. ƀ scíre ealra norðanhymbra mægðe.   æft.

    13. ecfriðes.   ƀ scire.

    14. ƀ for hī gehalgode þare.   gemynegodan.

    15. róme férende.   ðā.

    16. ðe.   scip.   astah þa bleow.

    17. cō úp.   frysena.

    18. árwurðlice.   onfongen.   ðā ællreordū.   frā eadgilse.

    19. hī.

    20. ðusendo.

    21. frā unsyfernessū.   fulluhte bæðe.

    22. æft.   arwurða.   þeow 7 ƀ.

Page 458. 23. willsumnesse.   ærest þær ðone ongann.
B.   24. ðær.   þi.   ðe he gode.
          25. gesæliglice.   wunode.
          26. (*p.* 452) cóm.   ðæs.   geondsoht befora (*sic*).
          27. ðam pápan.   biscopum.   dóme.   únscyldig.
          28. ðara.   ðe.
          29. bisscophádes.   wyrþe.

O.   25. (161ᵃ) 7 wel.

Ca.   23. willsumnesse gefylde.
          24. godspel.   ðær.   wint̄.
          25. wunode.   trymede 7 lærde 7 to róme cóm 7 þæs ðæ his.
          26. agatthon ðā.
          27. papan biscopū 7 eallra.   dome unscyldig.
          28. ðinga.   ƀ hade well.

Page 460. 1. ða ylcan tíd.   pápa.   agatha gesamnode sionoð (o *above*
B.   *not same ink*).
          2. biscopa.   þam gedwolmannum ðe þa.
          3. bodedan.   áne.
          4. hælende crist ða het se.   bisscop eac.   ðam sionoðe.
          5. laðian.   man.   biscpas.
          6. somod ðære þeode þe.   cóm.
          7. ðy.   wæs on riht gelyfed.   geferum geméted.
          8. ða licode þis gewitt oðerre dæde ðam pápan 7 eallū ðam
             sionoðe 7 hi ða geþeodon on heora sionoð gewrit þás wórd
             7 þus writon be him.
          10. willfrið gode (*p.* 453).   bissceop.

Ca.   1. ða agatthon gesomnode.   róme.
          2. ƀ.   þā gedwolmonnū ða þe bododan.
          3. án weorc.   drihtne.
          4. ða.   ƀ.   þā sinoðe laðian.
          5. hī.   ƀetwih.   ƀ.
          6. ðæs.   . ðeode þe.   cóm.
          7. geférū geméted.
          8. licode.   oðre.   sinoðes.   on heora sinoðe swilcne
             witon geðeoddon.
          9. ðus.
          10. ƀ.

Page 460. 12. cuðum.   úncuþum þingum.   oþrum.

B. 13. twelftigum.   efenbisceopum.   sionoðe 7 ón dómsetle sæt.

14. eallum.   brytene.   iglandum.

15. angelþeodū.   peohta ea begange.

18. ðyssum.   eft in brytene.   mægþe.

20. worde.   hwít (1st hand ; eras. above w, from which a stroke runs towards h above line ; accent dubious).   igland.   ðy æfteran.

21. ðæs cyniges.   ríce.

22. biscopsetl.   ealhfrið.   togelaðode ac (before to eras. of 2 letters).   eft (p. 454).

23. monegum biscopum 7 eft to his biscopscíre.

25. 7 eft to.   cóm.   him.   leaf.   he moste him scyldan 7 bereccan 7 besecgan.

26. andweardnesse.   gesacena.   ðær.

27. bisscopas.   iohannem (dòts).   pápan.

28. dóme.   cyðed.   hys.

C. S. 15. begongne.

21. feng his B'settle onfeng 7 hine.

O. 15. angellþeodū.

18. hwearf (161b).   mægþe.

25. eft to.

26. besec,ean.

Ca. 11. frā.   be cuðū 7 be uncuðū.

12. oðrū.

13. efenbiscopū.   sinoðe.

14. þā ealonde.   frā angelðeodū.

15. bryttū.   peohta.   bigangende.

16. hándgewrite.

18. œft ðissū.

19. frā.   þeawū.

20. wiht.

21. æft.

22. (p. 184) onfeng his his ƀ setl.   togelaðode.

23. æft fíf gearū.   frā þā.

24. monigū biscopū.   ƀ scire.

25. eft to róme cóm.   lyfnesse.

26. gesacena.

27. ƀ.

28. kyðed þ he his.   miclū.

Page 460. 29. dǽle liccetende.   het.
B.   30. pápa.   ærendgewrít.   æðelrede.
         31. angelcyningum.   áninga gedydon.
         32. onfangen.   biscopscíre forðam ðe.   únrihtlice.

Ca.   30. forasprecena.   æðelrede.
         31. ðær.   gedydon.   wilfrið.
         32. ƀ scire.   forðon ðe.

Page 462. 1. benæmed wæs.   ða.   brytene.
B.   2. becóm.   ríces.   gestanden.
          3. sæmnunga.   úntrumnesse.   ðam weox 7 hefegode.
          4. ꝥ he (p. 455).   nehstan.   O. ends at æt nyhstan. Text
             follows Ca. from ne gán.   gán.   ne mihte ac his.
          5. handum on bære boren wǽs.   in midlum gallia.
          6. ðær.   feower.   feower niht fulle ða æt nyhstan (rest
             wanting).
          9. ðæs.
         10. swa swa.   hefegum.   úpp.
         11. sittendra 7 singendra gebroþra.
         12. sæt.   swàorette. feng ða 7 acsode hwæþer.
         13. ða cigde.   man.
         14. inn to him.   him.
         15. sæde.   eallum.
         16. þam gebroðrum.   ðær inne æt him wæron.   þa.
         17. sume ðing.   þam úpplican.
         18. domum.   þa het.   biscop ða.   gebroðor sume.
         19. hwile ut (p. 456) gán.   þam mæssepreoste.
         20. cwæð.   andryslico gesyhð ꝥ ic.   wille.
         21. háte.   þu hi hele.   ꝥ.
         22. wíte.   wille.   geweorðe.
         23. ætstod.   mann.   scinende.   hwitum.
         24. cwæð.   forþon.

C.   7. þynre W.
         13. cleopode W.
         19. mæssepreoste W.
         20. ꝥ ic ðe S.

O.   3. untrymn (no more now visible).

Ca.   1. ðy.   ða.
          2. becóm.
          3. untrūnesse.   ðon.   hefegode ꝥ.
          4. gán.

Page 462. 25. fram.
B. 26. þe. drihten líf. þinra.
27. þinra gebroðra. his þære mære fæmnan. scá. marian. forþon.
28. nú.
29. fram ðysse úntrumnesse. wesðu geara.
30. forþon æfter. gearum. hweorfe. ðe neosie 7 ðu.
31. becymst. ðinum. ðone. þinra.
32. onfehst. ða þe on ðe genumene. þin (*p.* 357).
33. geendaþ.

Page 464. 1. hwæt se biscop. getrymede.
B. 2. geferan ðæs fægnodon. þancunge dyd . on (1 *eras.*). ðy.
3. brytene cóm. ða ǽrendgewritu.
4. fram ðam. pápan. byryhtwolde ðam.
5. arcebiscope. rædenne.
6. beardsetna abb. him. lustlice 7 neodlice.
7. fultomodon. ðæs . pápan hǽse (1 *eras.*). to him sona
gelaðode.
8. ðam. 7 hine.
9. innlice ðam biscope. wæs. ea ealhfriðᶜ (1*st hand*).
10. norðhymbra. to onfonne.
11. tíde. sóna.
12. ðe. ríce. þte sionoð. gesamnod.
13. míde. æfter sumum geflíte æghwæþeres.
14. ða. him (*p.* 458) eallum fultumigendum. willfrið.
15. on his biscopscíre 7 on his cyrican. feower gear.
16. þone. forðfóre his líf dæde 7 on. sybbe þa heofonlico.
17. hys mynstre þ he.
18. in. geréce cuðbaldes abbodes.
19. þenunge. gebroðra. þ arce mynster.
20. gecweden on hreopum. arweorðlice gesett.
21. bebyrged. petres (*after* t *eras.*). cirican ðæs. þam
weofode.
22. suðan swa we. sædon. gemyngodon.
23. Y (*space for* þ, *but* O *is sketched with dry point*). neahstan.
æfter forðfóre.
24. þæt. géare. ríces ðæs. arweorða.

C. 6. lustlice 7 eaðmodlice **W. S.**
15. on his B'had **S.**
21. wiofode **W.**
22. swa *deest* (=**B.**) **S.**

Ca. 1. (*p.* 185) Hwæt.

Page 464. 25. adrianus aḃḃ forþferde.   efenwyrcend.
B.   26. þære eadegan.   (*p.* 459) theodores bisscopes.
        27. cyrican ðære eadegan.   bebyrged.
        28. þæs ðe.   fram.   ðam.
        29. papán sended wæs 7 hider com mid þeodore biscope þæs aḃḃ láre.
        30. láre.   theodores biscopes betwyh.
        31. secgað þte albinus þæt aḃḃ.
        32. æfter him.   swiþe.

C. S.   26. biscopes.

Page 466. 1. grecisc geleornode of miclum dæle cuðe.
B.   2. þæt leden him swa cuð wæs.   gemimor swa englisc þæt
            (*accent ? over* ge).
        3. gecynde.
        4. þa.   willfriðe.   þære cyrican.   hægestealdes.
        5. éa.   wæs he wer.   fyrmesta.
        6. mannum.   cyrican timbrede s . eo (*eras. of vertical stroke*).
        7. in áre scē andree ðæs.   gehalgod is monigfeal(*p.* 460)dum.
        8. wundorlicum.   gemonigfealdode.
        9. begeate (*there is a stroke in modern ink drawn under words from*
            þ he *to* on heora).   ðare (þara *below, see l.* 13).
        10. apostola 7 cristes martira).   weofoda.
        11. in.   þære cirican.
        12. weallum.   þrowunge.   oðrum cyriclicum bocum.
        13. geornfullnesse dyde (*a stroke begins under* dyde : *after* dyde *are*
            repeated words from above þ he—sette (9–10) ; *opposite stroke*
            '*repetit v.* supra.' *Not Whcclock's hand*).   • ðyder.
        14. bóc gestreon.   begeat.   huslfatu 7 monig gear oðer
            þær ðyses gemetes ða þe.
        16. frætewednesse.   gearwode.
        17. æþelne.   begeat.   maua.
        18. centlande in sangcræfte.   fram æfterfylgendum (*p.* 461).
        19. ðæs eadegan.   ðone twelf winter.   him gehæfde.
        20. gehwær þa.   ðam þe.
        21. ne cuðon 7 mid langre (*rest wanting*).
        22. ealdigan.   láre in þone.   him geniwode.

C.   2. meomor **W.**
        5. se foremæresta 7 fore **S.**
        10. weofodas **W.**
        11. boca streon **W.**

Ca.   11. þ (*p.* 186) sylfe.

Page 466. 23. eac.   bisscop se getydestea (*sic*).

B. 24. sangere swa he eac.   halgū (*ends a line*, gewritū *added in margin, not* 1*st hand*).
25. ðæs.   on.
26. regollicum.   behydegysta þa á.
27. blann oð ꝥ.   fram.   méde.   árfæstre willsumnesse.
28. fram.   in geferscype þæs . (*eras. of* b).
30. áfeded.   æfter.   com.
31. willfriðe bisscope myd.   ealle hys.
32. gefyl(*p.* 462)de.   swylce.
33. þing ða ðe.

C. 23. getydesta **W.**
27. oþ ꝥ ðe he **S.**
33. 31ᵃ *began here ; but first letters visible are* icra ge 468, 1. *It is fragmentary up to line* 19=468, 15 þære ea.

Page 468. 2. gelæste.

B. 3. Yssum (*space left shows that* þ *was intended, not* ð).   tídum.
        cyning þa ðone.   brytene.
4. eardigað.   manod.   gelom . licre (e *eras.*).   smeagunge.
6. hæfd.   be gehealdenne.   eastrena.
7. mærsigenne.   tó weorþigenne.
8. tíde.
9. méran.   gefremman.
10. him fultū.   angelðyode (y *small*).
11. æfǽstnesse geleor (*p.* 463) nod.   onfangen.   ðære halegan.
12. þære.
13. ðam arweorðan.   abbod þæs.
14. muþum.
15. icenan þære éa ón þære.   is cweden on gyrwum ðam.

C. 3. cyning þa þone.
4. gelomlicre.
6. in.   eastrona.
7. Ond he.   þeo . .   Ond to weorþienne.
8. Ond.
9. þy maran.   þurh teon.   gefremman.
10. he him fultum óf ongelþeode.   hie.
11. þa.   haligan (*but* i *not certain*).
12. ciricean 7 þære apostolican......sende (*a blank=*6 *letters*)
        [ærendw]rita (*missing letters from* **W. S**).
13. þæm arwyrþan.   þæs.
14. wire muþan 7 be . . . an (*space for* 2 *or* 3 *letters now gone*).
15. in . ære stowe þe.   geceged in gyrwū þ . m.

Page 468. 16. abb dóme.   c͘olfriꝧ wuldorlice stafas 7 gewrito fore (*corrector*).
B.   æfter.   ꝧam.
17. sædon.   abb.   him.
18. mid ꝧam he mihtelicor.
19. mihte þam þe gedyrstgodon.   heoldon.
20. weorꝧedon buton.   rihte tíde.   acsode.
21. gemete.   godes þeowas þe gode getacnode.
22. eac swylce.
23. him.   sumne.   stangeweorces.
24. æfter romana (*p.* 464) ꝧeawe cyrican timbran 7 ꝧære apostolican
        cyriclican tiligan 7 wæs he gehatende ꝧ he wolde.
25. eadegan aldres ꝧara.   gehẹalgian.
26. 7 he eac gehet.   sylf.   þeode.
27. symle onhyrigan.   þære halgan.   cyrican swa forꝧ.
28. geleornigan.
29. æfæstnesse willum 7 benum.   gefultumigende.   arwyrꝧa.
30. abbod.   him cræftigan ꝧa ꝧe he. biddende wæs þæt mihtan
        stænene cyrican timbrian (æft *on eras.*, *and after* he *eras. of* 1
        letter).
31. him.   gehealde eastrena on riht 7 be godes þeow sceare.

C. 16. abbodome.   æfter (?).   þæm.
17. sædon.   abbod.   him.
18. gewrita.   þæm.   þy meahtelicor.
19. meahte þa þa þe gedyrstgedon.   eastron heoldon Ond.
20. weorþedon.   swilce he eác befregn.   ahsode.
21. gemete 7 rihte godes (31ᵃ *ends*).   godes ꝧe ꝧa sceare ꝧe
        preostas S. (*on* 31ᵇ, 1 *only* o *legible ; the page is fragmentary
        and in parts illegible to l.* 22=470, 9 ꝧ ær).
24. cyricea . .
25. in are þæs.
26. petre Ond.   þeode.
27. . . . . . an þære halgan romanisca.
29. cyninges fæstnesse (*sic*) willum.   . . . . end se arwyrþa
        abbod.
30. cræftig . . . . . . þa þe he beten wæs stænne ciricean.
31. him eác.

Ca. 20. wurꝧedon (*p.* 187).

Page 470. 1. te ea can oꝧrum rihtum.
B. 2. ciricum.

B. 1. Ond be godes þa sceare eac oþrum.

Page 470. 3. þy.   gewrit wæs ða aræded.   ðam.

B.   4. monegum gelæredum werum.   him.   in.

    5. agenre.   fram ðam þe.   ongytan.   sæde þæt.

    6. hys trumnesse.   láre swiðe gefeon(p. 464)de.

    7. setle betweonum his ealdormannum.   witum.

    8.. ðancunge.

    9. gyfe.   angelþeode.   cwæð.   þæt.

    10. þis.   eastrena.

    11. ongyte ðysse tíde.   healdenne.   eallunga.

    12. þissum.

    13. ðonne nú.   ándette.   cyðe ꝥ her mid worde ꝥ ic.

    14. þas tíde.   écelice.

    15. þeode.   íc nú.   ongyte.   oncnawe.

    16. ðeowas ðe on minū ríce syndon þe sceare onfon.

    17. ꝥ we gehyran.   ealle rihtnesse. 7 he bútan.

    18. aldorlicnesse.   cwæð.

    19. writan 7 leornigan.   ðurh.

    20. ða nigontynlican hringas (p. 466).   eastrena.

    21. þurh eall þa.

    22. geára.   beah.

    23. scare 7 hi þa swa niwe discipulháda ðæs eadegan.

    24. aldres.   únderþeodde.

    25. þeod þæs fægenode 7 blissode.

    26. E (*space*).   ða æfter miclum.   ꝥ ða munecas.

    27. þa ðe þæt igland eardodon 7 beeodon.   ðam mynstrum.

    28. underþeodde.   regollicum.

    29. to scare ðurh.   þa wæs.

    30. syxtyne æfter.

C.   3. þy.   þa wæs aræd.

    4. monegum gelæredum weorodū On[d].   in.

    5. reorde frō.   meahton.   sæd.

    6. swiþe gifiende.

    7. ealdormonnū.   witum Ond.

    8. eorþan.   þoncunge.

    9. oñfon.   ongelþeode Ond.   cw. ð.

    10. oñgeat ꝥte þis.   soþra eastrana.

    11. þisse.   healdenne.

    12. gesegen.   þissum.   oñgeat.

    13. forþon.   þoñ.   ondette.   cyþe.   ondwearde.

    14. þas.   eastrana.   wille (31^b *ends ; then a folio gone before* 32^a).

    17. rihtnesse **W. S.**

    22. beg **W.**

    25. geriht 7 geblissade **S.**

Page 472. 1. ofslagen.   cenred æfter him.   on(*p.* 467)feng.   norð-
B   hymbra.
        2. ríces.   in hí þæt igland.   sé.
        3. mid ealre áre.   ecbryht ðone halgan.
        4. gemyngodon gelomlice 7 árweorðlice 7 mid miclum gefeán
           onfangen wæs fram him.   forðon þe he.   swettesta.
        6. 7 þa ðing þe he lærde oðre.   sylf.
        7. willsumesta.   fram him eallum.
        8. gehered.   árfæstum trymnessum.
        9. geornfullum móde.   gesetnesse.
       10. þam.   ápostolice.
       11. elnunge.   æfter wisdóme.   hí þy apostolican þeawe 7 þy
           rihtgelyfedan manude.
       12. þæt hí þy weorþunge ðære.
       13. cwædon þæt we heoldon.
       14. bycnunge (*p.* 468).   beages.   wundorlicre.
       15. ðære godcundan cyððe (*rest wanting*).
       16. bútan.
       17. angelfolce.   gemænsumode.   æfter.
       18. angelðeode.   ðam ðingum.   hi wana.   fullfremedum.
       19. bryttas wiððon þa noldon næfre.
       20. cyððe ðæs.   ðe hí.
       21. geopenian 7 gecyðan 7 ða gelyfendum.   angelfolcum.
       22. wel intimbredum.   gelæredum.   regole.   hí nú.
       23. gewunan.   fram rihtum.   ealdigað.
       24. bútan.   scare.
       25. symbelnessum rihtre eastron.   geþeodnesse.
       26. healdað 7 fram rihtum 7 weorðiað þa onfengon hi syð þan
           munecas.
       27. (*p.* 469) ecgbrihtes.   lifiganne.   undor.   *From* riht-
           gelyfede *text follows* **C**.
       28. ducháde ðam abb.   wintrum ðæs ðe.
       29. hi,   aídan.   bisscop angelþeode to lærenne wunode.
       30. ecgbriht.   on ðam iglande twelf winter swa swa he sumre.
       31. niwre gyfe lyhtendre ðære.   geðeodnesse 7.   gehalgode.

C.   5. forðon þe he **S**.
        7. fylgend **W**. **S**.

Ca.   3. (*p.* 188) fæder,
       27. ecgbyrhtes. ͞   lifianne.
       28. þā abbude æft hundeahtatigū.   ðe.
       29. ᛒ angelðeode.   wunode.
       30. wér ecgbyrht XII wint on þā.
       31. níwre gyfe.   cyriclican geðeodnesse 7.   gehalgode.

Page 474.
B.

1. 7 æfter ·VII·.   wintrum.   ðære.
2. ðy.   ða mærsod.   weorðad.
3. easterdæg.   eahtoðan.
4. maiorum myd.   ða drihtenlican.
5. mæssesange mærsode.   weorðode.   ylcan.   leorde.
6. 7.   ðam.
7. gebroðrum ongann.   tó anesse.   gyfe.   ðam.
8. apostolum 7.   heofo(*p.* 469)nes.   ceasterwarum.
9. oððe þæt gyt soðre is.   sylfe.   blinneð.
10. á.   énde.   wundorlico.   ðære.
11. foreseonnesse.   árweorða.   þ an þæt.   on eastron.
12. leorde.   gode ferde ac eac.
13. ði þte ði.   eastron.   hí.
14. ne gewunodon on ðam stowum weorðode.   7 ða gefægon ða gebroðor.
15. be ongytenesse.   rihtgelyfedan eastertíde 7 hi.
16. ðæs ferendan.   to drihtenne.
17. hi.   7.   blissede on þam þæt.   on lichaman.
18. hys gehyrend.   eastres dæg.
19. onfón.   him on.   hí symle ær ðon.

C.

7. þæm.
18. oþ.   32^b *begins* þone.

Ca.

1. 7 æft.   twentigū æft.
2. ða.   weorðeod.
3. drihtlice.   ðy eahtegeðan.   kł darū maiarū.
4. ðy he þa ða ylcan drihtlican æriste (*orig.* cam, *then* e *written on last curve to make* æ *of* æriste).
5. mæssesanga.   weorðode ðy ylcan.   férde.
6. 7 geféan.   héan.   þā broðrū.
7. ða.   ðā halgū apłū 7.
8. oðrū.   ceastwarū.
9. oððe þ gyt soðre.   sylfe.   blinneð.   weorðian.
10. á.   wundorlico stihtunge ðære.
11. þ.   arwurða.   on.
12. férde.   þyssū middanearde.   god.   eac swylce þ ðy dæge.
13. mærsade.   hi.   ǽr.
14. on þā.   weorðode.   7.   gefégon ða broðru ongytenesse.
15. cuðan.   rihtgelyfe(*p.* 189)don eastortíde 7 hi.
16. ferendan.   ðone hí.
17. blissode in þón.   oð ðæt.
18. wæs 7 þ he.   ða his gehyrend.
19. onfón 7.   on weorðunge.   hi.   symle ær ðan.

Page 474. 20. warnedon.   onfonne 7.   heora geryhtnesse.
B.   21. arweorða.   blissede.   driht(p. 471)nes.
        22. geseah 7 gefangen wæs.
        23. A (space for Þ).   fif.   ðære.
        24. seofoðe.   osrices norþhymbra.
        25. hwitred.
        26. ecgbyryhtes.   cantwara.   forðferde Þ wæs ðy nigoðan.
        27. kalendarū.   on ðam ríce.   þrittig.
        28. 7 Þ.   healf 7 þa hyt þrym yrfeweardum forlet his sunu
            æðelbryhte 7 eadbryhte 7 ælfrice.
        29. ðā.   nehstan.
        30. hrofeceastre bisscop 7 adrianus þæs abb (rest wanting).
        32. 7 he forðon.
        33. þære getydnesse cyriclicra.   ge eac gemænelicra (ne out of m).
        34. eac swylce grecisc.   leornode.   ledene.

C.   23. Þæs (for þa wæs).

Ca.   20. wearnedon to onfonne 7.   heora.   gerihtnesse.
        21. arwurða.   gesege.
        23. begins Wæs ymb.   æft.
        24. drihtlican.   VII geár osrices.   norðanhymbra.
        25. æft cénrede.   ríce.
        26. ecbyrhtes.   cantwara.   forðféred.   nigeðan.
        27. kl'darū maiarū 7 þā.   ðe.
        28. XXIIII wintra Þ.   ðry.   forlét æðelbyrht.
        29. eadbyrht.   ælric æft þā ðy.
        30. hrofesceastre b forðferde.
        31. ðære eadegan.
        32. arceb 7.   ðæs abbudes 7.   forðon.
        33. getýdnesse.   cyriclicra.   ge eac.
        34. eac.   geleornode.   ledene.   þa Þ hī, swa.

Page 476. 1. cuðe.   agen gereord.   ón ácen(p. 472)ned.
B.   2. on.   ðæs.   on.
        3. cyrican ðær he him sylfum byrgenstowe geworhte. æfter æfter
            ðam.

Ca.   1. cuðe.   ón.
        2. bebyriged on.   ðæs aþles.   on.
        3. cyricean ðær.   sylfa.   byrigenstowe worhte æft þā.

Page 476. 4. eadulf to biscopþenunge ðone byryhtwold arcebiscop.
B. 6. ymb seofon.   nigon 7.
7. ðære.   menniscnesse ætywdon.
8. ða.   útan.   on.   cometan nemned.   hi.
9. micle fyryhto.   ðam mannum ðe hí scéawedon oðer.
10. heora úpp eode beforan þære.   on.   heo úppgangende.
11. oðer on æfen æfterfyllgde. þonne heo to setle eode swylce hí witgan wæron.
12. wales úppyrnendre.
13. somod.   setlgangendre.   gehwæðere tíde.
14. tacnedon mannum toweard stód.   him óf swylce.
15. fyrencylle ongeán nórð (*p.* 473) dæl.   ætywdon hi ða.
16. steorran on.   þær wunedon.   tíde.
17. hefegosta wól.   ðeode.   ríce sarlicum wale.
18. 7 earmlicum fornáman 7 forheregodon.   hi.   medmiclum.
19. on ylcan mægþe wíte (*at* t *blot eras. partly*).   heora.
20. getrywlease ðy ylcan geáre swylce se . (a *washed out*).   ecgbryht.
21. gemyngodon.   sylfan easterdæge leorde.

C. 7. 33ᵃ *begins* æteowdon.
9. micle.
10. oþer.
13. somed.
18. ond.
21. we beforan we (*sic*).

Ca. 4. eadulf.   ðære ƀ þenunge.   byrhtwald arceƀ.
6. æft þyssum.   seofon.   7 XXVIIII æft.
7. drihtlican.   ꝥ ætywdon twégen.
8. ða.   on bócū nemde 7 hi.
9. þā.   ðe hi.
10. oþer.   on morgenne þonñ heo.
11. oðer on.   æftfyligde.   heo.
12. hi.   wæron.   uppyrnende.
13. samod.   setlgangendre.   gehwæðere tíde.
14. maunū toward tacnedon.   hī óf swylce.
15. fyrenðecelle ongean.   middangeardes.   ætywdan hi þa steoran on ianuari'.
16. ðære.
17. æft se hefegosta wól sacina.   ríce.
18. 7.   hi.   -
19. æft.   on.   ylcan mægðe.   wíte.   þrówedon heora.
20. ðy ylcan geare swylce.   wér ecgbyrht.
21. gemynegodan þy sylfan.   ferde.

Page 476. 22. ða eastertíde.   idus on maius.
B.   23. norðhymbra.   lífe.   ríce.
     24. endlufon.   hæfde he wolde 7 gemacod hæfde þ ceolulf.
     25. æfter him þ rice hæfde. ðæs cyninges ríce.
     27. ge se forðgann.   monigum.   styrenessum.
     28. wiðerweardum þingum yþygað.   syndon þ mann þ nu gyta
       (p. 474) gewitan mæg.
     29. hwæt mann be ðyssum menn writan mæge oððe.
     30. hwylcne.   synt.
     31. Wæs (initial roughly sketched in ink but not completed).   ða.
       seofon.   7 án 7 þrittig æfter drihtnes menniscnesse (sic).
     32. byryhtwold arcebisscop lanꞃe (not 1st hand).

C.   23. ósric (end of accent seen).
     29. 33ᵇ begins gewitan.

Ca.   22. eastortíde.
     23. norðanhymbra.   lífe gewát æfꞇ þon ðe.   ríce XI geár.
     24. 7 strynde 7.   gedémed.   þ.
     25. (p. 190) wære.   æfꞇfyligend.
     26. broðer.   hī.   ðæs.   ríce ge fóreweard ge forðgang
       (over each ge a smaller g).
     27. monigū 7 swa myclū styrenesse wiðerweardra þinga yðiað.
     28. þ þ mon nu gýt.   þissū man writan mæg oððe scule.
     30. synd.
     31. 7 an 7 þrittig æfꞇ.
     32. þ byrhtwold arceƀ langre.

Page 478. 1. yldo.   fornumen forðfered.   ðy.   idum ianuarium.
B.   2. biscopsetl ·VII· 7 þrittig.   monoð 7 ·XIIII·.
     3. ðam ðy ylcan.   arcebiscop.   tátwine.
     4. on ðam.
     5. ðe cweden is breodún.   on cantwara birig fram.

C.   1. 7 forðfered.

Ca.   1. yldo.   7 forðfered.   iduū ianuariū.
     2. ƀ setl XXXVII.   six.
     3. for hine ðy ilcan.   arceƀ.
     4. mægðe.   on þā.
     5. gecyged.   gehalgad on cantwara.   frā þā arwurðū werū.

Page 478. 6. ðam arweorðum. wintceastre biscope 7.

B. 7. lundenburhge biscope 7 ealdwine licetfelda bisceope ðy teoðan.

8. monðes.

9. mǽre in æfestnesse (p. 475) 7 on wisdóme swylce eac.

10. on halgū.

12. syndon nú on andweardnesse. cyricena biscopas.

13. tátwine. 7 ealdulf 7 ingwald eastseaxena biscop.

14. biscopas syndon ealdbryht. heaðolac westseaxena biscopas.

15. syndon. myrcna biscop. ealdwine. 7.

16. ðam folcum ðe eardigað be westan sæuern. walhstod biscop.

17. willfrið. hwicca bisscop cynebryht is lindesfarona biscop seo.

18. biscopscír. ðæs iglandes. tó. wintceastre.

19. suðseaxena mægðe. wunigende. biscope.

20. him biscopðenunge sohton. westsexena biscope 7.

21. ðas mægðe. eac. oð.

22. cyningū eac swylce aðelbolde myrcna (p. 476). on hyrnesse.
           d   i w

23. underðeo,de wæron 7 ðonne norðhymbra mægð þam ceol,ulf (corrector ?; the i over o is perhaps for a dot).

24. cining on cynedóme ofer his. bisscopas. bisscopscíre.

C. 6. ingewalde (1st e very faint but certain).

7. aldwulfe.

18. bisceopscír.

19. 34ᵃ begins suðseaxna.

22. hiora.

Ca. 6. ꝧ 7.

7. ꝧ 7 ealdwine. ꝧ 7 eadulfe.

8. ꝧ ðy teogeþan. monðes.

9. mǽre on. on snytro wisdomes 7 swylce éac on halgū gewritū æðellice ontimbred.

12. syndon nu on 7weardnesse cantwara cyricena bisceopas.

13. eadulf 7 ingwald. ꝧ.

14. ꝧ syndon ealdbyrht 7 heaðolac biscopas.

15. sindon. myrcna ꝧ is ealdwine on þā folcū ðe. ꝧ.

17. wilfrid is hwicna ꝧ. cynebyrht lindesfarena ꝧ seo biscopscír.

18. belimpeð.

19. ꝧ. ꝧ.

20. hī ꝧ þeninge seceað. ꝧ 7 ealle þas mægðe.

21. eac. suðmægþe oð.

22. cyningū eac swylce æðelbalde myrcna. on.

23. underðeodde syndon ðonñ is norðanhymbra mægð þe ceolwulf
          .n
    se cynig on.

24. IIII. ꝧ scire.

Page 478. 25. willfrið bisscop on ðære cyrican.   æðelwalh.
B.   26. on lindesfarona éa.   on hægestealdes éa peohthelm on ðære.
           27. is cweden æt æthwítan ærne.   stow is niwan.
           28. gemænigfealde. - folcum on setle bisscopsetles 7 stoles wæs
               tóætyced 7.
           29. ðære.   ærista biscop. Swylce eac peohta.
           30. cynn on ðas tíd habbað.   wære.   angelþeode. 7.
           31. soðfæstnesse.   eallre.   cyrican frið dælnimende.
           32. ða ðe brytene eardiað syndon.
           33. geþancfulle on.   hí sætnunge ne geflitu wið.

C.   33. strodo (*for 1st o perhaps originally* u).

Ca.   25. Ђ on þære cyricean.   æðelwold.
           26. on lindesfarena éa.   on.   éa.   on.
           27. ðe is geciged æt hwitan éarne.   níwan monigfealdedon.
           28. biscopstoles.
                                    he
           29. toætyced 7 wæs.   biscop swylce eac.
           30. on ðas tíd.   wære.   angelþeode 7.
           31. soðfæstnesse.   cyricean dælnimende beoð.
           32. ðe on.
                                                c
           33. þancfulle.   gemǽrū.   sætin,ge ne gestrodu.

Page 480. 1. angèlþeode syrwað.   ðonne.   ðe hí.   of miclum
B.   dæle deaðe mid. ˙
                              on of
           2. innlicum hete onfenge, angelþeode. on ðone (*corrector*).
           3. (*p.* 477) ealre gelyfedre.   cirican.   ón gehealde rihtra
              eastrena ge úngecostum þeawum.
           4. á,fuhton (*sic; mark of division ?*).   hwæðere him is mid
              godcundum.
           5. menniscum wiðstanden. þæt.   nohwæðerum heora willum
              gehabban.

C.   5. hie.   willunge.

Ca.   1. angelðeode syrwað.   ðe hi of myclū.
           2. héte on feounge.   7 ðone.
           3. cyricean.   on geheoldan.   (*p.* 191) eastrena.   on ungecostum.
           4. afeohtende hwæðere.   mægne.
           5. hwæðere.

ne magon

Page 480. 6. þurhteon, (*opposite in margin stands* wyðerwerde *followed by dot*
B.   *and tick ; all in corrector's hand*).

7. 7 ðeah ðe hi syn of miclum dæle hy syndon angelcynnes.
8. þeowdóme.
9. smyltnesse nú.   on norhymbra.   únæðele.

to

10. hí sylfe 7 heora bearn gyrnað to mynstre 7, godes þeov -
    swiðor
    dóme, to syllanne þonne hi synd to begangenne woruldlicne
    ceāhád (*words above by corrector*).
12. seo.   hwylcne.   sy seo æftere yldo gesyhð.
14. nú on andweardnesse se steall eallre brytene.   twa.
15. fif.   angelcynnes.   on brytene igland.
16. 7.   an 7 þrittig þære.
17. on þæs drihtnes ecan ríce.   eall eorþe (*p.* 478).
                                      n
18. efenblissigende brytene on.   7 o, manegum iglande
    blissigað (*1st hand*).
19. andettað gemynd.
20. AS (*space left suits* Þ).   be ðære angelþeode cyrican.
    brytene swa swa of íu manna.
22. cyððe.   mihton.   drihtnes fultume. Ic beda.

C.   6. syn.
         9. 34^b *begins* norþanhymbra.
        10. hie.
        19. 34^b *ends* halignesse ; *rest of page blank.*
        20. 35^a *begins* þas.

Ca.   6. magan 7.   hi.   of.
          7. sylfes anwealdes hwæðere.   of.   hi.   angelcynnes.
          9. underðeodde ðysse tide.   smyltnesse.   norðanhymbra
             ðeode.   æðele ge unæðele.
         10. sylfe 7 heora.   má.   on mynst 7.   þeowdomhád.
         11. syllanne þonne hi synd bigongende woruldlicne camphád.
         12. seo wíse hwylcne.   sy seo æftre yldo gesihð.
         14. ðis.   on 7weardnesse se steall.
         15. fif hundeahtatig angelcynnes.   on breoton,ealond (*sic*).
         16. and ymb.   án 7 þrittig frā.
         17. on.   þam ecan.   ealle eorðe.   efenblissiende.   on.
             monige.
         19. andettað.   halignesse FINIT.
         20. Ðas.   be stære angelþeodes cyricean.   breotone swa
             swa of iu manna gewritū oððe of ealra gesægena oð of.
         22. cyððe.   drihtnes.   béda.

Page 480. 23. ðeow.   ðæs mynstres ðara.
B.   24. wíramuðan.   gyrwū.
          25. sumorlande (sic).   myd ðy.
          26. seofonwintre.   gymenne.
          27. læranne ðam arweorþam (sic) aƀƀ.   ceolferðe.
          28. s . yð þan (eras. of a blot ?).   tíd.   lífes.   ylcan.
          29. leorniganne 7 to smea(p. 479)genne.
          30. gewrito.   betweoh hælo regollicum.

Ca.   23. þeow.   ðæs.
          24. wira muðan on gyrwū.
          25. sundorlande.   ðy.
          26. seofonwintre ða.   gymenne.
          27. læranne þā arwurðan.   ceolfriðe.
          28. syððan ealle tíd.   ðæs ylcan.
          29. leornianne.
          30. smeagianne.   gewrito 7 betwyh gehald regolices.

Page 482. 1. gyminge 7 to singenne.   cyrican.
B.   2. swéte 7 wynsum þuhte 7 wæs þ.   oððe.   oððe.
          3. wrát 7 ða ðy nigonteoðan geare.   lífes.
          4. diaconháde onféng.   ·XXX· mæssepreostháde.
          5. árweorðan biscopes þurh.
          6. ceolferðes aƀƀ.   ðære tíde ðæs ðe.
          7. mæssepreostháde.   nigon.   wintra midre yldo.
          8. ðas béc.   nydðearfe.   geworce.
          9. árweorþra.   áwrat 7 gesette.   swylce.   7 gytes
             on gastlicræ.
                 c
          10. tóæty,te (1st hand).

C.   9. 35ᵇ begins sette.

Ca.   1. gymenne.   cyricean.
          2. swéte.   þ ic oððe lærde oððe write.
          3. and þa ðy nigonteoðan geare.
          4. deaconháde.   ðrittigoðan.   mæssepreostháde and.
          5. ðenunge.   arwurðan biscopes.   ðurh hǽse.
          6. ceolferðes ðes aƀƀudes (sic).   ðæs.
          7. nigon.
          8. bóc.   nydþearfe 7 minra of geweorcū arwurðra.
          9. swylce.   mægwlite 7 gytes.
          10. gastlicra gerecnessa ic toætycte.

Page 482. 11. aworpennesse.

B. 12. ismaeles. béc.
13. tabernacula. fatum. hræglū (*p.* 480) þreo.
14. béc.
15. ic ðone. sam elis (*piece of leaf gone after* sam). saules.
ðæs.
16. cyninges (*only tail of* s *left*). béc.
17. ðæs. getimbro. ðære bicnigendlican gerece.
18. þrittig cwestionem.
19. prouerbio. ðreo.
20. on. VI béc.
21. neemiä ·III°· béc.
22. äne bóc.
23. béc nydlicre gerecednesse be cristes cirican. äne.
25. on. ·IIII·
26. on. ·VI·
27. godspelle. twá.
28. in ðone apostol. hwylc swa ic inn.
29. eall. áwrát.
30. apostolor twá.

C. 14. béc.
18. questionem (u *is modern*).
22. äne.

Ca. 11. genesís. isááces gebyrd (*p.* 192). aworpennesse ismaheles.
12. bec.
13. hræglū þreo.
15. þ̄ is saules.
16. béc.
17. getymbro. bycnendlican.
18. béc þrittig.
19. prouerbio. þreo bec.
20. canticor' syx.
21. on. þreo.
22. on canticū. bóc.
23. ane bóc. eadigan. beacniendlice. be cristes cyricean.
25. on.
26. syx.
27. godspelle ameliarū.
28. on þone apostol swa hwylc swa ic on geweorcū scē agustinus gemette eall.
29. awrát.
30. aplor'.

Q q

Page 482. 31. bóc.
B.   32. þréo.

Ca.   31. on.
           33. on.   ðreo.

Page 484. 1. ðam.   áne bóc.
B.   2. áne bóc.
           3. ðam esaias.   *for* et ... et *the abbreviation resembling* æc
              often occurring in **B.** *in* Petrus *and causing confusion between*
              æt *and* et. (*p.* 481 *begins* carcerem.)
           5. be rihte bisexte áne bóc.
           6. emnihte.   anatalius gerece áne bóc.
           7. be.
           8. scē.   lífes.
           9. bóc.   In gerade spæce.   gehwyrfde.
          10. bóc.   anastasie martir seo.   yfel.
          11. grecisce.   leden towendenne 7 gyt.   wyrse fram.
              úngetydum.
          12. gerihted.   andgyte gerehte.
          13. líf.   somod.   biscopes.   cuðbryhtes.
          14. metro.   gerædum worde.   áwrat.
          15. 7 þæra.   spell ðysses.   ðam.   þeowigan.
          16. ðære upplican.   benedictus.   hwætbryhtes.

C.   9. meterge (36ᵃ) weorce.

Ca.   1. bóc.
           2. wunenesse.   ane (boc *wanting*).
           3. be þon ðe isaias cw̄ &.
           5. be rihte bisexte.
           6. be efennihte.   anatholius.
           7. be.   spelle ane.
           8. confessor'.   béc.
           9. béc.   on hræde.   gehwyrfde.
          10. béc.   seo.   yfele.
          11. grecisce.   leden.   frā sumū ungetyddū gerihted.
          12. andgyte gehrehte.
          13. ðæs.   munuces somod.   biscopes.
          14. metro æft.   geræde worde.   awrát.
          15. ðara.   spell þysses.   geféo þeowian ðære.
          16. ceolfriðes.   hwætbyrhtes.

Page 484. 17. awrát.

B.   18. þ.   úres iglandes 7 ðeode ic wrat on fif béc.
19. ic gesette martyloigium (*sic*).   symbeldagum.   on (*p.* 432)
þære.
20. ða ðe.   mihtan (*sic*).   án hwylce dæge hyt wære ac eac
swylce ælces cynnes camp.
21. oððe.   hwylcum déman hi.
22. oferswyðdon.
23. imen bóc missenlicum metere.
24. Ic wrat bóc epigrāmatum.   metere.
25. wisena.   be tydum synddrige bóc.
26. áne mícle bóc.
27. stǽfrǽwe.   tóscadenne.
28. bóc.   oðre.   ðysse geþeodde. bi.
29. bóc.

C.   18. þ.
19. symbeldagum.

Ca.   17. awrát.
18. þ.   stær ures.   þeode.
19. symbeldagum.
20. ða.   gemétan.   nalæs þ án hwylce.   swylce hwylce
cynne.   oððe.   hwylcū.   hi.   oferswyðdon.
23. ymenbéc missenlice.
24. bóc.
25. tídum syndrie béc.
26. stæfenroph endebrydnesse.
28. and oðre þysse geþeode bi.
29. tropus bóc.

Page 486.   1. gesettnessū.   7 be.   ðam.

B.   2. canon áwriten (*omits* is ; *break follows*).
3. Nd (*space apparently was intended for* A).   ic bidde ðe nú
góda hælend.   mé.   forgeafe.
4. ðines wísdómes þ.   eac swylce forgyfe.
5. nyhstan.   wylle.   wísdómes.
6. móte symle ætýwan.   þinre.

Ca.   1. gesetnessum.   gemetū.   þā.
2. canon.   is (*break*).
3. And.   dugoþa.   ðu.
4. swétlice.   ðines.   þ ðu.
5. nyhstan to ðe (*p.* 193).
6. symble.

Q q 2

Page 486. 7. Ac (*space for* E).   þ on eallum ðam þe ðis.
B.   8. becume.   oððe.   hí.
     9. úntrumnessum módes 7 lichaman.
   10. þingian.   ðære upplican árfæstnesse.
   11. gehwylcum heora mægðe.   méde heora.   agyfan.
      be þe.
   12. syndrigū mægðum oð þam hýhrum.   ða þe ic gemyndelice 7.
   13. þancwyrðlice.   tó.
   14. eallum þingū.   westm.
   15. geméte.   *After a short break these lines follow : lines* 2, 4, 6, 8, 10, 12 *are written in vermilion now discoloured.*

> .... IDDE ic eac æghwylcne mann
> brego ríces weard þe þas bóc
> ræde 7 þa bredu befó fíra
> aldor þ gefyrðrige þone
> writre wynsum cræfte þe ðas
> bóc áwrat bam handum twam
> þæt he móte manega gyt mundū
> synum geendigan his aldre to wil
> lan 7 him þæs geúnne seðe aheal
> les geweald rodera waldend þæt
> he on riht móte oð his daga ende
> drihten herigan   AMEN
> ge weorþe þæt.

Last Page.   *Inscription at end of* **B.**, *on last page following the additional*
B.   *matter (Introd. Pt. I. p. xvii), but in a different hand :*

Hunc librū dat leofricus ēps ecclę scī petri apłi in exonia ubi
sedes episcopalis est ad .... successōr suoř. si qs illū abstulerit
inde. subiaceat maledictioni. FIAT. FIAT. FIAT.

C.   7. (36ʰ) eac.   ilce.   to *omit.*

Ca.   7. eadmodlice.   þ.   eallū ðe.   stær becyme.
     8. rǽdanne oððe.   gehyranne.   hi.
     9. mínum untrumnessum.
   10. þingian mid þa upplican.   gehwylcū heora mægðum.
   11. méde heora.   agife.   ðe.
   12. syndrigū mægðū.   þam hyrum stowū.   ðe.
   13. þancwyrðe gelyfdon.   tylode.   awrítanne.
   14. ðone.   ðingunge geméte.

Last Page.
B.

Ðas boc gef leofric. ᵬ. into scē petres mynstre on exancestic þær se biscopstol is for sawle alisednysse 7 gif hig hwa ut ætbrede god hine fordo on þære ec......e.

(*see p.* 344) Cædmon's Hymn from the Moore MS. Kk. 5. 16. Cam. U. Libr.:

a
Nu scylun hergen [1] hefenricaes uard
metudæs maecti end his modgidanc
uerc uuldurfadur sue he uundra gihuaes
eci dryctin [2] or astelidæ
he aerist scop aelda barnū
heben til hrofe haleg. scepen
tha middungeard [3] moncynnæs uard
eci dryctin æfter tiadæ
firum fold' [4] frea allmectig
primo cantavit Caedmon istud carmen.

---

[1] *Dot under 2nd e in hergen, a above to right.*
[2] *In dryctin yc is formed out of original in.*
[3] *In middun the 1st d'is cut of original n.*
[4] *The mark after fold is a tick, not a comma.*